U0921195

珍藏本
纪念版

汉译世界学术名著丛书

# 地方知识

## ——阐释人类学论文集

〔美〕克利福德·格尔茨 著

杨德睿 译

商务印书馆
SINCE 1897 The Commercial Press
2017年·北京

Clifford Geertz

**LOCAL KNOWLEDGE**

**Further Essays in Interpretive Anthropology**



根据珀修斯图书有限公司 2000 年版译出

# 汉译世界学术名著丛书
# （120年纪念版·珍藏本）
## 出 版 说 明

2017年2月11日，商务印书馆迎来120岁的生日。120年前，商务印书馆前贤怀揣文化救国的理想，抱持“昌明教育，开启民智”的使命，立足本土，放眼寰宇，以出版为津梁，沟通中西，为中国、为世界提供最富智慧的思想文化成果。无论世事白云苍狗，潮流左右激荡，甚至战火硝烟弥漫，始终践行学术报国之志，无改初心。

逐译世界各国学术名著，即其一端。早在20世纪初年便出版《原富》《天演论》等影响至今的代表性著作，1950年代后更致力于外国哲学和社会科学经典的译介，及至1980年代，辑为“汉译世界学术名著丛书”，汇涓为流，蔚为大观。丛书自1981年开始出版，历时三十余年，迄今已推出七百种，是我国现代出版史上规模最大、最为重要的学术翻译工程。

丛书所选之书，立场观点不囿于一派，学科领域不限于一门，皆为文明开启以来，各时代、各国家、各民族的思想与文化精粹，代表着人类已经到达过的精神境界。丛书系统译介世界学术经典，引领时代思想，为本土原创学术的发展提供丰富的文化滋养，为推动中国现代学术和现代化进程做出了突出的贡献。

为纪念商务印书馆成立120周年，我们整体推出“汉译世界学术名著丛书”120年纪念版的珍藏本，寄望既利于文化积累，又便于研读查考，同时向长期支持丛书出版的译者、编者和读者致以敬意。

两甲子后的今天，商务印书馆又站在了一个新的历史时间节点上。我们不仅要铭记先辈的身影和足迹，更须让我们的步伐充满新的时代精神。这是商务人代代相传的事业，更是与国家和民族的命运始终紧密相连的事业。我们责无旁贷，必须做好我们这代人的传承与创造，让我们的努力和成果不仅凝聚成民族文化的记忆，还能成为后来人可以接续的事业。唯此，才能不负前贤，无愧来者。

商务印书馆编辑部

2017年10月

# 格尔茨文化解释的解释(代译序)

纳日碧力戈

## 一

克利福德·格尔茨的《地方知识》于1983年面世[①],是继1973年出版并获得1974年度美国社会学学会索罗金奖的《文化的解释》之后的另一部文化阐释之作,涉及从艺术、常识、卡里斯玛到自我人观的论题,曲折迂回,文采飞扬,旁征博引,风采依旧。格尔茨在《文化的解释》出版10年之后,以更加成熟的笔调继续讨论"文化",继续"浓描"意义的结构,或者用他本人的话说,就是要呈现一部"思想民族志",重在理解他人的理解,是"局内观",而不是"局外观",是"解释的解释"、"概念的概念"、"符号的符号"。格尔茨在本论文集中讨论地方社群如何理解社会思想,本土人如何想象伦理道德,讨论常识、艺术、权威甚至法律背后的文化意蕴。他一如既往,拒绝选择唯物还是唯心的立场,也拒绝接受实在还是实证的标

① 中译本此前另有王海龙、张家瑄译本,克利福德·吉尔兹:《地方性知识——阐释人类学论文集》,中央编译出版社2000年版。

签。人文社会科学领域,有乔姆斯基式个人-心理普遍主义,也有沃尔夫式文化-历史相对主义,如格尔茨说,“前者是脑袋里的思想,后者是世界中的思想”,二者虽有对话,却难以形成共识。我们用不着在无满足感的普遍性和无兴奋感的地方性之间做出选择(Geertz 2000);无论普遍主义还是相对主义,走极端就没有说服力。

> 差异性确实远比一种头脑简单的“人就是人”(men-are-men)式的人本主义所可以想见的要深刻得多,而相似性亦远较另一种头脑简单的“非我族类,其心必异”(other-beast, other-mores)式的相对主义所能否认的要重大得多。[①]



可以想象这样一个世界:每个人都喜欢对方的文化,互相赞美,互相鼓励,这并不构成任何威胁;相反,如果我们在神化本族英雄的同时,不断妖魔化对方,那就比较可怕了(Geertz 2000)。这令人回想起中国古人的“千灯互照,光光交彻”和“各美其美,美人之美,美美与共”的包容理念和共生思想。

格尔茨赞扬查尔斯·泰勒,因为他为防止人文科学“自然化”(naturalization)做出了贡献,但是他囿于旧框框,没有能够让自然科学回归人本,他本可以走得更远一些。人文科学要从个案出发,观察和研究具体的个人和群体,捕捉临场的思维活动变化,立足本土社会探寻现象背后的“活态”逻辑,弄明白当地人如何理解、如何

① 没有注明出处的引文,皆出自本书杨德睿译文。

想象、如何解释。数学公式和普遍真理不能帮助我们达到这样的目的。我们迄今还没有完全掌握涉及心灵生活的种种细节,对于从诗学到数学的现代思想的庞杂性也认识不足。与其盲人摸象,莫若投身于浓描民族志的局内观察与书写,把根据田野工作而且包含本土话语的地方知识呈现出来,并置起来,比较分析,梳理异同,发现其中的“和弦”,捕捉个中的“神韵”。寻求普遍主义本身没有问题,但是“兵马未动,粮草先行”,要先做好基础性工作。对于现代思想作描述,是一项庞杂繁纷的工作,要涉及“爬虫类动物学、亲属关系理论、小说写作、心理分析、微分拓扑学(differential topology)、流体力学、图像学与数量经济等一切可以对我们构成起码范畴的东西”,这些都是我们这个生活世界中的社会活动。我们笃信科学,却失望地得知真理离我们还比较遥远;我们信仰“主义”,却绝望地面对种种灾难。无论是单线进化还是匀质大同,都不能应对当今这个超复杂社会;无论哪一门学科都不能独自应对这个万象世界。“文类杂糅”不可避免:

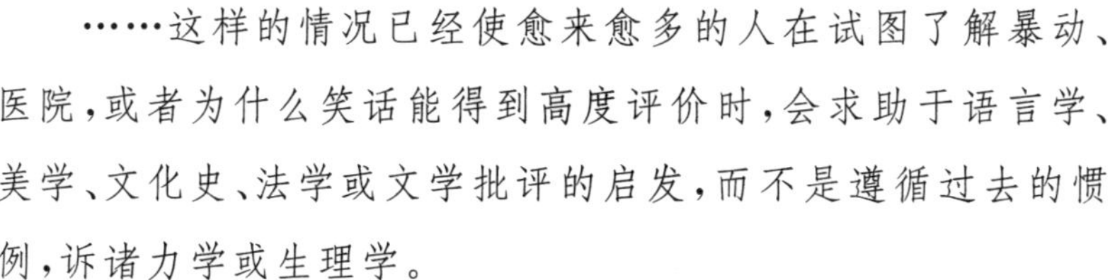

>……这样的情况已经使愈来愈多的人在试图了解暴动、医院,或者为什么笑话能得到高度评价时,会求助于语言学、美学、文化史、法学或文学批评的启发,而不是遵循过去的惯例,诉诸力学或生理学。

我们的观察和研究越来越取决于我们自己的立场和视角,以个案为基础的知识也越来越具有科学意义。“文化人类学仍一贯地保有一种深切的意识:我们所看到的一切,是被‘从什么位置看'以及'用什么东西看'这两个因素所决定的。"换一句话说,做好民族志的关键是尽量熟悉研究对象如何做人,尽量掌握对方精心设计的符号系统,观察他们在这个符号系统中如何把自己想象成为个人、演员、判官、承受者、知晓者等等角色,即观察他们如何在日常生活中做人。无论是请客吃饭、演出皮影、做礼拜、举行婚礼、召开政治会议还是请神驱鬼、筹办插秧仪式、颁布继承法,这个符号系统承载意义,也赋予意义。因此,人类学者需要借助本土认知框架来认识本土社会现象,厘清事实,追根究源,而不是用事先预设的因果关系一厢情愿地推导结论,以为"万变不离其宗",举一可以反三。课堂上学来的知识不同于田野工作需要的知识,不可互相取代;研究他者文化就是弄明白"他们自认为是谁",弄明白他们自认为在做什么、为什么做;就是大致明白对方身体力行的意义框架是什么。当然,这不等于"感觉着"他人的感觉,"思考着"他人的思考,或者把自己变成他人,因为这是不可能的(Geertz 2000)。

格尔茨受到韦伯的影响,提出人是悬挂在自己编织的"意义之网"上的动物;维特根斯坦的影响也十分巨大[①],格尔茨尤其认同维特根斯坦对于私人语言观的批判,认同他关于自然与文化"共谋"影响人类世界观的判断,也认同他的语言游戏论和家族相似(family resemblance)论(Geertz 2000)。当然,他也善于博采众长,灵活应用,旁征博引,推陈出新。社会之人不断地编织"意义之网","意义之网"也不断生产着社会之人的行为风格。这就

① 他称维特根斯坦是自己的"导师"(master),自己是他的"小学生"(pupil)。

像吉登斯的“结构二重性”:结构制约行动,行动生产结构。省力原则总是指向普遍、简化和静止;现实生活却充满个殊、变化和跃动。格尔茨之所以拒绝就普遍和特殊表态站队,是因为他要通过对地方知识的“浓描”(thick description),处理抽象知识与具体知识之间的关系,即要捕捉普遍与特殊之间的对立统一。查尔斯·尼西姆-萨巴(Charles Nissim-Sabat)指责格尔茨既反对相对主义,又反对普遍主义,陷入自相矛盾的泥潭(1987:935—939)。然而,他忽视了人类学对于普遍性与特殊性的“分层”处理:普遍性是顶层,特殊性是基层,二者原本不存在矛盾对立。例如,以普遍主义著称的列维-斯特劳斯,始终坚持人类心理的一致性,坚持普遍性的结构主义,但是他也高举反对种族主义的旗帜,恰恰保护了少数民族的特殊性,捍卫了弱势群体的语言、文化、权利和尊严。同样,提出文化和道德的普遍原则的克拉克洪,也并不反对文化相对主义;雷纳托·罗萨尔多认同文化相对主义,但反对伦理相对主义。归根结底,人类学是一门不偏激的学问,它要告诉人们“山外有山”、“天外有天”的道理,敦促人们注意社会、历史、文化是何等重要。人类学者不仅能够和艺术家合作,也能和数学家交流,还能和法学家对话——人类学需要在浓描民族志的基础之上,在各种文化之间进行比较、翻译、解释和交流,持之以恒,永无止境:

> 往返于律师看事情的方式以及人类学家看事情的方式之间;往返于现代西方的固有文明与古代中东和亚洲的固有文明之间;往返于“法律作为一组规范性理念的结构”与“法律作为

一组决策过程”之间；往返于充盈的感知能力与迅捷的案例之间；往返于“作为自治系统的法律传统”与“作为竞逐霸权之意识形态的法律传统”之间；最后，还往返于地方知识所生产出的狭隘想象与襟怀四海的恢宏想象之间。

## 二

格尔茨的理论固然与韦伯的理论有很大关系，但他毕竟是旁征博引的行家里手，特立独行是他的风格，他不会随波逐流，也不会追赶时髦。他很少全盘复制某个理论体系，不会轻易追捧某位大师；他会摆出百科专家的姿态，经常“突袭”邻居的后院，移花接木，信手拈来，毫不费力。这样的做法固然成就了他的个人风格，但也让他人和后人难以效仿和捉摸。同样的原料，放到他的盘子里就是美味佳肴，放到别人盘子里就是残羹剩饭。格尔茨受到象征人类学的很大影响，从他的文本中可以找到索绪尔的影子，也同样可以找到皮尔士的印迹。但是，他从不屑于梳理索绪尔理论和皮尔士理论之间的异同，也不交代自己在何种意义上使用“符号”一词。众所周知，索绪尔毕生致力于语言本体的内部规律研究，偏重语音尤其是音位的研究，所以被称为是“声音中心主义者”。索绪尔认为语言是自足的符号体系，有自己稳定的内部规律，也有自己的“符号”(symbol)情结：能指(signifier)和所指(signified)之间的对立就足以说明语言的本质。然而，索绪尔的“指号学”(或称“符号学”，semiology)毕竟不同于皮尔士的“指号学”(semiotics)，皮氏指号学不把语言看成自足的符号体系，而看成万象关联中的一个符号体系,属于象似(icon,指相似关系)、标指(index,指承接关系或者邻接关系)、象征(symbol,指约定俗成关系)三元体系中的象征部分,无论是象似、标指还是象征,都不能构成自足体系,只有互动共生才能够产生意义。索绪尔的能指-所指二元对立观放弃了社会权力和人文历史的观照,而皮尔士的象似-标指-象征三元互动观把自然、社会、人文全都纳入自己的视野,充分考虑到宇宙万象的复杂性和不确定性,对于人文世界更加具有阐释力。格尔茨虽然没有公开讲他继承了皮尔士的指号思想,也没有交代他所使用的"指号"(sign)和"符号/象征"(symbol)属于索绪尔体系还是皮尔士体系,但可以推测,如果让他在索绪尔和皮尔士之间做选择,他会更愿意选择皮尔士[①]。因为皮氏理论是"地天通"的理论,是形气神勾连的理论。皮尔士欢迎"物的困扰",他的"象似"(iconicity)和"征象"(sign)属于物象,是直接冲击我们感官的物感物觉,充满不确定性和个殊性;同时,这些不确定性和个殊性要和标指(indexicality)、对象(object)、象征(symbol)、释象(interpretant)关联,只有这样它们才能获得意义。在皮尔士的指号理论中,普遍和特殊已经达成圆融。例如,我们的视网膜会捕捉到某种红色质感(象似,类似于我和自己照片之间的关系),它自然而然地冲击我们的神经元,我们立即意识到这种红色其实是红色交通信号

① 格尔茨很欣赏实用主义大师杜威,而皮尔士是实用主义的真正奠基人,他的挚友威廉·詹姆士弘扬和发展了具有他个人特色的实用主义,使之产生了深远的影响。皮尔士不满意詹姆士版的实用主义,就把原有的实用主义 pragmatism 改为 pragmaticism,表示划清界限。此外,有趣的是,Geertz 读[gɛːts],Peirce 读[pɛːs],两人都有发音特殊的名字。

灯(标指,类似于弹洞和穿过它的子弹之间的关系),几乎与此同时,我们自幼熏陶其中的现代城市文明告诉我们,“红灯停,绿灯行”(象征,类似于约定俗成的规则),违者会受到处罚,还会引起交通事故,等等。要对地方知识作浓描,就要仔细剖析在具体的场景之下“形气神”如何同时发生作用,就像格尔茨本人亲临斗鸡现场,置身于充满感性的氛围中,以至于在警察持枪赶来时,不由自主地与参赌农民一道出逃——他和妻子已经融入其中,成为地地道道的局内人。人类行动是指号活动,即有发音、颜料、笔画之类的象似因素,也有阐释意义的象征结构,当然也有“一物代表另一物”的“标指”行为。文化不能用数学方法或者逻辑形式推导出来,只能在公共互动和身临其境的体悟中加以把握。



> 在摩洛哥,为了达成贸易协定,你必须按照某些方式做某些事情(包括嘴里一边念着阿拉伯语的古兰经,一边在本部落聚集起来的无残疾成年男子面前隔断羊羔的喉咙),必须具有某些心理特征(包括对遥远事物的渴望)。(格尔茨 2000:13—14)

当然,贸易协定不等于割喉咙,也不等于渴望,而是在特定场景下把二者叠加起来的行动。在格尔茨加以浓描的地方知识中,具体场景之下的个殊化行为,要和人观、价值观和宇宙观“沟通协商”,因为单独拿出人观、价值观和宇宙观,不和个殊化行为及其具体场景相联系,就不能说明任何问题,也就没有任何意义。丰富的民族志材料也证明,社会范畴、社会规则往往在具体社会行为中发生变通,社会生活中充满无数例外和不确定性。中国人要看眼色行事,要灵活机动,要随机应变,就是这个道理。在中国主流文化中,随处可以听到这样的说法:"杀身成仁"、"舍生取义"、"好死不如赖活着"、"致中和"、"中庸之道"、"人怕出名猪怕壮"、"好汉不吃眼前亏"、"顺其自然"、"随遇而安",这些处世之道在现实生活中都管用,也都不管用,关键是如何掌握,如何变通,类似于周易八卦、阴阳五行,没有死规矩,只有活运用。

> 就如我所说:任何事物,无论其终将止于何处,皆自《古兰经》开始。《古兰经》这个名字的原意,既非"盟约"(testament),又非"训谕"(teaching),亦非"书"(book),而是"背诵"(recitation)。它与世界上其他主要经典的不同之处在于:它的内容不是一位先知或其徒众所写的关于神的报告,而是神所亲授的谈话,是安拉自身的音节、字词与语句。它就像安拉一般,是永恒的、无生不灭的,它是安拉的属性,一如慈悲与万能,而不像人类与大地,是安拉的创造物。

《古兰经》本身的教旨固然重要,但更重要的是在日复一日的诵经活动中体现的形神相连、物悟协同的过程,"神"要体现在"物"上,"神"就是操演的"过程":"他们所唱诵的也就等于是神本身",经文中的词语就是安拉的本质。《古兰经》不是一个文本,"而是一桩事件、一个行动"。维科考证希腊语中"诗人"的词源是"制造者"和"创造者";各门技艺和各门科学都具有诗性智慧的源头。原初诗人通过物质、精神、伦理和美德的创造,保持地天通,歌颂形气

神。诗把特殊和普遍联系起来,把形物和哲理联系起来,把精气和神韵联系起来。人类学者是诗人,人类学是诗学。

## 三

格尔茨的学术生涯,以跨文化意义阐释为路径,立足本土,问题取向,全面观察,比较研究,是一个不断扩展延伸的漫长过程。他的民族志调查从一开始就有“纵向”多点民族志的取向:先到印度尼西亚的爪哇,接着到巴厘岛和苏门答腊,最后又去了摩洛哥山地。格尔茨的研究不仅广泛深入,而且细致入微,是局内观察的典范。在《文化的解释》的第一章“深描——迈向文化的阐释理论”中,他把赖尔的“眨眼”的例子发挥得淋漓尽致——是眨眼、戏谑、模仿还是练习?若要“透过现象看本质”,避免浮光掠影,就需要深入到当地深厚的人文背景中,从内部进行细致观察和分析,结合本土的文化体系、宗教信仰、情感和伦理道德,尤其要注意其中的象征符号的交流和解码过程。格氏余兴未尽,又把发生在1912年摩洛哥中部高地的劫案展现开来,案子涉及犹太商人、马尔穆沙部落酋长、法国上校和他们背后的三种文化背景和三种不同的解释:三个犹太商人遭到某部落柏柏尔人的抢劫,其中两个犹太商人被杀,只有名叫科恩的那位侥幸逃脱;科恩在马尔穆沙部落酋长的陪同下按照当地习俗向柏柏尔人索赔,获得500只羊,但法国人不相信会有这样的事情发生,就以通敌罪[①]将科恩逮捕入狱。这是一个“活文本”,涉及三种不同的阐释框架,即犹太人、柏柏尔人和法国

① 因为这支打劫的柏柏尔人属于造反者,尚未归顺法国人。

人的阐释框架,深入细致的跨文化"浓描",可以解释为什么在同样一个时空环境之下,系统化的误解导致了一场社会闹剧。语言混乱,或者毋宁说是指号混乱,导致自古传承的"科恩以及对他而言整个他在其中运作的社会和经济关系"瞬间崩溃。要做好"浓描"就要在田野工作上下功夫,要访问调查合作人、观察仪式活动、推导亲属称谓、追溯财产继承关系,统计家庭人口。"从事民族志就像解读……一份手稿——陌生、字迹模糊、充满省略、前后不一致、可以的更改和带偏见的评语,但它并非用习惯上的表音字符写成,而是用行为模式的例子临时写成的。"(格尔茨 2000:11)科恩根据做买卖的规矩,在认可这一规矩的酋长的支持下,向当事者索赔;当事者认错并赔偿;法国人要让酋长和商贩们明白谁在掌权,以没收财产和锒铛入狱来显示帝国威严。所以,寻找意义不能到头脑里寻找,而是要到公共场域去寻找,因为意义是公共的,不是私有的。格尔茨反对斯蒂芬・泰勒(Stephen Tyler)和沃德・古迪纳夫(Ward H. Goodenough)的认知人类学取向,因为他们把意义划归心智,是人们头脑中的产物,几乎与外部世界无缘,是私人的,不是公共的。以泰勒和古迪纳夫为代表的认知人类学流派认为文化是如何做人的知识,意义存在于人的头脑之中,文化及其意义可以用图式、图标或者树状图,以类似于区别性特征的二元对立关系加以表现。格尔茨指出,要寻找文化及其意义,就要局内观察交易场、山寨,参与放牧,加入斗鸡,感觉、感知、体悟和心灵都要调动起来。物悟交融,意蕴乃现。

乌龟下面还是乌龟。探索无止境,阐释无止境,边疆无界。解释人类学不会纠缠于普遍还是特殊的争论:拿深入细致的浓描民

族志来说话和对话。说话和对话是无休止的过程,就像人类学之于人类学者,终身伴随,形影不离。格尔茨的“斗鸡经历”可谓典范,那入木三分的描写,那栩栩如生的再现,可以明明白白地告诉我们什么是解释人类学,什么是地方知识。正如他本人所说,人类学者不是从外部研究乡村,而是在乡村内部开展研究,他(她)要从本土人观点出发,不仅考察,还要全身心投入。首先,民族志是阐释性的;其次,民族志要阐释“社会话语流”;最后,民族志要“努力从一去不复返的场合抢救对这种话语的‘言说’,把它固定在阅读形式中”。(格尔茨 2000:23)随着田野工作的深入,格尔茨已经“能够”本能地随本地人逃离斗鸡场,他已经获得“本土感”,这使他能够全面刻画斗鸡与其他社会仪式活动的密切联系,也使他用浓描浓写田野民族志来展示什么叫解释人类学。巴厘人的气质渗透在神话、艺术、仪式、社会组织、育儿方式、法律形式,甚至阴魂附体,而能够集中体现这种气质的是斗鸡活动。每次宗教节日都要以斗鸡开场,而斗鸡又以赞美诗和血祭开场;人们为了应对疾病、灾荒和火山爆发,也要举行斗鸡仪式。斗鸡让人兽、善恶交融,让自我与本我互渗,创造与毁灭共存,全然是一幕憎恶、残酷、暴力和死亡的血腥剧。斗鸡貌似两只公鸡之间的争斗,其实是男人之间的雄性相残。日常语言中充满用来象征男性的“雄鸡意象”。早在公元 992 年就出现在碑文中形容公鸡的 Sabung 一词,也用来隐喻“英雄”、“勇士”、“冠军”、“有才干的人”、“政治候选人”、“单身汉”、“花花公子”、“专门勾引女性的人”,或者“硬汉”。(格尔茨 2000:477)巴厘男人会在他们所宠爱的公鸡身上花费大量精力,打扮它们,喂养它们,谈论它们,让它们试斗,或者以着迷、赞美、梦幻和自恋的眼神凝视它们。

> ……当胜鸡的主人把通常已被其愤怒的主人撕得支离破碎的败鸡拿回家吃的时候,他是怀着一种混合的情感这样做的:社会性的窘迫、道德的满足、审美的憎恶和吃人肉的快乐。而输掉了一次重要比赛的人有时会采取破坏他家庭的神龛和诅咒神名一类的宗教性(和社会性)的自杀行为。在寻找天堂和地狱的尘世对应物时,巴厘人把前者比作一个刚刚赢了斗鸡比赛的人的精神状态,而把后者比作一个刚输掉斗鸡比赛的心态。(格尔茨 2000:480)

巴厘人斗鸡斗的不是金钱,斗的不是公鸡,斗的是社会性结局,斗的是社会地位。巴厘岛伟大的文化英雄刹帝利王子因热衷于斗鸡而被称为"斗鸡者",他与邻国王子斗鸡时意外离开,平民篡位者杀害了他的父亲、兄弟姐妹和妻子,但他最终杀死篡位者,夺回王位,恢复传统,建立起繁荣富强的国家。



> 巴厘人从搏斗的公鸡身上不仅看到了他们自身,看到他们的社会秩序、抽象的憎恶、男子气概和恶魔般的力量,他们也看到地位力量的原型,即傲慢、坚定的、执着于名誉的玩真火的人——刹帝利王子。(格尔茨 2000:501)

格尔茨对于巴厘岛斗鸡仪式的浓描可谓淋漓尽致,栩栩如生,文化及其阐释就体现在这个斗鸡过程的"浓描"之中,这种浓描是对于他者之理解的理解,最终属于“符号的符号”、“概念的概念”。对于地方知识的民族志再现,本身是一个文化诠释的过程,它既不是“原汁原味”的本土知识,也不是我族文化的自然投射;它是一种再创作,是自我与他者合作生产的第三种产品。人们在日常生活中为事物赋予个殊化的社会意义,因而事实变得多义起来,它既是“真如铁”的“事实”,是相似的属性,也是“人为事实”,是象征意义,其中包括主观的意义分析和表述,也包括读者的理解。文化的解释就是“翻译”,翻译过程中,获得了一些东西,也丢了一些东西。

> ……没有纯粹的理论,理论根植于不同的文化,而文化不是纯粹的,是交融和不断重组的。……在调查地教与被教是同时发生的,唯有局内理解文化的多样性,才能更好地发现和解决问题。没有哪个社会是更优秀的,我们可以从不同的文化中汲取不同的知识。①

## 四

地方知识之所以重要,首先是因为任何文化制度,任何语言系统,都不能够穷尽“真理”,都不能够直面上帝。只有从各个地方知识内部去学习和理解,才能找到某种文化之间的差异,找到我文化

① 【世界社会科学高级讲坛】Michael Herzfeld,“Engaged Anthropology”,复旦大学新闻文化网 http://news.fudan.edu.cn/2013/0408/33025.html,2014 年 4 月 6 日登陆。

和他文化的个殊性,并在此基础上发现"重叠共识",避免把普遍性和特殊性对立起来,明了二者同时"在场"的辩证统一。格尔茨撰文"反反相对论",在避免为相对主义正名的同时,对"反反相对论"(anti anti-relativism)口诛笔伐,毫不留情。(Geertz 1984)根据"反反相对论"者的批评,极端相对主义强调个殊,拒绝普同,自我封闭,容易陷入我族中心主义,甚至与纳粹主义同谋,杀人放火且能够自圆其说。但问题在于,我们在充满自信地谈论普遍主义的时候,所使用的语言,所置身的时间地点和文化背景,却恰恰充满个殊,以个殊的话语谈论普遍主义,本身就不能以理服人。主流社会所理解和使用的"多元一体"就存在这样的个殊与普同的矛盾:对外讲多元个殊,对内讲一体普同。以中国为例,主流话语对外讲"美美与共",强调中华民族要"自立于民族之林",强调中国特色,强调"五千年的文明史",强调"独立自主";对内讲"国族一体",强调认同中华,强调共性,强调"大一统",强调"整合"。[①] 对外讲"文化亲亲性",以团结华人;对内讲"政治一体性",以稳定边疆。没有脱离具体语境的个殊和普同,只有充满变通的地方知识的运用。问题的关键不在于猎头活祭和割礼缠足,不在于普遍的文明底线和道德标准,而在于我们如何理解他者文化,如何反观自我,以自觉和他觉,以"己所不欲勿施于人"和"彼所不欲勿施于人"的辩证统一,不断构筑重叠共识。对于地方知识的浓描或者浓写,是一个无尽的过程,对于地方知识进行诠释就像格尔茨在《文化的解释》

① 过去讲"民族形式,社会主义"内容,现在讲学习主流语言和文化,这对应于从阶级论到国族论的过渡。

中讲述的那个印度故事:

> 有一个讲述某英国人的印度故事——至少我听上去是印度故事——他被告知世界立在一个平台上,那个平台立在一头大象的背上,大象立在一只乌龟的背上。他问(也许他是个民族志学者;他们总是这样):那只乌龟又立在谁的背上?回答是另一只乌龟。这只乌龟呢?啊,先生,从那儿以后全是乌龟。(格尔茨 2000:14)

文化的解释没有止境,是一个永远的过程。“文化的分析不是一种探索规律的实验科学,而是一种探索意义的阐释性科学”;这是一门奇怪的学问,最有说服力,也最脆弱,“对于眼下问题的任何研究进展,都是在增加怀疑,其中包括你自己和他人的怀疑:你的路子恐怕不完全对”(格尔茨 2000:32)。浓描越深,疑问越多,不确定性增强,就像汉字书法,由巧入拙,道法自然。人类是悬挂在自织蛛网之上的动物,身在其中,是难以逃脱的“网恋”,跨文化交流虽带来“网网交织”,意义交融,但“网上世界”终究不是客观世界,柏拉图的洞穴人所看到的火光之影也毕竟不是真正的天下,濠梁之辩往复循环,天知地知,你不知我知,我知你知,谁知?

马林诺夫斯基《严格词义上的日记》被发表后,人类学者再一次意识到,“实际上我们根本没有什么超乎常人的感知能力,更没有什么超乎常人的天赋能使我们像个土著(native)那样地去思考、感受、理解”。所以,我们只能借助本土人用于文化理解和文化解释的思维逻辑和认知手段;我们所能够掌握的,不是本土人“思考、感受、理解的能力”,而是他们的认知媒介。格尔茨的一生告诉我们,我们不是通过当地人行为和观念的细节来理解他们,而是通过他们自己的“眼镜”来观察他们的意义和心智。(Geertz 2010)人类学者从事民族志工作,并不意味着向研究对象一味妥协,把自己完全变成对方;尊重来自相互的沟通、论辩、理解、包容或者反对。

> 局限于近经验的概念,会使一个民族学家被直接的事物所淹没,同时搅缠在地方俚语之中无法自拔。而局限于远经验的概念,则会使他搁浅于抽象之中,为专业术语所窒息。……这种阐释既不该被那个民族的心灵疆域所宥限(好比把关于巫术的民族志写得像是一位巫师的夫子自道),也不该对该民族的存在样态所抒发出的独特音色始终充耳不闻(把关于巫术的民族志写得像是一位几何学家的作品)。

浓描的民族志是介乎本文化和他文化之间的“第三种”作品,是“过程之作”和“协商之作”,是“致中和”的作品。它不是索绪尔的能指—所指二元对立之作,而是皮尔士的征象—对象—释象三元对转之作。

自西方工业革命发生,市场经济和民族国家形成两股巨流,席卷全球,势不可当。不过,全球化并没有带来政治战略家和经济设计师所预料的匀质化和普遍性,个殊化没有消失,差异没有消失。语言数量的减少被语言内部差异的增加所取代,而强大的政治和军事力量完全有可能让方言变成语言;民族国家的数量还在缓慢增加,而民族和族群冲突也并没有减少。全球化带来的是全球化的人口流动,难民、移民、游客、经销商、雇佣兵,构建起一个支离破碎的万花筒世界。我们进入了一个"风险社会",到处充满不确定性,"文化自觉"和"文化他觉"已经成为日常生存之道,从"己所不欲勿施于人"到"彼所不欲勿施于人",也正在成为共识。格尔茨问道:缺乏认同(Consensus)的文化还叫文化吗?不是民族国家(Nation)的国家还叫国家(country)吗?任何横扫千军的宏大话语都于事无补,任何战天斗地的雄心壮志也不能拯救世界。人类学者面对这个万象共生的全新世界,只能踏踏实实地投入个案研究,把它作为"诸行无常"的生活方式,作为"一切皆苦"的无尽过程。

## 五



作为实证主义真正奠基人的皮尔士晚年贫困潦倒,全凭老友威廉·詹姆士等接济,他感叹人生,说逻辑学最终要归伦理学,伦理学最终要归美学。同属实用主义阵营的杜威也提出思维的道德担当,这引起了格尔茨的共鸣(Geertz 1968)。社会科学的最终判准是道德判准。学者们的研究绝非说说而已,他们要为公众负责,要担当一份社会责任。格尔茨指出,社会科学对社会生活的影响,更多取决于它所体现的道德关怀,而不完全是它所产生的技术效益或者拿到多少研究经费(Geertz 2000)。以博厄斯和本尼迪克特为代表的早期人类学家,始终坚持文化相对主义,认为各个文化都有自己的价值,不可强为比拟,亦不可高低排序,它们自成一体,满足各自社会的需要。博厄斯和萨丕尔认为语言、文化和“种族”的边界常常互不重合,例如美国人都说英语,但他们的肤色可以不同;英国人和美国人都说英语,但他们的文化有所不同,等等。克拉克洪指出,人类多元文化中存在的不同价值与其说是不同的伦理,不如说是不同的品味:品味不同不等于人家就愚蠢无知或者邪恶。你可以从上面系扣子,也可以从下面系扣子。不过,克拉克洪认为,文化相对主义要有限度,不能过头。他认为有些文化和道德的标准可以是普遍性的,例如各个民族都会崇尚自己的文化准则,各个民族也都有普遍认同的道德规范。不过,在雷纳托·罗萨尔多看来,这样的普遍主义空泛而缺乏内容,是不可操作的、不可把握的。罗萨尔多指出,人类学者首先要有道德感,要肩负社会责任,要知善恶,明对错。在全球化的当今世界,文化区隔、自成一体的时代成为过去,人群交往、文化互动是司空见惯的社会常态;同时,文化不平等也开始浮出水面,人类学者要有社会担当,批评这样的不平等,不能够躲在文化相对主义的窠臼里,坐视弱者文化被压制、被贬低。其次,伦理相对主义不是文化相对主义的特例,它们是两码事情,分属不同的观念。罗萨尔多自认为是一个文化相对主义者,但不是伦理相对主义者。格尔茨把人类说成是“不完备的动物”,即他们的基因本身不会自然而然地驱动他们成其所为,后天的文化熏陶让他们成为社会人,培养出他们的行为方式和精神取向。人性只能在文化中实现。

以他人看待我们的眼光那样看我们自己,可能会令我们大开眼界。视他人与我们拥有同样的天性,只是最基本的礼貌。然而,置身于他人之中来看我们自己,把自己视作人类因地制宜而创造的生活形式之中的一则地方性案例,只不过是众多案例中的一个案例、诸多世界中的一个世界,却是困难得多的一种境界。此种境界,正是心灵宽宏博大之所本。倘若阐释人类学能在世间长保一席之地,将是得自于坚定不辍地阐扬这个稍纵即逝的真理。

浓描的地方知识和来自局内的民族志可以帮助我们克服我族中心主义,战胜文化帝国主义,想人所想,急人所急。罗萨尔多曾经深入菲律宾的伊隆戈(Ilongot)社群调查,多年共处并没有让他认同当地的猎头习俗。但有一件事却让他对自己的看法有所校正。当他获知自己要被招募参加越战的消息并告知当地的伊隆戈人之后,对方并没有因为他能够奔赴沙场灭敌而高看他[①];相反,他们安慰说:不要着急,我们会关照你,他们别想在这里找到你。[②]他们目睹过日本败北的战争,这冲击了当地的道德底线:为什么一个军官可以指挥士兵们去送死?此后,罗萨尔多虽然不能认同猎头习俗,但他改变了原来的恐惧感。

(费孝通先生和嘉木样大师同车去拉卜楞寺)车子一停,

① 他以为自己能够像伊隆戈人猎头那样战场杀敌,一定会赢得他们的敬重,不再认为自己是手无缚鸡之力的“奶油小生”。

② 1990年代末,我在广西壮族自治区北部山区做瑶族研究时,盛传香港要打仗,会打到大陆来。我的瑶族合作人阿金对我说:不要紧,你不要回去了,就住在我们这里,我用自己的木头给你盖房,你住在里面别出来,我们会保护好你。

> 他们就一拥而上,把头伸过来,意思是要求我们摩顶,有人甚至用头冲撞我们的汽车,这些行为,完全是他们内心世界一片虔诚的自发流露。我对他们真是感愧交加。他们是值得尊敬的人,因为他们是有理想的人,没有理想怎能这么虔诚?(费孝通 1992:218—219)

费孝通先生的感愧,就如同亚里士多德在谈到触发语言的"灵魂感触"(affections of the soul),可谓人类的伦理同感,只有在拨动伦理心弦的时候,"万方"才能"乐同"。日本导演黑泽明有一次到野外拍片,中间休息,信步上山,探访一位佛寺的住持,临别时,那童颜鹤发的长者赠送黑泽明一把扇子,上面写了三个字:"益众生"。面对行文简洁而寓意深远的墨迹,平日身居闹市的黑泽明感到了一种"震撼",他的心弦被拨动了。人类学家和他们的研究对象打交道,是否也能够在看似平凡的交往中感到同样的"感愧"和"震撼"?他们和本土人有无"心弦之交"?如果人类学家对于调查合作者的命运不闻不问,不和他们交心,一味关心自己的利益,如何指望人家接受你、帮助你呢?(Geertz 2000)赫兹菲尔德教授认为,人类已经学会更加直接地面对权力,对社会不公提出诉求;人类学深入普通人的日常生活,在深入调查中学习和理解他者。[1]在经济理性和市场法则压倒一切的今天,人类学者的责任更加重

① 【世界社会科学高级讲坛】Michael Herzfeld,"Engaged Anthropology",复旦大学新闻文化网 http://news.fudan.edu.cn/2013/0408/33025.html,2014 年 4 月 6 日登陆。

大,社会担当促使他们更加关注弱势群体,以丰厚可靠的比较民族志成果沟通天地,联络文化,承认差异,寻求共识。地方知识是宝库,不是“累赘”;是“安全岛”,不是“火药库”;是尊严所系,不是同化所指。

不深入理解他者的理解,不认真思考他者的思考,一厢情愿地规划宏图,越俎代庖地做价值判断,只能导致一个接着一个的失误,甚至导致灾难。关涉民族主义,当今世界有两种走向:在民族清洗和民族主义推动下,建构同质的“纯文化”和“纯政治”,即建立马赛克般并立的“同文同种同政”的国家;在政治文明的推动下,建设包容差异和拥有多元结构的协商对话的弹性共同体,语言差异和文化差异会长期存在,但这个共同体会因为拥有良好的价值认同和制度设计而保持稳定。借用维特根斯坦的“绳索”隐喻来说,这个“绳索共同体”不是从头到尾一股贯穿,而是多股重叠交叉,顶针续麻,互成“紧张关系”,紧紧交织在一起,对立而统一,最终“拧成一股绳”(Geertz 2000)。

格尔茨在1977年哥伦比亚大学的特里林纪念讲座上,旗帜鲜明地强调他者文化的完美;强调所有人类生活的神圣性和不可破坏性;强调男女平等和阶级之间、种族之间及辈分之间的平等(Geertz 2010)。我们这个时代特别需要人文关怀。无论是群体还是个人,其内在的尊严来自群体认同,民族、教派或者运动之所以能够焕发历史之光,是因为和其他同类比较起来,它们是佼佼者(Geertz 2000)。地方知识告诉我们:拥有美德的群体和个人,包容他者的群体和个人,是最有尊严的群体和个人。

## 本文参考文献

Geertz, Clifford. 1957. "Thinking as a Moral Act: Ethnical Dimensions of Anthropological Fieldwork in the New States". *The Antioch Review*, Volume 28, No. 2, pp. 139—158.

——. 1984. "Anti Anti-Relativism". Distinguished Lecture, the American Anthropological Association.

——. 2000. *Available Light: Anthropological Reflections on Philosophical Topics*. Princeton: Princeton University Press.

——. 2010. *Life among the Anthros and Other Essays*. ed., Fred Inglis, Princeton and Oxford: Princeton University Press.

Foley, William. 1997. *Anthropological Linguistics: An Introduction*. Oxford: Oxford University Press.

Nissim-Sabat, Charles. 1987. "On Clifford Geertz and His 'Anti Anti-Relativism'". *American Anthropologist* 1987 (89): 935—939.

Rosaldo, Renato. "Of Headhunters and Soldiers: Separating Cultural and Ethical Relativism". http://www.scu.edu/ethics/publications/iie/v11n1/relativism.html, accessed April 5, 2014.

布伦特,2008,《皮尔士传》,邵强进译,上海人民出版社。

费孝通,1992,《行行重行行》,宁夏人民出版社。

格尔茨,2000,《文化的解释》,纳日碧力戈等译,上海人民出版社。

李零,2006,《中国方术续考》,中华书局。

纳日碧力戈,2010,《语言人类学》,华东理工大学出版社。

维科,1997,《新科学》,朱光潜译,人民文学出版社。

# 目　录

我要问这是一种什么类型的戏剧？这是一种喜剧的体裁吗？它却没有令人发笑的字句。这是悲剧的体裁吗？它又没有任何恐惧、同情和其他伟大的激情。但它也有好处：在所有戏剧性的作品里，有了重要的主题时，诗人采用我们在严肃场合所用的语调时，以及剧情在困惑和窘迫中发展时，这戏剧中确有一种不必以荒诞去使人发笑、不必以真正的危险引起人们战栗的东西。据我看来，这些剧情即是生活中最普通的情节，这种戏剧的体裁则是最有用且最常用的。我称之为“严肃剧”。

狄德罗，《论戏剧艺术》

# 2000年版序言

展开一条新思路，还是维持一条旧思路，究竟哪个比较难？这真是很难判断的一件事。正如任何一个曾经想要出版一本续集、 ix 制造一件副产品或者从一个基金那儿拿钱来延长一项已在进行中的事业而不是开始一项“前沿”项目的人都知道的那样，衍生和延续不可能奢望得到一个新的开始凭着“肇始之无限的宏伟”而获得力量。再做一次可能会更好，但肯定不会更容易。

底气不足地自我标榜为“进一步讨论”的《地方知识》一书，显然是在重申一些既定的看法。自我的《文化的阐释》开始倡言关注“意义的网络”（webs of meaning）、“深描”（thick discription）和“深度游戏”（deep play）、“语言混乱”（confusion of tongues）、“讲出来的社会话语”（the said of social discourse）整整十年之后出版的这本书，既不是重头再论，也不是一个新的展开，而是对一些宽泛而不严谨的宣称进行实践的一番尝试。在召请了苍穹深处的诸天神佛之后，我想有必要显示祂们当中至少有一些真的降临了。

由于拿不出当初推销时广告上提过的全部东西——这是人文科学界的通病，我只好在这本续集里收罗了我的一些文章，这些文章貌似都以某种方式关系到知（knowing）的文化框架问题，或者说与我给其中一篇文章起的副标题——“思维的民族志”——有关。在讨论了社会思维（“的重新揣摩”）、道德想象（“的社会史”）和人类学理解（“的性质”）之后，接着讨论作为文化所建构的概念体系的常识、艺术和权威，讨论当代学术思维的风格，最后是篇幅最长的一篇讨论东方与西方、职业与俗民、法庭和法学的法律推理形式及其变异的文章。

我的构想本身是一项经验性而非玄想性的事业，此前它采取
x 了一种普遍哲学式的呈现方式，至此方才变得清晰明确起来。或者刚好相反，它变得更说不清。狄德罗的“严肃剧”里的“困惑”和“窘迫”（见本书开头处的那篇反讽题辞）在此俯拾即是。和任何科学作品一样（附带一提，我顶着来自唯物主义者、实在论者、实证主义者、批判理性主义者，还有最近出现的疯狂的超文本主义者的各种抗议，依然认为我的作品是某种科学作品），你越深入，事情看起来就越怪异。不管我们是朝哪里去，它都绝对不是终点、一条渐近线，或者一个万能的理论。

然而，就算一切普遍性的事物都无法企及，而且可能永远都如此，一切特殊性的事物却不是这样。在这些驳杂的“进一步讨论”中有一个主旋律一再浮现，构成了贯穿它们的驳杂性的共通目标和主题，那就是最古老、最令人执着，而且经常被说成是最能把人引入歧途的一个认识论课题：抽象知识与具体知识之间的关系。通论与个案、法则与事例、普遍与特殊、“知其然”和“知其所以然”、概略鸟瞰和直接观察、周边世界和整个世界——“解释”（*erklren*）和“理解”（*verstehen*），“知晓”（*savoir*）和“熟识”（*connaître*），“解释”和“理解”——通常被对立起来，作为分析元哲学的最终选择，这个选择一旦做出便无可改变，这是理性的宿命。然而，在这本书

里，它们却被视作人工炮制出来的阐释风格和意义寻求策略，能用的时候就拿来用，不能用的时候就被晾在一边：说穿了就是为了种种不同的目的而去构造思想、创作意义的方式。

“更准确地把握那无可名状的、自相矛盾的甚至独一无二的、特殊的事物，和抽象地建立无例外的规律，同样是科学恰当的目的——而且前一种科学还经常比后一种科学更具洞见。”这样的观念，在过去 25 年当中，随着理性主义的颠踬、实证主义的蒸发和“牛顿峥嵘的面容”（这是华兹华斯塑造的意象）逐渐逸出视界，已经稳步地获得越来越多的接受。“一切的知识都试图企及数理物理学的境界或甚至（更离谱的）图表经济学”这种观念，在区区几年前尚有几许简单明了的气息，如今便已荡然无存。从哲学上对自然法之性质的重新思考，到取决于视角（perspectival）、取决于观察者（observer-dependent）的解释的流行，一切的发展都在强化以个案为基础的知识在科学上的地位。“一沙一世界”不再只是泛神论的一句比喻。

不过，它依然只是一个比喻，而且其实是我常用来把难题给敷衍掉的一招。不管它能启发出什么，“小中见大”的意象总能从修辞上把核心议题给搪塞过去。如何从个案、事例和零碎的观察当中运动（穿过它们、跨过它们、在它们中间、通过它们、介乎它们之间），以达到更广泛、更超拔（尽管不期待它能堪破天机）的一种洞察？说得直白一点，如果人类学家不满足于当兜售怪异之物、惊人之物、在习俗成见看来属于“本地所无”的例外之物等个殊奇货的小贩（peddlers of singularities），他们就必须尽力把这些个殊之物拉到一个接近到足以了解的距离之内，并且用一种能使它们相互

辉映启迪的方式把它们联系起来。换言之，这里玩的就是语境化。

《地方知识》（本书）应该这么读，或说我试图让读者这样读它：它是用以揭示"把特定类型的现象放在能够引发回响的联系之中"这一做法的解释力的一系列例证。不论这个现象是巴厘岛烧死寡妇的习俗、摩洛哥的姓氏、纳瓦霍族阴阳人、约鲁巴雕塑、伊丽莎白时代的游行，还是穆斯林的法律程序，我都致力于一方面保留这些事物的个别性，同时在更大的意义世界中把它们展开。毫无疑问，方法是原始的，技术是粗糙的，成就也是不平均的。但这是一种熟能生巧的事，一位诗人（尽管他本有可能成为一位人类学家）曾经说：学习，就是做必须要做的事。

克利福德·格尔茨

普林斯顿

1999 年 8 月

# 导　　言

十年前，我汇集我的一些论文，冠上了《文化的阐释》（*The Interpretation of Cultures*）这样一个既表示谦逊又像个护身符似的标题，予以重新付梓。当时我自认这个标题已能钩玄提要，一如我在该书中所言：囊括了我向来诸多论述。然而，实际上却等于又给自己安上了一项责任。“谁说了一，他就必得说二”，在人类学的领域中亦复如此。况且，为了尝试说明那个本旨，我已经用去了生命中大半的时光。以下几篇论文，就是这些前因的结果。但在此刻，我其实心下完全了然。这些论文相去于其思路的源头，是何其接近，而与这种思路的结果，相去又是何其遥远。 3

我也比当时更为明白，“介乎鉴赏家对细微差别的偏好和诠释家对比赋参照的执着之间”的这种思路已如何广泛地流行于整个社会科学的领域。这样的流行，一方面只不过是单纯的历史使然。“文化现象应该被当成提出评注性问题（expositive questions）的符号指涉体系”，这个构想对于很容易被任何文学性的或不精确的东西激怒的社会科学家们的挑衅意味，在十年前远比在当下要强烈得多。另一方面，这个流行是下列认知增长的结果之一：处理这类现象的既定研究取向和“因果”式的社会物理学，并没有获得长久以来一直以它的名义承诺的预测、控制与可验证性的胜利。再

者，这个流行也是学术分工领域之间的藩篱逐渐泯灭的结果。比较宽广的现代思潮，终于开始侵入向来是（而且某些角落至今仍是）密闭而且隔绝的一个行业。

4 在这几项发展趋势中，最后一项可能是最重要的。海德格尔（M. Heidegger）、维特根斯坦（L. Wittgenstein）、伽达默尔（H.-G. Gadamer）和利科（Paul Ricoeur）等哲学家的观点，柏克（Kenneth Burke）、弗莱（Northrop Frye）、詹明信（F. Jameson）和菲什（S. Fish）等批评家的观点，还有福柯（Michel Foucault）、哈贝马斯（Jürgen Habermas）、巴特（Roland Barthes）及库恩（Thomas Kuhn）之类的全效性颠覆分子的观点，纷纷刺穿了社会科学界，使得任何简单回归这些学科的技术性概念的意图，都变得极为渺茫。当然，对于这种技术性概念的扬弃并非史无前例——在此绝不可或忘韦伯的大名，还有弗洛伊德与柯林武德（R. G. Collingwood），但是对它进行全面扫荡，却是空前之举。在20世纪这些比较撼人心魄的原创性作品的促使之下，关于社会的研究似乎已经迈上了趋向极端不规则的发展道路。

关于社会的研究确实日趋多元化。尽管我们之中还有人怀抱着自己所认定的一以贯之的大理念，然而建立一套能够穷尽所有社会事物的“普遍性理论”的号召，如今听来却愈发显得空洞，而宣称自己拥有一套这样的理论，则简直可视之为自大狂。究竟是因为时机太早，以至于尚不能期望有统一的科学；抑或时机已经太迟，使我们无法再相信会有统一科学出现的一天？这个问题还颇有争议的余地。然而，建立一套囊括万物之科学的理想，确实从未显得比它此时此刻的状况更遥不可及和难以想象，或者比现在更

理所当然地不值得期盼。社会学并未如帕森斯(Talcott Parsons)曾经半打趣地说的“即将展开”,而是正在土崩瓦解,仅剩一个空洞的架构(frameworks)。

既然架构就是文化人类学的本质——这个学科把绝大部分的精力用来努力判定这群人或那群人究竟认为他们自己的行为具有什么意义?那么,这个演变趋势自然能与文化人类学配合得十分贴切。即便处于普遍主义(universalist)情绪最高昂的时期(它呈现为进化论、传播论、功能论,以及最近的结构主义和社会生物学等样貌),文化人类学仍一贯地保有一种深切的意识:我们所看到的一切,是被“从什么位置看”以及“用什么东西看”这两个因素所决定。对一位民族志学家而言,透过陌生疏隔的概念机制整理形成的知识,其样貌总免不了是地方风土性的,无法与这种知识所运用的工具和其存在的界域相互析离。人们可以用空泛、概括的辞藻来掩盖这个事实,或者用强势的理论来模糊真相,但没有人能真正消灭这个事实。

长久以来,人类学一直是最单纯的学科之一,敌视任何知识上的虚伪气息以及某些学者以冷眼旁观者自诩时流露出的怪异自豪感,可是说来奇怪,人类学却显得已经做好了与现代学说之中某些最先进的品种相适应的准备。这类先进的学说大体上具有语境论(contextualist)、反形式主义和相对化的趋势,并将审视的焦点从“世界本然的样态”转向“我们谈论世界的方式”,即描绘、图表化、再现等。而这个方向的转移,已经相当顺利地被具有拓荒精神的学者们所吸收,用以应对陌生的认知与陌生民族的故事。最令人感到惊讶的是,这些学者曾不断地讨论维特根斯坦。反观人类学, 5

过去曾经主要是供人消遣娱乐、满足好奇心或增广见闻，外加（在殖民的语境下）便利行政管理的学科，如今却变成了玄思辩论的主要场域。自从埃文思-普里查德（Evans-Pritchard）和他奥雅难通的小鸡占卜、列维-斯特劳斯（Levi-Strauss）和他著名的大杂烩（*bricoleurs*）概念问世以来，在人类学的材料、人类学的方法以及人类学的观念之中，就掺入了关于“当前我们的思维方式”（沿用我在后文中的表述）这个领域的一些核心议题。

我本人的作品，就其讨论范围超过档案（这是人类学被大大低估的一项功能）而言，表现了我将思路逐步延伸到这场讨论的偏僻角落的努力。下面所有的论文，都是以民族志的知识（抑或是民族志的误解？天晓得！）为基础，针对普遍性的主题所提出的反思，对于这类课题，哲学家可能会立足于较具臆测性的基础来解决，批评家可能会诉诸较多的文本研究，而史学家则会倾向从较为归纳性的依据来立论。我将依序处理下列这些主题：社会理论的比喻（figurative）性质、相异心智间的道德互动（moral interplay）、想要用与他人一模一样的观点来看待事物在实际上的困难、常识在认识论上的地位、艺术的启示力量、权威的象征建构、现代智识生活喧嚣拥挤的纷歧性，还有人们认定为事实的事物与人们认定为正义的事物两者之间的关系，以求能或多或少地领略我们是如何理解非我族类的知识。

“对理解的理解”（the understanding of understanding）这项工作近来通常被指称为诠释学，而且，就这个意义来讲，把我正在做的事情打上这个标记，毋宁是相当合适的——特别是假若在前面冠上“文化的”这个词汇。但是，读者们在后面的文章中将不会

看到多少涉及“关于阐释的理论与方法学”(字典上给“诠释学”这个词的定义)的东西,因为我相信“诠释学”不需要被定型为一种超科学,就如认识论一样,而且这个世界上的普遍法则已经够多了。读者们将会看到的,实际上是对某些事物的一些阐释、对于这些阐释所蕴藏的某些我认为是较为宽广的意含之人类学化的阐述,以及象征、意义、概念、形式、文本……文化等几个术语的反复循环。这几个术语的反复循环,旨在提示一种体系的恒定存在,亦即所有这一切目标各异的研究,实则皆出于一种已经调整设定好的观点,也就是“我们应该如何构建一种对于社会之想象性构成的叙述”。

但是,就算观点已经设定妥当,将这种定见变成实际的存在并使之发挥功用的途径,却还在未定之天。不仅我本人循着这条路线所做的工作显得举步维艰,甚至其他所有的阐释性社会科学都面临一样的困难。这种踟蹰困顿的现象,并非导源于(如那些喜欢将其言论弄得浅易明确者所经常提出的)将闪烁逃遁之词装扮为某种莫测高深的新形式或者背弃理性诉求的欲望,而是因为置身 6
于如此混沌暧昧的一场探索中,真的不知道该从何处开始,而且就算莫名其妙地开始了,也不知道该走向何方。由于任何一段特定的论述,若看上去愈是次序井然、明细坦率,就显得愈笨拙,于是论证日趋诡谲,语言亦随之趋于隐晦。

从“试图通过将社会现象编织到巨大的因果网络之中来寻求解释”,转变为“尝试透过将社会现象安置于当地人的认知架构之中以寻求解释”,这样的改弦易辙,其实是将一条有完备图表的难题,换成一套大体上没有任何图表提示的难题。就如逻辑的力量一样,“不带情绪、普遍性以及以经验为根本”是所有配称“科学”的学问的标记。那些奉行确定性途径之人，为了求得这些难以把捉的德行，于是假想出“描述”与“评价”之间的极端分别，然后将自己严格地限定于描述的那一边。然而，走诠释学道路的人，则因为否认有这种截然的分别存在，或因发现自己或多或少同时跨在这条分界线的两边，因而不能运用这样简单利落的一种策略。倘若你像我所做的一样，撰写关于某些人，诸如摩洛哥的诗人、伊丽莎白时代的政客、巴厘岛的农民或美国的律师如何解说其经验的记叙文，然后从这些解说的记叙中，抽绎出某些关于表达、权力、认同或正义等东西的结论，那么你将在每一个阶段都会深刻地感觉到自己偏离了标准的论证体裁。任何一个人都得绕远路、走偏道，正如以下我引维特根斯坦的说法：人们会看见一条笔直的高速公路横在眼前，“但我们不能走上去，因为它已经永远地封闭了。”

对于绕远路和走偏道来讲，短篇论文的形式是最方便不过的。你几乎可以随意选个方向就开始走，因为可以肯定的是，如果这条路走不通，你可以回头走到原点再重新走另外一个方向，而不用承担太大的代价和失望的打击。此外，论述到了半道时才想回头修改，也比较容易，因为这不同于写一本专著或通论时的情况，你没有上百页的前论需要保留。信马由缰地踏入更狭仄的小径，或者绕了更远的路，都无伤大雅，因为此处所预期的进步并非是要不停地前进，而是盘桓漫步、即兴创作，“出于所当出，止于所不得不止”。当对于某个题目，无论是在此时此刻，或者是今后永远都再也无余话可说时，便尽管潇洒地将它遗弃，一如瓦莱里（Valéry）所言：“作品并没有完成，而是被放弃了。”



短篇论文的另一个好处是，它极易用来当作应酬文字。在猝

然拥至、品目繁多的邀约之中，比如在这里讲话、给那里供稿、缅怀 7
某人生前的事迹行仪或祝贺某人的功业、宣扬这个期刊或那个机构的旨趣，或者单纯地为了回报以前欠下的人情债……，要在这当中保持思绪的连贯，这种能力虽然很少被人提起，却是当代学术生活中一件不可或缺的本领。你当然可以抗拒，而且在一定程度上你不得不抗拒这一切，以免沦落到用咖啡匙来计算自己生命的地步。然而，即便你不想变成一个专门在讲台上要把戏的演员，你也不得不一而再、再而三地喊着人类学的劳动号子（“文化是习得的”、“风俗习惯各不相同”、“唯有众多物种方能成就一个世界”），把它们算到你的账上，然后把一个又一个针对特定场合的特定回应积累成理论分析上的一点进展。以下所有的短篇论文，都是这类针对彼此互不相关而且凑巧都是超乎我本务之外的邀约的特定回应。但是，它们也都是在将一个全盘性计划向前推进（或者，不论怎么说，好歹是朝着某个方向推进）的持续不懈地努力过程中所留下的足迹。不管这些律师、文学批评家、哲学家、社会学家，或者美国人文与科学院（American Academy of Arts and Sciences）里各家各派的硕学大儒（这里头有两篇论文是对他们宣讲的）等形形色色的读者要的是什么，他们所得到的就是“阐释人类学”，就是我的这一套道理。

开头第一篇文章，《文类的混淆》，最初发表于里诺市（Reno）的内华达州人文学科学术委员会（Humanities Council of the State of Nevada），是篇相当符合该场合的演讲稿。这篇讲稿的目的，是要讲讲某些能切合于“人文学科”和“社会科学”两者间关系这个题旨的东西。在一般人眼中，人类学家是生活于上述两个领域间的两栖动物，因而总是被人要求谈论这类问题。对于这个问题，我采取的反应是（谨遵闹场定律：如果你不知道答案，就议论问题本身），试图首先质疑上述区分的效力。诸如“自然科学”、“生物科学”、“社会科学”以及“人文学科”之类的宏伟标题，可以用于组织课程、筛选学者以将之纳入小圈子和专业社群之中，以及分辨智识风格的广泛传统等等。同时，理所当然的，在任何一个这类标签底下所进行的各种工作，确实也表现出某些大体上的相似性，并且与归属于其他标签底下的各类工作，表现出某些真确的差异。至少，到目前为止没有出现过运动（motion）的历史编纂学，而出现在小说里的“惯性”这个词的意义也通常与力学无关。然而，一旦这些标签被当成是现代智识生活的疆界图，或甚至更糟的是被当成给学术品种分门别类的林奈分类图谱，那它们就只会让人对在现实
8 世界里人们如何想事情、如何写下他们所想的内容的真实过程懵然不知。



至少就社会科学而言，一旦人们将视线从标签移注于案例，则任何想要用某种“本质与例外”和“自然物种”的方式来定义它们，并将它们安置在学术空间中某个确定的经纬度上的尝试，都注定要失败。除非是在最为空洞的范畴意义上，否则没有人能将列维-斯特劳斯的作品和斯金纳（B. F. Skinner）的作品摆在同一个范畴里。我在《文类的混淆》一文中论证：首先，目前这个看起来似乎混乱无序的情况已经是自然状态；其次，这样的情况正导致学者间亲和关系（即谁向谁借用了什么东西）的重大重组。最特别的是，这样的情况已经使愈来愈多的人在试图了解暴动、医院，或者为什么笑话能得到高度评价时，会求助于语言学、美学、文化史、法学或文

学批评的启发，而不是遵循过去的惯例，诉诸力学或生理学。我们无法完全清楚地论断这样是会使社会科学变得较不科学，还是让人文学研究变得离科学更远？（或者，如我所相信的那样，这其实是在改变我们对于“究竟什么东西能算是科学”的看法——尽管我们对此事的看法从来都不是很固定）而且这个问题或许并不重要。不过，有一点是清楚和重要的，却也是令人困扰不安的，那就是文类的混淆正在改变着社会科学和人文学科两者的性格。

这一发展之所以令人困扰不安，不只是因为谁也不晓得它将伊于胡底，也是因为当用以解释社会的那套语汇，伴随着它所蕴含的一套特定的词性、位格及隐喻意象的变化，整个都改变了，那么我们对于“这类解释由哪些元素组成”、“我们为什么需要这些语汇”，以及“它如何关系到我们认为其他各种有价值的东西”的意识也就必然随之改变。不单只是换换理论、方法、主题，而是彻底改变了这个行业的整体旨趣。

第二篇文章《在翻译中发现》，原本发表于哥伦比亚大学的特里林(Lionel Trilling)纪念研讨会。本文的目的，是想比较一位像我这样的民族志学者的作品与一位和特里林同类的批评家的作品，并且藉由发现这两者并非迥然不同，以具体阐述上揭论点。将巴厘人关于世间事物之本然的再现(representation)和我们自身的再现(作为一种对于前者的评注)置诸阐释的紧张关系中，以及测度关于生活情形的文学性描绘——比如奥斯汀(Jean Austen)、哈代(Thomas Hardy)或福克纳(William Faulkner)的作品，对实际生活中的待人处世之道的意义。这两种行动，不仅是系出同源，而且是以不同方式入手的同一类行动。

着眼于较本文的直接意图更为宽广的目标，我将这种行动命
名为“道德想象的社会史”，这意指对于我们的自我意识和我们的
他人意识之形成途径的追索。我们对于自我和他人（即置身于他
人之中的我们）的意识，不仅受到“我们与自己的文化形式打交道”
9 这一因素的影响，并且在相当大的程度上，受到非我们所直接拥有
的文化形式的陶冶。这些文化形式经由人类学家、批评家、史学家
等人物的重塑与再定向，然后转变成我们所间接、衍生地拥有之
物。特别是在现代世界，很少有什么东西是遥不可及的、逝去的和
奥秘难解的，也很少有人能发现什么未经人描述过的东西，我们的
生活可以说是彻底泡在元评注（meta-commentary，或超评注）里
头的（特里林所想象的格尔茨所想象的巴厘岛人的思想，以及格尔
茨本人对特里林上述看法的看法）。生活于世界的生命历程中其
他地方的他人看待事物的可能方式，对我们意识的影响力，至少不
逊于我们在此时此地（我们所在之处）对事物的直接感受。我想，
这种情况给我们的道德生活所注入的不确定性（姑且不论它如何
影响到我们在认识论上的自信），是造成我们同时相信太多在脑中
仿佛挥之不去的事物的感受的主因，也令我们迫切地关注自己究
竟能否采取任何立场（或者多少能给自己找到一个立场）来评判其
他的生活方式。正因为双方尽管在观点和方法上极为不同，但都
宣称能在这方面帮到我们，于是特里林之类尝试发掘出对现代人
谈论简·奥斯汀的方法的人，以及像我一样尝试想找出对现代人
讲述那些（就他们的思维预设与感受范围而言）比奥斯汀更为遥远
的想象建构（诸如烧死寡妇之类的事情）的方法的人，产生了关联。

我把各种文化解释家自称能为我们做到的事情称为“翻译”

(这个比喻至少自埃文思-普里查德以来就在我自己所在的学科流行),并且主张——借梅里尔(James Merrill)的话来讲——虽然这么做显然会失去很多,但也会发现很多,尽管这些发现可能模糊且棘手。然而,关于“翻译所牵涉的因素为何?”以及“它实际上如何受到影响?”这两个问题却悬而未解。在特里林本人亲自回应过的《从土著的观点来看》(本书第三章)一文中,我确实相当细密地检视了翻译的问题——至少是就人类学的意义而言。

或者,至少可以说是着眼于为自己的人类学。这次的场合,是对美国人文与科学院所发表的一场演说。当时他们要给我所做的工作颁一个奖,我想或许可以借着这场演说告诉他们,我所做的工作到底是什么样的东西。几年前,马林诺夫斯基(Bronislaw Malinowski)的《名副其实的一本日记》(*A Diary in the Strict Sense of the Term*)一书的出版,相当成功地推翻了“人类学家是凭借着通常称为‘同理心’(empathy)或‘钻进野蛮人的躯壳里面’的某种特殊能力才得以获得研究结果的”这样的观念。我不清楚这些观念究竟曾经流传多广(德沃托(Bernard DeVoto)在米德(Mead)的《并枕戈待旦》(*And Keep Your Powder Dry*)一书问世时,曾经沉声警示道:“人类学家写关于美国的东西愈多,我们对于他们有关萨摩亚的说辞就愈难以置信”)。但既然那本日记暴露了马林诺夫 10
斯基其实是个自我耽溺严重到会揣想自己当初若成为浪漫诗人可能会更好这样的人,那么关于人类学家到底是如何获得调查结果的(就像马林诺夫斯基,还有不管德沃托怎么说,米德也显然办到了)这个问题,就需要比较不主观的语汇来解决。

我曾研究过的民族,诸如各色各样的摩洛哥人与印度尼西亚

人,回教徒、印度教徒,还有一个伪装成其他民族的民族,每个都很难依据任何人的定义来称他们为野蛮人。但他们在处事之道上的相互差异,却大到足以让我们将此议题置入普遍性的关注焦点。为了证明这一点,我首先发现并描述了(颇似电报式地)普遍流行于中爪哇、巴厘岛南部、摩洛哥阿特拉斯山中部(mid-Atlas)的自我概念,并述及(更为电报式地)使这些概念得以广为传播的更为广泛的思考与行动架构。然后,我论证道:要搞定这类东西,人类学家所该做的,是在两种描述之间不断地穿梭航行,一种是愈益精细的观察(关于爪哇人如何分辨感觉、巴厘岛人怎样给小孩取名字、摩洛哥人怎样称呼熟人等等),另一种是日趋凝练、抽象的性质界定("寂静主义"、"戏剧主义"、"语境主义"),其要旨在于融会两种描述而操乎一心,使之展现为人类生活形式的一幅真确可言、有血有肉的图画。"翻译"在此不是简单地用我们自己陈述事物的方式来转述其他人陈述事物的方式(真相正是在这样的做法中流失的),而是用我们的语言风格来展现他人陈述事物之方式的逻辑。这样的概念,再次使人类学家的工作显得较近于批评家对于一首诗的阐释,而远于天文学家对一颗星球所做的考察。

不管它可能会是什么,用"我们的"语汇来掌握"他们的"观点这件事,就像骑脚踏车一样,做起来容易说起来难。接下来的两篇文章,就是条理比较清晰地运用这个方法,在常识和艺术这两个被某些人(不是我本人)描述为文化领域的两极上所做的牛刀小试。

的确,对许多人,特别是对它的捍卫者而言,常识绝对不是文化,而是不假智巧便得了然的、浅白的真理,单纯的人所认知的简明事实。因此,与这种(常识性的)观念针锋相对,我以《作为一种文化体系的常识》来破题。这篇文章是我在1960年代的一场社会运动期间，在安蒂奥克学院(Antioch College)的约翰·杜威讲座上首次发表的，我在其中论证，常识在过去是一种文化体系，是信念与判断的一个松散的联合体，而不是任何人都无可奈何地只能照样去认识的东西。确实有任何人都无可奈何地只能照样去认识的东西，诸如“石头是硬的”、“死是躲不掉的”等等。同时也的确有 11
些事情，诸如“石头是没有知觉的”、“死亡是令人不快活的”等等，没有多少人会怀疑其真确性——尽管华兹华斯(William Wordsworth)曾赋予顽石以道德使命，而法西斯好战分子曾在乌纳穆诺(Unamuno)高呼过“死亡万岁”。但与常识关系更大的，还是在于如何应对这样一个世界：其中万事万物的形质是被赋予的，而不单单是被认知到的。常识不是完美歌喉那样的一种优异的天赋，它是一种特定的心灵框架，犹如宗教虔诚或守法精神。而且就像宗教虔诚或守法精神(或伦理学或宇宙论)一样，常识一方面随地方的不同而殊异，而另一方面它却又具有共通的一种特定形式。

然后，这篇论文的其他部分都在设法阐明上述论点。首先是从人类学的文献中摘取出一些例证(埃文思-普里查德论巫术、埃杰顿(Robert Edgerton)论阴阳人)以揭示分歧的幅度，接着说明某些随便在任何地方的常识中都显而易见的特征(对精微细致的不信任、对实际事物的夸张崇拜……)，以彰明其形式。因此，一端是就各个特定的观点一一寻访其殊胜之处，另一端是以全球性的宽阔视野来定位贯穿于这些观点中的态度，在这两端之间的往返逡巡在此主导了分析的进展。只有在此处，我试图将讨论持续推进至范围更宽广的议题：人类学范畴的建构、这些范畴指涉的

普遍适用性，以及其使用条件。

一旦将焦点转向艺术，这些议题将变得更为针锋相对。因为关于它是否是一个能适用于“非西方的”或“前现代的”语境中的范畴的论辩，即便是与关乎“宗教”、“科学”、“意识形态”或“法律”等主题的类似辩论比较起来，也显得特别罕见地纷扰不休，而且它还特别没有建设性。不论你要怎么称呼这些东西：一个满满交叠着摄人心魄的动物形象的洞穴墙壁、一座做成阳具形象的庙塔、一具饰以翎翮的盾牌、一卷书法，或者一张刺青的脸谱，你终究有个要应对的现象，同时或许还要有这样一种意识：若将美拉尼西亚的库拉交换习俗（kula exchange）[①]或《地籍簿》（*Domesday Book*）[②]加上去的话，会弄混了这个系列。问题不在于艺术（或其他任何东西）是否是全人类共通的，而是在于我们是否能以一种能够使这些艺术品相互启迪发明的方式来谈论西非的雕刻、新几内亚的棕榈叶绘画、15世纪意大利的绘画，以及摩洛哥人的口占诗。

《作为一种文化系的艺术》这篇论文就是针对这个问题所做的探索。本文发表在约翰·霍普金斯大学举办的一场关于“符号学”（semiotics）的跨学科研讨会（这场聚会是为了纪念一度被该校开除的皮尔士（Charles Peirce）而举办的），撰文者的领域十分广泛，

① 库拉（kula）是美拉尼西亚人的礼物交换习俗，详情参见布罗尼斯拉夫·马林诺夫斯基：《西太平洋上的航海者》，张云江译，中国社会科学出版社2009年版。——译者

② 《地籍簿》（*Domesday Book*）为英王征服者威廉在11世纪命臣下汇集编纂而成，成书于1086年，中载英格兰全境13418个聚落之风俗习惯、封建地权等资料，为英国首部系统化的地方史文献汇编。——译者

从曼德尔鲍姆(Maurice Mandlebaum)、德曼(Paul de Man)和邓 12
兹(Alan Dundes),到艾柯(Umberto Eco)、西比奥克(Thomas Sebeok)和雅各布森(Roman Jakobson)。结果是,我对于如何以一种刻板地遵循教条的态度去避谈这类东西所花的心力,几乎不下于花在继续发展我的研究路径上的心力。特别是反抗将符号学(广义的符号科学)等同于结构主义的观点,在我看来是很重要的。(我一向都认为反抗作为高科技理性主义的结构主义是很重要的。)因此,我运用几个论据,诸如汤普森(Robert Faris Thompson)对约鲁巴人(Yoruba)线条的分析、福吉(Anthony Forge)对阿贝兰人(Abelam)颜色的分析、巴克森德尔(Michael Baxandall)对欧洲文艺复兴时代绘画构图的分析,和我本人对摩洛哥人修辞学的分析,来论证下列看法:将这些“能指”(signifiers)予以社会性语境化(social contextualization),相对于削足适履地将它们硬塞进样板框架,或将之支解成号称是它们“创生之源”的抽象规则体系,是领略它们“如何指涉”和“指涉什么”的较为有效的办法。让我们能够聚在一起有意义地讨论它们的原因,在于它们都能赋予人一种群体性的感知能力,以具风土特色的方式对当地土著呈现一种地方的心灵样态。

就像常识或者宗教、法律,甚至科学一样(虽然由于我们的成见,这么说极易招致公愤),艺术既不是以多彩多姿的伪装潜伏在各个不同文化中的某种超验现象,也不是如此彻底受到文化束缚以至于在欧洲以外全无用武之地的观念。不用说斯威尼(Sweeney)的法则(“我和你讲话得要用字”),就下面这么一件简单的事实,也都足以提示我们,极端的文化主义是没有出路的,将日本能剧与欧洲的歌剧，或者将沙拉克（Shalako）[①]与《火鸟》（*L'Oiseau de feu*）[②]连在一起思考，比起把它们当中的任何一个拿来与制造独木舟或者《民法典》关联起来思考，似乎要有意义得多（不过，回想起来禅学和摩托车维修的关联，我们对此倒不宜过度肯定）。除非是在最抽象也最空洞的层次上，比如“美的对象”、“感人的呈现”、“富表现力的形式”等等，我们不可能把这些极不相同的东西混同起来，这个事实提示我们，一种普遍主义的倾向不大可能更值得信赖。重塑思考范畴（我们的与其他民族的——想想“禁忌”），使它们可以超越其原本赖以创生的语境，并且藉由它们的意含以断定亲近性和标明差异性，这就是“翻译”在人类学中所显现的绝大部分意义。试想“翻译”对“家族”、“种姓”、“市场”和“国家”等概念所做的贡献，它实则就是人类学之所作所为中的一大部分。

接下来的文章，《中枢、帝王与卡里斯玛》是为一本纪念理论性社会学家希尔斯（Edward Shils）的书所写的。本文的焦点是一个
13 被严重糟蹋滥用的概念范畴，即“卡里斯玛”（charisma，意即领袖魅力），它与“异化”（alienation）、“自我”（ego）、“失范”（anomie），当然还有“文化”同病相怜，都是在整个社会科学领域中最有用也最受滥用的概念范畴。卡里斯玛本来是一个基督教神学上的词汇，意指一种天授的展现神迹的能力，后来被韦伯采用来当作在本

① 此处的Shalako可能是指Louis L'Amour所写的小说，讲述于1880年代，一群欧洲贵族到美属新墨西哥州游猎，遭阿帕契印第安人围剿，终为蛮荒英雄Shalako所救的故事。之后本书被拍成电影（导演爱德华·迪麦特雷克（Edward Dmytryk），肖恩·康纳利饰主角Shalako），1968年于慕尼黑影展得奖。——译者

② 此处的《火鸟》可能是指斯特拉文斯基（Stravinsky）所做的歌剧。——译者

世纪多到变得稀松平常的那种“朕即天命”式的领袖风格的标签。然而,最近兴起的这种过度流行,却隐晦了这个词的典故,并且几乎完全削去了它的政治意味,将它变成了名流、人气、魅力或性吸引力的时尚同义词。在《中枢》一文中,我尝试藉由比较三种御驾巡行的仪仗:多少算是基督新教的英格兰都铎王朝晚期、多少算是印度教的爪哇满者伯夷王朝(Majapahit)晚期,以及或多少算是伊斯兰教的摩洛哥阿拉维王朝(Alawite)晚期的御驾巡行仪仗,以期复原这个词的典故与政治意蕴。

伊丽莎白在其领土上巡行的仪仗,是贞洁、和平和海上安全的一种寓言式表达;哈炎·乌禄(Hayam Wuruk)的绕境御驾,象征了他是照耀于大地之轮上的日、月下凡;而穆雷·哈珊(Mulay Hasan)的巡行仪仗,则隐喻着他是天神意志的物质性展现。将这几个大观罗列并置,就像前面几篇文章中类似的古怪并置一样,是为了设法藉由协调对比,而非析离出规律或者抽象出类型,来尽可能地求得普遍性。这种形式的人类学思维的内涵,是由(或者说被预期是由)模拟所赋予的,而且它们的价值,端赖其理论性观念能够设定有效的模拟能力。同时,在此处,正是这种介乎对一位贞洁女王、对一位神,以及对一位忠信子民的司命崇拜三者间的模拟,训练了我们对于权力魔术的洞见,让我们能构筑出“卡里斯玛”的概念。

对上述这些支配象征极度复杂且精致非凡的传统王朝而言,这一切模拟引申或许是大可接受的。然而,将这个比较扩延至现代国家,就像我在这篇文章极简略的、说故事式的结尾处所做的那样,是不是把这个模拟过度引中到了不合理的程度呢?这是个颇

难回答的问题。在这些现代国家中，即便它们的高层政治的神秘性或许终有一天会被彻底消除，但任何人都可以怀疑如今它们是否已经做到这一点。无论如何，我藉着如此全景的比较手法所引出的这个普遍性议题，即“被设计来应用于很久以前或遥远异乡的一种分析模式，是否能运用在我们自己身上？”这个问题，依然悬而未决。“德沃托问题”是何其真切而不容遁逃，除了印象主义和夸张可笑的自我模仿，加上私自的意识形态一定程度的掺和以外，人类学针对现代文化的讨论究竟能得出什么东西？

在最后两篇论文（说得更准确一点是一篇论文和一部迷你型
14 的三段式通论）里，我将直面上述问题。《当前我们的思维方式》一文，原本发表于美国人文与科学院两百周年纪念研讨会，被安在研讨会的总主题“合一与分殊：心灵的生活”之下，作为相对于人工智能学家西蒙（Herbert Simon）所提论文的一种辩证性反论。这次，出于对这项使命的戒慎恐惧，并想到西蒙可能会讲些什么，我分辨出眼下正在流行的研究人类“思维”的两种相当不同的路径：一种是统合的，将人类思维理解为一个局限于个人并受法则支配的心理过程；另一种是多元的，将人类思维理解为一种依循文化的规范、历史性地建构的集体产物。前者是脑袋里的思维，后者是世界中的思维。我并不试图在两者之间做一个裁判（就双方的极端形式来看，比如以乔姆斯基（N. Chomsky）和沃夫（B. L. Whorf）为代表的话，两者都不怎么有说服力），而是首先追溯双方之间的张力，因为它早已在人类学界里以“原始思维”、“观念相对主义”和种种类似的形式呈现，进而发展成民族学理论的一种推进（且常常是一种扭曲）的力量。然后，我再回到阐释、翻译、析离涣散的文类

(disarrayed genres)与类推比较(analogic comparison)等观念,用以揭示如果我们想要对于心灵的生活有丝毫了解,我们必须先认识到现代思想的庞杂分歧性(即实际存在于我们周遭的、唾手可得的、以从诗到数学公式等任何一种形式存在的现代思想)。而且,要做到这一点,并不必然意味着排斥“人类思维有其自身的局限性与恒定性”这样的观念。

若要进行这项工作,也就是创作出一份对于现代思维的描述,其范围足以涵盖如此纷繁多样的工作:爬虫类动物学、亲属关系理论、小说写作、心理分析、微分拓扑学(differential topology)、流体力学、图像学与计量经济学等一切可以对我们构成起码范畴的东西,我们就必须将它们视为存在于社会世界中的社会活动。组成人文学与科学的各种学科和准学科,对于献身其中的人而言,其意含远超过一套技术上的职责以及行业上的义务,而是他们藉以安身立命的文化框架。物理学与古罗马兽骨占卜(haruspicy)、雕塑与人体刻花(scarification),至少在这一点上是相同的:对它们的从业人员而言,它们支持了一种体察生活的特殊方式,对于我们其他人而言,它们展示了这些特殊的体察方式。它们的不同之处在于:纵然在此之前,我们多少知道一点古罗马兽骨占卜和人体刻花所倾向于支持的那种体察生活的方式,但对于物理学和雕塑,以及其他所有“心灵生活”中的重大部门,绝大部分都还未有任何民族志记录,只有一些关于明显可见事物的确认的做法。

接下来,这篇文章余下的部分是一些反思,这些反思一方面是 15
针对学院中人为了吓阻我们用民族志的方法来研究他们的思想所祭出的妖魔鬼怪(“主观主义”、“唯心土义”、“相对主义”等等之类

的东西);另一方面则是针对一些已经运用在人类学中的方法,藉由这些方法,民族志方法将可驱散那些妖魔鬼怪瞎凑合成的乌合之众,成为切实可行的一条道路;最后是要讨论:倘若民族志方法真的付诸实践了,这种研究方向将有利于构建一个比时下仍居于支配地位的雅典士绅式的那种自由教育模式(不论它以怎样的伪装潜伏在哪一个剑桥)更实事求是的自由教育模式。然而,直到最后的那篇三段式论文中,"视思维为社会事物(*choses sociales*)"这个纲领才得以被放在经验中检验,这篇论文旨在探讨心灵生活中的一个特定课题——法律,而且是针对法律当中的一个特定议题,即在裁判过程中"寻找事实"与"适用规则"这两项工作之间的关系。

总题名为《地方知识:比较视角下的事实与法律》的几篇论文,是在1981年耶鲁法学院的斯托尔斯讲座(Storrs Lectures)上发表的,也是这本文集中仅有的几篇之前未曾印行过的文章。这场讲座的挑战在于,我必须努力想象出某种货真价实的人类学,而这种人类学同时又能引起律师、实习律师、法学教师,或许甚至还有古怪的法官的兴趣。面临这样的要求,我想讨论一个对于英美法学和普通法裁判均极重要的课题:"实然/应然"、"发生了什么/是否合法"的分别,并且追索在我自身的研究过程中碰到的三个法律传统,即伊斯兰教的传统、印度式的传统,以及马来—印度尼西亚的传统当中所具有的类似观念。我的想法是:首先,就这个议题在当代美国出现的样态加以检视;其次,描述这个议题在其他几个传统中所采取的形式之巨大差异——巨大到不得不把它们相当彻底地重塑一番;最后,谈谈在一个法律传统相对而言不再局限于其古代疆界，而被迫进入最直接且实际的一种对峙状态的世界中，上述差异对于有序的裁判程序之演化，能提供什么样的启示。

准此，这次讲演再一次叙述了一场相当具辩证性质的运动：往返于律师看事情的方式以及人类学家看事情的方式之间；往返于现代西方的固有文明与古代中东和亚洲的固有文明之间；往返于“法律作为一组规范性理念的结构”与“法律作为一组决策过程”之间；往返于充盈的感知能力与迅捷的案例之间；往返于“作为自治系统的法律传统”与“作为竞逐霸权之意识形态的法律传统”之间；最后，还往返于地方知识所生产出的狭隘想象与襟怀四海的恢宏想象之间。整体看起来，这场讲演几乎是实验性的：一项针对事实- 16
法律公式的试炼，观察它在经历了一连串急促变换的比较分析之后，还能残留下多少东西。结果并不令人意外，确实有许多挺过了，但也有许多没能挺过考验。举凡这类没有精确测量尺度的实验，都会得出这样的结果。然而，确实留存下来的东西（“一种具有普遍的逻辑一致性的语言”和“一种具有实际后果的语言”两者间的调适）与没能留存下来的东西（关于法律过程的“社会回响”观点），或许还有一点未尽的遗韵。

于是，归根结底，就像我们初次乍看时一样，对文化的阐释性研究展现了一种尝试：坦然面对人类在起居过活的行动中所建构起来的生活方式的纷繁多样性。在较为标准类型的科学中，最重要的诀窍是沿着统计学家称之为类型一和类型二的错误，也就是在“接受最好是予以否定的假说”以及“否定最好是予以接受的假说”两种错误的中间地带前进。此处的精义在于执两用中，即在“强解事物之意蕴至超越理性所容许的范围”的过度阐释（overinterpretation)与"对事物之意蕴理解粗疏,不合理性的要求"的不足阐释(underinterpretation)这两极之间前进。前一种错误是把属于黎民百姓的故事说得只有大学教授才能相信,这种错误已经广为人知,甚至有的被过度夸张了,但后一种错误,也就是把所有的人都矮化成鄙俗小人,像我们这些凡夫俗子一样汲汲营营于金钱、性、地位与权力,把那些崇高的理念都看成是伪饰,这种错误却远未为人所警惕。然而,这两种错误的害处其实难分轩轾。我们的邻人既不是火星人,也不是我们自己的劣等复制品。不论我们立足于哪一个"我们"来发言——是美国的民族志学者、摩洛哥的法官、爪哇的形而上学家,还是巴厘岛的舞者,这句话都能成立。

以他人看待我们的眼光那样看我们自己,可能会令我们大开眼界。视他人与我们拥有同样的天性,只是最基本的礼貌。然而,置身于他人之中来看我们自己,把自己视作人类因地制宜而创造的生活形式之中的一则地方性案例,只不过是众多案例中的一个案例、诸多世界中的一个世界,却是困难得多的一种境界。此种境界,正是心灵宽宏博大之所本,苟无此,则所谓客观性不过是自矜自满,而所谓包容性不过是伪装。倘若阐释人类学能在世间长保一席之地,将是得自于坚定不辍地阐扬这个稍纵即逝的真理。

# 第　一　部

# 第一章　文类的混淆：社会思维的重新揣摩 19

## 一

有几件事情，我认为是确实的。一件是，在近几年的学术圈里，出现了大量的文类混同现象，而且这种类属的混淆仍在迅速进展中。另外一件是，许多社会科学家已经扬弃以“法则与例证”(laws and instances)的理念而转向以“个案与阐释”(cases and interpretations)的理念来理解“解释”。对于将天体与钟摆关联起来的那类东西的寻求已渐趋式微，而追索将菊花与刀关联起来的那类东西却方兴未艾。另外，还有一件是从人文学科中摭取出的比喻在社会学认知中所扮演的角色，逐渐开始趋同于源出工艺与科技的比喻长久以来在物理认知方面所发挥的作用。更有甚者，我不仅认为这些事情是真的，并认为这些事情是一同成为真实的，而且皆由文化的变迁所使然。这个文化的变迁，就是本文的主题：社会思维的重新揣摩。

这里所说的“文类的混淆”，不只是像把哈利·胡迪尼(Harry Houdini)或理查德·尼克松(Richard Nixon)变得好似小说中的

20 人物[①]，或者把发生在美国中西部肆无忌惮的滥杀无辜描写得好似一位哥特式浪漫诗人的幻想。它指的是哲学研究看起来变得像是文学评论（譬如斯坦利·卡维尔（Stanley Cavell）对贝克特（Beckett）和梭罗（Thoreau）作品的点评，以及萨特（Jean-Paul Satre）对福楼拜作品的论析），科学讨论看起来像是文学小品（*morceaux*）（如刘易斯·托马斯（Lewis Thomas）、洛伦·艾斯利（Loren Eiseley）），绮靡富丽的幻想被表达得像是冷硬单调的经验性观察（如博尔赫斯（Jorge Luis Borges）、巴塞尔姆（Donald Barthelme）），用等式与图表或法庭证词所构成的历史（如福格尔（R. Fogel）与恩格尔曼（S. Engerman）、勒华拉杜里（E. Le Roi Ladurie）），读起来像是真实自白的文献记录（如梅勒（N. Mailer）），呈现如民族志般的寓言（如卡斯特纳达（Carlos Castenada）），写得像游记似的理论性文章（如列维-斯特劳斯（Lévi-strauss）），以史学研究相貌出现的意识形态论证（如爱德华·萨义德（Edward Said）），撰写得像是政治短评的认识论研究（如保罗·费耶阿本德（Paul Feyerabend）），如个人备忘录似的方法学论辩（如詹姆斯·沃森（James Watson））[②]。纳博科夫（V. Nabokov）的《微暗的火》（*Pale*



① 胡迪尼是美国著名的逃脱魔术大师；尼克松是1968年至1974年的美国总统。——译者

② 卡维尔，美国当代哲学家，他有关贝克特和梭罗的研究，参见 *Must We Mean What We Say* 和 *The Senses of Walden*；托马斯（1913—1993），美国医学博士，自1971年起，固定在《新英格兰医学学报》上撰写专栏，其专栏文集 *The Lives of a Cell*：*Notes of a Biology Watcher* 拥有广大读者，并曾赢得美国国家书卷奖；艾斯利（1907—1977），美国人类学家，著有 *The Star Thrower* 和 *The Unexpected Universe* 等书；巴塞尔姆（1931—1989），美国小说家，著有 *Snow White* 等书；福格勒与恩格尔：美国经济史

*Fire*),由诊所中的诗与绮想、脚注与意象所构筑成的莫须有对象的一本书,如今看来正领风骚。我们似乎只等着以诗赋书成的量子理论,或用代数写成的传记。

当然,广泛一点讲,这类事情并非空前绝后,卢克莱修(Lucretius)、曼德维尔(Bernard Mandeville)与伊拉斯谟·达尔文(Erasmus Darwin)都曾将他们的理论写成韵文①。但是当今百家争鸣、各执一端的景况,已经到了难以给作者安上标签(福柯是什么?史学家、哲学家,还是政治理论家?库恩又是什么?知识的史学家、哲学家,还是社会学家?),亦难以将作品归类〔乔治·斯坦纳(George Steiner)的《通天塔之后》(*After Babel*)究竟算哪一类?语言学、文艺批评,还是文化史?威廉·加斯(William Gass)的《论蓝》(*On Being Blue*)又应如何归类?议论、琐谈,还是忏悔文?②〕的程度。因此,这个现象不只是像古怪的运动或偶遇的珍玩奇物一

(接上页)家,著有 *Time on the Cross:The Economics of American Negro Slavery* 等书;勒华拉杜利:法国年鉴学派史家,著有 *Montaillou* 等书;梅勒(1923—2007),美国小说家,著有 *The Naked and the Dead* 等书;卡斯塔尼达,著名的"唐望故事"系列的作者;费若本(1924—1994),奥地利科学哲学家,著有鼓吹激进民主的 *Methodological Anarchism*;沃森,发现 DNA 双螺旋结构的诺贝尔物理学奖得主,著有《双螺旋》一书。——译者

① 卢克莱修(95—55BC),古罗马科学家,著有《物性论》(*On the Nature of Things*),以诗歌形式将伊壁鸠鲁的原子论系统化;曼德维尔(1670—1733),荷裔英国讽刺作家,著有《蜜蜂的寓言》(*The Fable of the Bees*),以一个蜂房的蜜蜂象征人类社会,该书影响了霍布斯的经济哲学,并为边沁和功利主义奠基;伊拉斯谟·达尔文(1731—1802),《物种起源》作者查尔斯·达尔文的祖父,著有《生物学》(*Zoonomia*)二卷。——译者

② 斯坦纳,美国文化学者及文学评论家,《通天塔》是一本讨论语言与翻译的作品;加斯,美国小说家及哲学家,《论蓝》一书的副标为"一项哲学探究"(A Philosophical Inquiry),以即兴的笔法探讨与"蓝"这个字和这个意念有关的种种本质。——译者

类的事情，也不只是用“依其定义，创新的事物本来就难以归类”这么一句大实话就可以草草带过的事情。这个现象已经普遍和显著到足以提示我们：我们所正目睹的，不仅是文化地图的又一次重绘，好比把零星的几段有争议的疆界改改、多标示出几湾景致如画的高山湖泊等等，而是地图绘制原则的一次转变。我们关于我们的思维方式的想法，正在发生变化。

我们毋需接受将写作(écriture)视为“许多指涉符号的符号”(so many signs signing signs)这样一种封闭的观点，也不必耽溺于文章所带来的愉悦之中，以至于让作品的意义被我们的主观感受彻底吞噬，我们还是可以看出，一种迥然可辨的民主气息，已经进入了我们对于所读所写的东西的观点之中。在给这些文章定性时，那种能将文章相互关联起来、摆上(从本体论上讲，终究属于)同一层面的特质，逐渐显得和那些能将它们相互辨析的特质一样重要。而且，我们面对的不再是一系列自然的类属，依其昭然立判

21 的性质差异来定位其形态，我们愈来愈可见到在我们周遭，是一个由旨趣纷歧、形构各异的作品所缀成的广袤的、几乎是连绵无间的场域，我们只能本于实际，相对地、并且在我们自设的目标驱策之下来经纬这片天地。我们并未失去关于阐释的惯例，而是比以前拥有更多，这些惯例是为了适应一个同时是流动的、多元的、无轴心的，而且无可整顿地杂乱无章的环境而建构的——通常是草率建构的。

就社会科学而言，这一切意味着：它们经常为论者所慨叹的“缺乏性格”，再也不能说是它们独具的缺憾。比起过去，如今已愈来愈难将社会科学视为低度发展的自然科学，只能等待时间与其他较先

进学科的援助予以强化;也愈发难以将它视为攘夺人文学科之使命的、既无知又好装腔作势的篡窃者,妄言保证谁也不敢保证的确定性;更难以将它当成一种明显独特的事业,一种介乎斯诺(C. P. Snow)的两种文化之间的第三种文化[1]。但这一切都朝着好的方向在发展:免除了一种要跻身于优秀品种之林的压力,因为没有哪个学科是比较卓越的品种,自认为是社会(或行为或人文或文化)科学家的人,获得了依据其必要性以塑造其作品的自由,而不必再遵循规定他们应该或不应该做什么的既定观念。在今日看来,克莱德·克拉克洪(Clyde Kluckhohn)给人类学下的评语[2](这其实是一张在知识界搞非法猎捕的许可证)不仅比他说这句话的时候更显真确,而且适用于人类学以外许多其他的学科。当我之前所描述的条件变成了普遍条件,自然就会有多种形式的社会科学百花齐放。

社会科学家于焉得见一个新的黎明:不再需要做仿冒的物理学家或者隐秘的人文学者,也不再需要创发某些新的存在领域来当作他们的研究对象。相反,他们可以循志业之所向而前行,尝试发掘集体生活中的秩序,并且当他们要完成其中的某些部分时,可以自由决定他们当下所做的工作如何联结相关的事业;同时,他们当中有许多人已经采用了一种实质上是诠释学的(hermeneutic)路径来进行他们的工作(当然,如果"诠释学的"这个字眼太骇人听闻,会如魔法般唤出圣经狂热分子、善舞文墨的伪佞之徒和条顿教

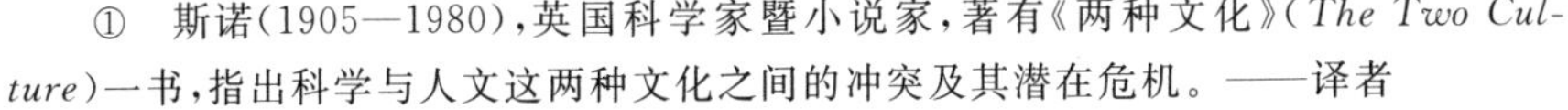

① 斯诺(1905—1980),英国科学家暨小说家,著有《两种文化》(*The Two Culture*)一书,指出科学与人文这两种文化之间的冲突及其潜在危机。——译者

② 克拉克洪(1905—1960),美国人类学家,著有《文化:概念和定义的检讨》(*Culture: A Critical Review of Concepts and Definition*)等书。——译者

授的鬼魂，我也可以改用“阐释的”这个字眼）。面对新一波的文类殊途异趋，许多人采纳了其他路径：结构主义、新实证主义、新马克思主义、超微观写实主义（micro-micro descriptivism）、超宏观系统建构（macro-macro system building），以及常识与无稽之谈的新奇混合——社会生物学（sociobiology）。但是，朝向“将社会生活构想为由象征〔符号、再现、指涉项（significants）、表达（Darstellungen）等各式专有名词〕组织而成，如果要了解这个组织并导出它的原则，我们就必须掌握其意义〔感知、意含、被指涉项（signification）、意义（Bedeutung）……〕”这一路线的发展，如今已经增长到惊人的比例。谜团般的树林里，挤满了急切的阐释者[①]。

22 阐释性的解释不仅是一种升格了的训诂学而已，它确实是一种解释的形式，它训练我们的注意力，使之聚焦于制度、行动、意象、表达、事件、习俗等社会科学兴趣所及的一切常见对象，对于拥有这些制度、行动、习俗等东西的人们所具有的意义。结果，它所提供的，并非像波义耳（Boyle）的定律、伏特（Volta）的电动势，或是达尔文的机制那样的东西，而是像布克哈特（Burckhardt）、韦伯或弗洛伊德那样的思维建构：有系统的解开领袖（*condotiere*）[②]、卡尔文主义信徒或受迫害妄想症患者俯仰于其间的概念世界。



---

① 格尔茨在此一方面影射仪式象征人类学大师维克托·特纳的名著《象征的森林》（*The Forest of Symbols*），同时也是对英语惯用的一种比喻的巧妙运用：在英语中谜团常被比喻为森林，故而也常以走出森林来比喻解开谜团，但诠释者们不但不试图走出森林，反而主动地涌进森林。——译者

② 这个字是很古老的意大利文，可直接上溯至古拉丁文的传统。它最常运用于指涉欧洲中世纪十字军的将领，之后，一直到 19 世纪中叶意大利统一建国前，仍可见诸文书，但在此之后便极少见。故格尔茨在此运用此一词汇，而不用 leader 或 general，可能用意是在强调它在历史脉络中的意味。——译者

这些思维建构的创作方式本身各不相同：布克哈特运用描绘，韦伯设计模型，而弗洛伊德则用诊断法，但它们率皆表现了这样的努力：阐述这个或那个民族、这个或那个时期、这个人或那个人如何构造意义，并藉由理解这些，进一步阐述我们对于一般的社会秩序、历史变迁或心理机能运作的领悟。虽然实地的探索是指向某些个案或几组案例，且其个别所针对的特殊性状区分了它们的差异，然而其目标却与力学或生理学一样远大：明辨人类经验的材质。

伴随着这样的目标和这种追求目标的方式而来的，还包括在分析性修辞及解释的意象和比喻方面的创新。因为一切理论，不论其是否是科学性的，主要都是藉由类比来运作，也就是把较难把捉的事物以“把它看作是”较易领略的事物的方式来领会（比如地球是一块磁铁、心脏是一个泵、光是波、头脑是一个计算机、太空是一个气球等等），当它的进程改变了，它藉以自我表白的呈现手法也随之改变。早期的自然科学并没有像今天这样严重地把类比的范围限制在自身的门墙之内——其实直到今天也还有一些学科如控制论（cybernetics）、神经学尚未演变到如此地步，在当时，自然科学是被“技艺”以及后来的“工业”所支配的。当时，技艺与工业提供了人们已周详理解的事实中的大部分（理解周详是因为“既系所为，知之必确”（certum quod factum）[①]，诚如维科（Vico）所说：它们是人造的），藉由这些已理解的部分，可以将难以理解的那些

① certum 意为 certain 一肯定、确知；factum 即 built，made，constructed 一建立、制作；quod factum 即 that/which be built/made/constructed 一所建立、所制作之事物。　译者

东西(难以理解是因为人还没把它们制造出来)拉进已知的圈子里。科学受惠于蒸汽机之处,远过于蒸汽机受惠于科学之处;没有染匠的技艺就没有化学;冶炼学则是采矿的理论化。在社会科学之中,或说至少在那些已扬弃以一种化约论的概念来诠解社会科学之职分的学科之中,愈来愈多的类比系取自剧场、绘画、文法、文学、法律、表演等等文化展演而非物体操作的灵机巧思。国际象棋向社会学提出了保证:做到杠杆为物理学所做的贡献。

23 当然,保证并非总能兑现,而且若真的兑现,通常也流于在威迫之下而不得不然;但是,以赌客与美学家们,而非水电工和工程师们比较熟悉的词汇来陈述社会理论,已经是大势所趋。复归于人文学科门下,以求取用于社会科学中的解释性类比,这种现象一方面是文类范畴崩解的证据,另一方面则昭示了“阐释当令的时代”已告崛起,而其最明晰可见的结果,便是社会研究话语中那种修正的论述风格。推论的工具正在转变,社会愈来愈少被再现为一种复杂的机械或一种准有机体,而愈来愈常被再现为一场认真的博弈、一场路边戏剧,或者一份用行为写成的文本。



## 二

把创作、研究与解释的属性拿来这么一阵穷摆弄,理所当然地表现了社会学想象的一次极端地转变,把它推到一个既困难又不熟悉的方向。而且,就像所有这类心灵风格上的转变一样,这波转变会导致模糊和幻觉的可能性,与导致精准与真确的可能性相仿。倘若要避免其结果流于精致的唠叨或者较高级的胡说八道,就必须发展一种批判意识；而且，既然如今从人文学科处取来的想象、方法、理论与风格比以前多得多，这种批判意识亦将主要是来自于人文学者与他们的理论支持者，而非来自自然科学家和他们的辩士。若说多年来一向视社会科学家为科技人员或非法闯入者的人文学家没有这个本事，恐怕是过度贬抑之词。

刚刚才得以自免（而且还只是局部性的）于概括法则、统一科学、操作论等等这一切社会物理学迷梦的社会科学家们，几乎不可能有更高的本领。对他们来讲，这场志业认同的全面性混淆，来得正是时候。假如他们要发展分析的体系，则“追随一个原则”、“建构一种再现”、“表达一项态度”或者“形成一个意向”之类的概念将会在其中扮演核心角色，而不是“析离出一个原因”、“确定一个变量”、“估算一种力量”或者“界定一种功能”这类的概念。他们将会需要从比他们更熟悉这类观念的人那里求得一切协助。跨学科的兄弟互助关系不在所需之列，更毋需企及兼纳百家之长的渊博高
迈，所需要的是各方面的学者都能认知到：将学者们聚合成一个知 24
识分子社群，或者将他们分划到不同的知识分子社群（这两者其实是同一件事）的这条理路，如今正循着一些极不寻常的角度前进。

当社会科学家试图在社会分析中运用从人文学科袭取而来的模型时，人文学者对社会科学家之实践做法的反思似乎最显迫切。洛克将这种袭用称为“本于类比的审慎推理”，并说它“经常引领我们发现舍此之外无由得知的真理和有用的产物”。（虽然“生意上的伙伴关系”与“社会契约”两者间的关系也很能符合他的论旨，不过洛克当时谈的是“用两根木棒相互摩擦生火”与“热力的原子撞击理论”两者间的关系。）长保谨慎戒惧之心来进

行推理,因而使之有用,因而使之为真——套用一句俗话——就是这种游戏的名字。①

"游戏"的譬喻不但在当代社会理论界变得日益流行,也愈来愈需要批判性的检讨。将这样或那样的社会行为视为这种或那种游戏这种做法背后的驱动力,来自许多根源(或许也不能排除观赏性的运动比赛在大众社会里的显要地位),而其中最重要的,当属维特根斯坦视生活形式为语言游戏的观念、赫伊津哈(J. Huizinga)的文化荒谬观,以及冯·诺依曼(John von Neumann)和摩根斯坦(O. Morgenstern)的《博弈论与经济行为》(*Theory of Games and Economic Behavior*)②。维特根斯坦创造了"将有意的行动视为遵循一套规则"的观念;赫伊津哈提出了"比赛是为集体生活之典范形式"的观念;而诺依曼和摩根斯坦则贡献了"将社会行为视为以得失分配为目标的钩心斗角"的观念。将三者合并观之,他们推进了社会科学领域中一种自己神经紧张、同时也制造他人神经紧张的诠释风格,它糅合了对于事物之形式上的秩序性的一种强烈意识,以及同样强烈的一种对于此种秩序之极端的独断性意识,就好比说不管棋再怎么下,终究不能超乎棋盘的定制,但是,棋盘本来也可以是别种样子。



① 此处的原文为game,可译为游戏,亦可译为比赛、赛局、博弈,如政治学界就普遍将game theory译为"赛局理论",这个字在下面一段中出现多次,状况均同于此。——译者

② 赫伊津哈(1872—1945),荷兰文化史大师,著有《游戏的人》(*Homo Ludens*);冯·诺依曼(1903—1957),匈牙利裔美籍数学家,为博弈理论的创立者,他与奥地利经济学家摩根斯坦合著的《博弈论与经济行为》,为该领域的经典之作。——译者

举例言之，或许是当今美国最受推崇，当然也是最有天分的社会学家欧文·戈夫曼(Erving Goffman)的著作，几乎完全建基于博弈类比之上。(戈夫曼也相当大量地援用舞台的语汇，但既然他将剧场视为做法怪异的一种互动性游戏——戴着面具的乒乓球赛，所以他的作品终究不能算是真的剧场形式论(dramaturgical))。戈夫曼几乎对于他可以措手的一切东西都用上了博弈的想象，既然他完全不尊重财产权，这些东西可谓为数极多：构成间谍世界的尔虞我诈、超谎言(meta-lies)、不可置信的真理、威胁、折磨、贿赂与勒索，都被解绎成一种“表达的博弈”(expression 25
game)；一场骗术大观则被说得颇似人生常态，因为〔模仿康拉德(Conrad)或勒卡雷(Le Carré)的口吻来说〕“戏中人与我们所有人都有一点像，而我们每个人都有点像剧中人”。于是乎礼节、外交、犯罪、融资、广告、法律、引诱以及日常的“戏谑性礼仪的领域”(realm of bantering decorum)，都被视为“信息的博弈”(information games)，亦即由参赛者、队伍、动作、位置、标志、信息状况、赌博与结果所联结成的迷宫似的结构，只有“够格的玩家”，即那些有意愿和能耐去“隐藏几乎一切事情”的人，才能在其中获胜。

在戈夫曼的作品中，一所精神病医院或任何一所医院、监狱，甚至寄宿学校里所发生的情况，都叫作“有自我的仪式性博弈”(ritual game of having a self)，在这个博弈里，管理人员掌握了绝大部分的人头牌和所有的王牌①。再如两人间的私语、陪审团的

① “人头”的原文为 face cards，“王牌”的原文为 trumps，前者指扑克牌中各花色的 A、K、Q、J 等有人像在上的大牌，操中文的玩家常俗称之为“人头”。后者指在桥牌局中，属于叫到王的花色家族中所有的牌。——译者

密议、“由肢体上相互紧邻的人所联合进行的工作”、双人舞、做爱和拳击等等，总之所有一切面对面的遭遇，通通都是博弈。在其中，“正如每个精神错乱者和喜剧演员都一定知道的：任何一个确然属于不符常轨的动作，都可以立即捅破遮盖现实的薄薄面纱”。社会冲突、倒错、投资、性角色、宗教仪式、地位排序，乃至“获得他人接纳”这样一个单纯的需求，都遭到了同样的处置。生活完全就是一个各种战略的大拼盘。

也许我们可以改用戴蒙·鲁尼恩（Damon Runyon）发明的那种稍微好听一些的说法[①]：生活也不完全是战略——只有六成是战略。从戈夫曼的作品，以及以这样或那样的方式追随他或仰赖他的那一大堆学者的作品中，所呈现出来的社会形象，是个人或个人的联盟投身于结构清晰但意义不明的谜一样的博弈中，演出一派巧夺先机、争取优势、诓言蒙骗、虚张声势、欺敌伪装、阴谋诡计以及公然要诈等无止无尽的钩心斗角，这些伎俩虽然有时颇为巧妙，但大多数是谐谑可笑的。戈夫曼的作品体现了对于世间事物的一种极端不浪漫的观点、苦涩而苍凉的认识，以及一种与传统人文主义式的情怀格格不入的心境。但是，其力道不因此而稍逊，而且就此说所抱持的“既来之，则安之”、随波逐流的应世之道观之，它也不是那么不合人性。

无论如何，并非所有关于社会生活的博弈式概念都如此的严

① 鲁尼恩（1884—1946），美国短篇故事作家和幽默作家，擅于描写赌博、赛马和犯罪世界。其作品许多被改编为百老汇歌舞剧，尤以《红男绿女》（*Guys and Dolls*）最为脍炙人口。——译者

酷冷峻,其中有某些确实相当生动有趣。将它们全体关联起来的是这样的观点:人类较少的为强力所驱使,而是更多的依循规则而行,这些规则如此这般地提示了战略,这些战略又如此这般地推进了行动,而这些行动又如此这般的自我满足:不为别的,只是为了运动(*pour le sport*)。恰如真正的赛局,比如棒球、扑克牌或巴棋戏(Parcheesi)[①],都会建立起自己的一方小小的意义宇宙,在其中可以做某些事,不能做某些事(你不能把象棋中的车迭在骨牌上头),可与之相类比的事物,诸如祭拜、政府或男女之事(你不能在一家银行里违反公序良俗)等等,也是一样。将社会视为一个种种
赛局的集成,意味着将之视为众多既定习俗与适当程序的一个巨 26
大而多元的总汇、一个紧密的、毫无罅隙的行动与反应的世界,易言之,生活就如一套规则(life *en régle*)。“我很好奇!”,传闻梅特涅亲王(Prince Metternich)曾在一次宫廷大宴上[②],听了侍臣对他耳语道:“统治所有俄罗斯人的沙皇已经驾崩!”他马上回应道:“我很好奇他这么做究竟有何居心?”

赛局的类比,不是一个能够被人文主义者接受的看事情的观点。人文主义者不喜欢将人构想为遵循规则而沽名钓誉之辈,而视之为自由行动并追求实现其较为巧妙之能力的动物。然而,赛局的类比能够对现代生活的一大部分现象做出相当充分的解释,而且能以许多方式把握到现代生活的色调,这是很难否认的事实。



---

① 是流行于印度贵族之间的一种结合掷骰子和走棋子的游戏(颇似大富翁),已有数百年历史。——译者

② 梅特涅亲王(1773—1895),19 世纪叱咤欧洲的奥国首相。——译者

(就像最近《纽约客》上的一幅漫画说的:“假如你受不了马基雅弗利主义,就滚出权谋家的圈子。”)因此,如果要反驳赛局的类比,绝不能只是蔑视、拒绝透过望远镜去看,或者慷慨激昂地重申神圣的真理、引经据典来反对摆在眼前的事实。该做的事情是落实到事物的细节处去检验这类研究,并且批判其诠释,无论对手是将犯罪解释为特异赌博的戈夫曼、将变性解释为认同游戏的哈罗德·加芬克尔(Harold Garfinkel)、将自闭症解释为规则混淆的格雷戈里·贝特森(Gregory Bateson)[①],还是将一个中东集市的运行解释为信息竞争的笔者本人。当社会理论从具推动力的譬喻(活塞式的语言)转向荒诞不经的譬喻(闲聊的语言),人文学科与社会理论论证间的关联,就不再像是一个心存狐疑的旁观者,而是难辞其咎的共犯——因为前者其实是后者想象的源头。



## 三

将社会生活比拟为剧场——把世界比拟成一座舞台,而我们则不过是演技拙劣而又自以为是的群众演员,这种做法无疑早已以一种偶然随兴的样貌与我们长相左右久矣。而且,至少从1930年代迄今,来自舞台的词汇(如最为人所熟知的“角色”一词)就已经是社会学话语必备的行头。相对来讲,比较新的情况(虽然新但并不是前所未见)只有两点:第一,这种类比的分量日益加重,渐渐

① 加芬克尔,美国社会学家及民俗学方法论的创始者;贝特森,英国人类学家及沟通大师。——译者

被深刻而且系统性地运用,而不再是在这儿放几个暗示、在那儿摆一撮比喻那样零零碎碎的点缀。第二,它愈来愈少以“只不过是作戏”、“假面具”和“木头演员模式”(mummery mode)这类具贬抑性质的一般用法出现,而越来越常出之以一种建构性的、真正剧场形 27
式论的样貌,正如人类学家维克多·特纳曾说的:是创造,而不是伪造(making,not faking)。

这两项发展当然是有关联的。对于“剧场”也就是“艺术性的表现(poiesis)”究竟是什么这个问题,所谓建构论的观点(constructionalist view)意味着:在社会科学领域中的剧场视角所必须要论及的,不仅是指出我们都有自己的入场门和出场门,而且我们都扮演角色、过失提示和喜欢假装。不管舞台是不是巴纳姆和贝利马戏团(Barnum and Bailey)的世界[1],也无论我们是不是傀儡,只要我们想认真地运用剧场的类比,就必须深入到这类耳熟能详的讽刺背后,探索那些使集体生活看起来像是那么回事的表意手法。类比的麻烦(但却也正是类比的价值所在)在于它把加以比较的两个对象双向联结了起来,于是就因为要弄了剧场的词汇,一些社会科学家让自己陷入了剧场美学错综复杂的谜团之中。

在社会科学界,把剧场类比运用得较为彻底的几种做法,也就是把剧场当成一种模型而不是偶一为之的譬喻的做法,分别派生自人文学科中一些理路并不完全一致的思想源头。一方面,它们扣连到所谓的剧场的仪式理论,与该理论有关的人物差异甚大,从简·哈里森(Jane Harrison)、弗朗西斯·弗格森(Francis Fergu-

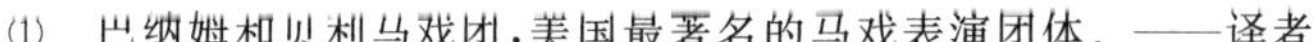

[1] 巴纳姆和贝利马戏团,美国最著名的马戏表演团体。——译者

sson)、T. S. 艾略特(T. S. Eliot)到安托南·阿尔托(Antonin Artaud)[①]。另一方面,则有美国文学理论家兼哲学家肯尼斯·柏克(Kenneth Burke)所提出的象征性行动——他本人称为"剧场主义"(dramatism)。(至少就美国而言,此公的影响力虽然巨大,但究竟有什么具体的影响却也难以说清,因为几乎没有人真的能仿效他那种精雕细琢而兼以凝练简约、比例亭匀的辞藻)。麻烦就在于这些路径彼此南辕北辙:仪式理论倾向强调剧场与宗教的亲和性,视戏剧如圣餐仪、视寺庙如舞台;象征行动理论则走向剧场与修辞学的亲和性,视戏剧如说辞、讲台如舞台。这种分歧使我们很难锁定类比的基础:假如说在剧院里进行的一切和在公众场域里所发生的一切是相同的,那么究竟哪一个才是基准呢?仪式和意识形态两者均具戏剧性,这一点是相当明显的,就像礼仪和广告一样。但是,这样的共同性有何意义却很难说得清。



在当今的社会科学界中,维克多·特纳或许是仪式理论取向最强烈的支持者。特纳,一位由英国制造、经美国改造的人类学家,经由一系列瞄准某非洲中部部落之仪式生活的优异作品,发展出"将'社会剧场'视为一种再生过程"的概念(相当接近于戈夫曼"将'社会竞赛'视为战略性互动"的手法),这个概念已经吸引了大量颇有才气的研究者,进而创生了一个具鲜明特色并且实力雄厚的阐释学派。

---

① 哈里森(1850—1928),英国古典学者和考古学家,其有关神话的仪式性理论的著作,参见 *Prolegomena to the Study of Greek Religion* 等书;弗格森(1904—1986),美国戏剧评论家及教育家,相关论著参见 *The Idea of a Theatre*;阿尔托(1896—1948),法国戏剧理论家,其残酷剧场理论参见 *The Theatre and Its Double*。——译者

据特纳观之，社会剧场发生在“从国家到家庭等社会组织的各个层次上”。它们兴起于冲突的情境，比如村子里出现派系斗争、丈夫打老婆、地方反抗中央政府等，这些冲突通过公开演出的惯例化行为，而导向这些冲突情境的终局。当冲突升高，呈现危机和被激起的高涨情绪的流动，人们一方面更强烈地感觉到被束缚在一种共同的情绪中，另一方面则感觉到自己从社会的纽带中被松解出来，此时便会诉诸如诉讼、仇杀、牺牲、祷祝等仪式化的权威形式来平靖局势，并使之恢复秩序。如果它们成功，裂痕将得以弭平，而现状（或某种类似的东西）将得以恢复；如果不成功，局面将被理解为药石罔效，而事态终将演变至多种不幸的结局：迁徙、离婚，或者在大教堂里杀人等等。特纳与其追随者分别以不同的严谨和细密程度，将这个样板图式应用于部落的过渡仪式（passage rites）、治疗仪式与司法程序；应用于墨西哥人的暴动、冰岛人的历险记以及圣托马斯·贝克特（Thomas Becket）与亨利二世之间的嫌隙①；应用于草莽传奇②、千禧年运动、加勒比海地区的嘉年华会以及印第安人采集佩奥特掌（peyote）的行动③；还应用于1960年代的政治暴乱。一个万金油似的形式。 28

---

① 圣贝克特（1118—1170），英国主教及殉道者，担任坎特伯里总主教期间，为保护教会特权而不惜与致力伸张王权的英王亨利二世冲突对峙，后遭王室廷臣谋杀。——译者

② 原文为 picaresque narrative，意指一种传奇历险故事，其主角不是英雄豪杰，而是粗俗的、道德节操并不高尚的凡夫俗子，但却颇有讨人喜欢的性格特质。这种文类最为人熟知的作品，在西方有《汤姆历险记》，在中国文学中，最为接近的是像《水浒传》和《明英烈》这两本传奇演义中的故事，故将之译为“草莽传奇”。——译者

③ 佩奥特掌是一种具有迷幻成分的植物，深获许多印第安部落的崇拜，印第安巫师每年会带领信徒进行一次仪式繁复的采集行动。——译者

这种对于各种案例来者不拒的性格，既是仪式理论版的剧场类比的主要力量所在，同时也是它最重大的弱点。它可以揭露社会过程中某些最深刻的特征，但代价却是使原本差异鲜明的事物呈现出单调的同构型。

由于它立足在“社会行动之重复性表演”这个维度上，亦即从“已知形式的不断重演和由此导致的重复经验”这方面着眼，仪式理论不仅将这类行动的时序性与集体性的向度以及其与生俱来的公众性质表露得淋漓尽致，而且还阐明了这类行动所拥有的巨大力量不只能够扭转意见，甚至如英国批评家查尔斯·摩根(Charles Morgan)在讨论戏剧的性质时所说的那样，能够真正改造这些意见持有者本身！摩根写道：“(戏剧)的巨大影响力，既非智识上的说服也非感性上的悦乐……而是整出戏剧对于人类灵魂的全面包围。我们只得投降，接受改变。”或者说，至少当它的魔法生效时，我们“只得投降，接受改变。”摩根在另外一段妙文中，指称
29 “形式的悬疑未定……一项明知已完成之事的未完成性”是这种“包围运动”(enveloping movement)的力量来源。而正如仪式理论家所阐明的：当这种“包围运动”出现在女性成年礼、农民革命、民族史诗或者专断暴虐的法庭(star chamber)中时，这种力量绝无丝毫逊色(也绝不会被视为来自另一个世界的空想)。

然而，这些形式上相似的过程，却有着不同的内容。我们也许可以这么说：它们诉说着相当不同的东西，因此对于社会生活也就有着相当不同的意含。同时，纵然仪式理论家并非没有认知到这个事实，但正因为他们如此专注于事物的一般性运动，他们终究缺乏应对这个问题的工具。他们从各个种类、形态与指涉意义的社

会过程中，领略出伟大的戏剧式节奏和支配性的剧场形式（然而实际上仪式理论家在处理喜剧的那种循环反复的阶段性上的表现，远胜于他们对悲剧的那种线性和消耗性进展的处理，因为他们常把悲剧的终局视为失误而不是圆满）。但造成分殊的细节，亦即使《冬天的故事》不同于《恶有恶报》，使《麦克白》不同于《哈姆雷特》的那些东西，则遗诸百科全书式的经验主义：也就是收录着单一性记述，再加上本题变体（*ça change*），再加上同类变体（*c'est le mêre changement*）等等的浩繁巨帙。借用苏珊·兰格（Susanne Langer）的话来说[①]：如果说戏剧是呈现为行动的诗，那么我们所遗漏的，正是这首诗要对观者诉说的内容。

象征性行动路径就是针对"解开其所表达的意义"这一目标而设。在此没有办法提出某个特定的个人，只能列出一份日益增长的作品谱录，其中有某些归本于肯尼斯·柏克，某些则景从恩斯特·卡西尔（Ernest Cassirer）、诺思洛普·弗莱（Northrop Frye）、米歇尔·福柯和埃米尔·涂尔干（Emile Durkheim），这些研究共同的关注点在于：诸如一场加冕大典、一篇宣道辞、一起暴乱、一次执行处分等这些由行动来表现的叙事，其中的某些片段究竟在表达什么？若说仪式理论家观照经验的眼光好比刺猬，则象征行动理论家观照意念表达的眼光就好比狐狸。

基于事物辩证性的本质，我们都需要反对者，因而两种路径都是不可或缺的。我们现在最需要的是某种能够将二者加以融会的

① 兰格（1895—1985），美国哲学家，著有 *Philosophy in a New Key：A Study in the Symbolism of Reason，Rite，and Art* 等书。　译者

方法。我在把巴厘岛传统印度式政体比拟为一个“剧场国家”的分析之中（在此引述此书不是因为它是经典范例，而是因为它是本人的拙著），曾经尝试解决过这个问题。我在分析这个案例时，一方面（从柏克派的角度）亟望揭示：从亲属团体组织、贸易、习惯法与水利管制，到神话、建筑、神像和火葬仪式等等一切事物，如何能结合成一个剧场化的陈述，用以表达一种形式迥异的政治理论，一套关于地位、权力、权威与政府之实然与应然形象的独特概念：即诸
30 神世界的一个复制版，而这个复制同时也是人类世界的一个样板。国家藉由演出一套秩序的意象来规范社会，这组意象对旁观者而言是一个模范，它内在于国家本身，亦是国家据以自鉴的典型。另一方面（从特纳的角度），由于一般大众不像许多区隔于演出之外的观赏者一样仅止于旁观国家的表达，而是亲身卷入这些演出之中，尤其是那些构成其核心的大规模、群众性的庆典，比如勃艮第式的盛大排场（Burgundian dimensions）①的政治歌剧，“我们只得投降，接受改变”的那种戏剧塑造经验的魔力，是维系政治体于一统的强大力量。由观众自己搬上舞台、自己演出的重复形式，将理论变成了现实（就某种程度而言，因为不曾有过哪一出戏是彻底完美演出的）。

不过，我要说的重点是：适合来评判这类作品的人，应当是那些众所公认颇为了解剧场、哑剧与修辞学的人文学家，而且不仅评判我的作品，还应评判一切被含括在这整个稳定扩张潮流下的、为



① 勃艮第乐派，中世纪后期到文艺复兴时期最重要的乐派之一，属宫廷音乐，该派的特色为三声部的复音乐曲，主要曲式为弥撒曲、荣耀颂及经文歌。——译者

种种不同形态的剧场类比所支配的社会分析。在这样一个社会科学家絮絮叨叨于演员、布景、剧本、表演与舞台性格，而人文学家窃窃私语动机、权威、劝说、交换与位阶的时刻，两者间的分野的确显得难以划定——尽管这种分野会让一边的清教徒和另一边的骑士都感到比较自在。

## 四

从某些角度来看，如今为社会科学家所采用的文本类比，是近年来重新描摩社会理论的潮流中，最为广泛、最具探索性，也最未得到良好发展的一支。“文本”是一个定义模糊到危险程度的词汇，更甚于“博弈”或“剧场”，将它运用于社会行动或指向他人的行为，必定会涉及一番彻底的概念扭曲，一种特别怪诞的“看成是”(seeing-as)一类的行径。利用“参赛者与对手”，或者“演员与观众”的类比来描写人类的行为，相对于用“作家与读者”的类比来阐述人类的行为，姑不论其陷阱，至少看起来比较自然。由于先入为主的关系，将间谍、恋人、巫医、帝王或精神病人的行为看作是“策略性的行动”或是“表演”的主张，听起来的确比“把它们当成语句”的观念，要有说服力得多。

但是，当论及类比的时候，“先入为主”是个可疑的指引；如果
不是这样，我们直到今日还将会把心脏想成是火炉、把肺脏想成风 31
箱。文本类比有些不甚显而易见的优点尚未得到充分利用。社会互动那种“我们一会儿在这里、一会儿又跑到了那里”的性质，截然异趣于书页上一行行文句的那种凝固静寂，但这种表面上的不相

似性，正是其阐释力量的源头，或者可以这么说：一旦双方的相异处得以正确地校准为平行对等，这种阐释就会极为有力。

正如保罗·利科所指出的，从文本转变为文本类比、从书写作为话语转变为以行动作为话语的关键在于“篆录”(inscription)这个概念：意义的固定化。当我们说话时，我们的表达随即如过往云烟般踪影全无，和其他任何行为一样，除非将我们所说的话用书写的方式(或另外一些既定的记录过程)篆录下来，否则它就如同我们的所作所为一样倏忽即逝。如果它被这样地篆录下来，它无论如何还是会消逝，犹如道林·格雷(Dorian Gray)的青春年华一般[①]；但至少它的意义在一定程度上、一段时间内是留存下来了：说话这个动作消逝了，但那些说过的话流传了下来。这也并无不同于一般的行动：行动本身一瞬即逝，但其意义却能用某种方式保留下来。

将文本的概念延伸至逸出书写在纸上或镌刻在石头上的东西以外，这个延伸的精髓，在于将注意力瞄准下列现象对于社会学阐释所具有的深刻寓意：行为的篆录是如何达致的、它的载体是什么、这些载体如何发挥功用，以及从事件之流中产出了那些意义的固定化？换言之，也就是关注历史来自于哪些发生过的事、思想来

① 道林·格雷，英国作家王尔德小说《道林·格雷的肖像》(*Picture of Dorian Gray*)一书的男主角，书中描述一位画家为十分俊秀的青年葛雷画了一幅肖像，害怕年老而变丑的葛雷希望那幅画像能代替他使他不致苍老，这个愿望被接受了。后来尽管葛雷沉迷酒色与放荡行径，其容貌始终没有改变，但画像中的他却变得十分狰狞，最后他猛烈割刺那幅画，并因而死去，在他死亡之际，所有隐藏的罪恶都显露在他死去的脸庞上，画像中的面孔则恢复了原先的年轻美貌。——译者

自于什么样的思考、文化来自什么样的行为。视社会制度、社会习俗、社会变迁为某种意义上的“可读之物”,就是要改变我们关于“这类阐释所为何事”的整个观念,转而朝向较为接近翻译者、训诂学家与图像学家,而远乎专门搞测验、因素分析或民意调查者的思维方式。

所有前述要旨,均可于比较语言学家奥尔顿·贝克尔(Alton Becker)关于爪哇皮影戏(正式名称为“娃样”(wayang))的作品中,得见鲜活灵动的范例。贝克说道:演娃样戏(Wayang-ing,没有其他更合适的动词)是一种文本建构,一种将诸多象征并置以建构一个意念表达的方法。他还说:若想真正理解它,也就是不只了解它传达了什么,更要了解它是怎么传达的,我们还需要一套新的语文学(philology)。

语文学相对于以言说行为(speech)为中心的语言学(linguistics),是以文本为中心的语言研究。在传统上,它当然关注使人们能看懂他们认为是古老的、外国的或玄秘的文件。训字辞、系脚注、撰评疏,当必要时,还得做变文对照与翻译,一切都为了产生一份注解详明的版本,就如语文学家所能做到的那样清晰可读。意义被固定在一个后设的层次(meta-level)上;本质上,语文学家就 32
是二手作者,所做的事就是重新篆录(re-inscribe):写出一份文本来阐释另一份文本。

假若就此打住,尽管在实践上有相当困难,事情还是相当清楚明白的。然而,一旦语文学的关怀超越了其惯常的工艺程序(考证、重建、注疏),而投身于关乎文本性质之类的概念性问题,换言之,就是一旦开始思考原文作者们思维建构的原则时,单纯性就溜走了。于是，贝克指出在此之前已经过时了的语文学便分裂成泾渭判然、相互争讼的数派专业观点，其中最特殊的是这样一种分野的崛起：研究个别文本的人士（喜欢自称为人文学者的史学家、编辑、批评家），相对于研究一般文本的创作行为的人士（喜欢自称为科学家的语言学家、心理学家、民族志学家）。针对“纂录成品”的研究与针对“纂录行动”的研究相析离，对“固定化了的意义”的研究与对“固定化的社会过程”的研究相别异，其下场是双重的狭隘性，不仅阻断了从文本分析延伸到不成文材料的扩展，亦滞塞了将社会学分析应用于成文材料的尝试。

“新语文学”（或者不管它终究会被称为什么）所要做的事，就是弥合这场决裂，并且将针对文本如何建构、“所说”（said）如何自“说话”（saying）中留存下来的研究，整合进对于社会现象的研究。除了贝克的作品以外，值得称道的“新语文学”研究，还有阿帕奇人（Apache）的笑话、英国式的餐点、非洲教派的宣道、美国的中学、印度的种姓制度和巴厘岛人烧死寡妇的习俗等等。贝克写道：“在一个多文化的世界、一个有多种认识论的世界中，所有以文本建构……为其核心行动的知识领域：文学、历史、法律、音乐、政治、心理学、贸易，甚至战争与和平，都需要新语文学家，即语境关系方面的专家。”



贝克认为他的新语文学所要探索的对象，是任何一份社会文本中都蕴含的符号关联的四种主脉：各个部分彼此间的关系；该文本与其他文化上或历史上相关文本的关系；该文本与在某种意义上可谓为其作者的关系；该文本与被构思为外在于它而存在的现实之间的关系。除此之外，当然还有很多有待深究的问题，比如一份文本与其内容材料（*materia*）间的关系，以及一些更难以回避的议题，虽常引发深刻的方法论上的辩难，但迄今为止却只有闪烁迟疑的答案。比如贝克大略归结出的四种关系："一贯性"（coherence）、"互文性"（inter-textuality）、"意向"（intention）与"参照"（reference），一旦把它们从翰墨章句移用于行动或制度，就全变成了朦胧缥缈的观念。的确，正如纳尔逊·古德曼（Nelson Good- 33
man）所揭示的[①]：这些观念实际上也并非能那么良好地与翰墨章句配套，更遑论运用于绘画、旋律、雕像或舞蹈。不管怎么说从文化现象的这种多元语境化里所引申出的意义理论（某种象征的建构主义）还算是存在，但它仍只是将启发性的想法与尚未完全联结的观念连缀而成的一份目录。

当然这种分析可以超越诸如皮影戏这类特别具表意性质的事物以外多远，以及它必须做哪些调整才能达到这个目标，还是未定之数。犹如"生活是一场博弈"的支持者倾向于重视面对面的互动、男女交往和鸡尾酒会，视之为其分析方法收获最丰的领域；而持"生活是一个舞台"之说者，则将注意力置于集体性的情绪亢奋、嘉年华会与政治暴乱；同理，"生活是一份文本"的鼓吹者偏爱检视具想象性的形式：笑话、箴言、俗民艺术等。此既不足为怪，亦无可咎责；人自然会将其类比试用在他看起来最可能成功的地方。但是这些类比的长期命运，当然系于它们超越一开始较易得的成功，而转战于较难和较难预期的战场的能力，比如用博弈的观念来理

① 古德曼（1906—1998），美国科学哲学家和语言哲学家，著有 *Languages of Art: An Approach to a Theory of Symbols* 等书。　译者

解祭拜、用剧场的观念来解释幽默，或用文本的观念来解析战争等。如果它们真能获得胜利的话，那么这些胜利中的大多数可说尚未成为现实，尤其是文本类比这一局。此时此刻，辩护者所能做的，不过就是我此处所做的：提供一些应用的例子、一些困难的症状，还有一些求援的呼吁。

## 五

信笔拈来，已举了这么多例子。一方面，不仅个别作者在戏谑的(ludic)、戏剧的和文本的语汇之间游弋时，前面特别提及的三种类比鲜有相互泛漫融会的现象，而且另一方面，在社会科学的舞台上，还有许多其他取自人文学的类比，其重要性与此三者相较实难分轩轾：效法奥斯汀(J. L. Austin)与塞尔(John Searle)的言说行动分析[①]；从哈贝马斯的“充分的沟通能力”到福柯的“知识考古学”间，千差万别的种种话语模型；由卡西尔、兰格、冈布里奇(Richard Gombrich)或古德曼的认知美学所开出的再现论路径(representationalist approach)[②]；当然还有列维-斯特劳斯那更高
34 深的玄秘之学。此外，这三种类比也还未达成内部的和谐与同质化：在我略称为“博弈路径”这一大方向内部，存在着“以游戏为念”

① 奥斯汀(1911—1960)，英国哲学家，他和弟子塞尔(1932—，美国哲学家)提出如下理论：任何语言行为都被意向所贯穿，也必须在社会语境(social context)中才能形成意义。参见奥斯汀的 *How to Do Things With Words* 以及塞尔的 *Meaning：Studies in the Theory of Speech Acts*。——译者

② 冈布里奇，英国佛教学者。——译者

与“以战略为念”两类人士的歧异;在“剧场路径”中,则有着仪式论者与修辞学家的分别;尤其是在“文本路径”方面,反阐释(against-interpretation)的解构主义派大员与新马克思主义派象征支配论(symbolic-domination)辩士两边的冲突更是明显。局面既不安定也无共识,而且似乎也没有在短期之内平靖的希望。有趣的问题不是这些矛盾纷歧将如何光荣地走向团结,而是这一切搅起的激湍噪乱有何寓意。

它所意味的第一件事情是:尽管杂沓破碎,一波对主流社会科学某些中心预设的挑战正在掀起。理论与资料的严格分判,即“原初事实”的观念;建立清除一切主观性指涉的正式分析语汇的努力,即“理想语言”的观念;以及对道德中立性与超尘绝俗观点的宣称,即“天降真理”的观念。当“解释”开始被理解为“将行动和其意义关联起来”而不是“将行为和其决定因素关联起来”时,这一切都将凋零。社会理论的重新揣摩已经展现,或者说我们若能坚持顺着这条重新揣摩的路走下去的话,将会迎来一次沧海桑田式的巨大变迁,其改变的主题不在于我们对于“什么是知识”的观念,而是“我们究竟想知道什么”。社会事件确有其原因,而社会制度确实造成影响;但是,要想准确了解“我们在做上述断言时,究竟断定了什么事实?”这条探索之路,很可能比较不在于假想出一些因素力量并加以估算,而在于通过记录其表现样态并加以详究。

很多社会科学家对于从物理过程的类比到象征形式的类比这波转变的领会和采纳,已经给社会科学社群带来了不仅关乎方法、更关乎目的的一场撼动根本的论战。这是一场日趋紧张的论战。“不论在理论立场和经验宣称方面有多少差异,这项事

业的根本目标——‘发掘出集体生活的动力学，并将之扭转到所企望的方向’，仍得到世人的普遍赞同”这种社会科学的黄金年代（或许它只不过是黄铜，不是黄金），显然已经过去。如今正在工作的社会科学家中，有太多太多人希冀的是解剖思想，而不是操纵行为。

然而，这项关于我们针对“我们怎样想事情”这个问题的思索方法的转变，不只对社会科学界造成了激起骚乱的后果，社会学家、人类学家、心理学家、政治学家，甚至包括偶尔进场玩票的经济学家，他们出于对象征体系分析日益浓厚的兴趣，提出了这类体系
35 与现实世界的动态究竟具有何种关系的问题（尽管这些提问多半是隐晦的，少有直白的表露）；而且，他们提出这个问题的方式截然不同于过去人文学家的惯常手法——后者总带着弘扬灵性的价值、严谨的生活这类劝善说教的调调，似乎也远比多数人文学家所喜欢的方式显得更加难以规避。

假如视社会科学家为社会工程师的观念会被这一切关乎意识与指谓的思路所质疑，那么视人文学家为文化守护者的观念，就更会遭到严厉的批判。没有灵魂的专家胡乱炮制政策药方的事确非虚语，但讲台上的上智大德盲目乱发自家认证的判断也所在多有。仰赖智慧的方式，并不比运用专业技能的方式更能领略社会生活中思维与行动之间的关系。要如何去领悟它？博弈、剧场和文本，这些不仅是我们所发明的、日常习见的，更是我们所赖以生活的东西，究竟是如何造成了它们所带来的后果？这些问题都还在五里雾中。唯有在每个枝枝节节处，都戒慎恐惧地运用最最审慎的推理，才能逐渐将之厘清。

# 第二章　在翻译中发现：论道德想象的社会史 36

在对一般群众讲话的时候，人类学家有一些优势，其中有一点是：在听众中，几乎没有任何一个人对于正在详细讨论中的假定事实，拥有多少称得上是独立的知识。这足以让人类学家侥幸逃避掉许多负担。但就像绝大部分这类的事情一样，这也带来了一些缺点。如果一位文学批评家评论《李尔王》(*King Lear*)，一位哲学家谈论康德(Kant)，或一位历史学家讨论吉本(Gibbon)，他多多少少可以开门见山地陈述他的观点，只消偶尔引用原文，就可以让人领会他的见解何在。在他本人与听他讲话的听众之间，可以假定有一个共同的语境存在，他不需要告诉他们格洛斯特(Gloucester)是谁、认识论在讲什么，或罗马帝国在哪里、存在于什么时候。人类学家通常不能比照办理，他所面对的是一个没有什么吸引力的抉择：以一大堆陌生冷僻的材料让听众感到枯燥乏味，或者尝试在经验材料阙如的情况下进行论述。

我想要尽我所能地避免这种抉择，所以利用一段篇幅相当长，37
但我觉得极为生动的引文来作为开场白。这段引文取自一位19世纪的西方作家，内容是对可能是巴厘岛最著名的，或许也是最恶

名昭彰的一项风俗的记载。我将以此为我的文本，也就是我导出诸多论断的出发点。凭着这段记录作为论述的基础和背景，我希望听众们能接受：我所导出的论断，确实信而可征地关系到一件具体特定的社会事实，那是我本人有一些亲身的理解，而绝大部分读者没有接触、体验过的社会事实。

> 当我在巴厘岛时，发生了这些骇人的献祭仪式中的一例。邻州的王(Rajah)死于1847年12月20日；一场盛大的仪典焚化了他的尸体，他的三名媵妾也在火中牺牲了自己。那是巴厘岛人的一个大日子，距离他们上一回有幸目睹同类恐怖的大观已经有很多年了，对他们来说，这种大观意味着带有一种神圣崇高名头的假日；而且，巴厘岛上所有在位的王都必躬逢其盛……并带上大批的扈从。
>
> 那是风和日丽的一天。堤防划开连绵不尽的水稻田，形成了一片片草坪似的梯田，在堤防边软而滑的小径上，可以看见一群群穿着节庆服饰的巴厘岛人，朝着焚化的地点前进。他们欢乐艳丽的服装，与身旁田野的柔和绿色形成了强烈反差。他们看上去不太像野蛮人，倒像是一群庆祝节日的和善群众，正在享受某种愉快的旅程。周遭映现出一种丰盈、和平、欢乐以及在一定程度上文明的印象。很难令人相信：距离这番情景不过区区数里之内，三个彻底无辜的女人，将因为她们感情的因素以及宗教的缘故，而要在数千名国人注视之下，承受最可怕的一种死亡。
>
> 然而，拱卫着疆迦王(the King of Gianjar)宫殿的城墙已

经赫然在目，平直的大道，沿着修成梯级的岗阜而上，通向……王宫；在更高处，四周围着木栅的一块旷地中央，矗立着一幢金顶朱柱、精雕细镂的建筑，攫住了众人的目光，那就是将死者尸体焚化之处。细看之下，这幢建筑安放于一座四英尺高、砖造的双层平台之上，第二层平台顶上覆着一层沙。建筑中央矗立着一尊鎏金缀紫的木雕狮子像，其背部敞开，以盛放将要火化的王者遗体。整座建筑繁复地妆点着镜子、瓷盘与金箔。

紧邻这幢建筑的是一个由四英尺高墙合围成的方场，场中充满了凶猛、炫目的火焰，这便是即将吞噬殉葬者的致命火焰。在其上空 20 英尺高处，有一座轻便的竹编平台与方场相连，上面罩着用来防火的绿色芭蕉叶秆。在这座台子中央，搭起了一座小亭，作为殉葬者在做出致命一跃前的短暂容身之所。

为数可能在四到五万以上的围观者（附带一提：这个数字可能是当时该岛总人口数的 5%），占据了介乎外墙与该幢建 38
筑之间的空地，其间错落搭着几座供妇女用的小亭子。这片空间正迅速地涌进大批人潮，而所有的眼睛都盯着丧礼仪仗所从出之处（王宫）。说也奇怪，死去的国王最后一次离开他的宫殿不能用平常的方式，因为尸体被认为是不洁之物，而任何不洁之物都不可通过大门。因此，他们精心搭建了一座像跨越宫墙的桥似的建筑，藉此将尸体运出宫外。这座桥通向一座巨大宝塔的最顶层，尸体暂厝于此。

这座塔……由 500 人扛着，共有 11 层，除了底下的 3 层以外，整座塔装饰得极为富丽堂皇，遗体安厝在上层，覆盖着白绫，由持扇子的人守护着。

在（宝塔）前面开道的仪仗，由一队执戈勇士打头阵，并由（甘美兰乐团（gamelan orchestra）①）音乐伴奏；随后有一大群男女抬着贡品，包括兵器、衣裳、饰物、盛着圣水的金银器、（槟榔）匣子、水果、牲礼、花色米饭等等，最后，还有装扮得五彩缤纷的死者坐骑；再之后，又有更多的执戈武士与乐手压阵。年轻（新近加冕）的君王德瓦·帕汗（Dewa Pahang）尾随于仪仗之后，身旁随侍的有众多的王子与贵族。跟着来的是……大祭司，被人扛在一张敞开的椅子上，绕着椅子系着的，是一条绘着白色、黑色与金色纹路的长绫的一端，长绫代表着巨蟒，这条巨蟒的头搁在（大祭司所坐的）椅子底下，尾端则系着紧跟在后的（宝塔）上，表示死者是由巨蟒拉往焚化之处。

在逝世君王的巨大（宝塔）之后，是三座较小也较不富丽的宝塔，每座都装着一位即将要成为牺牲的年轻女人……这种残酷迷信的受害者们，丝毫未对此刻已经迫在眉睫的恐怖命运表现出惧怕的神色。她们穿着白衣，长长的黑发半掩着身形，一手持镜，另一手执着梳子，就像为了要参加什么欢乐的庆典而正在从容自若地梳妆打扮似的。让她们在这样悲惨的处境中还能坚强挺立的勇气，真可谓非比寻常，但这股勇气却是来自于在一个未来的世界里幸福快乐的希望。基于在这

① 演奏印度尼西亚传统音乐的乐团，由数十组铜片琴、铜锣、壶锣、木片琴、二弦琴及鼓等所组成，主要以打击乐器为主。——译者

个世界里身为先王的发妻，她们相信自己将会在另一个世界里再度成为先王最钟爱的妻妾与后妃。她们得到保证：怀抱着欢悦，在光辉盛大的典礼中，心甘情愿地追随先王到一个未来的世界，将能取悦不可见的神灵，并获得大神湿婆(Siva)的恩准，迅即进入叨利天(Swerga Surya，又名三十三天)，即众神之王因陀罗(Indra)统治的天界。

在这些无知的女人身边，环绕站着她们的亲戚朋友。连这些人也不觉得这番骇人的准备是恐怖的事情，或者尝试拯救他们不幸的女儿或姊妹，让她们逃过等在前面的可怕死亡。他们的责任不是救人，而是扮演行刑者；因为他们被托付以最终的恐怖准备，并在最后将受害者送上黄泉。

此时，仪仗正缓慢地移动，但在到达终点以前，必须要演出这场大戏中怪异的一幕：射杀巨蟒，并将之与尸首一同火
化。大祭司从其宝座上下来，握着一张弓，分别从四角对巨蟒 39
的脑袋射四支木箭。然而，真正打击巨蟒的不是箭，而是花——含笑花(champaka)。花被嵌在箭的羽尾上，箭掠空而过时，花便纷纷糁落，由于祭司的某种奇异的掌上功夫的操纵，每次落下的花朵都会打中目标——巨蟒的脑袋。这就算射死了巨蟒，在此之前一直由人扛着的身躯，现在被绕在祭司的宝座四周，之后它将被绕在火化时放置尸体的木雕狮子像身上。

仪仗人马已经到达火葬场左近，宝塔被转了三圈，祭司一直立于塔顶。最后，宝塔被安放在联结它与火葬场的桥边，其第11层与桥相接。于是尸首被放进木雕狮子像里；五个分别由金、银、铜、铁与铅制成的、上钤神秘符文的小碟，被放进尸身的口中，大祭司口诵《吠陀经》(Vedas)，将盛在金银器皿中的圣水浇在尸身上。这个步骤做完，便将绘着金、黑、白三色条纹的木棍所扎成的火炬放在狮子像底下，随即烧成一团烈火。这部分的奇景告终，而更恐怖的一段随即登场。

三个女人被仪仗人马抬着绕场三匝，然后举上那绝命的高台。她们在之前提过的那个亭子里头，等待着火焰烧尽狮子像与其中的尸首。她们仍然了无惧色，似乎她们主要的关切还是在打扮自己，就像是为了生命，而非为了死亡做准备。这时，随侍在侧的朋友们已为恐怖的高潮准备就绪，高台朝外一端的栅门已打开，一根椽木被伸向火堆上方，台下的侍从将大量的油倒进火团中，导致眩目的、喷薄的烈焰直冲云霄。最崇高的时刻已到，牺牲者踩着坚定沉着的步伐，踏上那绝命的椽木。她们每个人都双手抓着一只小鸽子，将双手中的鸽子高举过头顶三次，然后挺直身子，纵身跃入底下的火海，同时鸽子高飞远去，象征了遁脱的灵魂。

其中有两个女人，即便在最后一刻，都没有显现出一丁点胆怯的征象；她们互相看了看对方，看双方是否都准备好了，然后就毫不犹豫地往下跳。另一个女人显得不甚甘愿，纵身跳下时似也并不那么毅然决然；她踌躇了一下，然后才跟着下去，三个人死时都没有吭声。

这恐怖的景象似乎没有激起广大群众的任何情绪，野蛮的音乐与鸣枪的声响为这场戏拉下了帷幕。此情此景，凡是亲眼目睹的人都将毕生难忘，而且它让人由衷地感到一种奇异的谢天谢地的心情:何其有幸,生而属于一个姑不论其有多少错处,但毕竟慈悲为怀,并且愈来愈趋于将女性从欺骗与残酷中解放出来的文明。在印度,由于英国的统治,萨褆(suttee,殉夫)这种污臭的痼疾已经理所当然地根绝了,此时此刻统治巴厘岛的荷兰人,想必也已为巴厘岛人做出了同样的贡献。像这类的工作,是支持西方文明利用其征服的权利,将野蛮种族教化成人并取古老文明而代之的坚强理由。

关于巴厘岛,已没什么其他值得一提的了…… 40

## 一

这段笔力遒劲、辞藻优美,兼之以观察翔实(不能忽略掉我的老本行,它应该是某种科学才对)的文章,是一位丹麦人荷姆斯(L. V. Helms)于1880年代所写的。[①] 在他还很年轻时,荷姆斯就以学徒身份追随着麦德斯·兰格(Mads Lange)。麦德斯·兰格这个商人探险家仿佛是直接从《黑暗之心》(*The Heart of Darkness*)里走出来的一个白种人国王(white rajah)式的人物,他拉小提琴,疾驰着半死的马砍倒敌人,娶了许多不同肤色的土著女人,最后在40多岁时,很可能是遭人下毒而暴毙。兰格于1839年到1856年在巴厘岛南部经营一个通商港口租界,当时他和他的僚属是该岛上仅有的欧洲人。我如此大篇幅地引述荷姆斯的著作,并

① *Pioneering in the Far East and Journeys to California in* 1849 *and to the White Sea in* 1848 (London,1882),pp. 59—66.

不是因为我想要在此把话题导入巴厘岛的民族志,或甚至更离谱地谈到火葬仪式上去。我引述这段文章,是为了要解开它,或者更恰当地说是盘旋接近它(因为它有点像是密封的东西,而我的兴趣又不是相当清楚、集中),以作为一种路径,期望能藉此稍微窥见我认为主要是一位批评家的特里林(倘若我们能将这位如此丰富多彩的人局限于这样一个狭隘范畴的话)的核心关怀。他的核心关怀与我的思路颇有共通之处,只不过我从略为不同的视角出发,但也绝不比他的范畴要来得宽广。

如果说特里林痴迷于一切涉及“文化”与“道德想象”之间关系的事物,那么我也是如此。他从文学这一面来探索这个主题,我则是就风俗习惯来探索这个题目。但我认为我们可以在荷姆斯这篇描绘一项习俗的文本中交汇,因为这篇文章巧妙地融合了美感(若视之为艺术品),恐怖(若视之为真实生活),以及力量(若视之为一种道德观点)这三种性质于一身,我们两人都在一大部分的现代文学作品中发现到这样的融合,并且特里林曾以其格律井然的方式,表达了他因这种融合所感受到的切肤之痛。最后,到底应将注意力瞄准约瑟夫·康拉德(Joseph Conrad)[①]还是对准萨褆,是无关紧要的,因为道德想象的社会史终究只是同一个课题。

虽然只是一个课题,但当然牵涉极广。正如每一份特定的文学作品都带出普遍性问题的一个特定层面,好比说我们可以对上述文本提出“集体的幻想怎样为集体的生活着上色彩?”这样普遍性的问题,所以任何一个特定的仪式也戏剧化地表现了某些特定

① 《黑暗之心》的作者。——译者

的议题而隐讳了其他。这一点的确是在论及异国的奇特事物时所蕴含的特殊性质，比如谈及多年前在一个遥远的岛屿上为显赫的 41
死者以及贞烈的遗孀所举行的备极哀荣的火葬大典之时。在论及这类事物时，我们当下直接意识到的事情，与论及被特里林命名为“属于饶舌而且热衷于表态的现在(talkative and attitudinizing present)的一种耸动的个人文学”之时我们马上意识到的事情，二者相去何其遥远，以至于无论出现任何能够将这两种经验关联起来的更深层次的理解，都具有一种特异的力量。

眼下，我的任务在于将讨论充分聚焦于某些事物，以便于说出一些切中这个场合主旨的话。特里林教授最近发表的一篇文章，讨论的是在1970年代对哥伦比亚大学学生讲授简·奥斯汀这项英雄式的壮举所引出的各项有关问题，这篇文章所探讨的刚好也就是此处的核心议题，[①]所以他为我执行上述的任务提供了极有力的帮助。他在该文中说道：一向存在着这么一个“人文学科的文学教学法的基本预设”，也就是在我们自己与时间、空间上相去辽远的他人之间的相似性，比起将我们与他们分别开的表面差异来说，要深刻得多，所以只要辅以必要的学术研究和谨慎的历史考据，他们的想象产物就可以为我们的道德生活所用。他引述了我本人近来发表的一些讨论(撇开我的文章所涉及的众多课题，它的核心主旨不外乎讨论巴厘岛人的自我意识，我想各位不难从我的文章中看出：这种自我意识极为特殊)，表示他对于上述的基本预

① Lionel Trilling, “Why We Read Jane Austen,” *Times Literary Supplement*, 5 March 1976, pp. 250　252.

设在实际上究竟有效到什么程度感到怀疑。一方面，他似乎对“在文化上距离遥远的事物是如此唾手可得而用之”这个信念感到动摇，并且甚至怀疑他到底能否真正单纯的去了解以下这则来自冰岛的传奇：有个乡下人想将一头熊送给某个王当礼物，结果却被另一个王用了一个老套的诡计（乔装改扮成那个乡下人）便给巧取了去。若连了解都不可得，遑论取而用之呢？但在另一方面，他似乎更固执地下定决心捍卫他的信念：不管其他民族的思维与感性的形态与我们有多大的差异，这些思维与感性的形态多多少少可以联结到当前我们的处世之道。他仍然确信他可以让哥伦比亚的学生至少比较接近于简·奥斯汀，或者更准确地说，他能够对他们揭示出：不管怎么说，在某些事物上他们已经与简·奥斯汀是相当地接近。

纵然这并非最值得高枕无忧的立场，更不是一个彻底一贯的立场，我却认为它是唯一一个能说得过去的立场。差异性确实远比一种头脑简单的“人就是人”（men-are-men）式的人本主义所可以想见的要深刻得多，而相似性亦远较另一种头脑简单的“非我族类，其心必异”（other-beast，other-mores）式的相对主义所能否认的要重大得多。文学批评家与人类学家，至少包括像特里林那样
42 自诩仍然相信某种生活本身（life itself）这个原始信念的文学批评家，以及像我本人一样认为社会不仅只是行为的人类学家，我们这两种人所追求的志业，都受困于一个很根本但又似乎无解的难题，那就是人类想象力的重要作品（如冰岛的传奇、奥斯汀的小说和巴厘岛人的火葬仪式）以同样的力量，一方面对同情倾听的赤忱昭示我们都是同样的人，另一方面却又对忧虑的怀疑

揭露我们不是同类。

如果我们重读荷姆斯的文章，审视该文以某种角度所折射出来的那种种“生活本身”，诸如文中提到的当地土著的生活、该文所赖以产生的侵入者的生活、我们藉以认知该文的被分离的生活等等，我们实际上可以随便从任何一句话中发现这种深沉的隐讳性。当我们读它的时候，一系列的不确定性，包括视角的、意义的和判断的不确定性，便纷至沓来、相互激荡，终于使我们无法确知自己立于何处、想要采取怎样的姿态来面对被告知的事情，同时也真的搞不清楚自己究竟被告知了什么事情。

这些不确定性当中，有某些不确定性可以说是存在于巴厘岛人本身的；它们根植于这样的仪式结构中，陶铸了仪式的主旋律，也形塑了仪式的意义。一幕扣人心弦的戏剧所激起的一种非比寻常的情绪奋张、绚烂象征与一场诡谲意象的爆发，以及同样非比寻常的、为了沉默美人的自我毁灭而举行的一场庆典和对寂灭的贞节颂歌，这些要素的联结（我在前文已经提过，而处于震骇惊异中的荷姆斯，仍继续失神惶乱地观察评述），当然只是上述不确定性中最为显而易见的。一方面，雕梁画栋的11层宝塔、射死布蛇的嵌花羽箭、做成狮子形象的紫金棺椁、香楮、金鼓震响、香料、火焰；另一方面，化成焦炭的骸骨、被神灵附体的祭司、梦游的寡妇、冷血的扈从、散漫的群众，在他们愉悦的平静中令人感到毛骨悚然。让·谷克多（Jean Cocteau）[①]的美学配上了贝克特的美学。

然而，除了仪式自身所内在蕴含的不稳定性以外（严格讲是狭

① 让·谷克多（1889—1963），法国诗人、剧作家暨画家。——译者

义的蕴含，包括我所摘录的文本难以传达的一些东西，例如其盗墓者式的幽默），还有一些不稳定性来自于双方的冲撞：一方是这场仪式的一切，另一方则是一位眼界不寻常地开阔，但却全然不能免于文化偏见的19世纪丹麦海上商贩对这场仪式所投射的预设和成见。就像无数闯进巴厘岛面具世界的侵入者所曾经历过的一样，他毫无反抗地被他所见到的温柔可爱所迷惑。那些葱绿的梯田，那些平坦光滑的小径，那些欢乐活泼的服饰，那些长长黑发的瀑布，这一切至今仍能蛊惑最冷静的眼睛，更能彻底迷醉浪漫的心
43 灵。然而，这场华丽的庆典在真实世界里造成的实质后果，或者我们可以更准确的说：在一位日德兰(Jutland)[①]来的江湖郎中之子所领会到的真实世界里，这场华丽的庆典造成的实质后果——“三个彻底无辜的女人”“因为她们感情的因素以及宗教的缘故”而承受了“最可怕的一种死亡”，招致了他无法按捺的愤怒，而且彻底搅乱了他整个的反应。



如此，他所目睹的高度艺术与高度残酷的混融——波德莱尔(Baudelaire)可能会欣赏而且后来真的被阿尔托(Artaud)所大力标榜的那种混融，对他而言却是如此地令人震恐，以致使他无法确定这些装饰华丽、震响铙钹、舞着旗幡游街示众的烟火爱好者，究竟是种什么动物？“他们看上去不太像野蛮人”、“周遭映现着一种丰盈、和平、欢乐以及一定程度的文明印象”。他的美感（是他的一项极为有力的特质）走着阳关道，而他的道德（比他的美感更强烈）却走上了独木桥，他极难决定到底应该怎么去感受：那几个女人被

① 即日德兰半岛，大部分为丹麦领土。——译者

欺骗了,她们的勇气超凡;准备功夫是可怖的,那沉默的下跃令人屏息;这仪式是项残酷的迷信,那景象令人永生难忘;群众是温和的、欢悦的、喜乐的、有礼的,面对三个年轻女人被活活烧成焦灰的景象而不为所动。所有熟悉的陈述语似乎都分别走上了两条歧路。在这香烟与献祭的云雾里,不论美、真、善三者间究竟有怎样的关系,它们绝对不属于后拿破仑时代的斯堪的纳维亚。

它们也不属于第二次世界大战之后的美国,或者至少不属于
思想纯正的那部分美国。任何一位敏于鉴察"过度地导入现代性
狂热"心态的真正鉴赏家,都一定会体味到:在笔锋一转之间,荷姆
斯(一方面着落在它的精致绚丽,而吸引我们注视这场仪式;另一
方面又着落在它的恐怖,而驱迫我们远离它)通过一声反对压迫女
性的怒吼,将整篇文章变成了为帝国主义张目的论证。正因为要
彻底消灭这种臭不可闻的痼疾(精确地说是既臭不可闻但又辉煌
壮观),西方就得到了征服并改造东方的坚强口实。英国人在印
度、荷兰人在印度尼西亚,准此类推,包括比利时人、法国人以及其
他在别的地方的西方人,以自己的文明取代当地历史悠久的文明,
都是正确和合理的,因为他们站在慈悲与解放的一边,反对欺骗与
残暴。在不过区区数语之间,我们看到了自由派想象(我最好招认
自己或多或少也免不了有这种想象)当中的一些被定型化得最彻
底的隐喻:如"比较简单"民族的文化整合、生命的神圣性、两性平
等以及帝制的压迫性格等等,这些定型的隐喻彼此互相冲突,徒然
让我们悬于惶惑不定之中。如此快速、并带着这般细腻逻辑地从 44
"梦幻东方的神秘花园"走向"白种人的负担"、从高更(Gauguin)
的世界走向吉卜林(Kipling)的世界,其实只不过是这篇文章把东

方彻底击倒的最后一拳而已。当我们读完这篇精彩绝伦的文章之后，不止巴厘岛人和荷姆斯的道德形象显得混朦难断，我们自己亦然，除非我们能安于“吃人是不对的”这类无关痛痒的口号标语。

这个例子是具有普遍性的。因为此处所涉及的一切特征，是任何一个足以吸引其直接观众以外的任何一个人的想象性建构都会具有的属性（其实，倘若一则想象性的建构不足以吸引其他观众的话，它可能连一个直接观众都抓不着），那就是：对于巴厘岛人的火葬仪式的理解，通过第一手、第二手、第三手乃至第N手诠释的运作之后，必将趋于离散分歧：诠释既来自无限多的方向，也去向数不尽的道路。这类的建构有一项使命（这个使命也是想象出来的），因为它是由一套与其他同类建构的遭遇所构成的，或者比较恰当地说，是由其他同类的建构所培养出来的意识所构成的。处于一个在时间上或空间上皆不同于它所赖以创生的社会框架的情境当中，不论它在个人或团体的生活中扮演什么角色，都是那种使命的结果。文化（或“历史”，两者其实是同样的东西）相对主义教条所蕴含的真理是：我们绝对不可能，如领会我们自己的想象一般精准地掌握其他民族或其他时代的想象。但它的错谬在于做出“因此，我们永远不能真实地理解它”这样的断言。我们的确可以相当适切地理解它，其程度至少和我们理解其他任何不能真正算属于我们的东西一样；但是，我们之所以能达到适切的理解，并非站在那些将我们与它相联结、喜欢多管闲事的注解的**背后**去看，而是**透过**这些注解去看。特里林教授为了传统人文学科在认识论上的安逸自满而神经紧张，绝非庸人自扰，对于他的焦虑，最精确的响应当推詹姆斯·梅利尔的当头棒喝：“生命就是翻译，而我们都在其中迷失了方向。”

# 二

因此，不管是前辈、祖先还是远房表亲，所有其他人的想象产物，不论对于我们的道德生活有什么用处，都不可能是把道德生活简化。拿过往的（或原始的、或古典的、或异国情调的）意象当作矫治智慧的一种来源，用来给残缺的精神生活加上义肢（这种意象一直支配着众多的人文主义思想和教育实践），这是种贻害无穷的想 45
法，因为它引领我们去期盼"经由接触依循与我们不同的思路而建构起的思想世界，可以减小我们的不确定性"，然而事实上它们却扩大了我们的不确定性。荷姆斯从巴厘岛学到的，以及我们再从荷姆斯那里学到的，其实是一个有力的感性从与另一个同样有力（甚至更为有力）的感性的一次遭遇中，得到了视野的扩展，但代价却是其内心自在的失落。

之前被我称为"道德想象的社会史"，并宣称为"特里林之辈的批评家以及与我本人同列的人类学家共同事业"的那种工作，与我们学科里的某些流行观点所认定的相较起来，显得比较不那么单纯直接。文学意图的重现（"奥斯汀所想要传达的"），或是文学反应的隔离（"哥伦比亚的学生所想要从她的作品中看到的"）；文化内在意义的重构（"巴厘岛人的火葬仪式作为种姓制度的剧场"），或是跨文化的一致性之确立（"葬礼之火的神灵显化象征"）本身，都不能将此种事业导向正途。奥斯汀关于女性荣誉的严谨观点，或者现代主义者对于她的反身虚构性（reflexive fictionality）的爱好；巴厘岛人所抱持的"除了这个世界所能汇聚出的最雄浑的衡平

之力以外，位阶秩序不可能被打破”的观念，以及“君王之死自古以来皆重于泰山”的观念：这些东西都不过是这样一种历史的粗原料罢了。它的主旨应是关于“那些得到其中某些人向往倾慕的精神状态（mentalities），构成了另外一些人所向往倾慕的精神状态。”

无论是为了巴厘岛或是为了欧美，也不管是以一名批评家还是一名民族志学家的身份，就这个主题写东西或者去教授这个主题，就等于是尝试去或多或少地穿透这个由诠释学的涉入（hermeneutical involvement）所构成的纠葛，具一定精确度地安顿它所衍生的思维与情感的不确定性，并将这些不确定性安置在一组社会框架之中。这样一项工作几乎没有解开上述纠葛或排除不确定性，事实上如我前文所述，它反而是更恼人地使这些症结引人注目。但这么做，至少（或说可以）将上述纠葛和不确定性摆在一组可以理解的语境中，而且等到某些计量史学家（cliometrician）、社



会生物学家或者深层语言学家真的意图奋力去解开斯芬克司（Sphinx）之谜时，这个工作必将是不可回避的。

若要找一个文学上的范例，以与我发展中的人类学上的范例并行、互动，以说明这种分析将具体呈现为何种样态，并使读者了然于这种分析所要求的心智运动之类同性（不论你处理的是你自己的文化或是别人的文化、文本或是事件、诗或是仪式、个人的回忆或是集体的幻梦），比较好的做法是去看一下保罗·福塞尔
46 （Paul Fussell）的近著《大战与现代的记忆》（*The Great War and Modern Memory*）[①]。还有很多其他同样切合题旨可资采择的例

① 福塞尔（1924— ）：美国作家。——译者

子，例如史蒂文·马库斯(Steven Marcus)对于维多利亚时代纤弱不安的性幻想的烦琐研究，以及昆廷·安德森(Quentin Anderson)关于“自我完备观”(a plenary view of the self)在爱默生(Emerson)以降的美国文学作品中的发展之研究。但是，当此盛誉(在众多推崇者中，尤以特里林褒之最力，想必是因特里林对于该书的意图深有戚戚之感)的福塞尔作品之所以特别有用，不仅因为它也专注于汇聚在令人印象深刻的死亡周围的想象云翳，也因为若将之作为巴厘岛案例在结构上的双胞胎而并置齐观，它将能引领我们更趋近于我们正努力寻求理解的那个问题：“与我们相距遥远的某种感性机能，究竟是如何影响我们自己的感性的？”

福塞尔的书所谈的是文学框架，英国人在西线的经验首先是在这个框架中得以理解，嗣后亦藉此框架而在内部安定中记忆，最后这个框架被一些遭遇到发生在其他地方的系统性社会暴力的人，扩展成针对现代存在处境的一种全局性的观照。他的献祭场景是法兰德斯(Flanders)与皮卡第(Picardy)的战壕；在他笔下那些失去平衡的记述者，是将历史变成由反讽构成之迷宫的回忆录作家与诗人，如沙逊(S. Sassoon)、格雷夫斯(Robert Graves)、布伦登(Edmund Blunden)、欧文(W. Owen)等等；而他书中的王位继承人，则是幻想无尽战争的梦魇狂想家，如海勒(J. Heller)、梅勒(N. Mailer)、休斯(T. Hughes)、冯内古特(K. Vonnegut)、平琼(T. Pynchon)等。他说道：“似乎有一种居支配地位的现代理解形式存在；……它本质上是反讽式的；而且……大体上出自于将心灵与回忆运用于大战中的事件”(页35)。



不论是否愿意接受这个看上去如此粗糙的论点(就好像巴厘

岛除了献祭仪式以外还有许多有趣的事情可说一样，除了芥子气和被定死罪的运动员以外，还有更多关于大战的东西已经跑进了当代想象的创造过程，甚至包括其中最荒唐可笑的那些主意），只要把握到它的意蕴，它的逻辑便一目了然。

福塞尔的开场白，是将由泥土、老鼠、铁蒺藜、掩蔽坑、无人地带（no-man's land）[①]、三方交战、五查（morning stand-to's）[②]、晋升军阶、攻击前进（over-the-top）[③]等元素构成的壕沟战的真实塑像，摆设在优美的文艺作品所描绘的阿斯奎斯（Asquith）[④]时代的英格兰——由游乐场、夕阳、夜莺、乡野生活、和煦而典雅的风度（*dulce et decorum est*），以及《什罗普郡轻佻少年》（*Shropshire Lad*）[⑤]式的荒淫行径等物事所构成的一幅绮靡婉约的背景前面。

① 意指在壕沟战的情况下，敌对两军所据守之最前沿的两条壕沟之间的地带，换言之，也就是双方对峙、交火的一条狭长地带。——译者

② 意即晨操及早饭后，全体士官兵着战斗服装集合，接受部队长检查。检查的项目通常包括人员是否到齐、服装仪容是否合于规定、装备是否到齐、部队精神士气状况、干部是否明了当天任务及作战训练计划等等，通常部队长会藉此机会做精神讲话，再次提醒干部任务实施要领等等，而士官兵则藉此时机进行基本动作与军礼训练，藉以检查服仪、装备、士气等。这种工作亦可译为“朝会”、“晨检”等，但译者服役时所在部队均称为“五查”，不知其是否为普遍流通的军队术语，姑保留原文并按注于此，祈熟悉军事的读者不吝指正。——译者

③ 意指在壕沟战的情况下，我方火力已有效制压敌方，或发现敌方已出现疲溃之状时，在最前沿一线的部队自壕沟中爬上地面，狂奔越过无人地带，攻进敌方阵地进行扫荡、占领，使我方阵地前沿向前推进一条壕沟，此一整套动作即称 over-the-top，但 over-the-top 亦可用为部队长下令进行此一动作的口令，故可以译为“攻击前进”或“冲锋”，但依译者服役时的印象，似乎是以“攻击前进！”为标准口令。——译者

④ 阿斯奎斯为 1908 年至 1916 年的英国首相，亦即一次大战期间的英国首相。——译者

⑤ 英国作家豪斯曼（A. E. Housman）的代表作，出版于 1896 年。——译者

于是，这场战争和巴厘岛火葬仪式类似，变成了一个象征结构，或者说得更精确一点：这场战争被赋予了一个象征结构。尽管二者的类属相去甚远，腔调亦颇为不同，并产生出了相当不同的反应。但它 47
也是通过一系列相抵触的想象与被弄迷糊了的感性，方才到达我们眼前，它也是经历了一番阐释的操作后才变成现在的样态，或者说至少我们对于它的了解是它经过阐释之后呈现的样态。而且，厘清这番阐释操作是在其周遭社会框架的哪个阶段、哪个层面发生的，把它与其周遭社会生活的腔调摆在一起观察，既不是在演练见林不见树的社会学式空疏解释，也不是在仿效见树不见林的历史学式个案解释，而是一种真正通达事物自身的途径。倘若“文学性”这个概念被扩大到包含一切形式的集体幻想的话，那么被福塞尔名之为“真实生活之奇妙文学性”的东西其实是一种普遍现象，甚至可以含括帕斯尚尔(Passchendaele)战役[①]或索姆河(Somme)战役[②]。

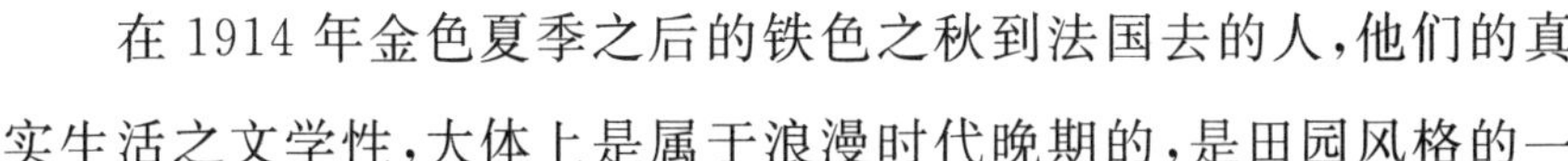

在 1914 年金色夏季之后的铁色之秋到法国去的人，他们的真实生活之文学性，大体上是属于浪漫时代晚期的，是田园风格的一

① 为第一次世界大战(欧战)中最富争议性的一战，主角为英军与德军，战场在法国伊普尔(Ypres)镇以北数公里处，自 1917 年 7 月 31 日起交火，大雨造成遍地泥泞，加上战略错误，双方僵持旬月，终因加拿大援军介入助英军作战，方将德军击败。英国政界人物与军方将领对此役战略的争议，自战前即已开始，直至今日，此役仍为战史专家争论热点之一。——译者

② 为第一次世界大战(欧战)中著名的战役，原本计划由英法连手夹击德军，后来实际上是以英军为主，加上澳大利亚、南非等地援军之力对德作战，自 1916 年 6 月 24 日起开战，一直断断续续打到 9 月，地点在法国的索穆区，该地为石灰岩地形区，易于德军筑壕防守，英、澳、南非攻坚，死伤极其惨重，终于获得惨胜。此役是为坦克车在历史上首次出现的战役。此役使德军后来撤退至著名的兴登堡防线，但在 1918 年春、1918 年秋，德军又曾两次重新攻占索穆区。——译者

阙仿作，是挽歌、真诚、冒险与高雅的词汇。福塞尔写道："没有所谓《荒原》(*Waste Land*)，因为随处可见鼬鼠的小径、昏暗的水道以及骸骨离散的尸体。"他这句话是试图模仿(我认为是有意的)詹姆斯(Henry James)对于霍桑(Hawthorne)笔下的美国所写的名句："没有《尤利西斯》(*Ulysses*)、没有《莫柏利》(*Mauberly*)、没有《诗章》(*Cantos*)、没有卡夫卡、没有普鲁斯特、没有伊夫林·沃(Evelyn Waugh)、没有赫胥黎(Huxley)、没有肯明斯(E. E. Cummings)、没有《恋爱中的女人》(*Women in Love*)，也没有《查泰莱夫人的情人》(*Lady Chatterley's Lover*)①。没有《了不起的盖茨比》(*The Great Gatsby*)里的灰烬之谷(Valley of Ashes)②。人们研读哈代(Hardy)、吉卜林和康拉德，并频频造访以传统道德语汇所描绘的传统道德行动的世界。"(页 23)

要将这样一种想象联结到防空洞(funk-holes)和战火中的壕沟，其不足之处大到令人觉得可笑(虽然哈代的苦恼和豪斯曼(Housman)的悔恨有那么点帮助)，于是它分解成了成千上万条尖酸刻薄的反讽；善加陶冶的情感破片，变成了炼狱图说和马嘶般的狂笑。战争回忆录作家所尝试的，就是透过将一个个既定的文类加以倒错，把这些"小水珠里的世界观"似的破片拼凑成一个可以重新理解、把握的整体：布伦登的黑色田园风情画、沙逊的黑色

① 《毛柏利》及《诗章》为美国著名意象派诗人庞德(1885—1972)的代表诗作；伊夫林·沃(1903—1966)，英国知名的讽刺小说家；肯明斯(1894—1962)，美国现代诗怪才，喜创造奇异形式；《恋爱中的女人》及《查泰莱夫人的情人》都是英国小说家 D. H. 劳伦斯的作品。——译者

② 灰烬之谷，《了不起的盖茨比》里的主要场景。——译者

罗曼史,以及格雷夫斯的黑色闹剧。后来,在《裸者与死者》(*The Naked and the Dead*)、《第二十二条军规》(*Catch* -*22*)、《第五屠宰场》(*Slaughter-House-Five*)和《万有引力之虹》(*Gravity's Rainbow*)登场之时[①],前述那个拼凑出来的整体(才只完成一半,而且还拘泥于传统的形式、传统的说辞以及传统的想象),就成为较晚近的及更具颠覆性的那些骸骨离散的亡灵的祭司。福塞尔将它称为"回忆战争的仪式",这个名称恰如其分,因为它是一种确立的、正式的,而且中邪似地反复萦回的东西。

生长于我们心灵之中的一切具想象性的事物,就是这样被转变的(社会性地转变):从某种我们只知其存在(或早已存在)于某处(或它处)的东西,变成某种真正属于我们的、在我们的共同意识 48
中的一种作用力。巴厘岛的案例与重新掌握过去无关(至少对于我们而言是如此),而是关乎奇异的构想。但它只不过是一种文类的微末案例:一篇被塑造成民族志而非历史的小说、一件增加困扰而非可以明快处断的事。当我们穿越主要的文化路线以重建阐释的过程时,会产生一种意含不同的"探索":它比较是"碰上"而不是"回忆起"某种东西、比较是一项斩获而不是一项继承。不过它们的运动路径却是相同的,都是"从某种独特经验的场景(1915 年的法兰德斯或 1847 年的疆迦),经过玩索当时当地所呈现的表象,进而提升到集体生命的描摹"。即使始初的场景是人工伪造的而不是"真的"(姑且这样讲),例如《爱玛》(*Emma*)或《曼斯菲尔德庄



---

① 这四本书分别是前文提到的梅勒、海勒、冯内古特和平琼四位作家的著作。——译者

园》(*Mansfield Park*)[①]或(就这件事来讲)萨褆,情况也不会有太大的不同,那只不过是把词汇换换罢了,仍旧是从一种生活形式的直接内容过渡为另一种生活形式的隐喻。

在图绘这种过渡时,着眼于"使推想中的智识宇宙保持适度的特殊性"而设计的纯粹主义教条,不只造成了障碍,更是积极的误导。在文学方面"自我阐释的文本",以及社会科学方面"意识受物质决定"的观念,可能有用处,也可能没有用处;但就了解"其他民族的想象之建构"如何关联到"我们自己的想象之建构"这方面来说,它们正好将我们引入歧途,那就是把事物的意义-形式层面与赋予其生命的实质性语境割裂开来。将文学批评的范畴应用于社会事件,或将社会学的范畴应用于象征结构,既非某种原始形式的哲学错误,也不是另一个单纯地将艺术与生活混淆的案例。它是恰当的研究方法,可用以极大地廓清这一点:具有文化与历史特定性的重大事实,如何与具有跨文化与跨历史之可及性的、同样重大的事实相互对待,亦即如何能在不削减其差异性的条件下,深刻地了解差异深刻的东西;又如何能在不削减其距离的条件下,密切地了解相距辽远的东西。

就算凭借着绝顶聪明,超越了一切比较封闭的那类文学批评所能达到的理解,或者凭借"实在论"(realism)之名来合理化刻意的短视以甩开包袱,从而胜过一切比较冷峻无情的那种社会科学所能达到的理解,事情还是极为棘手。从某种角度来看,福克纳对于这种困难的认识之精准,在一切有写作经验的人中,恐无出其右

① 《爱玛》和《曼斯菲尔德庄园》都是英国小说家简·奥斯汀的作品。——译者

者。他毕生的事业,可以说就在于探索特定的想象如何被文化上与时间上均相隔有一定距离的他人的阴影所覆盖;发生了的事、对已发生之事的重述以及对往事的重述通过隐喻变形(metaphoric transfiguration)而转变为一般性观点,这三者如何累积、一个叠在另一个上,而致同时产生一种"知道得越多,越难以笃定而且越难 49
以平心静气"的心境。比如《押沙龙,押沙龙!》(*Absalom, Absalom!*)[①]这本书,描写了陛德本(Sutpen)、寇德费尔德(Coldfield)和康普生(Compson)这三个家族于一百多年间出现的各色人物的疯狂偏执,再把它们精彩绝伦地连缀交织起来。在这本书中,他以任何一个涉身于这种意义追寻的人都不可能完全摆脱掉的一种绝望的心情表白了这个情况。昆廷·康普生的父亲深陷在失望困顿中,对他说(他刚从罗莎·寇德费尔德那里听完了陛德本家的种族混血传奇、几近乱伦的兽行、手足相残以及谋杀的故事回来):他的父亲(也就是昆廷的祖父)曾告诉他(昆廷的父亲),老陛德本在半个多世纪前,曾把一切都告诉了他(昆廷的祖父):

> 对,即使是对不问世事的亨利来讲,就算有那 8 号的黑奴情妇和 16 号的黑奴儿子存在,甚至就算说那场正式纳妾的典礼(morganatic ceremony)[②]确有其事,那也不过就是花

① Absalom 典出于基督教圣经,是犹太王戴维之第三子,后因背叛其父而被杀。——译者

② morganatic 原意指贵族男子娶平民女子的婚姻,此种婚姻之女方及所生之子女均无财产和爵位继承权,我国婚俗中似无相同的词汇,最接近的概念可能是某种纳妾的形式,故译为纳妾典礼。——译者

点小钱保住大面子的事儿，那种场面就像跳舞穿的凉鞋一样，不过是有钱的新奥尔良年轻人搞社交的时髦行头，也没怎么损了他的颜面，更不用说损到他那更浪荡的爸爸了。即使对我们那些生在南方，在1860年或1861年长大成人的幻影般的完人似的祖先来讲，也是一样。真令人难以相信，真的是莫名其妙！或许就是这样：这些事情没道理可讲，我们也甭想去懂。我们听过一些口耳相传的故事；我们从老旧的柜子、箱子、抽屉里头找到了没有问候语也没签名的信，在这些信上，曾经活过、呼吸过的男男女女，现在只剩下头衔，或者因为一些现在已经无法领略的情感而得来的绰号，如今在我们听来好像是梵文或查克托语（Chocktaw）[①]；在这些人活生生的精血里面潜伏、等待着的，就是我们自己。我们在这段阴影般稀薄的时间里看到的朦胧人影，如今拥有了英雄的形象，演出他们简单的热情、单纯的暴力、不受时间左右而且无法解释的行动……是的，朱迪思、邦、亨利、萨德本通通都是。他们就在那里，但失去了某些东西。他们就像一个化学公式，与其他信件一同从那被遗忘的柜子里小心翼翼地翻了出来，纸张老旧、斑驳而且碎成一片一片，字迹已经模糊，几乎没法解读，但却是有意义的，在外表、意义、升华与可辨识的力量之显象与名称等各方面都很眼熟；你照公式要求的比例把他们加在一起，但没有任何反应；你耐着性子专心地、仔细地再读，以确定自己



① 北美印第安人之查克托族所用的语言。——译者

> 没忘掉任何东西,也没算错比例;你试了一次又一次,还是没反应:只有那些字、那些符号描绘了他们的形象,幻影般神秘而平静,衬着浑浊不清的背景——人间俗世之极端可怕的凶恶乖舛[①]

不过,情况并没有那么的绝望。福克纳继续一次又一次地带
着他的升华与可辨识的力量,丰富他的文章、耕耘他的描述,不仅 50
通过这本200多页的小说,更体现在他毕生的事业上,那便是就算没法把他的、牛津镇的[②]、也是战间期的美国南方的这种特殊的道德想象的历史彻底说清楚,至少也算是把它理得比较清楚;就算无法完全解读,至少也不再彻底无解。我们虽不能对这种努力冀望过高,但还可以冀望达到福克纳的境界。或者,干脆引用稍早之前被我刻意截短的几句詹姆斯·梅里尔的话(他的作品也是关乎时间、回忆、迷惘与文化的断裂):

> 失落被埋葬了吗? 又一则散佚的篇章?
> 然而,没有失落任何东西。或说:一切都是翻译
> 且我们的每一点都在其中失落
> (或者发现——我漫步行过S的废墟
> 偶尔,为那平静感到惊叹)。

---

① Absalom, Absalom! (New York, 1936), pp. 100—101.

② 牛津镇,福克纳的家乡,位于北密西西比,他在该城住了一辈子,并经常以该地作为小说场景。　译者

## 三

在翻译中发现。一如大战、老南方、冰岛那头引起争议的熊，和发生在东威尔修道院(Donwell Abbey)的那场悬疑的野餐[①]，巴厘仪典的盛况仍在我们的心中引爆起纷歧的喧嚷。荷姆斯只是它最早的几位西方解谜者之一，而我则是最晚的解谜者之一。在我们两人之间，有荷兰殖民政权的军人、官员与技术人员；一群分属不同国籍的外来画家、音乐家、舞蹈家、小说家、诗人与摄影家；一群卓越超凡的语言学家与民族志学家，从科恩(V. E. Korn)与鲁洛夫·戈里斯(Roelof Goris)到格雷戈里·贝特森与玛格丽特·米德；各式各样的传教士，其中也有许多人是优秀的学者，但他们全都已经有了成见；当然，还有当代全球观光客入侵部队人数最众的这支，这群急切追求异国经验的人为数之多，被《纽约客》漫画家彼得·阿诺(Peter Arno)的一幅漫画描摹得入木三分：他画一个人使尽吃奶的力气，勾着腰，把脑袋伸过旅行社的柜台问道："请问巴厘岛……呃……还是巴厘岛吗？"

当然，它还是巴厘岛，不然它会是什么？而且，经历了自 1847
51 年以来所发生的种种变迁(比如人口增加了三倍、机动车的出现、男人所恋慕的酥胸被遮掩了起来等三个方面)，当年荷姆斯所目睹的感官上的美丽、戏剧性的残酷以及道德上的愚钝这三者令人惊悚的融合，至今仍是巴厘人生活的鲜明特征。如他所预期的，荷兰

① 这里指的是奥斯汀小说《爱玛》中的一幕。——译者

人压制了烧死寡妇的行为(虽然直到1930年代,秘密进行的例子仍有所闻),但他们几乎不可能压制使这种表现得以产生的感性,至少在未曾全盘改造这个社会的情况下,某些东西所具有的高度精美,使荷兰人甚至未曾想过要禁止。除了最满怀柔情的游人之外,所有这个岛屿的访客早晚都会听见:在好比"诸神之岛"、"千庙之国"、"最后的天堂"、"世界之晨"等词汇所映射出的巴厘岛的伊甸园形象与无情恐怖的底层低音之间的紧张,在不变的玲珑可爱的内心深处悸动。而且,比起在疆迦王国的一个看来平凡无奇的早晨,赫然撞见这种矛盾而惊怖不已、没有任何准备的荷姆斯,我不知道我们这些带着亲属关系图表、照相机的后来者,是否比较能在这种矛盾之前泰然处之呢?或者,正因为我们更清楚的意识到它将会如何地使我们目瞪口呆,如何引人无穷的好奇、兴趣,甚至痴狂,在这当中,这种矛盾或多或少的扩大了。

如今,巴厘岛的想象生活已经密切地关联到西方世界的想象生活(这主要是本世纪才成形的一个现象),而这个相互联结关系,就我们这一边来讲,是导源于我们对于艺术天分之道德地位的一种怪异关切(之所以说它怪异,是因为我知道:除我们之外,没有任何民族有相同的观念):艺术天分来自何方?我们应该怎样应对它?它将对我们产生什么影响?(就他们那一边而言,他们的恶魔是位阶(rank)而不是创意,而就在位阶这点上,我们相当成功的颠覆了他们。)作为我们这个时代的一个常用比喻,这个岛屿扮演了某种社会中真实生活的意象,在这种社会中,美感的冲动可获致真正的自由,亦即其内在本性毫无拘束的表现。但是麻烦在于:这个意象似乎一方面可以用来影射我们扣连到德国观念论的那种"使

人性克臻完美”的艺术观，另一方面也可以同样恰当地影射我们归诸法国象征主义的那种“恶之花”的艺术观。而且，它似乎是任何先进的学术研究都愈来愈难以忽略的、令我们不安同时又吞噬我们的“欧洲对立面的亚洲式重合”。

观念论这一翼是再清楚不过的，这个岛屿在我们想象世界中所扮演的最显要角色，莫过于作为美学上的世外桃源（arcady）：不曾受过教导的艺术家与自发性的艺术创作所组成的一个自然社会，以恰当的样貌真真实实地存在于一块合适的土地之上。那舞
52 蹈、音乐、面具、皮影戏、雕塑，那姿势、言谈与运动之令人屏息的美丽，以及更令人屏息的仪式、神话、建筑与优雅，还有1920年代与1930年代的一次极富原创性的架上绘画（easel painting）[①]的惊人爆发，在我们心中勾勒出了这样一幅景象：一个具有充沛创造力的、至少在某些领域里艺术与生活真正合二为一的俗民文化。最近一期的法国《美景集录》（*Livres des belles images*）杂志上，有这么一句话向我们保证：“每个巴厘人都是一位艺术家，但却是匿名的艺术家。个人的创作天分被整个社群的创作天分所吸纳，而且他们对于自己的创造力，只有一种希微的意识。”[②]英国人类学家杰弗里·戈罗尔（Geoffrey Gorer）于1936年以一种比较像男校长



① easel即为经常可见的、用以放画板或黑板的木架。easel painting所指的是可以摆在画架上的绘画，换言之，第一，它不是宗教画、历史或战争画，也不是肖像画等宜于作为壁画、摆在宫廷或教堂的绘画。第二，它的篇幅必须小到可以摆在画架上。或可用习用的“写生画”来翻译，但“写生”一词的意义，比较强调它的内容是“如实”描绘自然景物，与架上绘画的含义略有不同，故直译之。——译者

② M. Boneff, *Bali* (Paris, 1974), pp. 69, 72. 格尔茨自译为英文。

的口吻写道:“巴厘人可称得上是一个艺术家的民族……巴厘人的艺术是活生生的、不断发展的。”[①]在此之前(1922年),还有德国艺术史家卡尔·维特(Karl With)为整个巴厘岛的神奇美妙所撼动,而投身于青春风格(*Jugendstil*)的阵营:

> 巴厘岛人的语汇里没有艺术这个词,也没有艺术家这个词,但这个民族的生活却充斥着洋洋大观的节庆、庙宇、图像、珠宝与装饰、礼物,到处彰显出形式创作与游戏的奢华飨宴。沛若洪潮的幻想、蔚然全备的形式以及生龙活虎的表现,从这个民族的巧手、慧心和玲珑的肢体泉涌而出,淹没了万物。盈溢着直接性、浸润着天赋感性、饱含着孕育力的一种真正的生命狂热,从这些农民自然的艺术创作中油然而生,并恒常地自我更新……
>
> 噢!我们当世的艺术家,那些既觅不得知音的唱和、也求不到可归栖的乡里的烈士和隐者。生活毁灭了这些将放逐与贫困变成其财富的人;这些在环境的冷漠中燃烧自我的人;这些在其周遭生活之沉沦灭没中兀自挺立的人;这些不能从自己身上、而只能从其创作之物中找到满足与快慰的人;这些被迫工作、陷入自我表现、一心一意地趋向令人神魂颠倒的艺术创作的人;这些耽溺于自我,以致丧失其力量、自性与真实的人。
>
> 相对于他们,幸运得多的无名艺术家们,生活在巴厘岛



① *Bali and Angkor* (Boston,1936),pp.54—55.

> 上。在那里，农夫将悠闲的晚上雕成一尊塑像；孩子们把棕榈
> 叶画上各式缤纷的纹饰；农家建起一座异常精致、色彩斑斓的
> 骨灰塔；女人们为了娱神，也纯粹出于自身的乐趣，而将自己
> 打扮得如女神一般，并以牲礼敬拜巨大而耀目的永恒生命；在
> 田地上逡巡的农人见到一尊神显灵，因而被激发到庙里雕刻
> 那尊神的像，或雕刻那尊神灵的面具，在这段时间里，他的邻
> 人悉心照管他的田地和家人，直到他完成这个工作，再回到他
> 53 的田地上做个农夫；出于欢庆冲动的无名，从祭典、舞蹈、游行
> 与寺庙建筑之中，诞生了一个兴奋雀跃的社群。[①]



总之，毫不夸张地说，以上那些好比席勒（Schiller）所谓的“彻底美学化的一种存在形态”的幻梦形象，可以从好几打泛属各种文类、各种严肃程度的欧、美作品中，以各种不同的形式再生产出来。然而，正如科恩一针见血的评语：巴厘岛早已经享有与上述形象相反的盛名。

我的主旨不是要指出这样的声誉是完全虚伪的，这种声誉至少比我这种对于“高贵的野蛮人论”（noble savagism）拥有职业性免疫力的人所能想象出来的更为真实；我的意思是要指出，这并不是巴厘岛享有的唯一名声。比较冷眼地观察那种整体创造力的产物，除了火葬仪式，还有巫术和龙舞，其中分别有着摧魂夺命的丑恶老媪和用匕首自戕胸膛的、神灵附体的年轻人；充斥着倒错的意象与野蛮残酷的巴厘岛风土性流行病：役鬼邪术；还有斗鸡，这项

---

① G. Kraus and K. With, *Bali* (Hagen i W, 1922), p. 41. 格尔茨自译为英文。

令民众颇为热衷甚至痴狂的纯粹动物仇恨,这些创造物触发了一种对于整个情况较不那么和煦的观点。再观察那种创造力所赖以创生的社会生活:无所不在的派系倾轧、种姓的傲慢、集体性的社会排斥(ostracism)、母性的不稳定性(maternal inconstancy)等等,恐怕也难免引发类似的负面观点。此外,在近代史上某些关键性的转折时刻也可看到类似情形,比如统治阶级以大规模的自杀来迎接1906年荷兰人的占领(他们穿着像火葬陪葬者一样的服装列队出宫,如槁木死灰般默然无感、自绝视听,旋即葬身于大炮、长枪与利剑下);在1965年苏加诺(Sukarno)垮台后所爆发大屠杀中,农民高喊着“共产主义”砍杀其他农民(据估计,此次死亡人数高达五万,相较其总人口数而言,约等于在美国屠杀50万人;而且,在我数年之前居住过的一个村落里,全村70家里头,有30家在一夜之间被放火烧成平地)。荷姆斯笔下的火焰和宝塔、跳落的妻子和飞扬的白鸽、野蛮的景象和欢乐的野餐,仍然并存不绝,而且它们之间难舍难分的关系,看来似乎从未改变。

很显然,我不能再更深入地探索这组“香格里拉”与“嚣嚷暴乱之地”的扣连,以及这组联结对“艺术天分之本质”的观念(它究竟上属天界,抑或下属魔界)有何影响?我们通过翻译而从这组联结之中发现的我们自己,又具有什么性质?我也不能超出所举的极其简短的例证,去追索这组联结在我们的想象世界历史中所扮演的角色。我只想强调:这组联结确实已经扮演了一个角色,当然,相较于第一次世界大战的反讽,或者像中国与印度这些更为重要的亚洲文化的拯救,它的确很小,但总归是真实的、还没灭绝的,并 54
凭借其本身的独特性而相当显眼的角色。正因如此,姑且撇开其

他方面不论,巴厘岛的民族志学家其实就像奥斯汀的批评家一样,都沉浸于钻研特里林教授在最近一篇迂回曲折、欲言又止的论文中称为“人类在文化中生活的重大奥秘之一”的课题,那就是其他民族的创造如何可以既彻底属于他们自己,同时又深深地成为我们的一部分。

# 第三章 “从土著的观点来看”：论人类学理解的性质 55

## 一

几年前，人类学界爆发了一件小丑闻：人类学界的祖师爷之一在公开场合把真相给揭穿了。正是因为顾及到他身为祖师爷的身份，他在驾归道山之后方才吐露真言，不过干下这件石破天惊的大事的是他的遗孀而不是他本人。结果，许多一向与我们同一阵线的那些“思想纯正”(right-thinking)之辈，几乎全都毫不犹豫地叫嚷道：她不过是个嫁进来的媳妇，居然出卖了本门不可告人之秘、亵渎了宗圣，不啻是自毁长城、贻笑大方！子孙们会怎么想？更不必说那些外人了。然而，这类仪典式的新亭对泣[①]并没能多少平靖这场风波，毕竟这个鬼东西已经付梓印行了。正如詹姆斯·沃

---

① 此句作者的原文为 wringing of the hands，字面意义为将两手十指相嵌合握，并加以扭曲、挤压，意指于事无补的焦虑、悲伤、失望。中文里无类似的形容法，故译者以中文成语中最贴近此意的“新亭对泣”以译之。“新亭对泣”典出晋室南渡之后，重阳之日，群臣勋旧至新亭登高，北望故国，齐泣曰：“景色不殊，正自有山河之异”故事。 译者

森(James Watson)在《双螺旋》(*The Double Helix*)一书中揭露生物物理学(biophysics)实际上是怎么写出来的一样,马林诺夫斯基(Bronislaw Malinowski)的《名副其实的一本日记》(*A Diary in*
56 *the Strict Sense of the Term*)使得关于"人类学家怎样工作"的既定说辞丧失了一切说服力。"变色龙似的田野工作者,不仅善于自我调整以完美地适应异乡的周遭环境,而且同时是一个具备同理心、社交手腕、耐心与天下一家胸怀(cosmopolitanism)的活生生的奇迹"这样的神话,被为这个学科的创建或许是贡献最大的一个人给毁了。

围绕这本《日记》的出版而起的争论,自然而然地集中在无关紧要之处,并且丝毫不出所料的完全错失了重点。它所造成的震撼效果,似乎大部分起于单纯地发现这么一件事实,说好听一点,就是"马林诺夫斯基原来不是一个彻头彻尾的好人。"他说了一些堪称毁谤曾经与他共同生活过的土著的话,甚至还用了些不堪入耳的词语。他花费了很多时间在怨天尤人,由衷地盼望自己能够置身别处,并表现得像是个世间罕见的最难相处之人(他同时也表现得像个为某种奇特的志业献身到了自我牺牲程度的人,但这一形象却少有人注意)。讨论于是停留在"马林诺夫斯基有无道德人格"这种低层次的问题上打转,而这本书所提出的真正深刻的问题却被忽略掉了;那就是倘若事实不是像我们一向被灌输而信服的那样,实际上我们根本没有什么超乎常人的感知能力,更没有什么超乎常人的天赋能使我们能像个"土著"(native)(我必须赶紧交代:我在此使用这个词,取的是"这个词原本、狭隘的定义")一样去思考、感受、理解,那么人类学如何可能拥有关于土著怎么思想、感受和理解的知识?这本《日记》以或许只有工作中的民族志学家才能完全体会的一种力量所表述出来的议题,绝对不是什么道德上的议题(田野工作者在道德上的理想化形象,若不说是往自己脸上贴金,或是一种同业的集体伪装的话,那也不过就是一种情绪),而是认识论的问题。假使我们想要继续紧紧抱住“从土著的观点来看事情”这个使命(就我看,我们是不得不然),那么当我们不再能宣称自己与研究对象之间具有某种独特的心理亲和性和一种跨文化的认同时,我们将何去何从?在“设身处地的同情”(einfuhlen)失落之后,又该怎么去谈“理解”(verstehen)呢?

事实上,这个全盘性的问题在人类学界所挑起的方法论辩难,已经缠讼了10—15年之久;马林诺夫斯基从坟墓里发出来的声音,只不过是将之戏剧化呈现为在“职业上的两难”之外的一种人生的两难境地。架构这组两难的方式很多:“圈内人”相对于“圈外人”或者“第一人称”相对于“第三人称”的叙事;“现象学的”相对于“客观主义的”或者“认知的”相对于“行为的”理论;还有或许是最常见的“内观的”(emic)相对于“外观的”(etic)这组区别。最后这一组二元对立导源于语言学上音素学(phonemics)和语音学(pho-
netics)的分野,音素学依照语言的内在功能对语音加以分类,而语 57
音学则依听者对于该语音的听觉感受来对其分类。不过,或许陈述这个两难之局最简单明了、易于理解的方式,是心理分析学家海因茨·科胡特(Heinz Kohut)为了自身目的而提出的“近经验”(experience-near)与“远经验”(experience-distant)这一组相对的概念。

粗略地讲,所谓“近经验”的概念,是指某个人,不论是一个病

患、一个研究对象，还是我们人类学行话说的“一位报告人”，他可以自然地、不费吹灰之力地用来说明他和他的同伴看到、感受到、想到、想象到……的是什么东西的那些概念，而且当他的同伴用到这些概念时，他也能毫无困难地了解他们在说什么。所谓“远经验”的概念则是指任一行业的专家，不论是分析师、实验师、民族志学家、甚至是神职人员或意识形态家，他们用来达成其科学上的、哲学上的和实践上的目的的那些概念。比如说“爱”是一个近经验的概念，而“对客体的情感投注”(object cathexis)则是一个远经验的概念；“社会阶层化”以及(或许对于世上大多数人而言)“宗教”(当然也包括“宗教体系”)是远经验的概念，而“种姓”与“涅槃”则是近经验的概念——至少对印度教徒与佛教徒而言是如此。



很显然，这种区别只是程度上的差别而不是两极对立，好比说“恐惧”比起“恐惧症”(phobia)要更具近经验性；而“恐惧症”则比“自我恶性敏感症候”(ego dyssyntonic)①又更具近经验性。其次，至少就人类学的领域来说(在诗学和物理学的领域，情况便非如此)，这种区别并不是规范性的，也就是说一种概念并不优于另一种概念。局限于近经验的概念，会使一个民族志学家被直接的事物所淹没，同时搅缠在地方俚语之中无法自拔。而局限于远经验

① 此一译名恐非心理学界通用之中文译法，译者系依字面硬译之，按：dys-作为字首，意为(1)反常、不正常；(2)困难、痛苦；(3)坏的。Syntonic则原指无线电的共频性(如收音机调至与某电台所发送的频率相同，可以准确收听广播节目时，我们称该收音机与该电台syntonic“共频”)，心理学将之引申为一种对刺激相当敏感、活跃的性格，易流于狂热/沮丧两极的心理病态。综合两者，故将dyssyntonic暂译为恶性敏感症候，盼心理学家不吝指教。——译者

的概念，则会使他搁浅于抽象之中，为专业术语所窒息。真正的问题是马林诺夫斯基藉着“土著”这个案例所揭示的“你不必变成对象本身，也能了解你的对象”这一事实，引出了这样一个问题：上述两种概念究竟在人类学的分析里扮演了什么角色？或者，说得更精确一点：在面对每个独特的案例时，究竟应该如何部署运用这两类概念，方能产生对一个民族生活方式的恰当阐释？这种阐释既不该被那个民族的心灵疆域所宥限（好比把关于巫术的民族志写得像是一位巫师的夫子自道），也不该对该民族的存在样态所抒发出的独特音色始终充耳不闻[①]（把关于巫术的民族志写得像是一位几何学家的作品）。

把讨论的重心置于“人类学分析是如何进行的？”“其结论是如何导出的？”而不是纠结在“人类学家需要什么样的心理构造”这种
问题上，以这种方式来表述情况，将有效地减低所谓“从土著的观 58
点来看事情”这句话的神秘色彩。然而，这么说并没有使问题变得比较简单，也没有放松田野工作者对感知敏锐度的要求。如何把握对于另一个民族而言是“近经验”的概念，并且对其了解的程度充分到足以将之安置在具有说明效果的联结之中，使之扣连到理论家为掌握社会生活之普遍性特征所塑造出来的“远经验”的概念，这样的工作就算不那么神奇，却显然并不比“把自己放进别人的躯体之中”要来得简单。这种工作的诀窍不在于使自己与被调



① 本句系依原文直译而来，虽然亦可译为“亦不彻底的盲目于该民族之存在所展现的独特色彩”或许较符合中文读者之习惯，但因两种译文均甚易理解，故不妨保留作者原本的“独特音色”。——译者

查人进入某种灵魂内在相互契合的状态(其实,就跟我们这些其他民族的人一样,他们也比较喜欢认定他们的灵魂完全属于他们自己。无论如何,他们都不会彻底明白或者热衷于人类学这种工作),它的诀窍在于揣摩出"他们到底认为他们自己该干些什么"。

从某种角度来讲,当然没有人能比他们自己更了解这一点,因此才产生了想要在他们的经验之流里泅泳的热情,以及随后升起的"自己或多或少也曾经做到了这一点"的幻觉。但从另一个角度来看,这种浅薄的大实话根本就错了。人们运用近经验的概念是自发的、不自觉的,因为它是日常的词汇,除非在极短暂的时间内和极偶然的情况中,否则使用者根本不曾觉察到此中涉及任何的"概念"。这就是"近经验"的意义,也就是观念与它所传达的现实自然地、不可分割地连在一起。你能用别的名字来称呼犀牛吗?神当然是法力无边的,不然我们为什么要怕他们?民族志学家并没有感知到他的报告人所感知的世界(其实在我看来主要是根本做不到),他所感知到的,而且是相当不确定地感知到的,其实是他们的理解所"凭借"(或者"经由"、"透过"……或任何一个类似的字眼)的媒介[①]。在盲人(他们实际上并不像表面上看起来那样的缺乏观察力)的国度里,有一只眼睛的人当不了国王,他只能站在一旁看。

现在为了要让前面所说的一切稍微具体一点,我想谈一下我自己的作品,不论有多少错谬之处,它至少有一个好处:它毕竟是我自己写的。在进行这类讨论的场合,这是一项明显突出的优点。



① 原文无"媒介"一词,译者为适应中文习惯所加。——译者

对于我曾经专心研究过的爪哇、巴厘岛与摩洛哥这三个社会，我一贯关切的课题之一就是尝试去判明当地人如何界定自己、他们所抱持的“自我”观念（尽管依我看，他们只是模糊地知道自己拥有这些观念），比如爪哇式的、巴厘岛式的与摩洛哥式的“自我”究竟各自包含哪些成分？而且在进行每一项研究时，我并不是通过想象自己变成另外一个人来尝试获得这种最切身的观念，比如先想象自己是一个种稻的农夫或者一个阿拉伯部落的酋长，然后再看我自己在想什么。我所采取的方法是找出各个地方的人实际用来对自己和对其同胞们表达自己的象征形式（词汇、意象、制度和行为），然后加以分析。

人的概念实际上是一个极优越的手段，让我们可以藉此仔细 59
审视“如何方能直透其他民族的心灵状态”这整个问题。首先，我觉得可以相当肯定地说：在一切的社会群落里，都有某种这类的概念以可辨认的形式存在着。在我们看来，人是什么这个观念有时候可能不只有点怪，它也许被想象成朝向黑夜几近亢奋地激射的一瞬，如同萤火虫一般。人心理上的基本元素，例如仇恨，可能会被认为是附着在肝脏里的黑色小颗粒之中，还可以通过验尸解剖来发现。人可能与同命分身动物（doppelgänger beast）[1]有同样的命运，所以一旦它生病了或死掉了，人也会生病或死亡。不过，就一切我曾见过的例子来讲，至少有某些关于人究竟是什么这个观

① doppelgänger 意指与某人完全相像、相随的幽灵，两者有相同的命运，只是以不同的形体存在，依中文习惯，或许可以说是“二者为同一个本命所生出的两个分身”，故译为“同命分身”。——译者

念（相对于一颗石头、一只动物、一场暴风雨或者一尊神）是普世共通的。然而，也正如这些现成的例子所显示的，每个群落所衍生出来的实质概念却各不相同，而且经常相去千里。西方世界关于人的观念，即“人可被视作是一个有界限的、单一独特的、或多或少整合的情欲与认知的宇宙，一个意识、情绪、判断与行动的驱动中枢，联合构成了一个块然独存的整体，可以被拿来与其他类似的整体以及其社会与自然背景进行对比”的这套观念，无论它在我们看起来如何地根深蒂固，若将它放在全世界的文化语境里来观察，终究会发现它是一种相当特殊的观念。要想了解他人，就不能尝试将他们的经验安置在我们这种观念的框架中去审视（被过度标榜的“同理心”着落在实际上，其实通常也不过如此），而必须将我们的观念摆到一边，从他们自己关于“何谓自我”的观念框架中去看待他们的经验。至少就爪哇、巴厘与摩洛哥而言，他们的自我观念不仅与我们的自我观念大相径庭，而且具有同等戏剧性和启发性的是：他们三者也各异其趣。



## 二

1950 年代，我在爪哇研究一个地处内陆、又小又破的县城那样的地方；洗白了的木材搭成的商店和办公室，夹着两条没有遮荫的街道；在邻街木屋的背后，横七竖八地挤着一堆更不牢固的竹篷屋。稠密的种稻村落挤成了一个巨大的半弧形，环绕在这两条街外。土地短缺、工作稀少、政局不稳、卫生极差、物价攀升，生命的
60 远景暗淡无光。我曾说这种躁乱的胶着状态不由得令人想到“外

来的现代性碎片与疲敝不堪的传统遗迹的一种诡异混合,塑成了此地的性格,未来似乎与过去一样遥不可及”。但在这令人沮丧的情景之中,却有一种绝对令人惊异的智识活力,对存在之谜不懈地追根究底,而且它不仅是一种实实在在的哲学热情,还是一种群众性的现象。寒微的农民会讨论自由意志的问题,不识字的商贩高论着神的属性,普通的劳工怀抱着理性与热情的关系、时间的本质乃至感官可信度的理论。还有,或许是最重要的,就是他们用了唯有在最精挑细选的情境中才能在我们当中发现的一种猛烈、痛彻的反省力来探讨自我的问题,也就是自我的本质、功能与运作模式的问题。

有一些核心概念推动着这种反思,并因此界定了反思的范围以及爪哇人关于人是什么的意识,这些概念被爪哇人梳理为两组基于宗教的对比:一是“内在”与“外在”的对比,二是“高雅”与“粗俗”的对比。这样的评注当然是粗糙且不准确的;精确地判断此处涉及的字眼究为何指、勘校出其意义上的微妙差别,正是一切论辩的目的。总之,他们终究一同构成了一种独特的自我观念,它绝非仅止于理论,而是爪哇人真正借以相互了解、并且理所当然的用以理解自己的自我观念。

“内在”(*batin*)/“外在”(*lair*)这两个词(它们源于伊斯兰教苏非派神秘主义传统,之后又经过了当地的改造)一方面指涉感知到的人类经验领域;另一方面指涉观察到的人类行为领域。可能会有人忙着说:“这些东西无关于我们意识中的‘灵魂’与‘肉体’!”的确,可以用来表述“灵魂”与“肉体”的,有许多各具不同意含的其他词汇。而“*batin*”这个词所指涉的并不是与肉体相分离的(或者可

以相分离的)“灵性”这样一种独特的、有相当清晰边界的范畴,确切地讲,它指涉的根本不是什么有边界的范畴单位,而是对人类情感生活的一种泛指。它的内容是个人所直接感知到的、还具有现象之浑然直接性的主观感受,它是一派混蒙的、变动不居的脉流,然而至少就其初始状态言,它却被认为是对任何人都相同的东西,因此抹杀了一切个人的个别性。类似于此,“*lair*”这个词根本无关乎作为一个物体的肉身,甚至也无关乎作为一个被经验到的对象的肉身。它所指涉的是在我们的文化中被严格的行为主义者当
61 成唯一课题的那个人类生活层面,诸如外显的行动、运动、姿势和讲话等,这个层面同样被设想为在本质上是人所共通的。再者,“内向的感觉”和“外向的行动”这两组现象并不被认为是互为表里的,而是应当被分别纳入适当秩序的、相互独立的两个存在领域。

从这个所谓“纳入适当的秩序”,引出了阿露斯(*alus* 意为“纯粹的”、“精练的”、“经过琢磨的”、“幽雅极致的”、“清灵神妙的”、“精微的”、“文明的”、“和顺的”)与卡萨尔(*kasar* 意为“无礼的”、“草率的”、“不文明的”、“粗砺的”、“冥顽鲁钝的”、“鄙俗的”)的对比。目标是同时在两个不同的自我领域都做到阿露斯的境界。内在领域,我们需要透过宗教的陶冶来达成阿露斯,而这种陶冶大抵(但非全部)是神秘的,至于外在领域,则需要通过礼仪达成。在此,礼仪的规则不仅非比寻常地繁复细致,而且还具有某种法律性质的强制力。通过入定冥想,文明人冲淡其情感生活,使之成为一种恒定的杂音;通过礼仪,他一方面为生活加上免于外来烦扰的屏障;另一方面规律化他的外在行为举止,使之对他人呈显为可以预期、不烦扰旁人、细致而且相当空虚的一套舞蹈式的动作,以及固

定的谈吐形式。

关于这一切还有甚多值得讨论之处，因为它同时关联到一种本体论和一种美学，但就我们的问题而论，结果就是关于自我的一个二分观念：一半是无形象的感觉，另一半是无感觉的形象。一个情绪凝若止水的内在世界与一个举止谨饬有节的外在世界相互对峙，犹如面对他们的两个截然不同的领域，可以说任何特定的个人只不过是这种对峙的短暂交会点，是两个领域之永恒存在、永恒分离以及维持各自的秩序之永恒需求的一次倏然而逝的显现。只有当你像我一样亲眼目睹一名刚刚丧妻青年的表现，你才能真正恭谨地接受这种与我们关于“情到深处自真诚”以及“诚恳是重要的德行”的观念如此相悖离的一套自我观念不但有可能存在，并且见识到这种思维所蕴含的雄浑力量——无论它对于你而言是多么地难以企及。这位青年的妻子，由他从孩提时代起一手扶养成人，多年来一直是他生活的中心，不幸她却莫名其妙地猝然暴毙了！可是，在这场大劫难之后，他竟依然能以一套制式的微笑和礼貌性的歉意将妻子过世的消息告知所有的人，并以神秘的方法，极尽全力（如他所自白的那样）削平他情感的丘壑，使之成为一片平缓的原野。他对我说：“内在与外在都达到平顺柔和的境界，这是必须做到的”。 62

## 三

在巴厘岛，我先是在一个同样是小省城那样的地方（但它远非爪哇那座县城那样地动荡不安、令人沮丧），稍后又到了 个满是技艺精湛的乐器工匠的丘陵村落做田野研究。此地诚然在许多方面与爪哇类似，因为直到15世纪为止，两地都分享着同一种文化，但在较深的层次上，它们其实有很大的不同：巴厘岛的印度教文化未尝中绝，而爪哇则至少在名义上遭到了伊斯兰化。巴厘岛式的繁缛细致、萦回不尽的仪式生活（印度教、佛教与波利尼西亚本土的仪式传统，三者各占几乎相等的比例）在爪哇的发展或多或少被斩断了，使其印度精神（依我之前所描述的方式）转变为内省性的与现象学式的，甚至是寂静主义的精神。但在巴厘岛，上述仪式生活的发展却成就了足令全世界惊异的壮观规模与璀璨华丽，并使巴厘岛人成为极为戏剧性、并具有与此种戏剧性相配套的一种“自我”的民族。剧场之于巴厘，正如哲学之于爪哇。



结果，在巴厘岛上存在着一种持续不断的、系统性地将个人表现的各种层面加以风格化的尝试，终于个人的一切事物都是独一无二的、具有个别特性的，只因为让“他”从肉体上、心理上乃至个人历史上可认定是为当下这个“他”的一切，都被掩盖住，借以凸显他在延续无尽而且亘古如常（他们是这么认定的）的庆典活动（那也就是巴厘岛人的生活）中被授予的位置。不是演员，而是剧中人物，才能永垂不朽；说得更实在些：真正存在的不是演员，而是剧中的人物。作为肉体的人来来去去，只不过是流水账式的历史当中的一则偶发事件罢了，甚至对巴厘岛人自身都没有真正的重要性。但是他们所戴的面具、他们演出的舞台、他们所扮的角色，以及最重要的是他们所演出的景象，却能历劫长存，并且包含了事物的本质而非其表象，但却不含一丁点的自我。诸如“人生既终不免于一死，凡尘俗事，何异乎镜花水月？”“整个世界就是一个舞台，而我们不过是卑微的演员,在该轮到我们上台的时刻上台跑跑龙套,也就心满意足了”等等,这些莎士比亚式的梨园老伶的观点,在这里是毫无意义的。这里没有虚构!演员当然会凋零,但是戏剧永存,而且真正重要的正是戏剧本身,是那被演出的东西,而不是演出者。

还是一样,我了解到这一切,并不是凭着什么人类学家心灵特有的灵活多变的能耐才得以或多或少掌握到当地人的某种普遍情绪,而是透过一套现成可观察的象征形式:一套由称号与头衔所汇成的繁复剧目。巴厘岛人所拥有的归属性的、固定的和绝对的主要标签种类至少有半打,人们可以用这些标签来称呼他人(当然也可以用来称呼自己),借以赋予其在同伴中的定位。包括出生次序的标记、亲属称谓、种姓头衔、性别指标、别名别号(teknonyms)等 63
等,每个种类不只包含了一组有用的标签,还有一个指涉明确、范围清晰、内部极端繁复的称谓体系。每当人们运用这些指称或头衔(或者,更常见的是同时运用好几个)于某人身上时,等于他藉此将对方界定为一套固定模式中的某个定点,犹如某个特定的、不随时间更易的文化位置的暂时占据者。因此,在巴厘岛,认定某人(不论是自己或是其他人)的身份,就等于是将这个人安置在大家耳熟能详的社会剧场里(好比草台班子巡演时,每场必唱的《查理的姑妈》(*Charley's Aunt*)或《亨利的春日时光》(*Springtime for Henry*)之流的骨子老戏),扮演譬如“君王”、“祖母”、“老三”、“婆罗门”之类的不可或缺的角色。

这种剧场当然不是闹剧,尤其不是男女角色反串的那种闹剧,尽管其中也会含有这类的元素。它是一场位阶秩序的演出、一折关于地位的戏。这虽然很关键,但在此却不能再深入探讨。在这

里切中题旨的要点是:这些称谓体系的结构与运作模式,将导致把人视为“某种类属的恰当代表”而不是“独立地拥有其本身命运的个体生物”这样一种观点。想要看它们如何做到这一点,它们如何倾向于模糊个体存在的单纯物质性(生物的、心理的、历史的存在物质性)以突出标准化的地位性质,将会牵扯出一篇洋洋洒洒的分析。不过,或许只消利用一个把最简单的再加以简化的例子,就足以窥见这种模式的大概。

所有的巴厘岛人都有或可称之为出生次序的名字,共有 4 种:“伯”(老大)、“仲”(老二)、“叔”(老三)、“季”(老四),第四个以后,仍反复轮用这四个字号,所以第五个小孩又被称为“伯”、老六又被称为“仲”等等,依此类推。再者,这些名字的赋予和这些孩子的命运无关。夭折的小孩,甚至死产的小孩都算在内,因此在这个仍属高出生率、高死亡率的社会,这种名号实际上并没有道出具体个人之间任何勉强可信的出生次序关系。在一群存活的子嗣中,某个称为“伯”的人可能真的是老大、老五或老九;但是,倘若同胞之中有某人已逝,则他就可能会是实际排行中的任何一个,而某个称为“仲”的可能是他的哥哥或姐姐。这种出生次序命名体系不把个人认定为个人,它也根本不想这么做;它所做的是在提示:对于所有繁衍子息的夫妇而言,生育形成了“第一”、“第二”、“第三”、“第四”的一个周而复始的延续、一个永不磨灭的形式之无止境的四步骤反复。从肉体上来讲,人如蜉蝣般生生灭灭,但从社会的角度来
64 看,演出的人物却能代代相传,好比新的“伯”、“仲”等等,从无始无终的神界里浮现,以替代即将死去的、又再一次形解气散、归返神界的那些人物。我欲藉此说明一切称号与头衔体系都发挥着同一

种功能:它们把人生境遇中最受时间支配的层面,表现为不过是一场永恒的、正上演着的现在的原料罢了。

巴厘岛人所拥有的这种一直置身在舞台上的意识,也并不是模糊暧昧、难以名状的东西。事实上,它被精确地归结为他们经验上最近的概念之一:*lek*(劣克)。*Lek* 这个词有许多不同的译法和误译法〔“羞愧”(shame)是最常见的译法〕,但它的本意,应该说近于我们所谓的“怯场”(stage fright)。怯场当然是因为技巧或自制的修为不够,或者可能纯粹是因为意外,而害怕需由演员透过他的角色而演出的一种美感上的幻景破灭。美感上的距离崩解:观众(及演员)没看到哈姆雷特,反而看到荒腔走板的约翰·史密斯(John Smith)痛苦地扮演不该由他演的丹麦王子,让人怎么看怎么不舒服。巴厘岛的情况也与此相仿:最害怕的是一个人基于其文化定位而有义务去执行某种公开表演,但却被他笨手笨脚地搞砸,而他个人的独特人格(这是用我们的说法,不相信这种东西的巴厘岛人当然不会这么说)不慎泄露了出来,瓦解了他在公众面前的制式身份。当这种情况发生时(有时候确实会发生),这一时刻的直接性将会带着极端痛苦的张力而被察觉到,而人则在转瞬间心不甘情不愿的变成了臭皮囊,被拘执在相互的羞赧之中,就像一不留神相互撞见了对方的裸体。正是因为害怕失态,所以巴厘岛人把日常生活予以超乎寻常地仪式化,借以将社会互动竭力维持在狭窄的轨道上,并保护着戏剧化的自我意识,免予潜藏于直接性、自发性之中足以造成搅扰的威胁。然而,即便是最为热衷、执着的仪典性格,也不可能从面对面的遭遇中彻底排除掉直接性与自发性,于是反而使失态更可能发生。

# 四

位于中东的摩洛哥，比东亚干旱，却是一个滑头（wet）[①]、外向、流动、果敢积极、阳刚、不拘形式有点过了头的地方，除了没有
65 酒馆和牛仔，像极了过去蛮荒的美国大西部，完全是泡着另一种自我的一个大酱缸。我在那里的工作始于1960年代中叶，集中在中阿特拉斯山（Middle Atlas）山脚下、非斯（Fez）以南约20英里处、一个称得上是大集镇或小城市的四周。那是个古老的地方，极可能建于10世纪，可以揣测的建城时间则更早于此。它有典型的穆斯林集镇城墙、城门、狭长的尖塔高高擎起召唤礼拜的平台，而且若在一定距离之外观之，它是个景致相当怡人的所在。一个不规则的、耀眼的白色椭圆形，安放在一块墨绿色的、橄榄树丛汇聚成的绿洲之上，古铜色、嵚崎嶙峋的山峦紧紧地斜插在它的背后。趋近以观，它的景致便显减色不少，但却更令人惊奇：一个小径与巷道构成的迷宫，其中有七、八成是死巷子，被挤压在城墙似的建筑与路边的店铺之间，中间填满了千奇百怪、令人印象深刻的人类。阿拉伯人、柏柏尔人（Berbers）和犹太人；裁缝、牧民与军人；官衙

① 格尔茨在此玩了一个文字游戏。在上一句，他才形容摩洛哥的气候是干旱的（dry），随即一转，论及摩洛哥人的性格是潮湿的（wet），这两个字（dry-wet）若作为物理、气候上的形容词，是一组鲜明的对比，但wet若用以描述人的行径或性格，意思其实是指没有原则、没有坚持、不为人先不落人后、善于观风望色、易于改变主张的人，常用以指在两党之间立场游移的政客，以及没有原则的政治妥协的行为。此处译为“滑头”，实不能保存作者原文之妙趣，故留注于此。——译者

僚佐、市井之徒、部落属民；富、豪富、穷、赤贫；土著、移民、假法国佬（mimic Frenchmen）、坚毅不屈的中古遗民，根据 1960 年的官方人口普查资料，还有一个失业的犹太籍飞机驾驶员。至少就我本人曾有过的遭遇而言，这个镇所收藏的各种千奇百怪的粗犷的人的脸谱，是我所见过最细、最全的。同赛夫鲁（Sefrou，该地的地名）比起来，连曼哈顿的居民构成都几乎显得有点单调。

不过，没有任何一个社会是由一群像撞球一样相互碰撞的无名怪客所组成，摩洛哥人亦然，他们也有一些象征的手段可以用来分辨不同的人并形成一种“人是什么”的观念。这些手段当中最主要的是一种特异的语言形式，阿拉伯语称之为 *nisba*（尼斯巴）。*Nisba* 当然不是摩洛哥人用来塑造人的观念的唯一手段，但我认为是最重要的，也是我想在此特别举出来谈的。*Nisba* 这个词导源于三个字母所构成的词根：*n-s-b*，用以表示“归属”、“属性”、“归咎”、“关系”、“亲近”、“相关联”、“连带”、“亲属”等。举例说明从这个词根推衍出来的词，例如 *nsīb*（嗯思卜）意谓“基于姻亲关系”（in-law）；*nsab*（嗯萨卜）意谓“归因于或归咎于”（to attribute or impute to）；*munāsaba*（穆纳萨巴）意谓“一种关系”（a relation）、“一项类比”（an analogy）、“一种对应”（a correspondence）；*mansūb*（曼苏卜）意谓“从属于”（belonging to）、“附属于”（pertaining to）等等。总之，从 *nassāb*（纳萨卜，“谱系学家”）到 *nīsbīya*（尼斯比亚，“物理上的相关性”），这个词根至少有一打的衍生词。

*Nisba* 本身指涉一种混合构词学上的、文法上的以及语义学上的过程，其内涵在于：将一个名词加上 *ī*（例如 *īya*），就会转变成我们称为关系性形容词的东西，但在阿拉伯文中只算是另外一种

名词的一个字：*Şefrū*/赛夫鲁— *Şefrūwī*/赛夫鲁本地人；*Sūs*/摩洛哥西南部地区— *Sūsī*/该地区出身的人；*Beni Yaz ğa*/邻近赛夫鲁的一个部落— *Yaz ğī*/该部落的人；*Yahūd*/作为一个民族的犹太人，或犹太民族(Jewry)— *Yahūdī*/一个犹太人；*Adlun*/一个显
66 赫的赛夫鲁家族的姓氏— *Adlūnī*/该家族中的一份子。这种变化手法也并不限于此种或多或少直截了当的“族群化”用途，也可以运用于极广泛的各种领域，而便于将关系性质系属于各种各样的人。例如，职业(*hrār*/蚕丝— *hrārī*/蚕丝商人)；教派(*Darqāwā*/一种神秘主义的兄弟会- *Darqāwī*/娴熟于该兄弟会或其精神宗旨的人，*Ali*/先知的养子— *Alawī*/先知养子的后裔，所以也就是先知的后裔)。

当 *nisba* 被创造出来了以后，如今它倾向于被包含在个人的名字里头，如乌玛尔·阿勒-布哈迪威(Umar Al-Buhadiwi)/布哈杜(Buhadu)部落的乌玛尔；穆罕默德·阿勒-苏希(Muhammed Al-Sussi)/出身苏希(Sussi)地区的穆罕默德等等。这种形容词性的属性分类法相当公开地烙印在个人身份之上。大家普遍都认识或者听说过某个人，但却不知道他或她的 *nisba*，这样的例子我可以说从来没见过。说实在的，赛夫鲁居民很可能不晓得某个人有多富有、在当地已居住了多久、有怎样的个性或者住在什么地方，却不太可能不晓得他的 *nisba*——苏希或赛夫鲁，布哈迪威或阿德卢尼(Adluni)，哈拉尔(Harari)或达尔卡威(Darqawi)。(如果对方是一个与他没有关系的女人，那么一个男子所能得知的关于她的信息，很可能就只有她的 *nisba* 而已，或者更精确的讲，那就是他被允许知道的全部。)在赛夫鲁的小巷子里，摩肩接踵的那些个

自我是从他们被人认定与其周遭社会所具有的联结关系中得到定义的。他们是被语境化了(contextualized)的人。

然而,实际情况甚至比上面所说的还要更为极端;*nisba* 使人相对于他们的情境(context),既然情境本身是相对的,所以 *nisba* 也是相对的。于是,可以这么说,整个情况被提升了一个平方:相对论自乘一次。因此,从某个层次上讲,所有住在赛夫鲁的人都有同样的 *nisba*,或者说至少有这种潜能——也就是说大家都是赛夫鲁伊(Sefroui)。但是,正因这样的 *nisba* 在赛夫鲁的方圆以内没有辨别功能,所以绝不会听到有人将之用作个人称谓的一部分。只有在赛夫鲁以外的地方,与那种特定情境的关系才变得具有认定功能。在赛夫鲁境内,他可以是一个阿德卢尼、阿拉维(Alawi)、麦卡拉维(Meghrawi)、恩嘉地(Ngadi)或是其他随便哪一个。在这些范畴之中,状况亦同:例如在赛夫鲁的阿拉维家族内部,他们用 12 个不同的 *nisba* 来彼此区分〔沙齐比(Shakibis)、祖伊尼(Zuinis)等等〕。

整个事态没有什么规律可循:对于使用者而言,到底该使用哪个层次或哪一种 *nisba* 看起来才算是恰如其分,端视状况而定。我认识一个人,他出身于赛夫鲁附近的贝尼·雅兹哈盟(Beni Yazgha tribe),而且是其中的乌喇德·本·耶迪耳部(Wulad Ben Ydir fraction)之下的塔格哈特旗(Taghut subfraction)之下的黑玛支派(Hima lineage),他住在赛夫鲁,但在非斯工作,结果,他在非斯的同事称他为赛夫鲁伊,我们这些在赛夫鲁的非雅兹哈盟的人则叫他雅兹齐(Yazghi),周围其他的雅兹哈盟成员叫他耶迪里 67
(Ydiri),除了那些本身也属乌喇德·本·耶迪耳部的人以外,后

者称呼他为塔格哈提(Taghuti)。至于其他人数甚微的塔格哈提,则称他为希米威(Himiwi)。不论从哪个方向来看,这都只不过是实际上已经发生的情况,绝不是可能性的极致。好比说,假如有一天,我们这位朋友到埃及去旅行,他将变成一个马格里布(Maghrebi)——这是从阿拉伯文的“北非”(Maghreb)这个字衍生出来的*nisba*。对人的“社会情境化”不仅普遍存在,而且以其自身独具的不规律方式贯彻始终。在此,人不是一个本身拥有明确界限的、被单独命名的精神实体,他不能脱逸于其背景之外浮游人间。尽管摩洛哥人实际上是如此地个人主义,甚至到了刚愎任性的程度,但他们的身份认定却是一个从其身处情境所借来的属性。

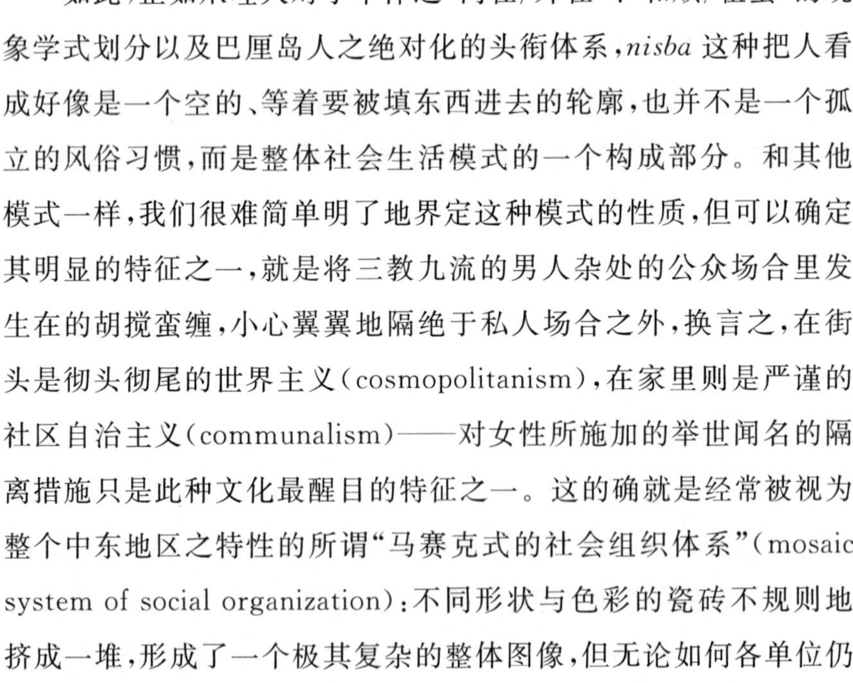

如此,正如爪哇人对于本体之“内在/外在”、“和顺/粗蛮”的现象学式划分以及巴厘岛人之绝对化的头衔体系,*nisba* 这种把人看成好像是一个空的、等着要被填东西进去的轮廓,也并不是一个孤立的风俗习惯,而是整体社会生活模式的一个构成部分。和其他模式一样,我们很难简单明了地界定这种模式的性质,但可以确定其明显的特征之一,就是将三教九流的男人杂处的公众场合里发生在的胡搅蛮缠,小心翼翼地隔绝于私人场合之外,换言之,在街头是彻头彻尾的世界主义(cosmopolitanism),在家里则是严谨的社区自治主义(communalism)——对女性所施加的举世闻名的隔离措施只是此种文化最醒目的特征之一。这的确就是经常被视为整个中东地区之特性的所谓“马赛克式的社会组织体系”(mosaic system of social organization):不同形状与色彩的瓷砖不规则地挤成一堆,形成了一个极其复杂的整体图像,但无论如何各单位仍能在其中保持特殊性。除了分歧(diverse),还是分歧。摩洛哥的

社会并没有采取将它分别封闭成一个个种姓（caste）、隔离成一个个部落、划分为多个族群，或者用某种公约数式的国籍概念将它全体覆盖起来等等方法来应对它的分歧性——尽管他们也曾偶尔、断断续续地尝试过上述的每一种途径。它应对分歧性的方式是精确、细腻地区分两种情境：一种是人们在其中基于相异性而有所分别的情境，如婚姻、礼拜、一定程度上讲还包括饮食、法律和教育等等；另一种是把人们联结在一起的情境（无论这种联结是多么审慎、多么受时空条件所左右），比如工作、交友、政治、贸易等等。

就这种社会模式来讲，一方面从情境和相对关系的角度来标
识公开身份（public identity），另一方面又运用产生于较为私下且
稳定的生活领域、与当事人有深切而恒久共鸣的那些足以点出其
部落、区域、语言、宗教、家族等属性的词汇来作为标记，这样一种 68
自我概念似乎特别合适。确实，这种自我概念似乎实质上是社会模式创造的，因为后者创造了这样一种情境：人们藉以在其中进行互动的范畴，其含义几乎彻底视其在整片马赛克中的位置而定，而这些范畴的实质含义（即当事人在经历这些范畴所指涉的生活形式过程中，对于这些范畴的意义所产生的主观认识）则被丢到一边，仿佛是某种被珍藏在寓所、庙宇和帐篷里的东西。*Nisba* 的区别可以明确一点或者模糊一点，可以粗略或者详细地标定在马赛克中的位置，而且可以顺应几乎一切的环境变迁，但是它只能为依此规则而被命名者的本相承载、传达最空洞的素描式轮廓，无法处理任何其他的意含。称呼一个人为赛夫鲁伊，就好像称他为一名旧金山人：它把他归类，但并不赋予他一个形式；它把他放到一个位置，而不描绘他的形象。

*Nisba* 体系能够创造一个架构，以便人们凭借一些被认为是与生俱来的特征（谈吐、血缘、信念、出身等等）来辨认身份，但在发挥上述功能的同时，它却也缩小了那些特征对现实生活中人际关系（就是使 *nisba* 体系对于摩洛哥人的自我概念显得如此重要的那些在市场、商店、政府机关、田地、餐厅、澡堂和马路上行人之间的关系）的决定效果。*Nisba* 式的范畴界定悖论地导致公共关系中的一种超强的个人主义（hyperindividualism），由于它只提供了行为者的一种空洞而且不停变幻的轮廓（比如雅兹齐、阿德卢尼、布哈迪维，或者任何其他的称号），而把其余部分（几乎也就等于是一切）通通留白，让互动过程本身来填空。使这种马赛克得以运作的是这样一种信念：当身处于人际关系之中时，人可以随心所欲地变成彻底唯利是图、逢场作戏、见风转舵并且一贯矫伪造作的人（“在狐群里就变成一只狐狸，在鳄鱼群里就变成一条鳄鱼”），却没有一丁点丧失自我意识的风险。自我绝不会陷于危境，因为除了生儿育女和祈祷的直接性以外，它所肯定的仅仅是它的同位语。

## 五

走笔至此，由于未曾尝试把好几打散乱的结尾收拢起来，我不仅被吊在对这些涵盖了近九千万人自我意识的令人喘不过气来的论析里头晃悠悠地老下不来，而且毫无疑问地被折磨得疲惫不堪。且让我们回到这个问题：关于爪哇、巴厘岛和摩洛哥的“土著观点”，这一切可以告诉我们什么？或者说假设之前所谈确有道理的
69 话，它可以告诉我们什么？我们在描述象征使用时，是否也描述了

知觉、情感、视野与经验?就何种意义来论断?就眼前的例子而言,当我们宣称我们了解人们借以相互定义的语汇工具时,我们究竟宣称了什么?我们所认识到的,究竟是字词还是心灵?

要想回答这个问题,我认为有必要在上述的每一个案例分析中,首先提出特殊的智识运动以及内向的概念律动,说实在的,所有类似的案例分析都应该比照办理,包括马林诺夫斯基所提的案例在内。我所主张的其实也就是一场持续不断地辩证交织,把地方细节中最具地方特殊性的事物与全球结构中最具全球普遍性的结构联系起来,使两者被合成同时并存的观点。在设法解开爪哇人、巴厘岛人和摩洛哥人的自我意识时,人们将无止无休地在两极之间摆荡:一边是就算顶尖的民族志学家也会感到难以解读的那些异乡琐闻(词汇的对偶、概念范畴的图式(categorical scheme)、字词的构造-语音变型(morphophonemic transformation));另一边则是似乎有着横扫一切说服力的那些抽象概括的性质界定(诸如“寂静主义”、“剧场主义”、“情境主义”),仿佛让最平板单调的那些民族志内容以外的一切思考都成为多余似的。我们在“透过‘使整体得以落实的各部分’来构思整体”和“透过‘诱发出各部分的整体’来构思各部分”这两种思路之间来回跳跃,并凭借着一种持续性的智识运动,设法将它们转变成相互的解释。

当然,这一切说穿了不过是如今为人所熟知的、狄尔泰(Dilthey)名之曰诠释循环(hermeneutic circle)的轨道,我在这里所做的论证也只是说:它在民族志诠释(因而也可以说在透视其他民族的思维模式这项工作)之中的核心地位,与它在文学、史学、语言学、心理分析学或圣经阐释学之中的地位,还有在对我们称为

“常识”的日常经验之非正式的解释之中的地位，可谓等量齐观。要看懂一场棒球赛，必须要了解打击、安打、局、左外野手、强迫取分的牺牲打、下坠曲球、强化守备的内涵是什么，也要了解以这些“东西”作为元素的整场比赛是在干什么。当一位像利奥·斯皮策(Leo Spitzer)这样的文献注释(*expli-cation de texte*)批评家在尝试阐释济慈(Keats)的《希腊古瓮颂》(*Ode on a Grecian Urn*)时，他不断反复地自问两个交替出现的问题：“这首诗的主旨何在？”以及“在他所描述的古瓮上，济慈所看到的(或说济慈选择呈现给我们的)究竟是哪些铭文？”在他的“整体纵观”和“特定点评”两者所构成的步步进逼的盘旋之结尾处，浮现出了“全诗是为了表达‘美学认知模式胜过历史认知模式’这个论断”这样一种解读。与此相同，像我本人这样的一个以意义与象征为念的民族志学家，当他尝试发掘出某些群落的土著究竟认为“人是什么”的时候，他便在两
70 个问题之间往返运动：“从总体看，他们的生活模式是什么？”以及“那种模式藉以体现的载体究竟是什么？”在类似的盘旋终结处，浮现了“他们视自我为一个混合体、一个剧中人，或是一组模式中的一个点”这样的观念。如果你不知道巴厘岛人的剧场主义，你就无法知道 *lek*(怯场)究竟有何含义，如同不知道棒球就不可能知道捕手手套是什么东西一样。同样的，倘若你不知道什么是 *nisba*，你就无法了解何谓马赛克式的社会组织，就好比你如果不能掌握从诸如“雅典的外形”、“沉寂的形式”、“静默的新娘”、“寒冷的牧歌”、“默然而缓慢的时间”、“平静的城堡”还有“无声的小调”这些零散的短语中爬梳出来的“思想的智识引线”(借用斯皮策自己的说法)，你就不能了解济慈的柏拉图主义是怎么回事。

简言之,我们不必佯装拥有超乎常人的抹灭自我与体察同伴的能力,也还是可以确立对其他民族之主体性的论析。假如我们期望别人对于我们闯入他们的生活稍有容忍之心,并且接纳我们为值得谈话的对象的话,在这些方面与常人相若的能力,正如善加陶养这些能力一样,当然是至关重要的。我在此处所做的讨论,当然不是为感性的迟钝而辩护,也希望我所说的话没有证实这种动机的凭据。但是,一个人所获得的关于他的报告人“到底是什么样的人”的一切领会,不论精准正确或是半对半错,都不是来自于前述那类被接纳的经验,而是来自对他们表达方式(我称之为他们的象征体系)的解释能力。那种被接纳的经验只是他本身自传的一部分,而不是那些报告人的一部分,它只是使一个人有可能去下功夫发展那种解释能力而已。想要去理解——姑且再用一次这种危险的说法——土著们内心生活的形式与压力,比较不像是去达成心灵的感通,而比较像是去掌握一句谚语、领略一个暗喻、看懂一则笑话,或者如我曾提议过的:像是去读一首诗。

# 第 二 部

# 第四章　作为一种文化体系的常识 73

## 一

很多年前，维特根斯坦在他那本名为《哲学研究》(*Philosophical Investigations*)的观念游戏与诡谲比喻的汇集里，将语言比拟为一座城市：

> 切勿为(他刚才为了教学上的方便而发明的一些简化语汇)只有祈使句这件事情所困扰。假如你要说它们因此是不完整的，请你先扪心自问：我们的语言本身是否就是不完整的？在添加上化学符号与微积分记号(这些可说是我们语言的城郊地带)之前，它是否是不完整的？(又，一个集镇究竟必须有多少幢房子和街道才能称为一个集镇？)我们的语言可以说是一座古城：一座逼仄的巷弄与小旮旯、老屋与新宅，还有带着不同时期局部添建的房子所凑成的迷宫；而且，它还被一大片坦直的马路和整齐划一的新式房屋所构成的现代化地区包围在中间。[1]

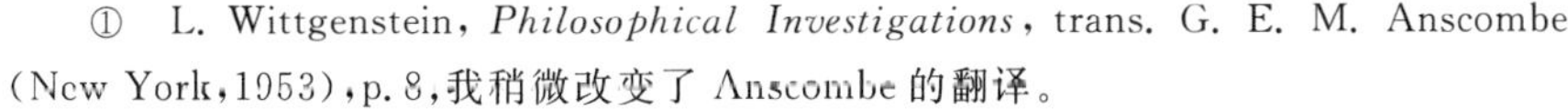

① L. Wittgenstein, *Philosophical Investigations*, trans. G. E. M. Anscombe (New York, 1953), p. 8，我稍微改变了 Anscombe 的翻译。

如果我们将这个意象延用于文化，可以说在传统上，人类学家将这座古城当作他们的领地，周游于其中漫无章法的小径，想要绘出某种简略的地图。后来，他们才开始好奇：似乎不断向古城中心
74 逼近的城郊地带是如何建成的？它与古城有怎样的连带关系？（它是从古城发展出来的吗？它的建成是否改变了古城？它是否终将把古城完全吞没？）还有，在这类新旧并存的地域里生活，可能是什么样子？人类学家研究的一向是传统社会，那种社会与他们通常定居的现代化社会之间的差异，一般是以原始性（primitivity）这种说法来表述。但这个差异更可以用这样的说法来表述：构成我们此刻世界观之核心特征的那些思想与行动体系，是凭藉着诸如物理学、对位法、存在主义、基督教、工程学、法学、马克思主义等众多的新生事物来保卫、伸张的，这些事物环绕在既成的习惯、既定的信仰、习以为常的判断和不学而得的情绪相互纠缠而成的古老丛结的外缘生长起来，如今我们已经根本无法想象一个没有这些东西（或者某种类似的东西）存在的世界了，但问题是这些新生事物如今究竟已经成长到什么程度了呢？

我们当然知道在提科皮亚（Tikopia）或廷巴克图（Timbuctoo）的原住民当中几乎没有化学[①]，也只有些微的算术，而布尔什维克主义、单点透视法 、基督教人神合体的教义、心灵与肉体问题之穷究等等，当然也不是普及全世界的现象。但我们不愿意（而且人类学家特别不愿意）从这些事实中导出这个结论：科学、意识形态、艺

① 提科皮亚，所罗门群岛中的一座小岛；廷巴克图，位于今西非马里境内的一个原始部落。——译者

术、宗教和哲学，或者至少这些东西所要满足的冲动，并非人类共同的属性。

不仅如此，从这种不情愿里头，更衍生出了一整套论证的传统，专门设计用以证明“比较简单”的民族也有一种关于神明的意识、一种不为情绪所左右的知识兴趣、一种法律形式的感觉以及一种独具一格的审美眼光，即便这些东西不能被嵌入我们所熟悉的那种条分缕析、次第井然的文化领域。因此，涂尔干在澳洲原住民里发现了宗教生活的基本形式、博厄斯(Franz Boas)在北美洲西北岸发现了一种自发的美术设计意识、列维-斯特劳斯在亚马逊发现了一种“具体的”(concrete)科学、格里奥尔(Marcel Griaule)在一个西非部落里发现了一种象征的本体论，而格拉克曼(Max Gluckman)则在一个东非的部落里发现了一套潜在的共同强制性规范(jus commune)。没有一样城郊地带的东西不是在古城中心率先出现的。

这一切虽然有了一定的成就：至少如今几乎没有一个人认为原始人(就算还有人用这样的词汇的话)是单纯的实用主义者，通过迷信的雾瘴摸索探求着肉体上的舒适。但它并未解决以下这个根本问题：作为研究对象的文化被渐进铺陈出的形貌，与作为日常话题的文化之浮光掠影式的形貌，其差异究竟何在？毕竟，即使是对“每个民族皆有属于他自己的一种深度”这一立场最热衷的拥护者(我本人是其中之一)，也必须承认这两者之间有某种差异存在。

本文的论点当中，有一部分旨在说明这是一场被全面误导的 75
讨论：问题的症结不在于特罗布里恩岛人(Trobriands)是否有一种尚待发现的基本形态的科学，或者巴罗策人(Barotse)是否有一种基本形态的法律，或者图腾崇拜是否是一种“真正的”宗教，或者船货崇拜(cargo cult)是否是一种“真正的”意识形态(在我看来，这些问题几乎完全是定义的问题，可以毫无窒碍地化约为学术上的政策与修辞上的品味)；真正的问题在于这些地方的文化面貌究竟被系统化到什么程度？城郊地区究竟还有多大？此外，在解决这个问题时，我还将进行一项比“寻求艺术、科学、宗教或法律之本质定义，借以判定布须曼人(Bushmen)是否具有这些东西”这种做法更有意义的工作：我要讨论文化的一个向度，人们通常认为它不像人类心智中那些较为人熟知的地区那样富有秩序，那就是“常识”。

将常识看作是“一群相对组织化、被清晰意识到的思想”而不只是“一切人类的天赋，并且在正常心智状态下都必然会知道的东西”，这样的观点会导出一些有用的结论，之所以如此的理由很多，其中最重要的一个理由或许就是：否认上述事实，并且断言它的信条是“经验的直接表达”而非“对经验的有意识反省”，正巧是常识思维的一项天赋禀性。知道雨会让人淋湿，人必须躲进屋里避雨，或者知道火会灼伤人，人不应该玩火(此刻我们暂且先局限在我们自己的文化里说话)，这些不相关的片段被汇集起来，构成一个理所当然、不可否认的巨大领域，就像一个目录，罗列着专断地强加于尚未昏聩到无法领会它们的一切心灵的事实——纯属自然本性的事实。但这显然是错误的！没有一个人，或说没有一个极为正常的人会怀疑雨能把人淋湿；但我们之中可能会有一些人质疑“人必须躲进屋里避雨”这句话：因为勇于承受宇宙元质对品格是有益的，所以不戴帽子近乎是神圣的规则。其次，玩火的吸引力常常胜

过玩火将导致痛苦后果的认知，某些人更是难以抗拒玩火的吸引力。宗教立基于神圣的启示，科学立足于方法，意识形态倚仗道德热情，然而常识却归本于“它完全没有什么论据，简单地讲，它就是生活”这样的断言。现实世界就是它的权威。

因此，不同于对常识运作的分析，要分析常识本身，首先必须重新梳理出“对现实之纯粹就事论事的认知”（或者随便你想怎么称呼我们简单、实事求是地认识到的东西）与“对上述认知内容之 76
质朴、通俗的智慧、判断与评估”两者之间被抹杀了的区别。当我们说“某人展露了他的常识”时，我们的意思不是说“他只是在用他的眼睛和耳朵”，而是（用我们一般的说法）“他做到了，或者说他很努力地尽量做到睁大眼睛和耳朵，很有判断力、灵巧聪明、敏于观察、善于反省推敲地使用他的视觉和听觉”，还有就是“他能够相当有效地以一种日常的方式来应付日常的问题”。当我们说他缺乏常识时，我们的意思不是说他智力不足，没法了解雨能淋湿、火能灼伤这些事实，而是说他拙于应付日常生活丢给他的各种问题：在一个阴霾密布的日子里，他没带伞出门；他明明应该有避免被火烧到屁股的智力，更应该明白自己先不要把火挑得太旺，但他的生活却充满一连串火烧屁股的蠢事。“能够体察经验到的单纯现实”的反面，我已说过，是一种缺憾；而“能够基于对经验到的单纯现实的体察而导出有意义的结论”的反面，则是一种愚蠢。后者与严格定义下的“智力”（intellect）之间的关联，一般比我们想象的要小得多。正如诺贝尔文学奖得主索尔·贝娄（Saul Bellow）的评论：想到某些政府顾问和激进作家，真觉得世上满是高智商的低能儿。

赋予常识以权威的是一条从未被言明的前提，那就是“它精准

地传达了真实”，对这一前提加以分析性的拆解，并非意在瓦解常识的权威，而是为了重新摆设常识的定位。假设常识如神话、绘画、认识论或其他东西一样，是对经验的直接内容的一种阐释、一种注解，那么常识就和它们一样是被历史性地建构出来的，也一样受制于被历史性地限定的判断标准。它当然也可以被质疑、争论、肯定、发展、正式化、深思熟虑，甚至传授，而且它可能随人的不同而有极大的差异。简言之，它是一个文化体系，尽管通常不是一个整合得非常紧密的体系，但是它所赖以建立的基础与其他同类体系的基础无异；被它所掌握的人，坚信它自有其价值与真确性。在这里就像在其他领域一样，一切事物皆系人所自造。



这一切对于哲学是如此重要（这当然是因为常识或某种系出同源的观念），以至于它已经成了一大群现代哲学体系的核心范畴之一，或者几乎可以说是唯一的核心范畴。在从柏拉图所阐述的苏格拉底哲学以降的哲学体系里面，它一向是一个重要的范畴（它在其中的功能，就是证明自己的不足）。另外，笛卡尔与洛克的传统则分别以各自不同的方式立足于这同样的教条上（说实在的，也就是他们不同的文化背景熏陶出的不同方式）：就算受到地方局限的心智可能不甚精准，但至少未受蔽障拖累的心智能够精确地判
77 定出哪些事实是自明的，哪些不是。但在这个世纪，随着其他许许多多观念逐渐归隐到科学和诗的领域中的趋势，“不假传授的（untutored）常识”（它经常被说成是这样）这种观念（它暗示着一种对揣摩“若能免于被学校教出来的迂腐虚矫，一个质朴率真的人会怎么想？”这个问题的浓厚兴趣）已经被扩大到几乎成为哲学最重要的主题。维特根斯坦、奥斯汀、赖尔（Gilbert Ryle）的作品以日常

语言为探讨焦点;胡塞尔(Edmund Husserl)、舒茨(Alfred Schutz)、梅洛-庞蒂(Merleau-Ponty)发展出所谓日常生活的现象学;欧陆存在主义对个人的、落实于生活之中(in-the-midst-of-life)的决策的颂扬;美国实用主义将如何解决在花园中同时培育多种作物的问题当作理性的典范,处处都反映了这样的趋势:期待实事求是、平凡无奇、勇敢果断的思维结构,能提供解开更深刻的存在之奥秘的线索。莫尔(G. E. Moore)举起一只手说:"这是一个物体",然后再举起另一只手说:"这也是一个物体,以此证明外在世界的真实"。撇开教条上的细节不论,莫尔的作为就是大部分西方现代哲学的缩影。

然而,虽然常识已经因此而变成一个动见观瞻的焦点,但它仍然保持为一个被设定为前提的现象而非一个被分析的现象。胡塞尔及追随他的舒茨都曾经处理过"日常"经验的概念基础,亦即我们如何推断自身居处和经历过的这个世界,但他们二人都未曾深刻地体认到:当约翰逊(Johnson)博士用踢石头来驳斥贝克莱主教(Bishop George Berkeley),或福尔摩斯回想起夜里静默的狗时,他们的所作所为,与他们所论述的概念基础有什么分别。至于赖尔,起码曾经简略地评述道:一个人并不能"藉由使用刀叉来展现他有没有常识,但却可以在应付一个能说善道的乞丐时,或者在缺乏适当工具的条件下处理一次机械故障时展现出来"。但是总体来说,常识的观念一向是相当常识性的:任何一个有常识的人都知道。



人类学在这里可能派得上用场,与它通常发挥功效的方式大致相同:藉着提供离奇怪诞的案例来把切身的案例丢到一个不同的情境里去观察。有些人就是从他们自己摸爬滚打得来的人生阅历里学到了和我们不一样的东西，而致导出与我们截然不同的结论。如果我们审视他们的观点，我们将会很快地了解到：常识不仅是一个甚可质疑的东西，也是比从巴黎的一间餐厅或者牛津的一间聚会厅里的视角看起来要深奥得多的一件事。常识作为人类文化最古老的街区之一，它虽不是很规律、不是很一致，但却已经跨出了小胡同和旮旯角儿挤成的迷宫，开始迈向某种不再那么随兴多变的形貌，我们可以说它特别显明地揭示了推进这一发展的驱
78 动力，那就是把世界弄清楚的欲望。

## 二



让我们放弃通常的看法，而以这种视角来思考埃文思-普里查德关于阿赞德人(Azande)巫术的著名讨论(法术的性质与功能)。他明白地道出了这个想法，但似乎没有人深切地注意到：他所关切的是巫术观念据以作为发展之整体背景的常识性思维，即赞德人(Zande)的常识思维。他将一种实际上相当唯物主义式的巫术概念(牵涉到存在于人肚子里头的一种黑色物质……)，总结为对赞德人的自然因果律观念的嘲弄。

依照埃文思-普里查德的分析，赞德人先是自纯属现实世界的经验当中得出“什么东西会导致什么后果”的观念，接着启发出操作某种另外的因果关系(埃文思-普里查德称之为“神秘的”因果关系)的念头。他说：举一个赞德男孩为例，他的脚不小心踢到了一棵断树的残株，并且染上了一种传染病，他说这都是被巫术所害。

埃文思-普里查德从他自己的常识传统出发，说道："胡说八道！你只是纯粹他妈的不小心。你应该看清楚你要踩的地方！""我走路的时候的确看脚下了，地下有那么多断树的残株。"那男孩回道，"但是，如果我没被人施了巫术，我一定会看见的呀！再说，一般伤口都不需要几天才会好，而是一下子就收口了，因为伤口原本就应该是这样子。但这一次却化脓了，所以一定有巫术在作怪。"

再举一位技艺娴熟的赞德陶匠为例，有一次，他所做的一只锅子在制造过程中一再裂开，他惊呼："巫术！""荒谬！"埃文思-普里查德说道（就如所有优秀的民族志学家一样，他似乎从来就没学乖过）："在制作过程中锅子有时候会裂开，这是理所当然的，世间事本来就是这样子的嘛。"陶匠接道："但是我小心翼翼地挑选陶土，还辛辛苦苦地挑掉了所有的小石子儿和杂灰，我专心地、慢慢地把陶土捏成型，我前一天晚上还禁绝了性交，但它还是裂了。不是巫术，还会是什么？"还有一次，这个陶匠生病了，他说自己"觉得不太对劲"。埃文思-普里查德于是出言询问一些赞德人：是否是因为他吃了太多香蕉才会这样，他们答道："胡说！香蕉怎么会让人生病？一定是巫术作怪！"

因此，不管赞德巫术信仰的内容是不是"神秘的"（我已经提示过：只有当我本人没有这种信念时，我才会觉得它是神秘的），赞德人实际应用它们的方式却丝毫没有一点神秘的意味可言，它其实 79
就是当地人自己宣称"我们的理性就是真理"的一种细致表现和辩护。在关于被扎伤的脚趾头、开裂的陶锅和隐隐作痛的胃这一切反思的背后，是赞德人在表面上显然信以为真的一套常识观念：小伤通常会很快恢复；小石子会使烘烤中的陶土容易迸裂；禁绝性交

是制陶成功的前提条件;在赞德地区行走时做白日梦是不明智的,因为那里到处都是断树的残株。巫术的概念之所以取得其意义与力量,正因为它是这套常识性预设的一部分,而非因为它属于某种原始的形而上学。对于一切有关巫术在暗夜中像萤火虫一般四处飞舞的言谈,巫术并非用以附会一种不可见的秩序,而是用以认证一套可见的秩序。

当一般的预期落空,当赞德的庄稼人碰到了反常或矛盾的事情时,巫术的说法便会跑出来。至少从这个角度来看,它是常识思维体系中的一个愚钝的变项,不仅没有超越常识性的思维,它还给后者添加了一个全效性的观念,足以使赞德人更加确信:他们关于事物常态的知识储备,尽管偶尔会显得不大对,但终究是可以信赖而且足够恰当的,从而更加强化了常识性的思维。因此,假若一个人染上了麻风病,只有在他家里没有乱伦行为的条件下,才会被归咎于巫术,因为"人人都知道"乱伦会导致麻风病。通奸亦然,也会导致不幸:如果一个妻子不贞,将会使她的丈夫死于战斗或狩猎。于是,很合情合理地,男人在出发去打仗或打猎之前,通常会要求他的妻子招出她奸夫的名字,如果她很笃定地说她没有,而丈夫还是死了,那就一定是有巫术在作祟——除非他做了些什么显然害死他自己的蠢事。同样,在赞德人眼中,文化意义上的无知、愚蠢或无能,也是造成失败相当充分的理由。假若在检查他那口开裂的陶锅时,陶匠真的发现了一颗小石子,他会马上停止抱怨巫术作祟,开始嘟哝咒骂自己的粗心大意。也就是说,他不会一股脑儿地认定是巫术让那粒石子跑到锅里去的。而且,若是一个缺乏经验的陶匠所做的锅子裂了,则理所当然地会被归咎于他的经验不够,

而非现实世界里出现了什么本体上的错乱。

至少在这个情境里，高喊“巫术作祟”对于阿赞德人所发挥的功能，和说一声“若蒙真主意旨”(Insha Allah)对某些穆斯林的功用以及在自己胸前画十字架对于基督徒的功用是相同的，都是为了避免牵扯上关乎“世界如何构成?”以及“生命何所归趋?”的那些更麻烦的宗教、哲学、科学或道德问题，而将这类问题挡在视界之外；它们都是一种将对世界的常识观点钤封起来的举动，以拒斥其不可避免的不充分性免不了要激发的怀疑——正如约瑟夫·巴特勒(Joseph Butler)所说的：“一切事物即其自在本真，而 80
非其他事物”。

埃文思-普里查德写道：“一代又一代的阿赞德人依循着一套祖传的知识来规范经济行动，不论是农业和狩猎，还是建筑与工艺。就关系到他们生活福祉的部分而言，他们对于自然环境有一套禁得起考验的知识……他们的知识确实是经验性的、不完整的，而且并非经由任何系统性的教导来传递，而是由上一代缓慢地、随兴地传授给还在孩提时期以及初成人时期的下一代。但是，这就已经足以应付他们的日常工作与季节性的田猎。”“人是万物之灵——而且不仅限于经济方面”，这种平凡人的信念，是让他可以行动的必要条件，因而也是他不惜一切成本都一定要保住的信念。阿赞德人是通过诉诸巫术来减轻失败的打击，而我们则是诉诸历史悠久的一套朴素的哲学化传统来纪念成功。当然，“不管在哪个社会里，要长期维持一套宗教信仰都是件困难重重的事”，这已经是老生常谈了；而且，如果不扯到所谓原始人的自发性宗教冲动这类理论的话，我也认为这个说法是事实，但是“要长期维持对于常

识性的公理与论点的信念则容易得多”，这个至少是同样正确的事实却极少被注意到。如果你仔细琢磨一下约翰逊博士用以摆平常识性怀疑的著名说法：“好，这事就到这里结束！”就会发现它与德尔图良（Tertullian）用来平息宗教疑虑的那句“信条足以战胜一切的不可能”（credo quia impossible）以及赞德人的“巫术！”相比起来，没有丝毫稍胜一筹之处，当然也不比它们更坏就是了。人们会用他能找到的任何一种泥巴，把那些会让他们最需要的信仰流失的破洞堵死。

如果不将自己局限在单一的文化中来观察这个文化的总体面貌，而是针对单一的问题焦点同时观察几个不同的文化，上述的一切就会相当戏剧性地呈显出来。这种研究路径的绝佳范例，可见于几年前罗伯特·埃杰顿发表在《美国人类学家》（*American Anthropologist*）上的一篇文章，主题是关于如今被我们称为阴阳人（intersexuality）、但或许更普遍地被称之为雌雄同体（hermaphroditism）的这个现象。

倘若要找出所有人都当成是天经地义的一件事情，那一定是“所有人都必然属于生物上的两性之一”这件事。当然，全世界各地的人都知道：有些人（如同性恋者、性倒错者……）的举止，可能不会依照他们基于生物上的性别而被赋予的角色预期，而且最近在我们社会中的某些人甚至力挺此论，提倡废止强制将依性别
81 划分的角色赋予任何人。但是，不论你想要高喊“差别万岁！”（viva la différence！）或是“差别滚蛋！”（à bas la différence），“有差别”（la différence）这个单纯的事实却没什么讨论的余地。“人分两种：一种是平常的，一种是奇怪的。”这个传说中的小女孩的观点

可能一直被可悲地禁锢着，但她似乎显然察觉到了身体构造上的某种真实情况。

不过，实际上她不大可能观察过足够多的例子。人类的性别不是一套纯粹的二分法，当然，也不是一个均匀连续性的光谱，不然我们的爱情生活将会比现在的情况更为复杂。但是有相当数量的人类是明显的阴阳人，其中有些人甚至同时拥有外显的两性生殖器官，或者一个具有男性生殖器的人却出现发达的乳房……。这些事情引发了某些生物学上的问题，生物学界对这些问题的研究至今已经有了相当大的进步。但它同时也引发了一些常识上的问题，攸关那些交织于“男女有别”这一被推定为最根深蒂固的根本实在之上的实践与道德观念的网络。雌雄同体不仅是一个经验上的惊异，它也是一个文化上的挑战。

这是一个走许多不同的路径却都绕不开的挑战。埃杰顿报告道：罗马人认为雌雄同体的婴儿是被超自然力量所诅咒的结果，并予以处死。而希腊人则正如他们通常的习惯，对此采取一个比较轻松的观点：虽然他们认为这样的人很特别，但还是应之以“见怪不怪，其怪自败”的态度，不给他们黥上烙印，听凭他们自生自灭——毕竟，工艺之神赫耳墨斯（Hermes）与爱神阿佛洛狄忒（Aphrodite）的儿子赫马佛洛狄忒斯（Hermaphroditus）[1]已经提供了一个充分的先例，赫马佛洛狄忒斯与一位半人半神的仙女融合成了雌雄同体。埃杰顿的论文实际上是对美国人、纳瓦霍印第安人（Navaho）和肯亚部落波克特族（Pokot）对阴阳人这种现象的



① 该神名即雌雄同体（hermaphroditism）一词的字源。——译者

三种截然不同的反应进行的一场精彩对比，环绕着这场对比，他推演出对这三个民族关于“人类性别”及“人类性别在自然界中的普遍地位”分别抱持的常识性观点的一番讨论。依他的说法：当面对身体性征异常的个人时，尽管不同的民族会采取不同的反应，但都很难对之视而不见。若要让“何谓正常的与自然的事物”的既定理念维持不坠，那么在碰到不合于这些理念的罕见现象时，就必得有一番说辞。

美国人看待雌雄同体的态度，只能被形容为“恐惧万状”。埃杰顿说：单单是看到阴阳合体的性器官，或者甚至只要讨论到那种状况，就足以使美国人作呕。他接着说道：“这种事是道德与法律上的谜团，几乎没有足堪比拟的例子。这种人能结婚吗？能当兵吗？在出生证明上的性别栏要怎么填？能不能适当地加以改变？

82 对一个被当作女孩养大的人来讲，一转眼间变成了一个男孩，这在心理上合适吗？甚至，真有可能接受吗？……在学校的浴室或公共澡堂里，还有男女生约会时，这些阴阳人要怎么办？”很显然，常识已经黔驴技穷了。



这种反应是在鼓励（通常带着强烈的热情，有时甚至更甚于此）阴阳人在男性角色与女性角色之间择一而行。许多阴阳人依此而得以“过关”，毕生过着“正常”男人或女人的生活，尽管在这过程中用上了一大堆小心的伪装。另外一些人则或主动或被迫地接受外科手术，以“矫正”（说实在话，就是一种外表上的美化）其状况，变成“公认的”男性或女性。除了怪物展览之外，对于雌雄同体的两难困局，我们只接受一种解决方式，具备这种状况的人被迫去接受这种解决方式，以缓和其他人的感受。埃杰顿写道：“从父母到内科医师，所有相关人等都被命令去找出把这个阴阳人归类于自然两性中的哪一性是最恰当的办法，然后帮助这个模棱两可的、不和谐的与恼人的‘它’(it)，变成一个至少让人能部分接受的‘他’或‘她’。简言之，如果事实不能符合你的预期，就改变那个事实，或者如果事实没办法改变，就把它掩盖起来。”

关于野蛮人，以上已经讲得够多了，现在且将话题转到纳瓦霍族。早在1935年，希尔(W. W. Hill)就已经对纳瓦霍族人中的雌雄同体现象做了系统性的研究，并得出了大为不同的景象。阴阳人对他们来说，当然也是反常的现象，但它所招致的不是恐惧、恶心，而是惊奇与敬畏。阴阳人被认为是受天神赐福的人，并将把这天赐的福分传导给他人。阴阳人不仅受人尊敬，实际上也真的受到崇拜。希尔的一个被调查人说：“他们通晓万物，男人和女人的工作他们都可以做。我认为如果哪一天所有的(阴阳人)都走了，那将是纳瓦霍人的末日。”另一个被调查人说：“如果没有(阴阳人)，这块地方就要变了，这地方所有的财富都仰仗他们，假如他们走得一个不剩，那马、羊和纳瓦霍人就会统统不见。他们是领袖，就像罗斯福总统一样。”还有一个人说：“一个在蓬屋(hogan)[①]附近的(阴阳人)将带来好运和财富，如果附近有一个(阴阳人)，会对这块地方很有帮助。”

因此，纳瓦霍人的常识对于这种阴阳人异变的看法(如我之前已说过的，他们将这种现象视为异变的程度似乎并不逊于我们，因为阴阳人在他们的世界中也确实是罕见的异例)，与我们的看法南 83

① hogan为纳瓦霍人的屋子，用柱子和树枝等搭成，上再覆以黏土。——译者

辕北辙。他们不将它阐释为一件恐怖的事，而是上天赐福之象，如此导出的观念，就像“通奸导致狩猎的意外”或者“乱伦导致麻风病”一样令我们感到怪异，但对纳瓦霍人而言，却是任何一个脑袋清楚的人都没法不那么想的常理。举例来说，拿雌雄同体动物（也一样被认为是珍宝）的生殖器官放在母绵羊、山羊的尾巴以及公绵羊、山羊的鼻子上摩挲，能使羊群繁盛并产出更多羊奶。还有，阴阳人应该被推尊为家长，并由他掌握一切家产之全权，这样家道就会兴旺。至少就眼前这个例子来讲，把针对几种怪事的几种阐释改变一下，你的心智运用方向霎时就彻底改变了，不再是“评估和解决”，而是“惊叹与崇敬”。

最后，东非的部落波克特族则采取了第三种观点。与美国人一样，他们并不视阴阳人为珍宝；但是另一方面他们又与纳瓦霍人相同，完全不觉得阴阳人可厌或恐怖。他们相当实事求是地认为他们是单纯的错误，套用一个非洲文化里的通俗意象来说：他们就像一个裂了缝的锅子。他们说“神搞错了”，而不是“神创造了一个神妙的礼物”或者“我们碰上了一个没法归类的妖怪”。

波克特人认为阴阳人是没有用的，“它”不能像一个正常的男人一样繁衍后代和扩大宗族，或者像一个正常的女人一样带来聘礼。“它”也不能享受波克特人所说的“世界上最让人快乐的事”：性。雌雄同体的小孩经常会被杀掉，就像丢弃一个做坏了的锅子一样随便（缺脑儿、四肢残缺的婴儿等等皆一视同仁；大体上讲残缺的牲畜亦然），但却也常常以一样随便的方式被允许活下来。他们的生活是极为悲惨的，但他们不是贱民，只是被人漠视、独来独往、人们对他们毫不在乎，仿佛他们是死物一般，而且还是做坏掉的东西。他们在经济上通常比一般波克特人要宽裕，因为他们既不像一般人那样有亲戚间的往来酬酢，又没有家庭生活的分心阻碍他们的财富积累。在这个显然属于典型的宗族房支制与聘金制盛行的体系中，他们没有地位。谁需要他们呢？

埃杰顿的案例坦承他们极为痛苦。“我只能睡觉、吃饭和工作。我还能干什么？神做了一件错事。”另一个说：“神把我做成这样，我一点办法也没有。别人统统都能活得像个波克特人，我却不是一个真正的波克特人。”连一个有正常机能但却没小孩的男人，都会被常识烙上孤独绝望角色的印记，而一个没小孩的女 84
人，则会被说成“甚至称不上是个人”，在这样的社会里，一个阴阳人的生命就是无用、枉费的终极意象。在一个以“牛、老婆和小孩”这种方式来理解“有没有用”并且极为重视“有用”的社会里，他当然是“没用的”。

简言之，将既定的事理认为是理所当然的，就不会导出任何别的东西。常识不是去除了偏斜的心灵就会自动自发地领会到的东西，而是充斥着“性是一种解组的力量”、“性是一种繁衍再生的天赋”、“性是一种实质上的快乐”之类的各种先入为主之见的心灵所下的结论。阴阳人可能是神创造的，但其他的一切都是人创造的。

除此之外，更有甚者。人所创造的是一个权威性的故事，就像《李尔王》、《新约》或量子力学，常识也包含着号称能直捣事物核心的一种对事物的看法。的确，如果这些更精致的故事是关乎当下

的，而且当它们并不是描述梦境和神话之变幻莫测的景象时，常识就会是它们的某种天敌。作为一种思考的框架以及一种思维种类，常识席卷一切的性格可谓无与伦比：没有一个宗教比它更严守教条、没有一种科学比它更有野心、没有一种哲学比它更具普遍性。尽管它的色调不一样，它所诉求的论证亦随之不同，但是它延伸过往的幻象而将之伪装成“真理”或者我们所说的“事物之本然”，却与它们一模一样。此外，它与艺术和意识形态也有颇多神似之处。再引当代执常识崇拜之牛耳的莫尔的一句名言：“当一位哲学家说某样事物绝对是如假包换的，你可以非常肯定他所说的‘绝对如假包换’绝对是假的”。但是，当一位莫尔、一位约翰逊博士、一位赞德陶匠或一位波克特族阴阳人说某件事物是真的时，他们每个人都是极其认真的。

此外还有什么？你也心知肚明。正是根据它的“色调”(tonalities)，即它的观察所传达的特征、它的结论所反映的心灵状态等，使我们可以适切地求索出常识的分别。如同一个固定的、贴上了标签的范畴，在一个有明确限界的语意领域里使用的那些概念当然不是普遍的。然而，就像宗教、艺术及其他东西一样，却是我们自己用以分辨文化表现的种类的、多少属于常识性方法的一部分。而且，如上文所述，它与宗教、艺术及其他东西一样，其实质内
85 容在相异的时空下呈现极大的歧异，以致企图在其中寻求出一种明确的恒常性、一篇永远流传的原版故事(ur-story)，几乎没有多少成功的希望。唯有析离出可以称为其风格上的特征、给它印上独家商标的那些态度的表征，才能在跨文化的格局中给常识赋予定性(老实说，常识的一切姊妹种类都是如此)。就好像不管其所

说的话是什么，虔诚祷祝的声音和神智清明的声音听起来都颇为相同；一切不同时空中的单纯智慧所具有的共同点，在于表达这种单纯智慧所凭借的那种激人狂怒的口吻。

但要如何表述这种典型的特征、态度的标记、色泽的明暗(不论你想怎么称呼它)呢？这真是个问题，因为其中没有现成的词汇可用。干脆发明新词汇是不可行的，因为你的目的是要界说众所熟知之事的性质而非描述未知之事，发明新词肯定将是搬砖头砸自己的脚，所以我只好沿用一些老词儿，就好比一位数学家说一道题证明很深奥、一位批评家说一幅画很质朴，或者一位品酒家说一瓶波尔多葡萄酒无疑是真品一样。我想把每个用来讨论常识的形容词，比如“自然的”、“实际的”、“浅白的”、“不规则的”和“容易获取的”等等，都加上一个“-ness”字尾来把它们名词化，藉此给作为一种随处可见的文化形式的常识赋予几个相当标准化的属性：那就是“自然性”(naturalness)、“实际性”(practicalness)、“浅白性”(thinness)、“不规则性”(immethodicalness)与“易获取性”(accessible-ness)。

这些准性质(quasi-quality)中的第一个——“自然性”——或许是最基本的一项。常识好像是完全按照事物在纯粹自然情况下的本来面貌来呈现事物的(不过这话仅适用于一些特定的事物，此外不暇详论)，它把一种“理所当然”的气息、一种“它这就表示……”的意味加到事物之上(别忘了只是一些经过选择的、被强调的事物)。这些事物被描绘成这个情境所固有的、真实的本然面相、事物自在之理。即使是关于阴阳人这样的一个特例，情况亦复如此。造成美国人与另外两个民族对阴阳人的态度不同的，并不

是拥有两性器官的人对我们而言特别罕见，而是因为这种特异性看起来不自然，是既定存在状态的一个矛盾。纳瓦霍人与波克特人各以其不同方式而采取的观点，是将阴阳人视为事物的常态过程的一种产物（天赐奇珍或裂掉的锅子），尽管它是多少有点不寻常的产物。相比于此，假若我对美国人的观点的描绘算是恰如其分的话，他们显然将女性与男性视为穷尽性的天然范畴，可以想见每个人必属于二者之一：落在两者之间的是一团黑暗、对理性的一种亵渎。

不过，既然自然性是我们确实称为常识的那些说法的一项特
86 性，那么通过比较不那么刺激情绪的案例，我们就可以看得更清楚。姑且随便举一个例子：在澳洲原住民文化中，所有自然地貌的特征，都被认为是图腾化的祖先〔大多数是袋鼠、鸸鹋（emus）[①]、蜮蛰蜞蠕虫（witchety grubs）[②]之类的动物〕在“时间之外的时间”里所作所为的结果。用英文来讲，通常将之解为“做梦”，比如南茜·穆恩（Nancy Munn）曾指出：一般认为要达成“把原本是人的祖先变成自然界的物象”的这种转型，至少有三种途径：一是真正的变形，即祖先的身体变成某种实质性物体；二是留下印象，即祖先留下了关于他的肢体或他使用的某些工具的印象；还有就是她所说的“外化”，即祖先从他的身体中取出某样东西并将之抛弃。因此，一座石头山或者甚至一颗石头可能都会被视为一位祖先的结晶

① 澳洲特产的一种大鸟，外型颇似鸵鸟，但翅膀已退化。——译者

② 即数种大形白色蠕虫之通称，为蛾的幼虫，是澳洲土著的名菜之一。按 witchety 一字为澳洲原住民语言之英文音译，故此处亦用音译为“蜮蛰蜞”。——译者

(被调查人说他并没死亡,只是停止了活动,并且“变成了这块地方”);一口泉眼,或者甚至整个营地,可能都会被视为是一位祖先在云游四方时坐下来休息一下,结果屁股就留下了这个痕迹;还有许多其他种类的实质性物体,比如线杈(string crosses)和椭圆板(oval boards)被认为是某些远古袋鼠或蛇从肚子里拿出来,并在他移动时“遗落了的”东西。撇开这一切故事的细节(它们还真的是极为复杂)不谈,原住民所面对的那个外在世界,既不是一个空白的真实,也不是某种复杂的形而上学对象,而是跨自然界事件(trans-natural events)的结果。

在此处极其简略地交代的这宗特殊案例,所要证明的是:作为常识的一个模态属性的“自然性”,并不是建立在(或者至少不是必然建立在)我们称为哲学自然主义的观点上(即“天地之间没有任何事物是凡俗的心灵所想象不到的”这种立场)。的确,对澳洲原住民而言,就像对纳瓦霍人而言一样,日常世界的自然性,是对存有界域的一种直接表达和结果,而这个存有界域可以被赋予相当分歧的一群准属性比如“壮观”、“肃穆”、“神秘”、“异己性”等等。他们物质世界中的自然现象,是神圣不可亵渎的袋鼠或者法力无边的蛇的活动遗迹,这个事实并不会使那些现象在原住民眼中变得比较不自然。说“某条小溪是因为负鼠碰巧在此把尾巴放在地上拖行而成的”,丝毫无损于它是条小溪这项事实。当然,这说法使它比我们所谓的一条小溪有了更多,或者至少有了一些别的意含;这两条小溪里一样都有潺潺流水。

这个论点是普遍适用的。现代科学的发展对西方人的常识观点产生了一项深刻的影响——虽然或许并不如某些时候想象的那 87

么深刻。尽管一个平凡人肯定曾被灌输以哥白尼的日心说，但他是否已经变成了真正的哥白尼信徒？我对此深表怀疑（在我看来，太阳仍然是从地底下爬上来照耀大地）。最近，这个平凡人还被教导以某种版本的细菌致病理论，电视上纯粹的商业广告就证明了这一点。不过，纯粹的电视广告同时也证明了：它是有点常识意味的东西，而非细心琢磨出来的一套科学理论，所以他才信以为真。他可能已经超越了"伤风进补、热病禁食"的层次，但也只是到"一天刷两次牙、一年看两次牙医"的程度。在艺术方面也可以炮制出类似的说法，比如"在惠斯勒（Whistler）把伦敦的雾画出来以前，伦敦是没有雾的"等等。常识性的概念若想要给任何一种想法赋予自然性（真的是随便任何想法，比如"从水流湍急的溪里打水喝胜于从水流和缓的溪里打水喝"、"在流行性感冒盛行的季节里要避开人群"之类的），恐怕都得借助于其他一些关乎事物常理的不大寻常的说法。（当然也可能并非如此。试问"人生在世就是要受折磨，就像火花向上飞一样理所当然"这话究竟有多少说服力？这要看一个人活得够不够久，否则他就不可能搞清楚这话到底对不对。）

第二个特性"实际性"（practicalness），或许是我列举出来的各项特征中乍看起来最清晰易辨的一项。因为当我们说一个人、一个行动或者一个计划"显然缺乏常识"时，我们最常表示的意思就是"它们不切实际"、那个人还处在某种懵懵懂懂的状态、那行动是自取其败、那计划窒碍难行等等。但是，正因为它看来已经是如此的清楚明白，它也就更容易被误会。因为这个"实际性"并非从狭隘的实用角度对有用之物的界定，而是指涉较广义的、从俗民哲学的角度来论断的精明敏锐。告诉某人“放明白点”,并不是要他去斤斤计较利害得失,而是在告诉他(用一般常用的话讲)放聪明一点:要小心谨慎、头脑冷静、眼睛盯在球上、不要买伪劣品、别碰赌和嫖、让死人去埋葬死人(let the dead bury the dead)[1]等等。

事实上,“原始人”对与他们切身的物质性利益无关(或说无直接关系)的经验现实一类的事物,究竟有没有兴趣?这方面有一些争议,这些争议是我之前提过的那场关于“‘头脑比较简单’的民族的文化财产清单”的大辩论当中的一个侧面。埃文思-普里查德在论及赞德人的时候(通过我在前面力求简短地转述的段落)曾表示他认为他们没有这种兴趣:“就关系到他们生活福祉的部分而言,他们对自然环境有一套禁得起考验的知识。超过这个范围以外的东西,既引不起他们在科学上的兴趣,对他们也产生不了情感上的号召力。”马林诺夫斯基也大体上赞同这种观点。与此相反,包括 88
列维-斯特劳斯在内的其他人类学家(列维-斯特劳斯就算不是这个阵营当中的第一个,也是其中最重要的一个)则论证道:“原始人”或“野蛮人”(或者随便你爱怎么称呼他们)确实曾经把一些经验知识加以精致化甚至系统化,而这些知识实际上并没有非常清晰的实用性意含。一些菲律宾的部落可以辨别超过 600 种有经过命名的植物,这些植物中的大部分未被利用、不能利用,而且实际上极为罕见。美国东北部和加拿大的美洲印第安人,他们既不吃

① 这话的意思是奉劝人不要介入他人之间的嫌隙、争斗,以免徒惹一身晦气,亦即要人冷眼旁观疯狗互咬、明哲保身之意;同时也有既往不咎、捐弃前嫌的意思。——译者

爬虫类动物，也没有多少与之接触的经验，却对爬虫类动物有一套详细的分类学。西南部的普韦布洛人(Pueblans)，给该地区所有的结球针叶树种都命了名，其中大部分都只有些微的差距，这丝毫无关印度人在物质上的福祉；东南亚的矮黑人(Pygmies)则能够分辨超过15种以上的蝙蝠吃树叶的习性。在埃文思-普里查德的原始功利主义观点(“只去认识那些知道了会对你有好处的东西，其他的就交给巫术”)的对立面，站着列维-斯特劳斯的原始智识观点(“去认识你的心灵促使你去知道的一切东西，并把它编排成一个个范畴！”)，他写道：“可能有人会反对说这种科学(即植物分类、爬虫类观察等等)没有多少实用上的效果。对于这种质疑，我的回答是它的主要目的不是实用上的，它对智识上的需求之满足，胜过(物质上的)需要的满足，或者根本与后者无关。”

如今，这个领域内的共识所支持的，无疑是列维-斯特劳斯而非埃文思-普里查德所代表的观点，“原始人”肯定对各种东西都有兴趣，尽管它们对他们的思维框架抑或他们的胃肠都没有一点用处。然而这还远非全部的实况，因为他们并没有被潜藏于心灵深处的天赋内在结构激发出某种无可羁遏的认知热情，而对一切的植物都加以分类、区分所有的蛇，或是将所有的蝙蝠归档整理。身处于充斥着结球针叶树、蛇或食叶蝙蝠的自然环境中，去知道许多关于结球针叶树、蛇或食叶蝙蝠的知识，是很切乎实际的，不论一个人的相关知识就任何严格的意义来讲是否具有物质上的用途，因为所谓的“实际性”就是由这类知识构成的。就如其“自然性”一样，常识的“实际性”是它赋予事物的属性，而非事物赋予它的属性。对我们来讲，假如研究一种竞赛的形式似乎是件实际的行为，

而追扑蝴蝶就不是件实际的行为，这不是因为前者有用后者没有用，而是因为前者不管它是件多么吊儿郎当的事，总被认为是一件去知道什么是什么的工作，而后者不管有多么惹人怜爱，却不算是个工作。

常识赋予现实的第三项准属性“浅白性”（thinness），就像形 89
容干奶酪的适中口味一样，很难形诸更明确的词汇。“单纯性”（simpleness）或者甚至“名副其实性”（literalness）这两个词可能和它一样或者甚至更能达意，因为此处涉及的是常识对各项事情的观点具有的一种趋势：将它们表达的好像不多不少就是它们本来的样子。我之前引过巴特勒的那句“一切事物即其自在本真，而非其他事物”完美地表达了这种性质。世界就是彻底清醒的、思想单纯的人所认识到的那样：清明谨严而非深奥玄妙，实在论（realism）而非想象，才是智慧之钥；生活中真正重要的事实是明明白白地散置在生活的表面，而非狡狯地隐秘于深处。否认明显事情的明确性，一如诗人、知识分子、神职人员和其他专门将世界复杂化的人士乐此不疲的勾当，非但没有必要，其实根本就是个致命的错误。套一句荷兰人的俗话：真理就像漂在水面上的枪杆子一样平。

就像莫尔所嘲讽的，过度深奥的哲人经常以冥想似的方式论述明白的现实，人类学家也经常由于未能了解被调查人所说的话真的是实话实说（不论那些话在受过教育的听者听起来有多么奇怪），从而编织出观念的复杂丛结，然后将之报道为文化现实。常识倾向于认为这个世界的某些最关键属性并不是隐藏在欺人表象的面具背后的事物，必须得从幽微的暗示中推导出来或是从模棱的征兆中解谜出来的东西。它们被想成是昭然若揭的存在，就像

石头、手、恶棍和暧昧的三角恋情一样，只有聪明过度的人才看不到。比如说，要搞清楚这样一件事，可真得费一番功夫(或者说我无论如何费了一番功夫才弄明白)：一个爪哇男孩的家人告诉我，这男孩之所以会从树上掉下来跌断了腿，是因为他已去世的祖父推了他一把；而这又源于他们不小心忽略了某些必须对祖父尽的仪式义务。从他们的角度来看，以上就是整件事的起承转合。那就是他们所认定的事实经过，也是他们所认定的事实经过的全部。唯一令他们感到奇怪的，就是我为什么对于“他们不感到奇怪”这件事觉得奇怪。有一次，我听一位不识字但思路敏捷的爪哇老农妇(若硬要说有什么经典型人物存在的话，她无疑就是一位)述说关于“日值蛇”(snake of the day)在出行、祭祀宴客、订盟纳采等吉时良辰的择定方法中所扮演的角色(故事的绝大部分是一些很吸引人的回忆，关于每次忽略了日值蛇的角色时，发生了哪些可怕的事情，比如座车翻覆、身现肿瘤、良缘离散等)，听完她这段冗长、复杂的谈话之后，我问她：这条日值蛇到底长什么样，要怎样才能碰见？“别这么
90 白痴好不好；你不可能看得到礼拜二吧，对吗？”我这才开始了解到“明显性”也是内在于观者的眼中之物。“世界分别存在于许多事实之中”这话若作为一种哲学上的口号或者科学上的法则，可能有其缺点；但若作为常识钤印于经验之上的“浅白性”(或“单纯性”甚至“名副其实性”)的一句钩玄提要，真可谓尽得其神髓。

再说“不规则性”(immethodicalness)。这又是一个我命名的不甚得体的性质。它是常识思维所表象的世界所具有的属性。它迎合了所有的人对于不一致性的热诚喜好(爱默生说：“一贯坚守愚蠢的原则，就是心胸狭隘的妖怪。”惠特曼(Whitman)则说：“因为我自相矛盾，所以我才自相矛盾。我容纳众多歧见。”)——除了

最古板陈腐的人;它也迎合了所有的人对于经验之无可制约的分歧性同样热忱的喜好("世界上充满了千奇百怪的事物";"生活就是一桩接一桩恼人的事";"假如你觉得你了解当下的状况,那只能证明你误会了")——除了最偏执的人。常识的智慧老实不客气地体现出"此一时也,彼一时也"这句话的精髓。它呈现为警句、谚语、隐佚者言(obliter dicta)[1]、笑谭、轶闻掌故、众所共见的道理(contes morals)[2],总之大抵是一声箴言式的表达,而非正规的教条、公式化的理论或精心建构出的教义。希隆涅(Silone)曾说南意大利的农民平居之暇把谚语当成珍奇的礼物一般相互交换,在其他地方,相同的行为,只是把谚语的形式置换为琢磨过的俚俗智慧(witicisms à la Wilde)、训诲式的教皇圣训(verses à la Pope),或拉方丹(La Fontaine)的动物寓言,古时候的中国人则似有典型化的引述句。不管它们以什么样子出现,使它们得以受人青睐的原因不是其彼此之间的一致性,其实反而是其相互矛盾:一方面说"凡事豫则立,不豫则废"[3],但又说"犹豫不决者败"[4];一方面说

① 此词依拉丁文解之:obliter 意为遗忘了的、佚失了的,dicta 即俗谚、成语,合起来意指"作者、出典已遗忘了的成语",为图简便,依中文习惯译为"隐佚者言"。——译者

② 此字不见于英、法、德、西、拉丁文等字典,译者亦称不上了解,唯拉丁文 con-意为合、同,testis 为目睹、见证,故译者揣测 contes 为"人所共见",至于 moral 在拉丁语系文字中均可作"义理"解,故译之如上,敬祈方家指正。——译者

③ 原文为"Look before you leap",即"在跳之前先看清楚",依意译之。——译者

④ 原文为"He who hesitate is lost",中文成语中,最类近的可能是"不入虎穴,焉得虎子",但似乎与英文原意不完全一致,英文着重在讲行动者徘徊瞻顾而不能把握时机速战速决,具相当强的时间意味,但中文的意思则强调心意上决断无疑、甘冒风险以求克竟全功,与时机观念的联结并不像英文那般强烈,故以原文直译,但留注于此以供读者参酌。——译者

“及时行事，事半功倍”①，但又说“及时行乐”。常识的“不规则性”的确通过语句式的俗谚达到了最生动活泼的表现，这些俗谚在某种意义上讲可谓是俗民生活智慧的典范形式。有鉴于此，再来玩味以下我从保罗·雷丁(Paul Radin)的作品中摘录下来(他是从史密斯与戴尔处摭引而来)的巴伊拉(Ba-Ila)俗谚：

> 长大了你就会懂得世上的事情。
>
> 烦扰你的医生，病魔就会笑着来。
>
> 浪掷挥霍的母牛终会把自己的尾巴都甩掉。
>
> 只有谨慎的土狼才活得长。
>
> 会说话的神才能得到牲礼。
>
> 91 你可以把自己洗刷干净，但这不表示你不再是奴隶。
>
> 每当酋长夫人偷东西，就把罪咎推给奴隶。
>
> 宁与一个巫师往来也不要与一个花言巧语的人交友，因为后者会毁掉共同体。
>
> 帮助一个斗志昂扬的人胜于帮助一个贪婪的人，因为后者没有感恩之心。

如此等等。这种彼此不相关联的观念大杂烩(而且它们还不必然或者甚至并不经常以谚语的形式出现)不仅是常识体系的普遍性格，而且事实上就是使它们因为能够掌握住俗世生活广袤的

① 原文为“A stitch in time saves nine”，即“及时缝一针，省掉将来缝九针”，译者依据《文馨当代英汉辞典》(台北：文馨出版社 1987 年版)译之如上。——译者

繁杂多样性而得到重用的原因。巴伊拉甚至有一句谚语准确地表达了这一点："智慧出自蚁窝。"

最后一个准属性(当然不是实际上的最后一个,只是这篇文章里的最后一个)——"易获取性"(accessible-ness),或多或少是因上文提过的那些性质而来的一个逻辑上的结果。易获取性不单纯是一个预设,事实上也是一个坚持:它意味着任何一个身心机能没有重大缺陷的人都能了解常识性的结论,而且一旦常识性的结论被陈述得相当清楚明确时,人们不单能理解,还一定会给予热烈的支持。当然,某些人(通常是老人,有时候是吃过苦头的人,偶亦有纯属"无病呻吟"的人)可以摆出一副"我是过来人"的姿态而易于被认为比较有智慧;相反,许多人则被认为比较没有智慧,这里面包括经常被说成是"情感动物"的女人、孩童,以及该社会所界定的种种低下阶级。但是,在以上这些人之中,其实不存在任何被明白肯定的常识专家,每个人都认为自己是专家。这很正常,因为常识当然是对所有人开放的,至少是属于所有健全公民(用我们的说法)的共同禀赋。

确实,它的音调甚至可以说就算不是反知识分子的,也是反专家的:我们(至少在我看来其他民族亦然)拒绝接受任何人明白地宣称自己在这方面有特殊的专才。它无涉任何奥秘的知识、特别的技术或颖异的天分,也无关或鲜少关系到专门的训练,最多也只不过有我们相当画蛇添足地说是"经验"或故弄玄虚地说是"成熟"的那种东西。换句话说,常识将世界表象为一个熟稔的世界、一个任何人都可以而且都应该清楚认识的世界,在其中,每个人都可以或者应该可以凭借自己的智力来判断事理。当人居住在被称之为

物理学、伊斯兰教、法律、音乐或社会主义的城郊地区，人才必须去符合特殊的要求，而且那里的房子并不是每栋都有同样堂皇的外观。在称为常识的半郊区地段，所有的屋宇都是素朴无华的(sans
92 façon)，居住在那里的人只需如“心智健全、思虑务实”这句谚语所说的那样就好，不用去管自己身为市民所栖居的那座思维和语言的城市，究竟如何界定那些珍贵的德性。

## 四

由于我们用一个取自维特根斯坦的大街小巷的图号来做了开场白，在此用一个更为浓缩的图像来结尾，毋宁是很合适的：“在表达形式真正付诸实用时，我们其实是在绕远路，我们走的是偏旁小道。我们看见了一条笔直的高速公路横在眼前，但我们不能走上去，因为它已经永远地封闭了。”①

倘若想要证明或者只是建议(我所能做到的也就只是建议)常识是一个文化体系，具有能够从经验中发现并形诸于概念的一种与生俱来的(ingenerate)秩序，想要以罗列其内容的方式来达成这项目标是不可能的，因为其内涵是极端异质性的，不仅在不同的社会之间差距极大，即在同一个社会中亦然——它是像蚁窝一样的智慧。其次，想要经由描绘出常识通常采取的某种逻辑结构，一样不能达到目标，因为它没有所谓“常用的逻辑结构”。再者，通过汇总常识所经常推导出的实质结论，亦难逃失败的命运，因为它也一

① Wittgenstein, Philosophical Investigations, p. 127.

样没有什么常见的结论。我们只能循着“玩索它得到普遍公认的腔调与特征”这条蹊径，这条未曾有缘一扫的偏道，藉由譬喻性述词（如“浅白性”一类的观念）的创发为引，通向人们对于已知之事的回忆。（换个意象来讲）常识和偷来的信（purlained-letter）有某种相同的效果——它是如此毫无机巧地摊在我们眼前，以致我们对它几乎视而不见。

对我们而言，科学、艺术、意识形态、法律、宗教、技术、数学，甚至当今的伦理学与认识论，似乎已经是文化表现之正宗的作品种类，导致我们想问（而且不厌其烦地问个不休）其他民族拥有这类东西到什么程度？若他们亦相当程度地拥有这些东西，他们所拥有的这些东西呈显为什么样的形式？衡诸它们所采取的形式，能给我们对于自己文化表现形式的观点带来什么启示？但常识至今还不适用于这样的想法。在我们看来，常识似乎是当上述那一切较为精雕细琢的象征体系已经恪尽职守之后所剩下来的东西，当我们把理性所产生的较为精致的成就都撇开之后所残留下来的部分。但假若事情并非如此，如果从干奶酪而推知白石灰石，从小手 93
锯而推知老鹰，或从你的手肘推知你的屁眼〔“土”（earthiness）亦可被标举为常识的另一项准属性〕，虽然或许没有如聆赏无伴奏合唱曲、参详一条逻辑的证明、收藏圣约或毁灭资本主义那么崇高伟大（它们都仰赖于已高度发展的思维和感性传统），但还是被视作一项值得肯定的成就的话，那么我们就应该更努力地灌溉培育“使我们自己免于被迫接受重大的矛盾、理路上明显的不一致以及明目张胆的诈欺的那种平常能力”（依据 1726 年版《牛津大学秘史》中对常识的定义）的比较研究。

如果真的做到了这一点，对人类学而言，将引导出对某些老问题，特别是那些关系到文化如何联结与混合的老问题的新看法，恐怕也会触发一场运动（其实这场运动早已经开始了），使人类学远离执着于“社会赖以肇建的机制”的功能主义视角，转而趋向于关注“社会所支持的生活形态之种类”的阐释性视角。但对于哲学而言，其后果可能更为严重，因为它将导致一些非常接近于哲学核心但却未经彻底检验过的概念毁于一旦。对于人类学这样一个最像狐狸般狡猾多变的学科，这将不过是在长久以来一次又一次的注意力转移中最近的一次，但对哲学这个最像刺猬般自卫森严的学科，就可能会是一次全面性的震荡。

# 第五章　作为一种文化体系的艺术

94

## 一

艺术向以难以谈论著称，连文学这种由文字构成的艺术皆然，更不用说以颜料、声音、石头或者任何非文字的材料所构成的艺术了。它好似瞿然独存于自己的天地中，超乎言语可及的疆域之外。它不仅难以谈论，而且似乎完全没有必要被谈论。如我们常说的，它为它自己说话：一首诗绝不表示什么别的，它所表达的就是它自己；倘若你一定要问爵士乐是什么，你永远也没法晓得它到底是什么。

艺术家对此有特别深切的感受，他们之中大多数人认为：关于他们自己的作品或他们所赞赏的作品的言谈和文字，上焉者亦不过是隔靴搔痒，下焉者则根本与原意背道而驰。毕加索写道：“每个人都想了解艺术，那为何不试着去了解一只鸟的歌唱呢？……致力于解释绘画的人通常都错认了目标。”[①]如果毕加索的话太前卫，我们也可以看看米勒(J. F. Millet)如何反抗别人将自己归类为一个圣西门派分子(Saint-Simoniste)：“关于我的《扶锄的男人》

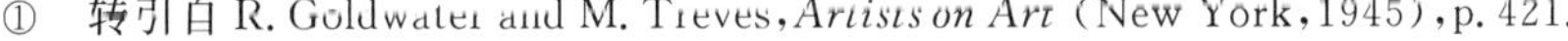

① 转引自 R. Goldwater and M. Treves, *Artists on Art* (New York, 1945), p. 421.

(*Man With a Hoe*)的流言让我觉得奇怪透顶,我被迫来请求你告诉我这些流言,好让我再得到一次机会去讶异别人归之于我的观
95 念……评论我的作品的批评家是拥有鉴赏力和良好教养的人,但我不能苟同他们的说法,而且,既然我这辈子除了田地以外从未看过什么别的东西,我不过是尽全力讲出我在工作时所看到的、感受到的事物罢了。"①

此外,任何一个对美学形式有点感受能力的人都会感觉到这一点。若我们针对一件我们自认为从中看到了某些珍贵属性的艺术品发表了长篇大论,即便是在我们当中既不神秘也不多愁善感、更不曾委身于奔放澎湃的美学赤忱的人,也会觉得不甚自在。针对那件艺术品,我们所看到的或者因为看到而在心中勾起的想象,远远溢出我们尽全力结结巴巴地吐出来的蠢话,反衬出我们言辞的空洞、矫伪乃至错谬。在说了这么多有关艺术的谈话之后,"既在不容置喙处,何妨静默无一语",似乎是非常吸引人的一条法则。

不过,实际上的情况当然不是这样。除了极少数真的毫不在乎的人以外,包括艺术家在内,几乎没有任何一个人会就此闭嘴。相反,针对特定作品或整个艺术领域所涵摄的某些重要义蕴的领悟,激起了人们无休无止的谈论(和写作)。只要某件东西让我们觉得极具深意,我们就不可能把它摆在一旁,浸泡在纯粹的重要性之中,反之,我们会把它拿来描写、分析、比较、判断、分类;我们扬起关于创意、形式、领悟、社会功能的理论;我们将艺术定性为情感

① 转引自 R. Goldwater and M. Treves, *Artists on Art* (New York, 1945),第 292—293 页。

的一种语言、结构、系统、行动、象征、模式；我们甚至扩延到科学的、灵魂的、科技的、政治的隐喻；而且若一切都失败了，我们就将晦暗的言语编纂成帙，以待将来有某人为我们解开疑团。“谈论艺术”在表面上的毫无意义，似乎配上了无止境地谈论艺术的一种隐在深处的必然性。这种奇怪的状态，就是我想要在此处探讨的：我一方面是想要给予解释，但更重要的是要判明它所造成的分别。

大体上讲，到处都有人用比如色调进阶（tonal progression）、色彩关系或韵律性的形象（prosodic shape）等或许可称为“技术性的语汇”在谈论艺术。这种情况在西方世界尤为明显。在西方，如和谐、构图之类的课题，已经被发展到成为一门小规模的科学的程度，而当前朝向美学形式主义的运动（其目前的最佳表现形态是结构主义，以及各式各样步其后尘的语言学），其实正是将这种路径概推为一个广泛的方法论，试图能藉此创造出一种技术性语言，以便能够以抽象的、可互换使用的语汇来表达神话、诗、舞蹈或旋律的内在关系。不过，印度的音乐学、爪哇的舞蹈学、阿拉伯的赋诗 96
法和约鲁巴人的浮雕等精致理论则提醒我们：此种以技术为门径来谈论艺术的做法，可以说完全不限于西方或现代世界。就连大家最喜欢引用的样板原始人——澳洲原住民，也将他们的身体图案设计和地面图画分析成数十种可区别并且有名称的形式元素，也就是一种运用形象以达意的文法所驾驭的单元图形。[①]

但是更有趣的、也是我认为更重要的是：或许只有在现代，而且只有在西方世界，才有一些人相信通过高度发展的技术性论说

① 参见 N. D. Munn, *Walbiri Iconography* (Ithaca, N. Y., 1973)。

足以达到对艺术的完整理解、相信美感力量的整个秘密就在于声音、形象、卷帙、主题和姿势之间的形式关系(这样的人终究还是属于极少数,而且我们不得不怀疑持这种立场的人数恐怕注定会一直减少下去)。除此之外的任何地方可能就会运用别种的论说(而且,照我看,我们西方人当中的绝大多数也是这样),这些言谈的词汇与观念导源自与艺术有关的文化事物,它们或能反映、或能挑战、或能描述,但本身不能创造,这类言谈将这些词汇观念汇聚于艺术的四周,从而将艺术品所蕴含的特殊力量联结到人类经验的恒常动态。马蒂斯(Matisse)这位很难被称为蔑视形式的画家,曾经这么写道:“一个画家的目的,绝不能被想象成是与他的图像表达媒介相分离的东西,若他的思想愈深刻,这些图像表达媒介就必须更完备(我不是说要更复杂)。我不可能把我对生命的感受与我表达这些感受的方式分开。”①



个人或者民族对生活的感受(“民族”是更确切的说法,因为没有哪个人自己就是一座岛屿,人人都只是群体中的一分子),当然会呈现在他们的艺术以外的其他许许多多方面:呈现在他们的宗教、道德观、科学、商业、科技、政治、娱乐、法律,甚至就在他们组织其日常生活的方式中。关于艺术的言谈,若非纯属于技术性的,或是技术性概念的一种神灵化(spiritualization)样态(这其实占了这类言谈的大部分),则其取向大体上是将艺术放在由上述那些艺术之外的人类志趣表现形态以及这些表现形态所集体造就的经验模式联合构成的情境之中。比起“性爱的激情”和“与神圣事物的接

① 转引自 Goldwater and Treves,*Artists on Art*, p. 410。

触”这两件更难以谈论但却似乎又不得不谈的事情，“与美感对象的邂逅”比较不能被留置在漂浮不定、晦暗不明、秘而不宣、外于社会生活常轨的情境里。它们需要被消化吸收。

从这项事实所引出的诸多意含之一是：无论在任何社会中，艺 97
术从来都不是纯粹从美学内在的观点来定义的。其实，如此而来的定义就算不是寥若晨星，也是相当少见的。“美的力量”（无论它是任何一种技艺的产品或表现为任何一种形式）这个单纯的现象所提出的最主要问题是：如何将它安放在其他各种社会行动之模式中，如何将它含括到一种特定的社会生活模式的情境里面。而这样的定位工作，也就是赋予艺术品以一种文化上的重要性的行动，向来都是一件在地性（local）的事情；无论使艺术的情绪感染力得以实现的本质属性是多么地普遍共同（我完全没有否定这一点的意思），“艺术”在古典中国或古典伊斯兰世界中是什么意义？在普韦布洛人（Pueblo）聚居的美国西南部或新几内亚高地又有什么意义？肯定完全不是一回事！人类学家向来预期不同的民族在灵魂信仰、分类体系和亲属结构上的分歧性，而且这种分歧不仅在于它们直接的外观，更在于它们所提倡并证成的安身立命之道，同样的道理也适用于他们的鼓乐、雕塑、歌咏和舞蹈。

由于许多研究非西方艺术（尤其是所谓“原始”艺术）的学者未能了解到这一点，才导致了这种经常听到的议论：属于这些文化的民族根本不谈论或者很少谈论艺术，他们只是雕刻、咏唱、编织或搞些什么其他的创作，一言不发地从事专精的技艺。这话所意味的是：除了简略、隐秘的片言只语以外，他们谈论艺术的方式，比如艺术的形式属性、象征的内涵、情感的价值或体裁上的特征等等，

与观察者谈论艺术的方式不同，或者说不符合观察者希望他们采用的方式，此外，要了解它们的希望似乎是极其渺茫的。

但是，就像他们（非西方人）会谈论其他任何出现在他们生活中的引人注目、具启发性或动人心弦的事物一样，他们当然也会谈论艺术，比如谈论艺术被怎样运用、谁拥有它、它在何时演出、谁演出或创作了它、它在这个或那个行动中扮演了什么角色、它可以被拿来交换什么、它被称为什么、它怎么开始的等等。但这些谈话多半被视作无关艺术的言论，而是关于日常生活、神话、生意等等其他的事物。一个可能不晓得自己喜欢什么、但却知道艺术为何物的提夫（Tiv）人，他在把衣服染色之前，会先将抗染色的拉菲亚（raffia）椰子树叶毫无预设目标地缝在衣服上（在整件衣服染好之前，他甚至看都不会看一下这件衣服究竟被搞成了什么样子），他告诉保罗·博安南（Paul Bohannan）说："如果之后染出的图案不好看，我就把它卖给伊博（Ibo）人；不然我就会把它留下；如果染出的图案超乎寻常地好看，我就会送给我的丈母娘。"他所说的话似乎完全不是在讨论他的作品，只是在讨论他的某些社会态度。[①]

98 西方美学界对艺术的探讨路径〔克利斯泰勒（Kristeller）曾提醒我们：直到18世纪中叶，西方世界才有所谓的美学，而且是伴随着我们所拥有的一种较为独特的"精致艺术"（fine art）观念一同出现〕，其实甚至可以说：源自固有的形式主义的任何一种探讨艺术的路径，都会使我们对于可借以建立一种"比较性理解"的现成资

① P. Bohannan, "Artist and Critic in an African Society," in *Anthropology and Art*, ed. C. M. Otten (New York, 1971), p. 178.

料视而不见。于是,我们被灌输了一种“外化的观念”(externalized conception),使我们自以为正在细心地观察着某些现象,就像我们在研究图腾崇拜、种姓制度或者聘金习俗时惯常的做法一样(结构主义方法亦不能免),其实这个现象甚至根本就落到了我们的视线之外。

这一点也没有值得讶异之处,因为马蒂斯说得好:一件艺术品的媒介与使之创生的那种对生命的感受是不可分割的,而且我们无法将美感的对象理解为纯粹形式的联结,正如我们不能将一篇演说理解为造句法则之种种变异的一组集合,或者将神话理解为一套结构的变形一样。举一个像“线条”这样显然最没有文化局限而且抽象的东西为例,细审线条在约鲁巴雕塑中的意义:正如罗伯特·法里斯·汤普森(Robert Faris Thompson)曾精妙绝伦地描写过的那样。[①] 汤普森指出“线条的精准”或“纯粹的线条清晰度”是约鲁巴雕工关注的一项主题,也是评价雕工作品的一项重点,而他们所拥有的关于线条质量的词汇既曲尽精微又广博丰富。约鲁巴人不仅将那些词汇用于日常会话,并且适用范围极广,远远超过了雕塑的领域。他们不只给雕像、器皿等东西刻上线条,他们也把线条刻在自己脸上。他们在脸颊上划开各种不同深度、方向与长度的线条,并任其结疤,用以作为辨别宗族、美化个人与彰显地位的手段;而雕刻师与人体刻花专家所用的术语在准确程度上可谓并驾齐驱,例如他们有一系列的词汇可用以精确地区分“割”与“深

① R. F. Thompson, “Yoruba Artistic Criticism,” in *The Traditional Artist in African Societies*, ed. W. L. d'Azevedo (Bloomington, Ind., 1973), pp. 19—61.

切”、“凿”或“刮”与“划开”等。此外，更有甚者：约鲁巴人将“线条”与“文明”关联了起来：若用约鲁巴话来表达“这片地方已经被开垦了”这句话，其字面意义可直译为“这块土地的脸上已经划了线”。汤普森接着说道：

> 在约鲁巴语中，“文明”就是 *ilàjú*（伊拉尤）——有划线纹饰的脸。此外，动词“开化”和动词“开垦”，在他们的语言中是同一个词，这个词既可以指“给脸画上‘都市和集镇宗族成员身份的纹饰’”（开化），也可以用来描述“有人拓殖一块土地”（开垦），例如 *òṣá kéké*（欧刹刻刻）和 *ò sáko*（欧萨口）这两个形态类似的语句，分别意指“他切了（人体刻花的）纹饰”和“他清除了丛棘”。再者，约鲁巴人用以描述在脸上划开一条标记、
> 99 开路以及开辟丛林中的疆界的动词也都相同：*ó lànòn*；*ò là ààlà*；*ó lapa*（他切开了一条新路；他划开一条新的疆界；他砍出一条新步道）。其实，“在人体上刻花”的基本动词（*là*），以种种不同的方式关联到“将人文的模式强加于自然的混沌之上”这种行动：木材、人脸、丛林都一样是被“打开”……使其本质的内在属性得以彰显。①

因此，约鲁巴雕工对线条以及线条之特殊形式的密切关注，不仅导源于对线条本身天赋属性的一种孤立的兴趣、雕刻技术方面

---

① R. F. Thompson, “Yoruba Artistic Criticism,” in *The Traditional Artist in African Societies*, ed. W. L. d'A zaredo (Bloomington, Ind., 1973), pp. 35—36.

的问题，或者甚至我们可以将之独立视作一种土著美学的某些被普遍化了的文化观念。它产生自整个生命都参与其中方才形塑而成的一种独具一格的感性，在这种感性之中，事物的意义就是人类蚀刻在事物之上的刀痕。

研究一种艺术形式等于是在探索一种感性，而这样的一种感性本质上是一项集体的构造，而且这样一种构造的基础，就像社会存在一样宽广、深刻。这样一种观点，不仅与主张"'美感力量'不过是'过度夸大技艺所带来的快感这样一种说辞'"的观点南辕北辙，也和最常被拿来与之分庭抗礼的所谓功能论观点——即认为"艺术品是一种用以界定社会关系、维系社会规则、强化社会价值的细致的操作机制"的观点——背道而驰。假若有一天约鲁巴的雕工们不再关心线条的精准度，我甚至敢说：就算他们根本连雕刻都不再关心了，也不会对约鲁巴的社会造成什么难以估量的后果。这个社会当然不会瓦解，只是再也说不出某些感受得到的事物，而且或许再过一段时间之后，甚至可能再也感受不到那些事物了。还有，就是对这个社会而言，生活会变得比较灰暗。任何东西当然都能扮演一个有助于社会运行的角色，绘画与雕塑也不例外，就像任何东西都能有助于社会的瓦解一样。但艺术与集体生活的核心关联，不在于这样一种工具性的层面，而在于一个符号学的层面。马蒂斯的色彩略记（照他自己的说法）与约鲁巴的线条安排，除了倏忽即逝的暗示以外，并不能支持社会结构或推行有用途的教条。他们只是体现了一种经验的方式，把一种特定的心灵样式带进外物的世界，使他人得以观看。

构成一个符号系统（我们为了进行理论性的探讨而不得不称

之为“美学”)的记号或记号的元素(比如马蒂斯的黄色、约鲁巴的切削)与它们从而创生的社会之间的关联,是理念建构的(ideational)而非机械性的(mechanical)。套一句罗伯特·戈德华特(Robert Goldwater)的话来讲:它们是原始的文献,不是已经获得运用的观念的显现,而是正在一个由许多其他(同样原始的)文献
100 所汇合的集成之中寻求一个重要地位的观念本身。[①]

为了将这个论点推展得更具体,并去除一切如“理念建构”、“概念形塑”之类的词汇可能会带来的腐儒酸气或穷拽文的味道,我们可以暂时观察一下关于部落艺术论点的某些面向,例如安东尼·福吉关于新几内亚阿贝兰族的四色平面画的分析。[②] 福吉的论点是少数几种对于符号学的关注点拥有相当认识,但还能免于溺没在一团公式迷雾之中的论点之一。阿贝兰族向来都于种种不同的祭拜场合在一片平平的西谷椰子的花苞上绘制“广达数亩的绘画”(依福吉本人的原文),他的研究中描述了一切有关的细节,然而,直接关系到本文旨趣之处,在于如下的事实:虽然阿贝兰的绘画从明显的象形画到彻底的抽象画(既然他们的绘画着重于修饰性而非描述性,所以这样的分别对他们而言是没有意义的)一应俱全,它与较广阔的阿贝兰人经验世界之关联,主要是藉由一个几乎可说是偏执狂似的不断重现的动机:用以代表“女人肚子”(他们

① R. Goldwater, “Art and Anthropology: Some Comparisons of Methodology,” in *Primitive Art and Society*, ed. A. Forge (London, 1973), p. 10.

② A. Forge, “Style and Meaning in Septik Art,” in *Primitive Art and Society*, ed. Forge, pp. 169—192. See also A. Forge, “The Abelam Artists,” in *Social Organization*, ed. M. Freedman (Chicago, 1967), pp. 65—84.

也明白地这么称呼）的削尖椭圆形。当然，这种表达至少算是一种朦胧地肖像式的表达，但是对阿贝兰人来讲，那种联结的力量并不在此（它其实算不上是什么了不起的成就），而是在于：他们能够运用色彩形象（在其中，线条几乎根本算不上是一项美感要素，而油彩却有着神奇的魔力）陈述他们炽烈关注的焦点，一项他们在工作、仪式、居家生活之中分别以或多或少不同的方式陈述出来的关注焦点：女性自然创生力。

对于女性创生力与男性创生力之差异的关切贯穿了整个阿贝兰文化。他们认为女性创生力是先于文化存在的，是女人肉体的一项产物，因此是原始的、首要的；而男性创生力则是文化性的、端赖男性通过仪式而得以与超自然力量接触而生，因此是衍生性的。男人所吃的蔬食是女人创造的，所吃的芋头是女人发现的，第一次与超自然存有发生接触的也是女人，她们变成了超自然力量的爱人，直到男人们的疑虑日渐加深而至东窗事发，他们才将超自然存有（如今已变成了木头雕像）当成男人们祭典的中心对象。还有，理所当然的，男人是从女人们胀大了的肚子里生出来的。仰赖于 101
仪式（如今因为妒嫉而对女人保密）的男性力量因此而被包含在根植于生理构造的女性力量之中；而那些充塞着红色、黄色、白色、黑色椭圆形的绘画，我们可以说就是“关系到”这个重大的事实（比如福吉曾在一幅小画中发现 11 个椭圆形，实际上这幅画可说完全是由这些椭圆形所构成的）。

但它们是直接具体地关系到那件事实，而非作为其形象描绘而关系到那件事实。就像我们可以说绘画反映了隐含在社会生活中的观念，我们当然也可以论证仪式、神话、家庭生活的组织或者

劳动分工落实了绘画所涉及的观念。这一切的事情，都被打上了这种领悟的印记："文化是从自然的子宫里孕育出来的，就像男人是从女人的肚子里生出来的一样"，而这一切事情也赋予了这种领悟以一种特殊的声调。好比切割出的线条与约鲁巴人的地位有密切关系，阿贝兰绘画中的彩色椭圆形之所以具有重大意义，是因其关联到他们融入在创作过程中的一种感性，只不过在这里不是用疤痕来标识文明，而是以色彩来标识力量：

> 一般来讲，颜色（或者较严格地讲，是油彩）的词汇仅运用于关乎仪式的事物，这可以在阿贝兰人的自然分类法中看得一清二楚：他们对树种有详细的分类法，但……所运用的判准是种子与叶形，树是否有花以及花或叶子的颜色都很少被提出作为判准。广泛地讲，阿贝兰人只用到木槿和一种黄花，两者都是作为男子和芋头的（仪式场合的）饰物，此外，无论任何颜色的小型开花植物都没有用处，都只被简单地归类为草或灌木。昆虫的情况亦然：所有会咬人、蜇人的都被细心分类，但不管各种大小或颜色的蝴蝶则统统混成一大类。然而，在鸟类的分类法方面，颜色却是最重要的……因为鸟是图腾，不像蝴蝶与花，它是仪式领域的中枢……似乎颜色要能够得以描述，先决条件是它必须具有仪式上的用意。代表4种颜色的词汇……其实是4种油彩的名字。油彩是一种具有本质性力量的物质，所以表示颜色的词汇仅限于用在自然环境中获选为与仪式有关的那些部分，这或许并不值得大惊小怪……
>
> 颜色与仪式上的重要性之间的关联，也可以在阿贝兰人对

> 欧洲进口货品的反应上看出。偶有彩色杂志流入该村，不时可见村民将其一页页撕下来，贴在举行祭典的屋子跟前地上的铺垫上……被选上的册页都是色彩亮丽的，通常是食品广告……（而且）阿贝兰人对于册页上呈现的是什么东西一无所知，只是想：由于它们的亮丽色彩以及神秘难解，所以被选上的册页很可能是欧洲人的（神圣的图案设计），因此是有法力的。[①]

所以至少在两个地方，两种在表面上看来是线条和颜色那样自 102
明的东西，真真切切地获得了远多于其天生外观所能赋予它们的生命力。对雕刻的细致工巧和色彩的戏剧展演的反应，无论有怎样的天赋潜能，这些反应都浸润着更广泛的、较不在乎种类而较重视内涵丰富与否的关怀，它们的建构性力量也就显现于这种与在地性真实的邂逅中。只要出现了形式与内容的统一，不论其发生在何处或是到什么程度，它都是一项文化上的成就，而非哲学上的套套逻辑。倘若世上会出现一种艺术的语言学，它就必须解释这种成就，而若要想这么做，对于言谈，以及除了明显关乎美学之外的其他各种言谈，它就必须赋予远大于它通常倾向于给予的那种关注程度。

## 二

以上的论点（特别是当它是由人类学家提出来的时候）通常会

① A. Forge, "Learning to See in New Guinea," in *Socialization, the Approach from Social Anthropology*, ed. P. Mayer (London, 1970), pp. 184—186.

得到的反应是：对原始人来讲，这一切可能是完全正确的，也是很好的一种说法，因为他们会把自身经验的领域误认为是一个广大的、没有自我反身性的整体。但它不能适用于更进步的文化，因为艺术在较进步的文化中呈现为一种独特的行动，主要是对它自身的需求做出反应。然而，这种反应就像大多数人对站在书写革命两边的民族所做的简单对比一样，都是错的，而且同时错在两个方面：一方面过分低估了所谓“没有文字的社会”(这么称呼对吗？我究竟该叫它什么呢？)的艺术的内在动力；另一方面又不当地高估了有文字之社会的艺术的自主性。在此，我将暂时把第一种错误，即认为“约鲁巴和阿贝兰式的艺术传统缺乏自身动力”的这种观念悬置起来存而不论，或许以后有机会再回到这个问题。现在，我要简短地考察两个相当进步、也相当不同的美学事业的感性构成：15世纪的意大利绘画和伊斯兰世界的诗，藉以击溃第二种错误。



关于意大利绘画，我主要将仰赖于迈克尔·巴克森德尔的近著《15世纪意大利的绘画与经验》(*Painting and Experience in Fifteenth Century Italy*)，该书所采用的正是我在此宣扬的那种探讨路径。[1] 巴克森德尔所关注的是如何界说他称为“时代眼”(the period eye)的东西，也就是“15世纪的观画群众〔即画家们自
103 己以及他们的‘支持者阶级’〕戴着去面对绘画这类复杂的视觉刺激的配备”。[2] 他说：绘画极敏感地受到心灵加诸于它的阐释技术

① M. Baxandall, *Painting and Experience in Fifteenth Century Italy* (London, 1972).

② Ibid., p. 38.

（如模式、范畴、推论、模拟等）所左右：

> 人对于某一种特定的形式或几种形式之间关系的分辨能力，将会影响到他投诸一幅绘画的注意力。例如，倘若他精于观察比例关系，或者习惯于将繁复的形式化约为一群简单的形式，又或他熟谙可以区别不同种类的红色与棕色的一组内容丰富的范畴，这些技术极可能使他将自身观赏弗朗西斯卡（Piero della Francesca）《天使报喜》（*Annunciation*）的体验，以不同于没有这些技术之人的方式来加以安排，并且比一些没能从生活经验中获得许多与这幅画有关之技术的人要敏锐得多。因为就某一幅画而言，某些认知技巧比许多其他的认知技巧更有关系，这是很清楚的事实：举例来讲，能够将弯曲线条的柔软度加以分类的一种眼光（许多生于这段时期的日耳曼人就拥有这种技术）……在《天使报喜》这幅画上就没有用武之地。我们称为"品味"（taste）的东西大体上即本于此："一幅绘画所要求的分辨能力"与"观赏者所拥有的分辨技巧"两者间的一致性。[①]

不过更为重要的是：对观众与画家两方面来说都属必要的这些技巧，绝大多数都不是像视网膜感受焦距的能力一样是天生的，而是从一般经验中萃取而来的。就这个案例来讲，所谓的"一般经

① M. Baxandall, *Painting and Experience in Fifteenth Century Italy* (London, 1972), p. 34.

验”就是指“过着 15 世纪的生活，并以一种 15 世纪的方式来看待事物”：

> ……人用以安排其视觉经验的某些精神配备是可变的，而且这些可变的配备中的绝大部分与文化息息相关，也就是取决于影响他的经验的那个社会。这些变项包括了他用以将其视觉刺激分门别类的范畴，他会用以补充其亲身观赏经验的知识，以及他对所看见的那种工艺品所将采取的态度等。只要观赏者拥有这些视觉技术，他就必然会用在绘画上，这些技术通常极少是专门用于观赏绘画的，而他倾向于使用他所在的社会给予高度评价的那些技术。画家对此做出回应；群众的视觉能力注定是他的媒介，不论他自己所擅长的专业技术是什么，他本身终究是社会的一份子，他为这个社会创作，也分享这个社会的视觉经验和习尚。[①]

这些说法所观照的头一件重大事实（虽然只是第一件，就如同阿贝兰的例子一样），当然是 15 世纪的意大利绘画绝大部分是宗
104 教画，不仅其主题内容，就连它们被设计用来满足的目的，也都以宗教为依归。绘画是用以加深人类对存在之精神向度的领悟；它们是通向对基督教真理之反思的视觉性引介。面对着这么一幅引人注目的意象——不管是天使报喜、圣母升天、东方三贤的朝拜、

① M. Baxandall, *Painting and Experience in Fifteenth Century Italy* (London, 1972), p. 40.

圣彼得的使命或是耶稣受难，观赏者须通过反思他对该事件的知识以及他个人与这幅画所记载的神话故事之间的关系，方才完成整个观画过程。一位多明我会传教士为艺术的高尚德性辩护道："崇拜一幅画是一回事，通过一幅绘画的描写来学习该崇拜什么，则完全是另外一回事。"①

但宗教理念与图画形象之间的关系不仅是展示性的（而且，我认为这对于一切的艺术都讲得通），它们并不是主日学的教学用说明图。画家（或至少说宗教画家）关心的是引诱他的观众去关注宇宙的始终，而非为观者提供关于那类关怀的一份炮制法或一种代用品，更不是它的一份改编本，他或者（说得更精确点）他的画作与较广泛的文化之间的关系是互动的，或者照巴克森德尔的说法：是互补的。比如乔凡尼·贝利尼（Giovanni Bellini）的《基督变容图》（*Transfiguration*），就是这种情景的一件已被普遍化了的、几可谓树立了一种种类典型的呈现，其造型之精妙绝伦自然毋庸置疑，巴克森德尔认为它是贝利尼与他的观众合作的产物："《基督变容图》的 15 世纪经验，是绘画、墙上的轮廓以及群众心灵（与我们的心灵有着不同的配备和倾向的一种群众心灵）的观看行为三者之间的一番互动。"②贝利尼能计算出观者提出的建言，并通过设计使他们的建言仿佛在他的画中呼之欲出，但却不将之具体描绘在画中。他的使命在于构思出能使某种特定的灵性会产生强迫性反应的一

① M. Baxandall, *Painting and Experience in Fifteenth Century Italy* (London, 1972), p. 41.

② Ibid., p. 48.

个意象。正如巴克森德尔的评论：观众并不需要他们已经拥有的，他们所需要的是一件丰富到足以在其中看见他们自己的东西；甚至是丰富到足以使观众能经由观赏它而变得更深刻的东西。

当然，在形塑15世纪意大利感性的过程中，有各种不同的文化体制在发挥作用，所谓的“时代眼”便产生于它们与绘画的交汇，而且它们并非全都落在宗教领域内（就好像并非所有的绘画都是宗教画）。在那些宗教性的建制当中，面对群众的布道可能是最重要的，这类宣道的内容将基督教神话中的神圣启示事件和人物加以分类与再细部分类，并分别建立配合每个人或每件事的态度类
105 型，诸如烦扰不安、反省、探询、谦卑、尊荣、推崇等等，还提出了关于如何以视觉表达这些事件的格言。“群众性的传道师……以一套阐释技术训练了他们的信众，这套阐释技术就是15世纪对绘画反映的核心。”[①]姿态与面相都被分门别类，颜色被编成象征体系，至于主题人物的肢体外观，则被恍若临渊履薄、忧谗畏讥一般谨慎小心地讨论着。另外一位多明我会的传道师宣称：

> 你问圣母是黑发还是金发？大阿尔伯特（Albertus Magnus）说她的发色不是纯黑，不是纯红也并非纯金。因为这三种色彩中的任何一个，本身都会给人带来一定程度的不完美，所以才有人会说：“神从一个红发的伦巴底人手里救了我”，或者“神从一个黑发的日耳曼人手里救了我”，或者“从一个金发

① M. Baxandall, *Painting and Experience in Fifteenth Century Italy* (London, 1972).

> 的西班牙人手里”,或者“从一个有某种颜色头发的比利时人手里”。圣母玛丽亚的发色是多种色彩的混合,同时具备了一切的颜色:因为一张具备一切颜色的脸是美丽的。就因为这个理由,医药权威宣称:若在红与金混合的发色中加上第三种颜色——黑色,那就是最完美的。但是,大阿尔伯特说,我们必须承认这一点:她的发色有一点偏黑。这么想有3个理由,第一个是从发色来论:因为犹太人以黑发为多,而她又是一位犹太人;第二个是从见证来论,因为圣路加(St. Luke)曾为她画了3幅肖像,如今分别放在罗马、洛雷托(Loreto)和博洛尼亚(Bologna),画中的圣母是棕发;第三个理由是血缘关系,儿子通常得自母亲的遗传,所以亦可反推得之,基督是黑发,所以说……[①]

在文艺复兴时期对15世纪意大利人观赏绘画的方式产生过影响的其他文化领域中,巴克森德尔发现有两种特别重要的现象:其一是层次稍低一点的艺术——社交舞;其二是被他称为测量的一种相当实用的活动,即基于商业目的而测算数量、容积、比例、比率等等。

舞蹈之所以和观赏绘画有关,是因为它比较不像我们的舞蹈那样是一种与音乐相联结的时间性艺术,而是一种联结于景象(如宗教赛会庆典、街头游行等等)的图像性艺术;是涉及图形聚合的

---

① M. Baxandall, *Painting and Experience in Fifteenth Century Italy* (London, 1972), p. 57.

事情，而无关乎韵律性的运动，或者无论如何也不以韵律性的运动为重心。如此，它仰赖于、同时也强化了一种辨识能力，即辨明那些荟萃于繁复模式或某种肢体措置之中的静态图形彼此之间在心理上的互动能力。画家亦有这种能力，并用之以激发观者的反应。特别是当时流行于意大利的一种慢步的、几何图形化的低音舞(*bassa danza*)，再现了如画家波提切利(Botticelli)在他的《春》
106 (*Primavera*，这幅画当然是从 3 位美丽的希腊女神的舞蹈推想而
来)和《维纳斯的诞生》(*Birth of Venus*)这两幅画中用来组织其作品的图形聚合模式。依巴克森德尔的说法，低音舞所表现的感性关系到群众在阐释图形模式方面的一种技巧、一种对于半剧场式的安排(对人类肢体的措置)的普遍经验，这些条件使波提切利和其他画家得以预设：群众同样已经有了足够的准备，可以对他们所创作的聚合做出阐释。[1] 既然群众普遍熟悉本质上是由不相连缀的一串活生生的图画(tableaux vivants)所构成的、高度制式化的舞蹈形式，画家自可计虑到对他自己创作的那种形象性图画(tableaux)的一种直接的视觉理解，这种算计若放在像我们此刻身处的这种文化当中就不切实际了，因为舞蹈在我们的文化中主要是一种架构在姿态之间的运动，而不是架构在运动之间的姿态，而且社会大众对于沉默的体态姿势的意识相当微弱。“一种乡土的社会聚合艺术转变为另一种艺术，在这种新艺术中，某种由人所表现出来的模式，这些人没有比手画脚，也没有拳打脚踢，更没有挤眉



---

① IM. Baxandall, *Painting and Experience in Fifteenth Century Italy* (London, 1972), p. 80.

弄眼，但仍然能激起一种强烈的意识……对心理互动的意识。这个转变过程点出了这样的问题：我们是否具有能够促使我们自动自发地去欣赏如此精致的讽刺的那种正确的预期倾向，这是极为可疑的。”①

在这种同时将舞蹈和绘画理解为“负载着潜在意义的肢体措置模式”的趋势背后，当然是整个社会笼罩着这种趋势，特别是其中受过文化陶冶的阶级的一种更广泛的趋势，那就是认为“人们相互聚合的方式，以及人们在与他人相处时所落入的对形体姿态的自我约束，并非随机、偶然的，而是人们彼此间本已存在关系的结果”的倾向。然而，巴克森德尔却认为：对于文艺复兴时代的人们如何观赏绘画的方式造成形塑效果的，是另外一件事情——测量，因为在这个领域，视觉习尚与社会生活深刻的相互穿透是极其明显的。

他提要道：直到19世纪，商品才开始以规律性的方式被盛在标准化的容器中上市（他其实还可以加上一句：而且在当时，也只有西方世界是如此），这是艺术史上的一件重要事实。“之前的每种容器（桶、袋、捆）都是大小不一的，所以能又快又准地计算出它的容量，是会做生意的先决条件。”②同样的情形也发生在长度（例如布品交易）、比例（例如掮客交易）、比率（例如测量）等各方面。没有这样的技术就无法在商场上立足，而大部分支付绘画润金的就是商人，而且有一些案例，比如说皮耶罗·德拉·弗朗西斯卡就

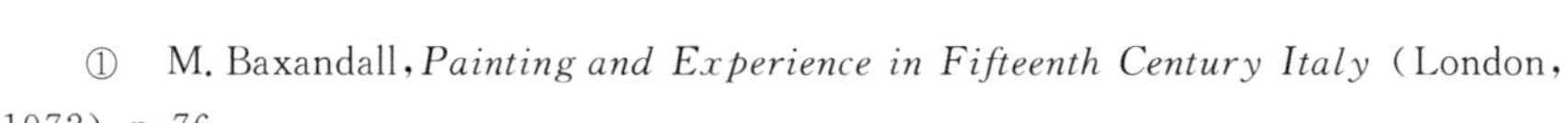

① M. Baxandall, *Painting and Experience in Fifteenth Century Italy* (London, 1972), p. 76.

② Ibid., p. 86.

写了一本关于测量的数学手册，并把它画了出来。

107 无一例外，所有的画家与他们的商人支持者在这些事务上都受过类似的教育：只要识字，就等于掌握了可资判断物体之向度的技术。就固态物体来讲，这些技术关系到将不规则、不熟悉的杂多之物，分解成规则的、熟悉的，也因而是可以计算的事物之集合，如圆柱体、圆锥体、立方体等等；对于二维的东西，牵涉到的是一种类似的分析能力，可将非一致性的表面分解成简单的图形：方形、圆形、三角形、六边形等等。这种技术所能达到的高度，可以从巴克森德尔摘引自皮耶罗手册中的一段文字里窥知梗概：

> 一只桶，底面直径均为 2 布拉奇(bracci)；桶口一面直径为 2 又 1/4 布拉奇，桶口到桶底之间的一半处，直径为 2 又 2/9 布拉奇。桶高为 2 布拉奇，该桶的体积为何？
>
> 此物好比一对截去尖头的圆锥体，先求出底面直径的平方：2×2＝4。再求出中围直径的平方：2 又 2/9×2 又 2/9＝4 又 76/81。两者相加(得)：8 又 76/81。2 乘以 2 又 2/9，得 4 又 4/9，再加上 8 又 76/81，等于 13 又 31/81。再除以 3，等于 4 又 112/243。……现在，求出 2 又 1/4 的平方，得 5 又 1/16，将之加上腰围直径的平方，即 5 又 5/16＋4 又 76/81＝10 又 1/129。相乘：2 又 2/9×2 又 1/4＝5。将之加上前面的总数，(得)15 又 1/129，除以 3，(得出)5 又 1/3888。将之加上第一个结果……＝9 又 1792/3888。乘以 11 再除以 14(意即：乘以 π/4)：最终结果为 7 又 23600/54432，此即该桶的体积。[①]

① M. Baxandall, *Painting and Experience in Fifteenth Century Italy* (London, 1972).

诚如巴克森德尔所说：这是一个特殊的智识天地，但它却是威尼斯和佛罗伦萨之类地方一切受过教育的阶级栖居的天地。它与绘画的联结，以及对绘画的领悟，比较不在于计算过程本身，而在于一种倾向：以较简单的、较规律的与较易理解的形式之混合，来理解复杂形式所组成的结构。即使是绘画所涉及的物体，如储水槽、柱子、砖塔、铺平的地板等等，也一样被那本手册用作训练学生测量技术的例题。正因如此，当皮耶罗顶着画家的头衔，将《天使报喜》的场景安置在一个列柱式、多层上升，以及拥有后退纵深的佩鲁贾式（Perugian）门廊上，或将圣母像安置在一个穹隆顶、半环形、仿佛是圣母身着服饰的同型放大之布质大帐中时，他是在诉求他的观众将这样的形式视为其他形式的集合，从而去“阐释”或者也可以说是去“测量”他的绘画并掌握他绘画的意蕴：

> 对商人而言，一切事物都可以化约为潜藏在表面的不规 108
> 则底下的几何图形：一堆谷子可以化为一个圆锥体；桶子可以化为一个圆柱体，或截去尖端的圆锥体的结合；斗篷可以化为一个环状的东西，也可再化为一个圆锥体似的东西；砖塔可以化为一个立方体的集合，而这些立方体又是由更小的、可以计算数量的立方体所构成，还有……这种分析的习惯非常近似于画家对表象的分析。画家测量一个形状，正如一个人测量一捆货物。在两种情况中，都存在着一种有意识的化约，以便将不规律的杂多之物及空隙，化为易于处理的几何形体的混合……因为他们娴熟于操纵比率以及分析集合体的体积、表面积，所以（15世纪的意大利人）对于负载着类似过程之标记

的图画，具有较敏锐的感受。[1]

文艺复兴时代的绘画具有闻名遐迩的清晰立体性，其原因至少有部分是源自于与平面图示、数学法则和双目并观之视物法的内在属性无关的一些东西。

毋庸置疑（这也就是核心要旨所在）：所有这一切较广泛的文化事物，包括其他那些我未提及的事物，相互交织而产生了 15 世纪意大利艺术赖以成形、存在的那种感性。（巴克森德尔在其较早的作品《乔托与演说家》（*Giotto and the Orators*）中，将构图的发展联结到人文主义者的修辞学叙述形式，尤其是掉尾句（the periodic sentence）；[2]演说家所创发的大段、小节、语句、字词的位阶，被阿尔贝蒂（Alberti）等人有意地比附于画家所运用的位阶：全画、主体、人物与平面[3]）不同的画家分别扮演了那种感性的不同层面，但唯有汇聚起宗教经义宣讲的道德情怀、社交舞的喧阗盛景、商业测量的精明狡黠，以及拉丁文演说的巍然壮观，方能成就画家的真正媒介：他的观众能从画中看出意义的能力。巴克森德尔说：一幅古老的画（虽然他可能已经去掉了"古老"这个字眼）是视觉行动的一个记录，人必须要学习才能读懂，就像人必须要先学习，才能读懂出自不同文化的一篇文章。"假如我们观察到皮耶罗·德拉·弗朗西斯卡倾向于一种测量式的绘画，弗拉·安杰利

① M. Baxandall, *Painting and Experience in Fifteenth Century Italy* (London, 1972), pp. 87—89, 101.

② 即文意一直要到句尾才完整的句子。——译者

③ M. Baxandall, *Giotto and the Orators* (Oxford, 1971).

科(Fra Angelico)倾向于一种宣道式的绘画，而波提切利倾向一种舞蹈式的绘画，那么我们正在观察的，就不只是他们，而是他们的社会。”①

领略绘画(或诗、旋律、建筑、器皿、戏剧、雕像)之含义的能力，就像其他一切完全属于人类的能力一样，各个民族之间与个人之间都有所差异。它是幅员远远超越它的集体经验的一项产物，也 109
是一种极为罕见的能力，以至于我们无法遽尔认定其为人所固有的能力。唯有先参与到我们称为“文化”的普及性象征形式体系中，方才可能参与我们称为“艺术”的特殊象征形式体系。因此一种艺术理论同时也就是一种文化理论，而非一种独立自为的事业。而且，倘若它是一种艺术的符号学理论，它就必须追索符号在真实社会中，而不是在一种凭空想象出来的二元对立、变形、平行与相等的世界中的生命历程。

## 三

设想一下这种状况：“一位艺术家以符号进行创作，而含括这些符号的符号学体系之范围，远远超越了他所运用的技艺”。就我所知，除了伊斯兰教的诗人以外，恐怕难以找到更切合这种状况的角色了。一位写诗的穆斯林，他所面对的是一套文化事实，对他的主观意向来讲，它们就像石头或降雨一样的外在、客观，不因为不具物质性就比较不实在，也不因为是人为创造的就比较不顽固。

① Baxandall, *Painting and Experience*, p. 152.

他运行并且一向运行在如此的一个情境中：他做艺术的工具——语言——在他的文化里被赋予了特别崇高的地位，就像阿贝兰的绘画那样，拥有独一无二的重要性和神秘性。从形而上学到语言形态学、从雕塑到书法、从公众性诵经的模式到私下随意交谈的风格，一切的一切都联合起来，将“说出来的话”（speech）和“言说的行为”（speaking）变成了超负荷的载体，承载了就算不是人类史上空前绝后、也肯定非比寻常的沉重意含。在伊斯兰世界中扮演诗人角色的人，其经营的项目就是其文化的道德本质（而且这个营业项目不是完全合法的）。

就算只是为了开始说明这一点，我也必须先将主题裁剪到适当的大小。我无意于全面考察自安拉以来的整个诗学发展过程，只是想对于“诗在传统伊斯兰社会中的地位”做几个概论性而且相当没有系统的评论，尤其是摩洛哥的阿拉伯文诗，而且特别偏重于通俗的、口占的诗歌层次。诗学与穆斯林文化的核心脉动之间的关系，我认为不论在任何地方都或多或少是近似的，而且自古以来皆如此。不过，我不想尝试去论证这个说法，只是将之当成预设，并且以多少有点特殊的质料作为基础，进而对那种不确定而且困
110 难重重的一组关系的运作形态提出我的看法。

从这个观点来看问题，必须要把这 3 个向度关联在一起来审视：第一是与一切伊斯兰相关事物类同之处，那就是“伊斯兰唯一的奇迹”——《古兰经》——的特殊性质与地位；第二是诗的演出情境：作为一件活生生的事物，诗的音乐与剧场艺术性格丝毫无逊于它的文学性格；第三点，也是最难以简略勾勒的，就是摩洛哥社会中人际沟通的一般性格，我将称之为“竞技式的”（agonistic）性

格。这3者联合起来，将诗变成一种典范性的言说行动、言语的一种标准形式，足以彰显出一套关于穆斯林文化的完备分析（倘若这种东西有可能存在的话）。

如我所说：任何事物，无论其终将止于何处，皆自《古兰经》开始。《古兰经》这个名字的原意，既非“盟约”（testament），又非“训谕”（teaching），亦非“书”（book），而是“背诵”（recitation）。它与世界上其他主要经典的不同之处在于：它的内容不是一位先知或其徒众所写的关于神的报告，而是神所亲授的谈话，是安拉自身的音节、字词与语句。它就像安拉一般，是永恒的、无生不灭的，它是安拉的属性，一如慈悲与万能，而不像人类与大地，是安拉的创造物。《古兰经》的形而上学深奥难解，而且并未以相当一贯的逻辑表达出来，这一方面是由于安拉传世的永恒圣典——“善卫碑”（Well-Guarded Tablet）——是通过翻译而成为阿拉伯文韵律化的散文体摘录的；另一方面是由于口耳相传，在一段漫长的岁月中，一代代先知并未依循一套固定的次序来进行口授，比如加百利（Gabriel）传穆罕默德、穆罕默德再传给他的门徒——也就是所谓的《古兰经》背诵者（Quran-reciters），他们背诵《古兰经》并将之传布至广大的群众之中，群众从此每日复诵，一至于今。重点在于：从加百利、穆罕默德、《古兰经》背诵者到一般的穆斯林，那些唱诵《古兰经》诗句的人如此一脉承传，已然超过了1300多个年头，而他们所唱诵的并非关于神的章句而是神亲自口授的圣典，而且，说得更切实一点，既然这些词语就是安拉的本质，他们所唱诵的也就等于是神本身。诚如马歇尔·霍奇森（Marshall Hodgson）所言：《古兰经》不是一篇论文、一份事实与规范的陈述，而是一桩事件、

一个行动：

> 它的宗旨向来就不是让人怀着求取信息，或甚至是寻求启示的心态来阅读的，而是要让人作为礼拜时彰显虔敬的行为而诵读的……《古兰经》不是让人精研细读的，而是让人藉以敬拜神明的；不是让人消极接受的，而是让人经由诵读使自己再度坚定对它的信念：每当信徒之中有一人在顶礼膜拜时，重现（亦即再一次口述）了《古兰经》的定论，天降神谕的情景便又更新了一回。[①]

111 上述关于《古兰经》的观点具有多方面的意含，其中之一是：在基督教中与《古兰经》最近乎相等的事物，不是《圣经》，而是基督本身；但就本文的主旨而言，最切要的一项意含是：《古兰经》的语言（第7世纪麦加的阿拉伯语）被推尊为不仅是天降训谕的一种载体，好比希腊文、巴利文、阿拉姆文或梵文，而且其本身就是一项神圣之物。即使是对《古兰经》的一次诵读，或是《古兰经》的一部分，都被认为是一件无生不灭的实体。在一个以神圣人物为信仰中心的信徒看来，把信仰的重心放在神圣辞句上的伊斯兰教徒无疑是令人感到大惑不解的：他们竟然会认为那些言辞的神圣程度几乎等于神亲口说出的话！这导致的结果之一就是阿拉伯语族闻名于世的那种语言上的精神分裂症：一方面坚持“古典”（*mudāri*）或“纯正”（*fuṣhā*）的阿拉伯文书写形式，尽全力使之看似《古兰经》所



① M. G. S. Hodgson, *The Venture of Islam*, vol. 1 (Chicago, 1974), p. 367.

用的语言，并且极少运用于仪式之外的场合；同时则有某种不见于文书的、名为“粗俗”(*'āmmīya*)或“通用”(*dārija*)的白话语言与之并存，并被认为不能传导真正严肃的真理。其结果之二是：那些想要以文字进行创作，特别是怀着世俗目的而进行这种创作的人，其地位是极为可议的，因为他们扭曲了神的口舌以追求自身的目的，就算不是真正的窃用圣物，也相去不远；但与此同时，他们展现了上主无可朋比的力量，就算不是真正的敬拜，亦颇得其中。诗学成了伊斯兰文明中(特别是在讲阿拉伯语的区域)最显赫的一门精致艺术，仅有建筑学差堪与之分庭抗礼，但同时却又游走在最严重的渎神罪行的边缘。

认为《古兰经》的阿拉伯文是言谈所当效法的模范，并且是对人们实际上所说的话的一种永恒谴责，这样的意识因传统穆斯林生活的整体模式而得以强化。几乎每个男孩(近年来，有许多女孩也一样)都要上一种训练学校，在那里学习朗读和背诵摘自《古兰经》的诗句，如果他能娴熟此道并且勤奋的话，他可能将全部6200首左右的诗背下来，成为一位*hafīz*(哈费兹)“背诵者”，从而为父母带来一定程度的荣誉；如果他的表现没那么好(这是比较常见的状况)，他至少也能学到足以应付自己祷告、宰鸡以及听懂别人讲道词的程度。如果他特别虔诚，他甚至可能会去位于某些像非斯或马拉喀什(Marrakech)等都市化中心区的高等学校求学，以求更精确地理解他所背经文的意义。但是，不论一个人结业时是只带走寥寥几首半懂不懂的诗句，还是腹笥中囊括了理解到相当程度的整套诗集，其主要侧重点都离不开背诵章句，以及为达此目的所必需的死背功夫。霍奇森对中世纪伊斯兰所做的评论，诸如“任

何的陈述都被视为非真即伪”、“知识就是一切真确的陈述之总和，它是《古兰经》所辐射出的一套固定的集体，《古兰经》至少可谓隐然含括了它们全体”、“获取知识的途径，就是致力于记忆陈述知识
112 的语句”等等，大体上仍可以适用于今日的摩洛哥。无论经历了何等的信仰式微，摩洛哥对可背诵真理的热情却丝毫不减当年[1]。

这样的态度与这样的训练，导致日常生活被《古兰经》里的句子和其他古老的陈言套语给加上了标点。除开宗教意味特别强的场合，比如每日祷告、周五礼拜、清真寺讲道、神秘的宗教兄弟会集体数着念珠唱赞、在斋戒月之类的特殊场合中诵念全本《古兰经》、在丧礼、婚礼与割礼上献诗等等，连在这些场合以外的日常会话竟也妆点着源自《古兰经》的成语，甚至到了即使最平常的话题似乎也被装在神圣框架里头的程度。最重要的公开演说，例如君王所颁的敕谕，必然要用一种典雅古奥的阿拉伯文，古雅到令绝大部分的聆听者都只能模糊地领略一二。阿拉伯文的报纸、杂志与书籍都以同样的方式写成，结果是能够读得懂的人为数寥寥。然而，受到宗教热情推促的一般大众却依然提出提倡阿拉伯文的吁求，要求以古典阿拉伯文进行教育，并应用在政府与行政管理中，这股极强的意识形态势力导致了政治菁英在语言方面的大量伪善行径，并且当这些伪善变得太过明显的时候，甚至激起了一定数量的群众骚乱。口占诗人所生存的世界，就是语言是媒体也是象征、言谈风格攸关道德人格、对神的宏伟辩才的体验与对沟通的需求相互

① M. G. S. Hodgson, *The Venture of Islam*, vol. 1 (Chicago, 1974), vol. 2, p. 438.

交战……这样的一种世界，而他对于圣咏与陈言套语之感受的利用，与皮耶罗利用意大利人对袋子和桶子的感受相仿。这类诗人中的一员曾经竭尽所能地解释他的艺术："我把《古兰经》背下来，然后忘记其中的诗，仅记着其中的词汇。"

在某个以善于启迪诗人灵感而闻名的圣徒墓室中，他做了一次为期三天的冥想，在这期间，他把《古兰经》中的诗句忘了，但在表演的场合中，他还能忆起其中的词汇。在这里，诗并不是先作好然后再朗诵出来；它就是在朗诵之时作出来的，是在公共场合进行吟诗行动时赋就的。

这种情景通常发生在某个办喜事或举行割礼的人家屋子前面，一块打着灯火的地方。诗人像棵树般挺直地站在场中央，助手在他的两侧摇着铃鼓。男性听众就盘腿坐在他面前，不时有人站起来将钞票塞进他的头巾里面，女性听众则从周遭的屋子里头小 113
心地朝外偷窥，或者从黑暗的屋顶上向下张望。在他身后有两行朝向两旁摆开的舞者，他们将手搭在旁边一人的肩上，一边摇头晃脑，一边向右跳几小步、向左跳几小步。他一段接一段地唱他的诗，铃鼓在一旁打拍子，当出现反复句时（这种句子多半是固定的，而且与诗本身只有不甚重要的关系），助手便以一种凄厉的、金属般音色的假声加入合唱，而舞者则以蓦然发出节奏性的怪异啸声作为点缀。

当然，正如艾伯特·洛德（Albert Lord）笔下闻名的南斯拉夫人一样，他并非凭空杜撰出来，而是藉由有限数量的既定公式如分子般在一霎那间组合而成，好比某种艺术上的马尔可夫过程

(Markov process)[①]。有一些是主题性的:死亡终不可免("就算你整日生活在礼拜毯上");女子不可信赖("真主保佑你,噢,被眼波攫走了魂魄的情人!");热情无益("多少人因那焚烧而进了坟墓");宗教学习空虚无用("何处可见能够洗净空气的学者?")。有一些则是比附形容的:女孩像花园、钱财如衣服、入世(worldliness)如市场、智慧像旅行、爱情如珠宝、诗人如马匹。还有某些是形式性的,讲究的是音律、尺度、句子与小节之严谨、机械性的规格。当那吟唱、铃鼓、舞者、文类的要求,一切都配合得天衣无缝时,观众所送上的赞许喝彩,或者当荒腔走板时观众责难的嘘声,构成了一个整合的全体,诗之不可从其中抽离,一如《古兰经》不可与信徒的诵念相分离。它也一样是一桩事件、一个行动;永远是新的,也永远是可以更新的。

此外,就如对《古兰经》一样,人人(或者至少可以说有许多人)也都以口占诗中的句子、段落、比附、暗示来为日常的言谈加上标点,有时取自特定的一首诗,有时是把他们所知的一位诗人的作品连缀起来,有时则摘录自普遍流行的文库,这个文库所收录的数量虽颇为可观,但依我所见,其范围却不脱相当有限的几套公式。从这样的角度来看,作为一个整体的诗学,其流布广远而且经常可见的演出(尤其是在乡下地方以及居于城镇的平民阶级中间)构成了一种属于它自身的"背诵",一种较不受尊崇但却不一定比较没有价值的、另类的可记忆的真理汇编:爱欲是一种无可救药的疾病,而女人只是一种虚幻的解药;斗争是社会的根基,而坚定果断是首



① 由苏联数学家马尔可夫提出的一种随机过程。——译者

要的德性；骄矜自大是行动的泉源，出世（unworldliness）是道德上的伪善；享乐是生命的花朵，死亡是享乐的终结。诗学（*šçir*）这个词实际上的意思就是"知识"，而且虽然没有一位穆斯林会明白地
这么说，但它就代表了神圣天启的一种世俗的平衡力、一种俗世的 114
脚注。人们从《古兰经》这一大套用固定词汇所记载的事实里听见了属于神的一切以及人对神的义务，但是在诗歌中，他却听见了属于人类的一切以及作为一个人的下场。

诗的演出框架、它的"集体言说行动"性格，正巧强化了它"既似仪式的歌曲、又似平常谈话"的模棱两可性质。因为其正式、准仪轨（quasi-liturgical）性质的向度，使它仿佛像是《古兰经》的唱赞，而其辞藻、准社会性质的向度，却使它像是日常的谈话。我之前已经说过，想在本文中以稍微具体一点的方式描摹摩洛哥社会人际关系的一般音色是不可能的；我只能这么说，而且希望别人能相信：它最突出的特征就是抗争性，它是对意志恒久不懈的考验，人们相互争斗以攫取他们之所觊觎、保卫他们之所有、收复他们之所失。以言谈而论，这种情况使所有的言谈（除了那些最无聊的以外）里充斥着不择手段、单刀直入、毫不拐弯抹角地方式咒骂、保证、撒谎、开脱、恳求、命令、俗谚、论证、类比、引述、威胁、侵犯、奉承的遣词用字，它不仅极度偏重伶牙俐齿，而且给遣词用字赋予了直接的强制力；*candu klām* 既意指"他语汇甚丰、很会讲话、能引用不少格言、口若悬河"，也意味着（而且不只是比喻性的）"他有势力、有影响力、举足轻重、有权威"。

这种黩武好战的精神在诗的语境里表露无余，不仅是诗人所说出的言辞内容是这般地具有吵架性质，诸如攻击都市人的浅薄、

商贾的卑鄙无赖、女人的背信忘义、富人的贪婪吝啬、政客的奸佞无节以及卫道人士的伪善等等，而且这些说辞所指向的特定目标，常常就是在场的听众之一。一位地方上的《古兰经》教师，曾经批评过婚宴（以及婚宴场合上唱的诗）是宗教上的罪孽，结果被当面痛骂并且被赶出了那个村子[①]：

看看这个教师做了多少可耻的事情；
他只为填塞钱包而工作。
他贪得无厌、见钱眼开。
天啊，这一切令人何其困惑。
就把钱给他，叫他“滚开”；
“去吃猫肉再接着吃狗肉”
……

182 115 他们发现那名教师只能背出《古兰经》里的 4 章（他就凭这个，号称自己背得了整本经）
如果他能背诵《古兰经》而且有资格自称是个学者，
祈祷时他就不会那么仓促草率地混过。
他的心中有着邪恶的念头，
不然他为何连在祈祷时心思都还在女孩身上；
如果让他找到一个他就会勾引一个。

某位吝啬的主人，其遭遇也不比前者稍好：

① 我要感谢 Hildred Geertz 允许我使用这些绝大部分由她所收集的诗句。

至于那个吝啬又没出息的人，他只是坐在那儿，不敢作声。
……
那些来吃晚饭的人就好像在坐牢（那菜真是奇差无比），
客人们饿了一夜，从没吃饱过。
……
主人的妻子整晚都在干自己喜欢的事，
天啊，她甚至不愿意站起来把咖啡弄好。

还有一位阿訇[①]，是诗人的旧识，两人后来闹翻了，被诗人写了 30 行这样的东西：

噢，那阿訇已不再是个讲理的人了。
他走上了营谋权势的道路，
而且变成了一个疯狂的叛徒。
他走上了邪恶的道路；他说他很成功，但我不相信。

如此等等。诗人所攻讦的（他们也会被收买来进行攻讦，大多数这类言语上的刺杀行动，都是受雇而为的工作）也不仅限于个人：一个相对立的村落、派系或家族里的人；一个政党（分属不同政党的党员各拥其派下诗人以诗来相互颉颃，每当唇枪舌剑演变成了全武行，便不得不由警察来进行驱散），甚至整个阶级的人（比如

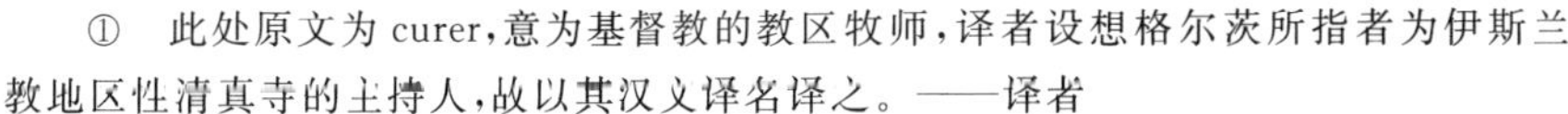

① 此处原文为 curer，意为基督教的教区牧师，译者设想格尔茨所指者为伊斯兰教地区性清真寺的主持人，故以其汉文译名译之。——译者

说烤饼师傅或官府胥吏)都会变成攻击的目标。他在表演的过程当中,可以转换他的直接听众,当他哀叹女人的意志不坚时,他就对着屋顶的阴影说话;当他攻击男人的贪淫好色,他就将目光投向他脚边的人群。整场诗的演出的的确确弥漫着一种好斗的音色,听众时而大声喝彩(并塞钱给那诗人),时而发出谴责的嘘声和叫嚣,有时甚至严重到令诗人不得不赶紧下台遁走。

116 但是,这种音色最纯粹的表达,或许是诗人彼此之间以诗作互争雄长的直接对抗。进行的方式是先选出某样主题,例如一个玻璃杯或一棵树之类的平常物件,然后由诗人们轮流朗诵,有时如此持续一整夜,而群众则在一旁吼出他们的胜负判断,直到其中一人认输,对方胜出。以下我提供几则从一场长达3个小时的对抗里抽译出来的片段,但除了事态的基本精神之外,一切韵味都在翻译当中消失得一干二净。

已经立定在战斗位置上的诗人甲挑战道:站起来说话:

> 真主所赐予他(与他比赛的诗人)的,竟被他浪费在给一位小姐买尼龙衫;他终会发现
> 他在追求的是什么,
> 他将会花钱去购买他所欲的(也就是性爱),并走访各种(下流的)场所。

诗人乙回应道:

> 真主所赐予他(即他自己,诗人乙)的,他用在祈祷、缴十

一税和慈善事业，

他也不跟从邪恶的引诱，不追求时髦的小姐、更不追求身上刺青的小姐；他记得要躲开炼狱之火。

此后大约一个小时左右，仍在挑战同时也仍受到对方有效反击的诗人甲，乃改弦更张，转移话题到形而上学的谜语上去：

从一重天到另一重天要花 50 万年，
然后呢，会发生什么事情？

诗人乙解除了防备，但不直接回答，而是顿了一会儿，突然以威吓的口吻道：

把他（诗人甲）从我的跟前驱走，
不然我要丢炸弹，
我要放飞机，
还有面目狰狞的兵卒。
……
噢，诸君！我现在将要作战，
即便它只是一场小战斗，
看哪！我的力气比较大。

再之后，被激起来的诗人乙恢复了神智，并且响应了关于天的
谜语。他并不回答那个谜题，而是以一连串无法回答的反谜题来 117

反讽，用以揭露那谜题具有“一根针尖上能站多少位天使”式的愚蠢：

我将回应那人所说的“顺着路爬上天去，看看从一重天到另一重天有多远”

我要告诉他“为我数一数大地上究竟有多少东西？”

我会回答那位诗人——即使他已经疯了。

告诉我：此刻加诸我们身上的、来世将会得到报应的压迫，究竟有多少？

告诉我：我们能用来喂饱自己的谷子，全天下究竟有多少？

告诉我：你能拿来烧火的木料，在森林里到底有多少？

告诉我：从西到东，到底有多少电灯泡？

告诉我：有多少茶壶里装着茶？

诗人甲就在这一点上被人羞辱、叫嚣、发怒，终于认栽，说道：

把那把茶壶给我！

我要去洗澡以备祷告。

我已受够了这场聚会。

然后鞠躬下台。

简言之，出之以言说形态的诗，或更精确地讲是以“言说一行动”(speech-act)的形态呈现的诗，处在《古兰经》的神圣定言命题与日常生活的唇枪舌剑两极之间，就是这种位置给了它不确定的地位与奇特的力量。一方面，它构成了一种特定的语言风格：它比通俗白话更常被人研究学习，但又不像正统古文那么地奥秘难解；它所歌咏的是一种《古兰经》以外的真理，比一瞬即逝的浮言游谈高一层，但低于永恒不灭的真理。另一方面，它将日常生活的精神，投射到就算称不上神圣至少也算是启迪灵感的领域。诗学在道德上是模糊的，因为它没有神圣到足以合理化它实际上握有的力量，也没有世俗到使那种力量等同于一般的口才。摩洛哥的口占诗人寄寓在一个介乎不同的言谈形态之间的区域，同时也是一个介乎天神的危言谠论与人类的喧嚣扰攘这两个不同的世界之间的区域。而且，除非对此有相当的了解，否则无论一个人多么着力于搜索潜在的结构或剖析诗词的形式，都将无法理解诗人和他的诗。诗学（或者说“这种诗学”）藉由四周的声音构筑了另一种声音，倘若要说它有某种“功能”的话，那就是这一点了。

我的字典是适于普通读者的、很好用的字典，它这么说道：“艺 118
术”是“刻意地生产或安排色彩、形式、运动、声音或其他元素，使之能造成美的感受”。这种陈述事态的方式，似乎意味着人类天生就具有欣赏能力，就像人天生就有看懂笑话的能力，只需要旁人供给他练习的机会。如我藉本文所铺陈的一切论证所欲点出的是：我认为这不是真的（我也不认为上述说法可以适用于幽默感）；而应该说，“美的感受”，或者不管那种使人能够对颜面刻花、彩绘椭圆形、圆顶大帐或富有板眼格律的骂人话产生理解反应的能力应该叫作什么，与那些被作来“感染”它的物体或设计并无二致，都是一种文化的工艺品。艺术家是凭借其观众的能力来进行创作的，也就是说观众们能带着一定的理解力去看、去听、去触摸，有时候甚

至包括去尝与嗅的能力。而且，虽然这些能力的元素的确是天赋的（比如生而有幸不是个色盲），但它们的真实存在样态，却是生活于特定的一些要看、要听、要处理、思虑、应对与反应的事物之中的经验所赋予的：特定品种的甘蓝菜、特定种类的君王。艺术与用以把握它的配备，是同一间铺子里做出来的。

对于那种可以称为符号学的美学探索路径（亦即探讨符号如何指涉的一种途径），上述说法意味着：它绝不可能是一种像逻辑或数学一样的形式科学，而必须是一种类似于史学或人类学的社会科学。和谐与声韵格律当然不可能被废弃不用，就如同作文和造句法一般；然而，"揭露一件艺术品的结构"与"讨论它所产生的效果"却完全是两码事。被纳尔逊·古德曼名为"荒谬而怪诞的所谓'美感经验之孤立性'的神话"，也就是"艺术自身的动力产生了它的意义"这种观念，不可能产生一种关于符号或任何东西的科学，只会是一种对于词汇分析的空洞爱好。[①]



倘若我们要有一种"艺术的符号学"或者"关于任何不是在定理上自明而独立（axiomatically self-contained）的符号体系的符号学"，我们就必须投身于某种符号与象征的自然史、某种关于意义之载体的民族志。这些符号与象征，这些意义的载体在社会的生命中扮演了一个角色，而且实际上就是置身于其间的这个角色才给了它们生命。在此处亦然，意义就是使用，或者更谨慎一点地说：意义缘起于使用，而且透过对于这类运用加以巨细靡遗地追索，就像对我们所惯于追索的灌溉技术或婚俗一样，我们将能发现

① N. Goodman, *Languages of Art* (Indianapolis, 1968), p. 260.

关于它们的一切可能的通则。这不是在呼吁使用归纳法(我们当然不需要一份案例一览表),而是在呼吁扭转符号学理论的分析力量,不论其属于皮尔士、索绪尔、列维-斯特劳斯、还是古德曼,从研究抽象情境之中的符号,转而研究置身在自然栖居环境之中的符号——也就是人们在其中观看、命名、聆听与创作的日常世界之中的符号。 119

我也不是在呼吁忽略形式,我是呼吁不要在某些最新版的官能心理学中去寻求形式的根源,而是要在我于第二章中称为"想象的社会史"里去追寻形式的根源——也就是在"个人或一群人在尝试去理解他们所遭遇的万事万物时建构与解构他们的象征体系的过程"这个我称为"想象的社会史"的框架里去寻找形式的根源。雅克·马凯(Jacques Maquet)告诉我们:当一位巴米累克(Bamileke)[①]酋长即位时,他就叫人为他刻雕像;"等他死后,人们就敬拜雕像,然而它将被气候慢慢地风化,就像他在人们心中的记忆一样逐渐凋零。"[②]在这个例子中,形式在哪里?在于雕像形貌,还是在于它发挥作用的形态?当然,它同时存在于两者。但是,倘若对于雕像的分析竟然无视它命运(这种命运的塑成是如此地刻意,就如对它体积的安排和对它表面的润饰一样),那就休想理解它的意义或掌握它的力量。

总而言之,与我们有关系的不只是雕像或绘画或诗词本身,还

① 西非喀麦隆境内的民族。——译者

② J. Maquet,"Introduction to Aesthetic Anthropology," in *A Macaleb Module in Anthropology* (Reading, Mass., 1971), p. 14.

包括使这些东西对它们的创造者或拥有者而言显得重要(也就是具有重大的感染力)的因素,而这些因素就像生命本身一样多彩多姿。假如说在全世界各地发现的一切艺术(巴厘岛人以硬币来做雕像,澳洲人用尘土来画画)有任何的共同性,使我们可以合理地将它们含括在一个单一的、西方制造的标题之下,那绝对不是因为它们诉诸某种全球共同的美感。这种共同性有可能存在也有可能不存在,但是假定它存在,照我的经验来看,如果对异国的艺术所为何来一无所知,或对这些艺术所赖以创生的文化毫无了解,则它似乎仍旧无法让人在响应异国的艺术时超越某种“种族中心的滥情主义”(ethnocentric sentimentalism)。(暂且撇开它本身具有的无可訾议的价值不论,西方人对所谓“原始”图纹的运用恐怕只会使这种病情加剧;我确信:绝大部分的人是把非洲人的雕塑看作是丛林中的毕加索,把爪哇人的音乐听作是喧闹的德彪西。)如果真有一种共同性,那就在于:世上一切地方,都有某些特定的行动似乎是被特意规划出来用以揭示“理念是可以看得见、听得到以及(在此不得不创造一个词)摸得着的(tactible)”[①]。理念可以用一
120 定的形式呈现,让感官以及透过感官的情感得以藉深思反省而辨明它们。艺术性表达方式的多彩多姿,源自人类对于世间万物究竟是如何的观念千差万别,而且两者的多样性其实根本就是一回事。

① tact 有一较冷僻的意义,为“触摸”或“手摸的感觉”,故将 tactible 译为“摸得着的”。该字在英文字典中确实没有,所以格尔茨才说“不得不创造一个词”。但在中文来讲,并无造新词的问题,致使译文看来颇为怪异,故加注于此。——译者

想要让艺术研究产生确实有效的用途，符号学必须超越把符号视为“沟通的手段以及需要被解译的密码”的思路，上升到视符号为“思维模式及需要被阐释的语汇”这种思路。我们所需要的不是一种新的密码解译法，尤其不需要那种将一种密码置换成另一种更不可解的密码的解译法。我们所需要的是一种新的诊断学，一种能够判断事物对于环绕其四周的生活之意义的科学。当然，它必须瞄准符号指涉而非病理学，并且陈述为观念而非症状。然而，通过将雕像、着了色的西谷椰子叶、画了壁画的墙和唱诵的诗句，连结到开辟草莱、图腾仪式、商业推理和街头争论，或许那种科学才能够开始在这些事物之存在情境的基调中，定位出它们的魔力之源。

121

# 第六章　中枢、帝王与卡里斯玛：对权力象征的反思

## 引　　言

和韦伯社会学中的**理解**（*verstehen*）、正当性、入世禁欲主义、理性化等许多关键性概念一样，卡里斯玛（*charisma*）这个概念也深受指涉对象不确定之苦：它指涉的究竟是一种文化上的现象，抑或是心理学上的现象？它既是一种足以标明一个人与存有（being）本源之间有某种特别优越之关系的“特定品质”，也是有一种足以牵动热情、支配心灵之催眠力量的“特定人格”，卡里斯玛究竟是那种地位，还是那种亢奋状态，抑或是这两者的某种模糊不清的混合？不甚了了。在一篇文章里同时写出一套文化社会学与一套社会心理学的尝试，给了韦伯的著作以管弦乐式的复杂性与和声的纵深，但却也造成了它根深蒂固的晦涩难解——尤其是对较不习惯复调音乐的听众而言。

上述的复杂性在韦伯的著作中得到了良好的调度管理，而晦涩难解则被他那种将相冲突的观念抓到一起的超凡绝伦能力给弥补了过来，所以他的著作被尊奉为作者自己界定范畴概念

的经典案例。然而，在最近这段少有英雄的年代里，一向以来的趋势是透过将他的思想拆解出一个向度以减轻其重量。采行这种做法的最常见例子，是抽出其中的心理学向度，而且没有任何 122
一个例子比关系到卡里斯玛的讨论更能清楚地显示出这一点[①]。从约翰·林赛(John Lindsay)到米克·贾格尔(Mick Jagger)[②]，每个人都曾被形容为具有卡里斯玛，主要是基于他曾千方百计地令一定数量的人着迷于他的人格光彩；而在用法上恰当得多的、关于具卡里斯玛的领导者在新兴国家中崛起的现象，其主要的阐释向来是：它是一种被社会失序所激发出的心理病态的产物。[③] 社会学家菲利普·里夫(Phillip Rieff)曾如此精辟地评论道：在当世普遍的心理学主义潮流下，对个人权威的研究，窄化成为一种对自我表现与集体精神官能症的探索，精神灵魂的面向从视野中隐遁无踪。[④]

尽管如此，还是有以社会学家爱德华·希尔斯(Edward

---

① 关于这项议题的一份绝佳考察，请参阅艾森斯塔德(S. N. Eisenstadt)为他所汇编的韦伯关于"卡里斯玛"的论文集 *Max Weber on Charisma and Institution Building* (Chicago,1968)一书所作的序论(pp. ix—lvi)。关于"正当性"概念的心理学化，请参阅 H. Pitkin, *Wittgenstein and Justice* (Berkeley and Los Angeles,1972)；关于"入世的禁欲主义"，见 D. McClelland, *The Achieving Society* (Princeton,1961)；关于"理性化"，见 A. Mitzman, The Iron Cage (New York,1970)。这一切诠释的模糊不清甚至误解，不能不说是韦伯自己语焉不详所造成的后果。

② 林赛(1921—2000)，美国政治人物，曾任两任纽约市长及四届美国众议员。贾格尔，滚石合唱团主唱。——译者

③ 举例言之，请参阅"Philosophers and Kings：Studies in Leadership," *Daedalus*, Summer 1968。

④ P. Rieff, *The Triumph of the Therapeutic* (New York,1966).

Shils)为首的少数学者尽力避免将困难的丰富性化约为新弗洛伊德派的陈腔滥调，勇敢地正视这一事实：韦伯的卡里斯玛概念中并存着复多的主轴，这些主轴几乎全都只是被讲出来而未得到发展，而且欲保持这个概念的力量，端赖于发展这些主轴，并从而解开它们交互作用的精确动态。在由于尝试同时说太多东西而产生的混淆不清，以及由于拒斥神秘性而产生的平凡陈腐这两者之间，还保存着一种可能性：那就是把令某些人在众人之中观察到的超越性存在因素，以及这些人所观察到的究竟是什么实实在在地说清楚。

就希尔斯的例子而言，通过强调个人所占有的象征性价值与这些人和具活动力的社会秩序中枢之间的关系这两者的扣连，以收复从卡里斯玛概念中流失的向度。[①] 上述那类的中枢“与几何学无关，与地理学亦关系甚微”，本质上是重要行动汇集的焦点；其内涵是社会中的一个或数个点，该社会中具领导地位的理念与制度在此相汇合而创造了一个场域，对该社会成员生活影响最大的
123 事件尽皆发生于此。正是卷入(无论是以正面的还是对立的姿态)这样的场域，以及其中所发生的重大事件，才为某人赋予了领袖魅力。它不是群众魅力或者发明出来的疯狂表征，而是接近时势核心的标志。

---

① E. Shils, “Charisma, Order, and Status,” *American Sociological Review*, April 1965; idem, “The Dispersion and Concentration of Charisma,” in *Independent Black Africa*, ed. W. J. Hanna (New York, 1964); idem, “Centre and Periphery,” in *The Logic of Personal Knowledge: Essays Presented to Michael Polanyi* (London, 1961).

对于此事，这样一种“炽燃中心”(glowing-center)观点有许多项意含。具卡里斯玛的人物可以从任何一个其所获得的关注足以使之显得重要的生活界域里崛起：在科学和艺术的领域里崛起，就像在宗教和政治的领域里崛起一样顺理成章。卡里斯玛并非只能以夸张的形式出现，也并非仅能维持极短的时间，而是社会生活的一个永久性的、也是易燃性的面向，不时喷发出外显的烈焰。世上没有唯一的卡里斯玛情绪(charismatic emotion)，就如同没有一种唯一的道德、美学或科学的情绪；虽然激情(通常是被扭曲的激情)的卷入是无可否认的事实，但每个案例的状况可能极端地相左。不过，本文所关切的不是去追索这些课题，无论它们对社会权威的通则性理论有多么重要。我所关注的，是去探究因为希尔斯的研究取向而以新奇的风貌浮现的另外一件事：统治权力本质上固有的神圣性。

“统治者与神有某些共同的属性”这件单纯的事实，当然早已经为人所知。一位17世纪的政治教士写道：“君王的意志奥秘幽隐，其中有种广阔的普遍性”。他当然不是此说的首倡者。这点也未曾被研究者忽略：恩斯特·康特洛维茨(Ernst Kantorowicz)的旷世巨构《君王的两种身体》(*The King's Two Bodies*)是一本关于他称为“中世纪政治神学”的东西的权威性讨论，他在其中追本溯源，考证了200余年来在西方世界6国中王者领袖魅力的兴亡盛衰。近数年来，出版界又有一次小规模的爆发，涌现了一批针对如今倾向于被稍微笼统地称为“权力的象征面向”这个课题具有敏

锐意识的作品。[①] 但是，这些本质上属于史学、民族志的作品，与
124 着重分析的现代社会学，顶多只有些微的接触。艺术史家帕诺夫斯基(E. Panofsky)曾在一个场合将这种状况比喻为：一对邻居，两人均拥有在同一块地区射猎的权利，可其中一人只有枪，而另一个人只有子弹。

希尔斯的重整虽然还只是在进行当中，而且有时候表达得太过必然，但在克服这种有害无益的误入歧途方面，他的保证却具有极大的价值，因为他的重整鼓舞我们以探究天神意志的同样途径，去求索君王(或总统、将军、领袖和党书记)意志之广阔的普遍性：就在它藉以施为的仪式和意象之中。更确切地说，假设卡里斯玛是一个涉足社会之推动中枢的表征，又假设这样的中枢是文化的现象，并且因而是历史性的建构，则对权力象征的研究与对权力本质的研究

① E. Kantorowicz, *The King's Two Bodies: A Study in Medieval Political Theology* (Princeton, 1957); R. E. Giesey, *The Royal Funeral Ceremony in Renaissance France* (Geneva, 1960); R. Strong, *Splendor at Court: Renaissance Spectacle and the Theater of Power* (Boston, 1973); M. Walzer, *The Revolution of the Saints* (Cambridge, Mass., 1965); M. Walzer, *Regicide and Revolution* (Cambridge, England, 1974); S. Anglo, *Spectacle, Pageantry, and Early Tudor Policy* (Oxford, 1969); D. M. Bergeron, *English Civic Pageantry, 1558—1642* (London, 1971); F. A. Yates, *The Valois Tapestries* (London, 1959); E. Straub, *Reparesentatio Maiestatis oder Churbayerische Freudenfeste* (Munich, 1969); G. R. Kernodle, *From Art to Theatre* (Chicago, 1944).有一本近年来的畅销书，在同一个脉络下讨论美国的总统，请参阅 M. Novak, *Choosing Our King* (New York, 1974)。人类学的研究——特别是在非洲所做的人类学研究——对于这类课题的敏锐关注，当然已盖有年矣(例如 E. E. Evans-Pritchard, *The Divine Kingship of the Shilluk of the Nilotic Sudan* (Cambridge, England, 1948))，此外，E. Cassirer 的 *Myth of the State* (New Haven, 1946)与 M. Bloch, *Les rois thaumaturges* (Paris, 1961)两本书的发展潜力，也令人不得不拿来与康特洛维茨相提并论。前面的引述句，系摘自 N. Ward，文见牛津英文大辞典"Numinous"条下。

就是非常近似的工作。于是，想将统治之权术与统治之本质给一刀切开的做法，就变得没那么利索，也显得不那么实际了；真正有意义的，是把两者设想为有点像是“质”与“能”的一对相互转化的范畴。

在任何一个有复杂组织的社会政治中枢里（现在且将我们的目光焦点窄化到那里），都有一群统治菁英和一套用以表现这群人真的在遂行统治这件事实的象征形式。不论挑选菁英集团成员的方式有多么民主（通常不是很民主），或者菁英彼此之间可能分化到多么深刻的程度（通常远超过局外人之想象），他们都会利用一系列得自继承或是（在比较革命性的情况下）新发明的故事、仪典、勋章、礼节和陪衬之物来合理化他们的生存，并安排他们的行动。就是王冠与加冕典礼、大轿车与大会等等东西把中枢标明为中枢，并且给在那里发生的事平添上一种魔力：它们好像不仅是重要的，而且以某种诡异的方式关联到世界建立的方式。高层政治的庄严性与高阶崇拜（high worship）的肃穆性二者所源出的推动力，其相似程度比乍看之下要相近得多。

在这一点上，传统的王朝当然比（现代的）政治体制要现成而明显得多[①]。后者把人类将权力拟人化的天赋倾向无疑掩饰得比较周到（虽然上述说法绝非真的比较适用于传统王朝，我在后文将会对此加以讨论）。对君王形象的紧密关注，以及摆明地建构起以君王为中心的一种崇拜（有时甚至是一整套宗教），使支配的象征性格简单明了到连霍布斯主义者和功利主义者都不能忽略。然而，宫廷仪典之精微

① 格尔茨的原文无“现代的”这个词，读来颇为费解，译者乃揣摩其意而添之。——译者

秘法所欲隐晦的“王权是人造的，而不是天生的”这一事实，却正好被它本身所彰明：“若离开了马车100码，这个女人就不再是女公爵”[①]，
125 同样，唯有通过统治的美学，酋长方才能成为“喇迦”(Rajah)[②]。

在君王藉以对其疆域实施象征性占有的仪典形式中，这一点显得再清楚不过。特别是君王的御驾巡行(在有这种规矩的地方，加冕典礼通常只是第一个步骤)定位了社会的中枢，并透过将一块疆域钤印上支配的仪式性标记，藉以断定该中枢与超越尘世之存有的关系。当君王巡行四境、公开露面、临幸节庆、赐予荣典、交换璧帛或镇压对手时，他们便给疆界加上标识，一如狼、虎将体臭遍布于其势力范围，把疆土弄成好比是他们肢体的一部分。以下我们将会看到：不管是在16世纪英国的基督新教、14世纪爪哇的印度教，还是在19世纪摩洛哥的伊斯兰教这3种极端不同的表述与信仰框架底下，君王们都还是能做到同样的事情——不论它是怎么做的，反正好歹是做到了，而且其中对帝王之业所做的描绘，远远多于单纯地为帝王之业覆上神圣性的帷幕。

## 伊丽莎白时代的英格兰：贞德与寓言

伊丽莎白·都铎(Elizabeth Tudor)“不巧生为女儿身，致使她

① 出自美国诗人华莱士·史蒂文斯的诗“*theory*”，全诗为：I am what is around me. / Women understand this. / One is not duchess / a hundred yards from a carriage. / These, then are portraits: / a black vestibule; / a high bed sheltered by curtains. / These are merely instances. ——译者

② Rajah 即印度的王侯。——译者

父亲失去了得到男性继承人的希望，并间接导致她母亲被废后；虽然身为一个被黜废的公主，她入继大统的资格却仍与其同父异母的弟弟、姊姊几乎相等；她是玛丽在位期间不满分子的汇聚中心，也是神圣罗马帝国与西班牙使节为了除掉她而不断进行的煽动之下的幸存者”。1559 年 1 月 14 日是她加冕典礼的前一天，她在这一天举行了一场盛大的游行（有 1000 匹马，而她本人则披挂着满满的珠宝与金缕衣，坐在敞篷的銮舆中），穿越伦敦城中素富历史的地区。当銮驾移行时，一台大规模的露天、活动性的宣化剧场，一幕接一幕地在她眼前上演，将她安顿在这欢畅活跃的首都道德风貌之中，其尊荣程度与五年之前西班牙国王腓力二世所得到的不相上下（或相去不远）。[①]

她自伦敦塔出发（在那里，她将她对这天的观感，巧妙地比喻 126
为上帝让先知但以理从狮腹之中分娩），移驾到芬丘奇街（Fenchurch Street），一个小孩在那里代表伦敦城献给她两样贡品：一张祝福的嘴（用来赞美她）和一颗真诚的心（用来服侍她）。在天恩寺街（Gracechurch Street），她碰上了名为“兰开斯特（Lancaster）



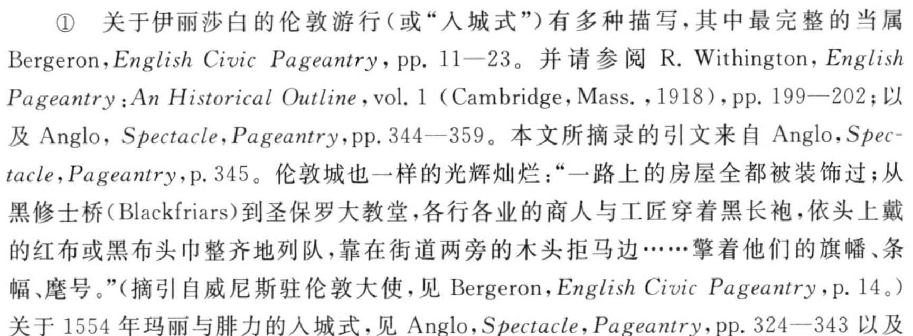

① 关于伊丽莎白的伦敦游行（或“入城式”）有多种描写，其中最完整的当属 Bergeron, *English Civic Pageantry*, pp. 11—23。并请参阅 R. Withington, *English Pageantry: An Historical Outline*, vol. 1 (Cambridge, Mass., 1918), pp. 199—202；以及 Anglo, *Spectacle, Pageantry*, pp. 344—359。本文所摘录的引文来自 Anglo, *Spectacle, Pageantry*, p. 345。伦敦城也一样的光辉灿烂：“一路上的房屋全都被装饰过；从黑修士桥（Blackfriars）到圣保罗大教堂，各行各业的商人与工匠穿着黑长袍，依头上戴的红布或黑布头巾整齐地列队，靠在街道两旁的木头拒马边……擎着他们的旗幡、条幅、麾号。”（摘引自威尼斯驻伦敦大使，见 Bergeron, *English Civic Pageantry*, p. 14。）关于 1554 年玛丽与腓力的入城式，见 Anglo, *Spectacle, Pageantry*, pp. 324—343 以及 Withington, *English Pageantry*, p. 189。

与约克(York)两府联姻”的一幕活生生的图画(tableau vivant),它的形状像一座横跨街道两端的拱门,上面满覆着红白两色的蔷薇,并分成三个层次:最底下的一层坐着两个拉着手的小孩,一个代表亨利七世,环在红蔷薇所编成的蔷薇花座之中,另一个代表亨利七世的夫人伊丽莎白,坐在白蔷薇的花座中。中间一层又坐着两个小孩,分别代表亨利八世和安妮·博林(Ann Bolyen),从兰开斯特一侧扬起的一椽红蔷薇,与从约克一侧升上的一椽白蔷薇,在他们的身旁交会。然后,在最顶上,红白蔷薇交杂而成的一层中央,安坐着一个小孩,代表着尊贵的(而且合法的)伊丽莎白本人。在康希尔街(Cornhill)另有一座拱门,上头坐着一个小孩代表初践祚的女王,但这个小孩是坐在一张由四个市民扛着的宝座上,这四人的装扮分别代表了正教、爱民、智慧与公义四种德性,而这四人又将与他们相对立的迷信与愚昧、叛逆与无礼、痴顽与虚誉、阿谀与贿赂四类恶行(同样由掩去本人原形的市民装扮而成)粗暴地踩在脚下。此外,为了担心这样的形象式表现太过隐晦难解,那名象征女王的小女孩还对女王朗诵了一首诤谏诗,明白表达了它的含意:

惟正教之真兮,必愚昧以裁抑
援千钧之足兮,碎迷信之首级
矧爱民之若子兮,必叛逆以克斸
奋忠君之赤忱兮,破无礼之恣睢

惟秉乎公义,故得阿谀贿赂以摵灭

惟鉴诸智慧，乃令痴顽虚誉以束手
庶国祚以长保兮，无政统之或离
其悖谬永沉沦兮，唯道德以常昭[①]

得此谏诤之后，女王移驾鄋泊斯街（Sopers-Lane）。该处有八 127
名以上的儿童，排列成三层，依悬在他们头上的木牌显示，他们代表了先知圣马太的八项美德。当场有一名吟诵诗人称颂道：在通往王座的这一路上所征服的种种伤痛与危难，已将这八种美德融铸于女王的性格之中（“受天锡八倍之福焉，呜呼，陛下之德高誉显/倘以宽怀仁和，致遭困遏，盼吾王戒之慎之”）。[②] 从该处再移驾齐普赛街（Cheapside），在标柱（the Standard）之处，她目睹了所有先王与王后的彩绘肖像，这些肖像依照世系次序，一直排列到即将继统的伊丽莎白本人；在北区（the Upper End）[③]，她收纳了伦敦市权贵人物所贡献的 2000 枚金币（她答谢道：“尔等当信：予将戮力以保汝等身家平安，即亲付刀俎，亦在所不惜”）；[④]然后到小坎兑街（Little Conduit），她莅临了最奇特的一景：两座人工堆起的山丘，一个“崎岖陡峭、寸草不生、满布巉岩”，代表“衰敝之邦”；另一个“柔和、鲜活、翠绿而美丽”，代表“兴盛之邦”。秃山之上，有一

① 引自 Bergeron, *English Civic Pageantry*, p. 17。女王被预期要答曰：“哀家已察尔所进谠言，必自惕厉，以慰天下之望。”（ibid., p. 18）

② Anglo, *Spectacle, Pageantry*, p. 349.

③ 该地为都铎时期的古伦敦城北缘（英人文化亦颇有以北为上，以南为下的倾向，与我国类近），相对应的地名有西区（West End）、东区（East End）。——译者

④ Bergeron, *English Civic Pageantry*, p. 15.

株枯死的树，一人衣衫褴褛，绝望地颓圮在树下；而青山之上则有一株开着花的树，一个幸运的人快活地站在树下。两株树的枝头上分别吊挂着牌匾，列出了导致两种政治体质状态的道德因素：一个是不敬畏上帝、对君主谄媚逢迎、官僚残民以逞、下民不怀感恩之心；另一个是睿智的君主、博学的官僚、顺服的属民、敬畏上帝。在两座山丘之间有一个小山洞，其中走出一人，手持长柄镰刀，代表时间之父，身旁跟着他的女儿——真理，两人献给女王一本英文圣经（“噢！尊贵的女王……言语飞逝，然坟典常存”），伊丽莎白将圣经接过、亲吻，然后将之高举过顶，再骤然将之压印于胸前。[1]

在圣保罗大教堂的墓园中，女王聆听了由一位学童所献上的一篇拉丁文祝辞，之后，女王的銮驾移往舰队街（Fleet Street），在那里，她于众人之中发现了“以色列家的判官与重建者”女士师底波拉（Deborah）被供奉在有棕榈遮荫的一座塔上，周围环绕着六个人，分成三对，分别代表着贵族、教士与平民。在他们前方的一块牌匾上，篆刻着这样的典故：“底波拉与她所辖的各阶层正在商讨以色列的好政府。”此场景的设计者写道：这一切是为了鼓励女
128 王不要害怕，“尽管她是个女子，可是如底波拉那样一位秉承着全能的上帝的精神与力量的女子，也曾经在名誉上和实际政治上统御过万民，同样也缔造了一个伟大的时代。”[2]在圣邓斯坦（Saint

① Anglo, *Spectacle, Pageantry*, p. 350.

② Grafton，转引自上引书，p. 352. 他倒也并非没有先见之明：底波拉统治以色列 40 年，伊丽莎白在位 45 年。

Dunstan)教堂，一个来自基督医院的小孩献上了另一篇献辞。最后在寺栏(Temple Bar)处[1]，阿尔比恩人(Albion)[2]高格马高格(Gogmagog)与不列颠人康林纽斯(Corineus)这两个巨人扛着一张牌匾，上面写着诗句，简要勾勒了之前所有展演过的游行活动，御驾巡行也就到此结束。

以类似的仪仗，她于1565年巡行考文垂(Coventry)；1566年巡行牛津；1572年作了一次穿行数郡的长途旅行，亲临数场纯由在地贵族所主办的"化装舞会与盛大游行"。同年，她又到了沃里克(Warwycke)，次年到桑威奇(Sandwich)，得到了镶金的龙与狮、一对金杯以及一本希腊文圣经等贡品。1574年，行程轮到布里斯托尔(Bristol)(该处上演了一场虚构的战斗，一个名为"虚弱政策"的小堡垒，被一个称为"极致之美"的大堡垒所攻陷)。1575年，御驾亲临凯尼尔沃斯伯爵(the Earl of Kenilworth)临近考文垂的城堡，观赏到驾着人鱼的海神崔顿(Triton)、驾着一条海豚的大气之神阿里翁(Arion)、湖泊女神，以及一位会将爱人变成树木的仙女莎蓓塔(Zabeta)；之后，御驾移往伍斯特(Worchester)。1578年，红、白蔷薇与女士师底波拉又在诺威奇(Norwich)再现，伴随着贞德与哲学使丘比特功败垂成的情节。行程仍在继续，"这些无止境的游观，常令臣子们深感苦恼"：1591年到苏塞克斯(Sussex)与汉普郡(Hampshire)，1592年至苏德利(Sudeley)，并

① 该名意指一座城门，为区隔古伦敦城与英国的王城——西敏市(the City of Westminster)——之间的城门，犹如区隔北京城(外城)与紫禁城(内城)的天安门。——译者

② Albion即英格兰的古雅另称。——译者

重访牛津。[1] 1602年，也就是她逝世的前一年，她到哈尔菲尔德地方(Harefield Place)做了最后一次巡行。时间之父再次出现，一如女王首次巡行那日他在齐普赛的形象，只是双翼被剪掉了，并带着一支停止了的时漏[2]。斯特朗(R. Strong)推崇伊丽莎白是“采同样作风的典范人物里最传奇的、也是最成功的一位”，他认为她的御驾巡行是“鼓动民众崇拜君临天下的圣女的一套系统性的手段。”[3]中枢以普及民间的贞德、虔信与她所掌有的权威等象征为蓝本(实在可以说是竭尽全力地)为她所塑造出的领袖魅力，配合
129 上一种比她所反对的那些实事求是的臣子们对治国之术的看法还要更切实稳当的体悟，使伦敦对下属州县而言，不仅是不列颠政府的首都，也是不列颠政治想象的首都。

那种想象是寓言式的、基督新教的、教化性的、也是图画式的；它的存在系于融铸成为徽记的道德抽象。伊丽莎白既是女王，也是贞洁、智慧、和平、完美与纯正的宗教(在哈特福郡(Hertford)的某个地方，她甚至是海路平安的象征)；而且，她既身为女王，也就自然而然地代表了这一切。她整个的公众生活，或者更精确地说，她的生活当中开放给群众看见的那部分，全部都被转化成了一种



① Strong, *Splendor at Court*, p. 84.

② 关于伊丽莎白在伦敦以外的巡行，见 Bergeron, *English Civic Pageantry*, pp. 25ff.; Withington, *English Pageantry*, pp. 204ff.

③ Strong, *Splendor at Court*, p. 84. 君王的巡行当然是一项泛欧洲的现象。例如，神圣罗马帝国皇帝查理五世，就在其逊位时，提醒他的听众：他曾十度巡行低地国，九巡日耳曼、七访意大利、六抵西班牙，四莅法兰西、两渡英格兰，更远涉非洲两次(ibid, p. 83)。而且它也不仅限于16世纪：关于15世纪都铎王朝的例子，见 Anglo, *Spectacle, Pageantry*, pp. 21ff.；17世纪斯图亚特王朝的例子，见 Bergeron, *English Civic Pageantry*, pp. 65ff.，以及 Strong, *Splendor at Court*, pp. 213ff.

戴上了哲学面具的东西，其中的任何事物都代表了某种重大的理念，没有任何一样事物不承载着寓意，即便是她与一生中最有可能成为她夫婿的男子安茹（Anjou）的会晤，也被转变成了一则道德典故：他进宫陛见时是坐在石头上，由爱情与宿命以金索拉着朝向女王走来。[①] 不管你想称之为浪漫主义还是新柏拉图主义都无所谓，重要的是伊丽莎白所统治的疆域，是一个各种信仰都可以用肉眼看得到的国度，她本人只不过是其中最显眼的一个。

身为中枢的中枢，伊丽莎白不仅容许将她变成道德理念的这种转化，她还积极地配合这种转化。她显然乐意充当代表，不过不是上帝的代表，而是上帝所颁降的贞德（特别是基督新教版本的贞德观念）的代表，正因如此，她的领袖魅力才得以增长。寓言赋予了她魔力，而寓言的一再反复，则维系了她的魔力。柏杰龙（D. M. Bergeron）谈到时间之女对女王致赠一本英文圣经时写道："眼见到真理与他们的新君站在一起，这对围观者而言，何其振奋人心，意蕴又何其深刻！……有德的真理已经在善与恶，在茂盛的山丘、未来、伊丽莎白与相对的那枯槁的山丘、过去、伪宗教与一个伪女王之间做出了选择。这就是通往救赎的道路！"[②]

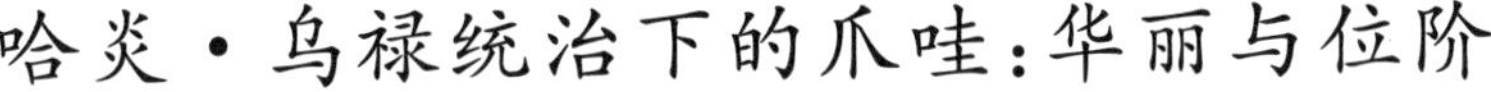

## 哈炎·乌禄统治下的爪哇：华丽与位阶

然而，除了用图画呈现的道德宣讲将君主包装起来以外，还有

① Yates, *The Valois Tapestries*, p. 92.

② Bergeron, *English Civic Pageantry*, p. 21.

130 其他方法可以将君主的性格扣连到其疆域的性格；当道德想象相异时，政治想象亦随之而变，而且并非所有的游行都是朝圣之旅。在古印度尼西亚的印度教文化中，世界比较不是一个可以改良的地方，王室游行盛会的精神也并非是富于宗教虔诚与教化性的，而是位阶性与神秘性的[①]。诸神、君王、领主与平民构成了一个永远无法打破的宗教地位之锁链，上自“一切俗世统治者的统治者……诸神灵中的神灵……不可思议中的不可思议”的湿婆大神，向下延伸到很少能得见光明的普通农民，立于高阶者相对于低阶者，犹如较大与较小的实体间的对比。[②] 假如说伊丽莎白的英格兰是一个理想化热情的旋涡，哈炎·乌禄治下的爪哇就是神灵化的荣显地位的连续体。一份由 14 世纪神职人员所写的文书中记载：“农民尊礼头人(chief)、头人尊礼领主(lord)、领主尊礼大臣、大臣尊礼君王，君王尊礼祭司、祭司礼拜天神、天神礼拜神圣力量(sacred powers)、神圣力量礼拜太虚(Supreme Nothingness)。”[③]

---

① 爪哇从 4 世纪前后开始一直属于印度教，直到约 15 世纪间它至少名义上改宗伊斯兰教为止，巴厘岛则至今仍一贯信奉印度教。本文以下内容大部分系本于我自己的作品，见 C. Geertz, *Negara: The Theatre State in Nineteenth-Century Bali* (Princeton, 1980)。关于印度爪哇的概观，见 N. J. Krom, *Hindoe-Javaansche Geschiedenis*, 2nd ed. (The Hague, 1931)。

② T. Pigeaud, *Java in the 14th Century: A Study in Cultural History*, 5 vols. (The Hague, 1963), 1:3 (Javanese); 3:3 (English). 这条锁链实际上一直向下牵连到禽兽与魔鬼。

③ Ibid., 1:90 (Javanese); 3:135 (English). 为求清晰，我在翻译中做了些许改动。虽然如此，“神圣力量”与“太虚”(也就是湿婆神)仍旧是对艰深的宗教观念的浅薄表达，但这个问题无法在此深入追究。关于一套分化得更细的位阶体系，见 *Nawantaya* text, ibid, 3:119—128。

即使是在这样反民粹主义的(unpopulist)情境中，君王的巡行却仍是一种首要的制度，这可以从爪哇在印度教时期最伟大的政治文献——出现于14世纪的叙事诗《内加拉克尔塔噶玛》(*Negarakertagama*)当中看见。这首诗不仅是以一场君王巡行为中心的叙事，而且实际上就是整套仪典中的构成部分。① 它把印度尼西亚治国之术的基本原则以几近于图表的形式铺陈出来，这套原则或许可以简述如下：宫廷必须是宇宙的复制品，王国必须是宫廷的复制品，而君王则是神人两界之间的唯一中介，同时扮演着两界双向沟通的媒介。将前述原则图像化，便是君王居于中央与顶点；宫廷环绕在他的脚下；“可信赖的、顺服的”首都环绕着宫廷；环绕首都的是“无助的、打躬作揖的、叩头的、谦卑的”疆域；最后，环绕着疆域的则是“已备归顺”的外在世界。总之，一切都以同心圆的次序摆列，这组同心圆图案不仅描绘了社会的结构，一个政治的曼 131
陀罗，更是整个宇宙的结构：

> 满者伯夷的王城是太阳与月亮，无与伦比；
> 众多以树丛环绕的采邑是日月周匝的光晕；

---

① T. Pigeaud, *Java in the 14th Century: A Study in Cultural History*, 5 vols. (The Hague, 1963).(撇开其书名不论，这本书基本上就是对于 *Negarakertagama* 的一份文献、翻译与评论)。在全诗1330行中，有750行以上是特别用以描写君王的巡行，而且其余的大部分是关于该主题的附件。就字面上来讲，*Negarakertagama* 意为“对国家施行宇宙性统御之准则”，这才是该书确切的意旨，把它当作是满者伯夷王朝的历史这种常见的假说是错误的。该书于1365年由一位居于哈炎·乌禄王(在位期间：1350—1389)宫廷中的佛教僧工所写成。

> 领域中其他繁多的城镇……是恒星与卫星；
>
> 而群岛中其他众多的岛屿是周环的王国、藩属，齐驱于陛下的跟前。[1]

这首诗所颂赞的就是这个结构、这套宇宙的深度几何学，而半为仪式、半为政策的君王巡行所要铺展出来的，也正是这个结构。

御驾出巡以颂赞君王为开场白。首先，他被歌颂成是以物质形态出现的湿婆神，是与诞生时造成了火山爆发、大地震动的“白昼创造者”相比肩的大圣（The Daymakers' Equal），同时他也是灭绝了世上一切黑暗的一位胜利霸主（“绝灭敌人……奖善……迁恶”）。[2] 接下来，描写君王的宫殿：北方，接见臣工之处；东方，神坛；南方，王家内廷；西方，仆役角落；中央，“内中之内”，为君王本人的寝宫。然后，以宫殿为中心，其周遭的建筑群为：东方，服侍湿婆的神职官员；南方，佛教的僧正；西方，王室亲戚；北方，公众方场。再接下来，以上述建筑群为中心，整个首都的布局为：北方，宰相；东方，少主（Junior King）；南方，湿婆崇拜与佛教的大祭司；西

---

① *Negarakertagama*, canto 12, stanza 6. 我又一次重整了 Pigeaud 的英文，这次是比较认真的，以期能较好地传达我所认知的这段话的本意。关于曼陀罗的概念，在印度尼西亚，它既意味着“神圣之环”、“神圣地域”以及“宗教社群”，同时也是宇宙本身的象征，见 J. Gonda, *Sanskrit in Indonesia* (Nagpur, 1952), pp. 5, 131, 218, 227; Pigeaud, *Java*, 4: 485—486。关于在传统亚洲国家中所有这类想象的概论，见 P. Wheatley, *The Pivot of the Four Quarters* (Chicago, 1971)。

② Cantos 1—7. 王室全家作为君王身外的第一道环周，故也被褒扬。“白昼创造者”当然是太阳的一个转喻，就等于是湿婆神，也就是信仰印度教的印度尼西亚的“无上虚有”（The Supreme Non-Entity）。

方，虽然事实上并未提及，可能是高等平民。[①] 再接下来，以首都为中心，国界之内的 98 个地方，从北端的马来亚与东端的婆罗洲，延 132
伸到南端的帝汶和西端的新几内亚；最后，最外围的一环，则包括了暹罗、高棉、占婆(Campa)[②]、安南等“受到威名烜赫的大王保护的其他国家”[③]。实际上，整个已知的世界(在更后面的章节，也提到了中国和印度)都被表述为朝向着爪哇，整个爪哇则朝向着满者伯夷，整个满者伯夷则朝向着哈炎·乌禄——“日与月，照耀着地轮”。[④]

冷酷的事实是：有这种导向的恐怕不出爪哇东部，而且这片地区中绝大部分的地方，其对哈炎·乌禄的态度绝对称不上是“无助的”或“谦卑的”。[⑤] 所以，御驾出巡足迹所至之处，也就等于是为

① Cantos 8—12. 此处在细节方面有许多争议(参见 W. F. Stutterheim, *De Kraton van Majapahit* (The Hague, 1948)；H. Kern, *Het Oud-Javanesche Lofdicht Negarakertagama van Prapanca* (The Hague, 1919))，而且并非所有的细节都已经清楚。不管怎么说，本文所揭示的模式都是简化过的(它实际上是一个关系到一个中枢的“16—8—4—定点”系统，而且当然是宇宙论上的，而非地理学上的系统)。“高等平民”是我依据对于之后案例的知识而自己添加的。“少主”所指并非储君，而是在疆域之内排名第二的世家，这种“双王”体制在印尼列岛的印度教国家是普遍的，但这个课题太过复杂以致无法在此交代，欲得见更完整的讨论，请参阅我的 *Negara* 一书。

② 该名源于佛祖释迦牟尼在世时代(公元前六世纪)北印度的六大都市之一、昂嘎(Anga)王国之首都、恒河流域之一大商港，在佛经中多次提及，为佛法传布之重要中心之一，但早已烟消云散，踪影全无，考古工作者亦未发现。近古时期，安南地区附近(今越南中部地区)曾经成立一个以此为名的王国，本文所指者即这个王国。——译者

③ Cantos 13—16.

④ Canto 92.

⑤ 关于满者伯夷的版图规模之夸大，请审慎地参考 C. C. Berg, “De Sadèng oorlog en de mythe van Groot Majapahit”, *Indonesie* 5 (1951)：385—422。并参考我的“Politics Past, Politics Present: Some Notes on the Uses of Anthropology in Understanding the New States,” in C. Geertz, *The Interpretation of Cultures* (New York, 1973), pp. 327 341。

这片比较臣服的区域画出了疆界：1353 年时，西到帕阳（Pajang），接近今日的苏腊卡尔塔（Surakarta）；1354 年时，北抵爪哇海滨的刺森（Lasem）；1357 年时，南到娄达亚（Lodaya）与印度洋；1359 年时，东到卢马阳（Lumajang），逼近巴厘岛。[1] 不论这个王朝有多么软弱无能，至少在这个地界上不只是一个诗性的幻想。

在上述各次巡行中，只有最后一次（可能也是最盛大的一次）有详细的记录，不过无论如何，投注于描写这次巡行的篇幅，就超过了 400 行。国王于旱季开始的时候启驾离京，于近两个半月的期间内，御驾亲临散布于一万到一万五千平方公里面积上的 210 多个地点，于夹带大量雨水的西来季风降临前夕回銮京师。巡行行列中，有约 400 头牛拉的硬轮车；主要是为了效果而备办的大象、马匹、骡子，甚至骆驼（从印度进口而来）；有一大群步行的随从，一些背负行李，一些展示着御驾仪仗，一些无疑是在唱歌跳舞。整个队伍在狭窄而深深嵌着轮迹的路上蹒跚前行，像是某种古代的交通阻塞，一小时仅能前进一二哩路，路旁围满了惊奇的农民。
133 巡行行列的核心部分似乎是在队伍的中间，领头的是著名宰相卡查·玛达（Gajah Mada）的车驾，在他身后是王国中最尊贵的四位女主，即太后、国王的妹妹、国王的阿姨和国王的表妹以及她们的夫婿。再之后，就是旁边围着成打的嫔妃、贴身侍卫与仆役，坐在一顶轿子上姗姗而来的，“装饰着闪耀黄金珠宝的”国王。既然每位女主各代表四方中的一方（以传统的象征标识在她的车驾上，并

① Canto 17. 在 1360 年代也曾举行过数次针对特定目的的小规模巡行；参见 canto 61 与 70。

以头衔标识在她身上，这个头衔将她联结于以首都为中心来划分的四方国土中的一方），而国王代表将她们全都概括于其内的中枢，巡行队伍的编队秩序等于是将反映在朝廷组织形态上的宇宙秩序结构传达到了乡野之中①。要完成将天界的均衡对称带入俗世的淆乱之中的行动，所剩下的未竟之业只有一件：为那典范所震撼的乡野，反过来依据同样的设计来塑造自己。

这列钝重、喧嚣车队的驻跸之处，诸如森林中隐者的岩穴、神圣的水塘、山中的圣殿、神职人员的馆舍、祖庙、国家的庙宇、海滨（国王在此“对海挥手”、做了几首诗以安抚海中的妖怪）等等，只是用以再强化这场形而上学的街头表演。② 哈炎·乌禄每到一处都要被灌上一堆奢侈品，包括绸缎、香料、珍禽异兽、奇花异草、鼓、打火钻、处女等等，除了最后一样，绝大部分都被他再分赐给臣下，似乎只是因为他带不走全部。每到一处都有祭典，排满了献礼：在佛教的地方就做佛教的祭典，在湿婆崇拜的地方就做湿婆的祭典，在许多地方则两者兼而有之。隐士、学者、祭司、住持方丈、乩童、贤哲齐聚于御前，设法与神圣能量接触；而且，实际上在每一个集镇，有时候甚至只是一个营寨，国王都会传召地方官、商贾与具头领地位的平民晋见，同样也大体上是仪典性的。某些御驾不克亲临之

① Cantos 13—18. 方位系统与一套颜色象征体系相互整合，红、白、黑、黄四种主要的颜色被配置于杂色中心的四围。一周中的五天、一日中的五个时段、五个生命周期阶段，乃至植物、神明以及许多其他自然与社会的象征形式，都被融入同样的模式之中，因此它变得极端繁复，直如一幅纳入整个宇宙的图画。

② Cantos 13—38,55—60. 被详细描写到的驻跸之所约有四五个，但实际上的驻跸之所必定是这个数目的10倍到15倍。

处，如巴厘岛、马都拉（Madura）、布兰邦岗（Blambangan）等地，当地的酋长们便会备好贡品前来谒见，在表现恭顺的姿态上“力图胜
134 过同侪”。整个行动是一场巨大的仪式，意图藉由使社会世界目睹由上界下达凡尘的庄严宏伟，以及一位当他出现在底下的千万臣民面前时，犹如天神之准确仿制品的君王，以匡治社会世界。

简言之，不是基督教的道德主义，而是印度教的美学主义。在16世纪的英格兰，整个社会的政治中枢，在于“权力所激发的热情”与“权力所欲服务的理念”两者之间的张力被鼓动到最高境界的那一点；因此，御驾巡行的象征体系充塞着训诫与誓约的意蕴：臣民被警告，而女王得到保证。在14世纪的爪哇，中枢却是使上述张力在宇宙均衡绽放的璀璨光华中消匿得无影无踪的那一点；因而御驾出巡的象征体系便富含着典范与模仿的意味：君王展示，而属民仿效。一如伊丽莎白的巡行，满者伯夷的巡行亦铺陈出政治思想的支配性主题：朝廷镜射出一个现实世界应当模仿的世界；社会繁盛到接近这个事实的程度；而确保这一切会循此正轨前进的，便是镜子的操控者——君王。导致下面这则奇迹的，是类比，而不是寓言：

整个爪哇将如王国的首都；
数千农民的茅舍将如环绕宫殿的廷臣采邑；
其他岛屿将如被开垦的田地，快乐而平静；
森林与山峦将如花园，一切都凭借圣上而存在[①]，和平

① 英文版此处文字为 Him，仿照西方人在称呼耶和华时的惯例，但实际上是指国君，故不译为“祂”而译为“圣上”，以求符合其原意，本句下一个“圣上的”一词之英文为 His，理由同前。但以“圣上”来译虽甚符本旨，却流失了英文译法所欲暗示的宗教意味，故加注于此，希读者仍能掌握英文版的趣味。——译者

地，在圣上的心中[①]。

## 哈珊统治下的摩洛哥：运动与能量

权力要被理解为不只是为私利而服务的暴力，当然并非一定要被罩上贞德的外衣，或者用宇宙论来自我膨胀：它的庄严神圣可以被直接予以象征化。在传统的摩洛哥，即沃尔特·哈里斯（Walter Harris）所说的“那个从前的摩洛哥”，个人的权力，也就是
使事物按照他所期望的样态去发展的能力、克服万难以竟全功的 135
本事，本身就是上天恩宠的最明确标记。[②] 在一个意志支配意志，而安拉又支配一切意志的世界，实力不需要为了与超越的意义相融合而被表象成与它本身不同的样貌。君王就像真主一样，欲之则令、决之则行、操奖惩之柄，这就是他的本业（*C'est son métier*）：统治不需要借口。

当然，人必须要有那种本事，但若真有数百个逐鹿政坛者，人人都想建立支持自己的一套或大或小的关系结构，在这样一个广大而变动不居的战场里，要胜出可真不是件容易的事。摩洛哥既

① Canto 17，stanza 3. 我又对翻译做了些改动，特别是我将 *negara* 译为“首都”而非“城镇”。关于这个字的复多意含，请参考我写的 *Negara* 一书。

② W. B. Harris，*Morocco That Was* (Boston，1921). 接下来的讨论局限于阿拉维（Alawite）王朝时期，亦即 17 世纪到 20 世纪（延续至今），绝大部分的资料来自 18 世纪与 19 世纪。这次我所仰赖的，大体上也是我自己的研究，见 C. Geertz，*Islam Observed*：*Religious Development in Morocco and Indonesia* (New Haven，1968)；C. Geertz，H. Geertz，and L. Rosen，*Meaning and Order in Moroccan Society* (Cambridge，England，and New York，1979)。

没有中世纪印度教的位阶主义，也没有基督新教的救赎主义来将其君权经典化；它只有一种对于真主之力的鲜明意识，以及“真主之力在俗世的显现，就在于权势人物（君王是其中最为显赫的）所建立的勋业”这样的信仰。在任何地方，政治生活都是人格的一种冲撞，而且即使是在最集权的国家中，次要的人物也会反抗中央；但在摩洛哥，这样的斗争并不被视为某种与自然事理相冲突之事，它们既非形式的扰乱亦非德性的颠覆，而是自然事理最纯粹的表现。社会是竞技性的、是众多意志的一场竞赛，因而王权以及夸示王权的象征体系亦然。在这里，御驾巡行与侵略之间并没有截然的区别。

就政治上来讲，18 世纪与 19 世纪的摩洛哥是由一个以大西洋平原（Atlantic Plain）为中心的武士王国所构成。在其势力可直达之范围内的肥沃地区，定居着一大群至少偶尔顺服的“部落”，另有为数较少的一群极罕顺服的“部落”散布在环绕着国境的山区、莽原与绿洲。[①] 从宗教上而言，摩洛哥是由一个沙里夫（sharif）王朝（即号称是先知穆罕默德的后代子孙所建的王朝），许多《古兰经》学者、法学家、教师与书记（*ulema*），以及一群掌握着神通法力的圣人，也就是著名的伊斯兰隐士（marabout）（不止有健在的，也有已故的）所构
136 成。[②] 从伊斯兰的理论上讲，政治与宗教领域是合一的，国王是哈里

---

① 有关摩洛哥传统国家体制最好的研究是 E. Aubin, *Morocco of Today* (London, 1906)。“部落”这个字眼在摩洛哥颇难适用，因为当地的社会集团缺乏稳定性与定义，见 J. Berque, “Qu'est-ce qu'une 'tibu' nord-africaine?” in *Eventail de l'histoire vivante: Hommage à Lucien Febvre* (Paris, 1953)。

② See A. Bel, *La Religion Musulmane en Berbérie* (Paris, 1938), vol. 1; E. Gellner, *Saints of the Atlas* (Chicago, 1969); C. Geertz, *Islam Observed*. 许多书记和伊斯兰隐士也是沙里夫。关于摩洛哥沙里夫的概论性介绍，见 E. Lévi-Provençal, *Les Historiens des Chorfa* (Paris, 1922)。

发（先知穆罕默德的后裔）以及两个领域的领袖，因此国家是一个神权政体；但是，“当面临具有领袖魅力的冒险家从各处不断地崛起这样的情势时，包括国王在内，任何人都可能会被认为只不过是一种失落的理想”，这可就不是一个理论而已。假如说摩洛哥的社会有任何主要的指导原则，那可能就是：不管是土地、水源、女人、贸易伙伴或个人权威，一个人所能真正掌握的，只是他有能力去保卫的部分，不论一个君王有什么魔力，他都必须毫不妥协地捍卫原则。

魔力是通过北非人的另一个著名的观念 *baraka*（巴拉卡）来领会的。[①] 为了说明清楚，*baraka* 经常被类比为许多事物，比如玛那（Mana）[②]、领袖魅力、“灵魂的电力”等等。因为它是一项异乎寻常的权力天赋，获得者尽可如其所愿，自然、实际地运用于自利且日常的目标。但是，*baraka* 最关键的意义，也是使之相当程度上有别于这些类似观念之处，在于它是极端专属个人的，就如健壮、勇气、精力或残暴一样是种个人品质，也如它们一样，得之全赖命运决定。就 定的意义来讲，它实在就是总括上述那些性质的一个词汇，包含了让某人得以战胜他人的那一切积极的德性。不论是在庙堂之上还是在一个山寨里，克敌制胜就等于证明了一个人具有 *baraka*，真主赐予了他支配的能力，这是一种或许唯有死亡才能加以掩盖的

① 关于 baraka，见 E. Westermarck, *Ritual and Belief in Morocco*, 2 vols. (London, 1926); C. Geertz, *Islam Observed*.

② Mana 为流行于美拉尼西亚、波利尼西亚地区的观念，指某些大人物的灵魂所具有的力量，会留存于他们的影像、所有物、行动的痕迹等等之中，冒犯者将会遭逢厄运，故因而衍生出许多禁忌。弗雷泽（Sir James Frazer）所著的《金枝》（*The Golden Bough*）之中有相当古典的描述。——译者

天才。它并非本身就绽放着光辉的一项条件(如贞德)或一种品质(如自尊),而是由效果来肯定其存在的一种运动(如意志)。御驾巡行就像君王的一切所作所为一样,都是为了使人感受到效果而发,特别是要让那些可能会妄想彼可取而代之的人知所警惕。

摩洛哥的御驾出巡几乎是持续不断的常态,而非偶一为之或定期举行的活动,因而也不是具有固定背景的一套程序。有句俗话说:“君王的宝座就是雕鞍,苍天就是他的华盖”,又有一句俗话说:“君王的宝帐从不收藏”。在17世纪末至18世纪初,该王朝的伟大巩固者,亦即使其 *baraka* 得以具体实现的穆雷·伊斯梅尔(Mulay Ismail),就似乎“在帐篷底下”度过了他在位期间的大部分时光(一位编年史家记载:在位期间的前半段,他从未有在宫中晏居超过一年以上的纪录);即便连摩洛哥旧王朝的末代君王穆
137 雷·哈珊(Mulay Hasan,1894年驾崩),也经常于一年中花六个月

的时间巡视各处,对怀疑者展示其主权。[①] 国王甚至并不定都于单一的地点,而是让朝廷在几个所谓的王城(Imperial City),即非斯、马拉喀什、梅克内斯(Meknes)与拉巴特(Rabat)之间不停地移动,没有一个算是真正的首都。迁徙是常态而非例外;而且,虽然国王不能如真主一般在同一时刻无所不在,他至少可以尽量给人这样的印象:“没有人能确定翌日苏丹会不会突然驾临在他的队伍前头,碰上了这种状况,连最坚毅不屈的人也得打定主意和(苏丹

---

① 关于穆雷·伊斯梅尔实堪惊人的活动力,见 O. V. Houdas, *Le Maroc de 1631—1812 par Ezziani* (Amsterdam,1969),pp. 24—55;其中 p. 46 有文献索引。关于穆雷·哈珊,见 S. Bonsal, *Morocco As It Is* (New York and London,1893),pp. 47 ff. ,Cf. Harris, *Morocco That Was*, pp. 1 ff。

手下的）官员妥协，以达到令君王满意的条件。”[①]中枢就像它的对手一样四处漫游，另一句摩洛哥谚语这么说：“漂泊不定，就能迷惑你的敌人，呆坐不动，敌人就会迷惑你。”

“流动的朝廷”或者称为 *mehalla*（末哈腊），意为“驿站”、“行营”、“中途暂停”，或者称为 *harka*（哈尔卡），意为“运动”、“搅动”、“行动”，视说者所想强调的是其治理的面向还是其军事的面向而定。通常君王会持续驻跸在任何地区中的一点从数日到数月之久，然后逐步迁徙到另一处，他可能会在第二个地点待上同样长的时间，接见地方酋长和其他贵族、举行盛宴、必要时派遣属下执行惩罚行动，并且一贯地使他的驾临广为周知。最后这项工作可谓不费吹灰之力，因为君王的行营是极为炫目的景观，海洋似的一大群营帐、兵勇、奴隶、牲口、囚犯、武器与随营流徙的民众。哈里斯估计 1893 年穆雷・哈珊在塔费拉勒特（Tafilalt）的行辕约有四万人（“无限迷惑与完美秩序的一种奇怪混合，两者相互递嬗……以极快的速度”），单单王室的帐幕群就有 50 到 60 顶。甚至晚至
1898 年，这一切或多或少即将成为历史陈迹之时，韦斯中各伯（F. 138

① S. Schaar, *Conflict and Change in Nineteenth-Century Morocco* (Ph. D. diss., Princeton University, 1964), p. 72. 持续的迁徙也同样形塑了朝廷的性质：“大部分（朝廷）的成员所不得不过的生活，使他们仿佛被从土地上连根拔起，斩断了他们与原属部落或家乡之间的任何联络，在排除了一切其他联系纽带的基础上，将他们牢牢黏附在其所仰赖的体制之上。（朝廷）中大部分的人……都环绕在苏丹的四周，因而与他一样变成流徙不定的人。他们的生活在帐篷底下度过，不然就是于或长或短的暂歇期间，在某一个君王行辕之中度过——事实上是在不断地变迁当中，而且与任何地方都没有关系。眼界日益狭窄，一切外在的事物都消失，而（朝廷）成员除了这部权力机器、生活中的媵妾和钱财之外，看不到任何东西。”（Aubin, *Morocco of Today*, p. 183.）

Weisgerber)还谈到穆雷·阿卜杜勒·阿齐兹(Mulay Abdul Aziz)在沙维耶(Chaouia)的行辕有"上千人马与牲口",他也不怎么浪漫地将之描写成"一大摊习气深重的烂泥"。[1]

君王的活动能力因此是其权力的一项重要元素,国土得以维持一统(它仅在极有限的程度上可谓是统一的、同一国的领土),端赖于一种接触(绝大多数是竞争性的),包括与其境内可谓数以百计的次级权力中枢接触的无休止地追求。与地方大人物之间的冲突不一定要诉诸暴力,或者并不经常必须诉诸暴力〔沙尔(S. Schaar)引过一句俗谚说:国王雇了 99 条诡计,火铳却是那第 100 个〕,但是一场接一场的混战、阴谋、妥协,却可谓永无休止,尤其是对一位野心旺盛、想要创建一个国家的君主而言更是如此。[2] 这是一件令人筋疲力竭的差事,唯有永不疲乏的人才能胜任。精力对穆雷·伊斯梅尔与穆雷·哈珊而言,就像贞德之于伊丽莎白和宏伟壮丽之于哈炎·乌禄:只要他可以持续运动,在这里惩罚一个对手,又在那里建立一

① W. B. Harris, *Tafilet* (London, 1895), pp. 240—243; F. Weisgerber, *Au Seuil du Maroc modern* (Rabat, 1947), pp. 46—60(该书中还附有一幅行营平面图)。即在迁徙之际,行营亦令人印象深刻,有一份生动的描写,里头充斥着弄蛇的、表演特技的、麻风病患、还有用斧头劈开自己脑袋的人,见 Harris, *Morocco That Was*, pp. 54—60。Harkas 是一项多部落联合的行动,其核心是由所谓的战斗(jaysh)部落构成,他们为朝廷服兵役以换取土地和其他特权。我忍不住要在此再加上一句谚语:*f-l-harka, baraka*,"迁徙带来幸福"。

② Schaar, *Conflict and Change in Morocco*, p. 73. 暴力行动最常包括的内容是焚毁居所,以及砍掉特别顽强的反对者的脑袋(砍下来之后,经犹太人用盐腌干,挂在国王的大帐或宫殿的门口)。比较常见的是由朝中文官或者其他专精于此道的人(通常是各式各样的宗教人物)所执行的深度考察。Schaar (ibid., p. 75)评述道:君主,或说比较聪明的君主,都会审慎地避免将残酷公然地表露出来:"理想上是给敌人以轻微的打击、收缴贡赋、在他们中间建立一套稳固的管束机制,然后就转向下一个目标。"

个盟友，这位国王就可以使他“奉天承运”的自我宣称值得信服；但是，一旦它不再能保持运动，这种信服便旋即消逝。传统上，民众对路过的君王山呼：“阿拉伊巴拉克夫哈扎末耳思迪（*Allāh ybarak fçamer Sīdī*）真主赐予您永恒的 *baraka*，主公！”这句话实际上比它听起来要更语带双关：当主宰权力流失时，“永恒”也就终结了。

穆雷·哈珊最后一次恐怖的巡行，是揭露这项因素对摩洛哥统治者意识的支配程度之最惨痛的案例，也是对其真实性之最悲苦的见证。在行政、军事与经济改革徒劳无功的挫折之下，又受到入侵的欧洲强权的威迫，再加上 20 年来他用以维系国家一统的主要人 139
格力量已经疲乏，他决定于 1893 年以奉祀开国先王的庙宇为名，进行一场盛况空前的巡行，目标是塔费喇特——非斯以南 300 哩的一个沙漠边缘的绿洲。尽管众人几乎异口同声地表示反对，他还是毅然决然地踏上了这场漫长、艰辛、危险而昂贵的旅程，演出了极可能是摩洛哥史上规模最大的一次御驾出巡，结果，以自我重生为目标的这场戏剧性的、竭尽全力的奋斗，终究以悲剧收场。

这趟壮举一共从大西洋平原上忠于王室的部落里征调了三万人，绝大多数骑着骡子。四月自非斯启程，夏季至初秋间翻越中、高阿特拉斯山脉，于 11 月抵达塔费喇特。[①] 由于只有一名欧洲人

① 关于此次御驾出巡塔费喇特的材料，可见于 Harris，*Tafilalt*，pp. 213ff.；R. Lebel，*Les Voyageurs français du Maroc*（Paris，1936），pp. 215—220；R. Cruchet，*La Conquête pacifique du Maroc et du Tafilalt*，2nd ed.（Paris，1934），pp. 223—241；G. Maxwell，*Lords of the Atlas*（New York，1966），pp. 31—50；F. Linarès，“Voyage au Tafilalet，” *Bulletin de l'Institut de la Hygiène du Maroc*，nos. 3—4（1932）。参考 R. E. Dunn，*Resistance in the Desert*（Madison，Wisconsin，1977），本书强调国王欲巩固塔费喇特以反抗法国侵略，是此行的一项动机。陪伴国王的有 10 名嫔妃，另依 Cruchet 估计，还有约一万名扈从、商贩、“不是被请来吃闲饭，而是被部队绑来当肉票的寄食者”（*La Conquête pacifique*，p. 223）。

（一位法国医生）被允许随驾，而且他又是一位无所留心的旁观者（似乎也没有任何土著的记载存在），对于这趟旅程，除了艰苦万状之外，我们实在所知甚微。姑且不论纯粹物理上的障碍（海拔最高的隘口几近于 8000 英尺，而且所走的路不过是潦草地划过乱石堆中的一条痕迹），行李、帐篷与武器的重担（甚至还拖着大炮），还有关于如何喂饱这么多人与牲口的后勤补给问题，心怀异志的柏柏尔人部落星罗棋布于途经的整块地区，必须要运用半威胁、半收买的手段，偶尔还得动武，才能避免他们“吃路队”。不过，尽管确实碰上了一些困顿的时刻，整个行程也被严重地耽搁，但也并没有发生什么特别麻烦的事情，酋长们照规矩带着数十名族人前来晋谒；御赐的迎迓阵式于焉展开；然后，在令人眼花缭乱的骑射表演中交换礼物、饮茶、宰牛、纳税、矢言效忠……行礼如仪。直到抵达庙宇、完成祈祷之后，真正的麻烦才开始。



情况似乎是国王因为其行程表被越过阿特拉斯山时的缓慢所打乱，兼以手下的部队发着热病且营养不良，所以原本可能希望在
140 绿洲上度过冬天，但却因许多因素的纠结，使他只在该地停留了不到一个月的时间。柏柏尔人部落仍然是个威胁，尤其南方那些更是好战成性；还有一种恐惧，就是潜伏在南邻阿尔及利亚境内的法国走狗密谋行刺；此外，有报道传来：摩洛哥人与西班牙人在国土另一端的地中海滨爆发了严重的战斗。但是，促使穆雷·哈珊决定在如此不恰当的时刻回返平原的最重要因素，或许是他本人渐趋衰竭的精力。在塔费喇特见到他的哈里斯，发现他比区区两年之前都显得衰老了许多（当时他分明还未逾知命之年），疲劳、气色颓败、须眉早白；既然回归先王龙兴之地的旅程无法使他恢复冲

劲，于是驱使他南巡的那种失却冲劲的感受，显然又再度驱迫他尽速北返。

总之，如今仅余一万名壮卒的队伍，于12月首途马拉喀什，计划以三周的时间翻越高阿特拉斯山东行，穿越一段在地理上与政治上都比之前所曾经历过的更为险恶的地带。此外，时已入冬，整个行动随即演变成了拿破仑的莫斯科撤军式的烂摊子：

> 在他的部队抵达山脚之前，冬雪就已降临；当他们开始攀高进入主要山区时，愈来愈多因饥饿而衰弱的骆驼、骡子和马匹摔落到深深的雪堆之中死亡。除了羸弱的躯体之外，残存的行军队伍除了饥饿，几乎没剩下任何别的东西，而幸存的牲口，则驮负着勉强从它们同伴的尸体上割下来的一点肉，蹒跚地向上攀行。一酡黑云似的乌鸦、鸢和秃鹰在部队的上空盘旋不去，每天都有数百人死亡，尸首就暴露在雪中，仅存之物则统统被扒得一干二净。[①]

在抵达马拉喀什之前，已经缩减的部队又死去了三分之一；而颇为擅长旅行的哈里斯（他是伦敦《泰晤士报》的特派员）本人，在一抵达现场时就发现国王不再只是年事已高，而是行将就木：

> 在塔费喇特可察觉的征兆，如今显得倍加分明。苏丹已经垂垂老矣，为旅途艰辛所摧残而疲倦的他，骑着他那匹佩挂

① Maxwell, *Lords of the Atlas*, pp. 39—40.

> 着金碧服饰的大白马，同时在他那颗如一幅苦难图似的脑袋上方，晃漾着猩红色天鹅绒制的御用华盖。跟在他身后零散无序地进城的，是一群饿得半死的人马和牲口，尽管为了恐怖的旅程终于结束而尽力想要快乐起来，但却因过度的衰疲与过度的饥饿而无法做到。①

141 国王在马拉喀什待到次年春天，试图恢复其精力，然而北方情势的再度恶化，引发了新一波的焦虑以及要他亲往坐镇的需求，促使他再度动身北上。他支撑到了距马拉喀什 100 哩许的塔德拉(Tadla)，终于因过度疲累而崩逝。然而，大臣们决定秘不发丧，因为他们忧心一旦发丧，整个队伍将会溃散，邻近部落将来劫掠，还有支持其他王位候选人的阴谋家们，将倾全力防堵穆雷・哈珊所钦点的世子——年方 12 的穆雷・阿卜杜勒・阿齐兹——承继大统。于是，他们只说国王圣躬微恙故而谢客养神，将他的遗体放在一顶帘幕低垂的大轿上，同时将这番巡行变成了盛夏酷暑中的急行军，全力疾驰拉巴特。照常有人将肴馔送到御帐，然后再收走，就好像国王已用过膳了一样。少数几名知道真相的朝臣在御前忙进忙出，假装是在料理国事。甚至有几名在地酋长，在被告诫说御驾已经安寝的情况下，被允许进帐一睹君颜。两天后，在这队人马将抵拉巴特之前，国王的遗体已开始发臭，驾崩的事实已是纸包不住火；但在此之前，部队已将危险的部落远抛在后头，而且得到差人疾奔送至讣告的王储阿卜杜勒・阿齐兹，已经在拉巴特宣告登



---

① Harris, *Tafilet*, p. 333.

基。两天后，当大体上已经缩减到只剩下老王近臣与贴身侍卫的这队人马慢慢地开进拉巴特时（其他人要不是已经开溜，就是远远落在后头），竟被浸没在国王遗体的恶臭之中：

> 从他的儿子穆雷・阿卜杜勒・阿齐兹对我（哈里斯）描述的状况看来，这队人马必定是令人毛骨悚然的：晃晃悠悠地疾驰而至的轿子，上头载着可怖的乘客——三伏天的溽暑之下已断气五天的尸首。护卫们用头巾密密裹住脸孔，但即便是如此小心，还是不能使他们免于疾病持续地侵袭，甚至连扛轿子的骡子似乎都受到了恐怖气味的影响，不时想要挣脱枷锁。[①]

如此，他们终于熬完了这场前后超过一年以上的巡行，也终结了 20 年来为捍卫宗教王国的理念而无休无止的南征北讨。的确，这或多或少可说是整套模式的终结，因为之后陆续即位的两位国王，一位享国 14 年，另一位仅 4 年，他们都只在政局危疑震撼之际尝试过几次相当随机应变式的巡行，而且从他们手中夺走实权的
法国人，将这两位国王变成了宫廷中的囚徒。被禁足的摩洛哥国 142
王，就像哈珊一样等于死了，他们的 *baraka* 被阉割，只剩下理论上的存在。摩洛哥君王对其臣民所展现的自身形象，既非救赎性的贞德体现，亦非宇宙秩序的反映，而是天赐能量的沛然爆发，并且就算是最小规模的爆发，也需要容许其发作的空间。

---

① Harris，*Morocco That Was*，pp. 13—14；欲得更完整的描述，请见 Harris，*Tafilet*，pp. 345—351。

# 结　　论

走笔至此，可以想见面对关于君王的虚饰与游历的这一切谈论，简单的反应是将之认定为属于“一段封闭的过去”，或者借用赫伊津哈的一句名言，把它们归于“当世界比今日年轻500岁，一切事物都比较清楚的时代”。所有的金蚱蜢和蜜蜂都已经消逝[①]；真正的王朝已经在两座断头台上被仪式性地摧毁了——1649年在伦敦白厅（Whitehall）的那一座，还有1793年在巴黎革命广场（Place de la Révolution）的那一座；少数残存在第三世界的碎片也不过是零星的、遗迹似的君王，拥有继位者的可能性与时俱减。[②]英国有第二个伊丽莎白，她可能像第一位一样地贞洁（可能更有过之而无不及），也在公开的场合获得恰当的赞颂，但两者之间可相比拟之处恐怕仅到此为止；摩洛哥也有第二位哈珊，但他比较像一位法国陆军上校而非一位阿拉伯君主；至于其朝廷被依法废除的

① 金蚱蜢与蜜蜂都是著名的欧洲王室家徽。——译者

② 关于对君权政体之仪式性摧毁的论点，见 Walzer, *Regicide and Revolution*。对此书所主张的“对查理一世和路易十六的审判和处决，不仅是为了要杀死君王，更是要杀死君权体制的象征性行为”的论点，我表示赞同；关于他的进一步申论，即认为这两件事情永久且彻底地扭转了英国与法国政治生活的整体景观，也就是说这些仪式是很有效的，我却碍难苟同。这类论调的另一翼，当然是说民主政治使权力的拟人化变得不再可行：“代表性象征（亦即‘帝王之神器’）需要一套位阶体系，这与民主国家的平等原则是相互矛盾的。在民主国家中，每位公民都拥有主权与尊严的地位，如果人人都一样是君王，就无法将其中某一个人表现为君王，而代表性象征就不可能存在。”（Straub, Repraesentatio Maiestatis, p. 10.）但是，我与自托克维尔（Tocqueville）直到塔尔蒙（J. L. Talmon）之间许多的人一样，也不信服这种说法。

爪哇印度教诸王世系的最后一人哈蒙古·布窝诺九世（Hamengku Buwono IX），如今（1977年）是一位自我抹灭、相当无足轻重的、模糊的社会主义者的印尼共和国副总统，连最小的行星都不会在他的身边打转。

不过，尽管这一切都言之成理，但却太过肤浅。历史事实对社
会学分析的价值，并不在于以前有，现在已经完全没有了这种不真 143
实的陈述，也不在于拿已经消失的制度与我们如今的生活方式做些简单的类比，而在于理解虽然社会生活的结构与表现都已经改变，但赋予它们生命的内在必然性却未曾动摇。君王的宝座可能已经过时，露天庆典游行亦然，但政治权威仍然需要一种可资界定自身并提出自我宣示的文化框架，而且它的反对者亦然。一个彻底破除了神秘色彩的世界，就是一个彻底废弃政治的世界，尽管韦伯同时对我们做出了“置身在官僚化铁笼里面”和“没有灵魂的专家”这两项保证，然而之后的历史过程，以及苏加诺、丘吉尔、恩克鲁玛（Nkrumahs）、希特勒、毛泽东、罗斯福、斯大林、纳赛尔（Nassers）和戴高乐等风流人物却显示了：在1793年死亡（就一定程度上来讲，它确实是如此）的，其实只是关于驾御人类的那种力量与撼动山岳的那种力量之间具有血亲关系的某种特定观点，而不是两者之间具有血亲关系这种意识本身。

尽管有些简略的关注散见于各处，却还没有人真正写过20世纪的“政治神学”（回到康特洛维茨的术语），但它的确存在，或者说得更精确点，它的许多形式的确存在。而且，在我们对它了解的程度至少达到与我们对都铎王朝、满者伯夷王朝或阿拉维王朝所了解的程度相捋以前，我们这个时代的公共生活中的　大部分，都将

继续虚悬于五里雾中。尽管大体上平凡无奇的事物可能已经相当地深入现代政治,但超乎寻常的事物却并未彻底远离:权力不仅仍然令人迷醉,而且仍然令人吹捧阿谀。

就因为这个理由,不管我们可能会谈到的那些具领袖魅力的人物是最疯狂的预言家还是最偏激的革命分子,无论他们是多么的边缘、昙花一现或随时势而沉浮,如果我们要想了解他本人和他的意图,都必须从中枢以及盛行于中枢的象征和概念入手。斯图亚特王室(Stuarts)碰上克伦威尔家族(Cromwells)、梅第奇家族(Medicis)碰上萨佛纳罗拉家族(Savonarolas),都非偶然。同理,兴登堡遇上希特勒也不是凑巧。阿拉维王朝统治下的摩洛哥,历

来具领袖魅力的人物所造成的严重威胁,皆出之以这样的形态:某个地方上的权势人物从事某些具挑衅意味的行动 *siba*(字面上的含义是“傲慢无礼”)以图显出“君王无力阻止这些行动”这一事实,



从而暴露君王之软弱无能,藉以自称拥有巨大的 *baraka*;至于爪哇,则一向遭到地方上的神棍连续不断地骚扰,这些人崛起于神灵附体式的迷幻状态,对世人自称为世界的“典范统治者”(*Ratu Adil*),足以匡正失落的秩序与混淆的形式。[①] 这就是领袖魅力的两难:虽然它根植于“接近事物之核心”、“沉浸于重大事物的领域
144 之中”的那种意识,这是那些实际支配着社会事物、会在游行队伍中乘着车马对观众答礼的人,最有资格独自持续地咀嚼的一种感

① 关于发生在法国保护统治时期末期的一些傲慢无礼(siba)的行动,见 E. Burke, *Prelude to Protectorate in Morocco* (Chicago,1976)一书之中的描写。关于典范统治者(*Ratu Adil*),见 Sartono Kartodirdjo, *Protest Movements in Rural Java* (Singapore,1973)。

受，但是它最璀璨炫目的表现，却往往出现在与中枢有些距离（实际上真的常常是距离极为遥远）、同时又极渴望接近中枢的人身上。政治上的异端源出于正统，正与宗教界的情况如出一辙。

而且，当目睹东德工人发生暴动、托尔斯泰风格的浪漫思想在俄罗斯复苏，还有最最离奇的武装民粹主义分子（soldier-populists）在葡萄牙的出现，我们不能不学到不论秘密警察有多么精明干练，正统与异端永远都会并存于世。以对真实是如何构成的这个问题之普遍通行的观念来包裹政治生活的做法，并没有与王朝的延续以及神授权利一同消失。谁得到什么，于何时、在何处以及怎么做到的（Who gets What，When，Where，and How）与捍卫“智慧与正义”、赞颂“白昼创造者之等尊”或 *baraka* 之神妙莫测的流动一样，都是一种对于“政治之为何物”在文化上极为特定的、但于其视野之内却也自诩为超越性的（transcendental）观点，在生产壮观景致、中枢崇拜和中枢挑战的能力上，它也毫不逊色：

> 我跟着汉弗莱（Humphrey）去挖休伯特（Hubert）的一个桩脚——一座专门收容听障与智障儿童的学校。他与每一位修女握手（真的是每一个），也和每一位他够得着的小孩握手。行程表上只留了 20 分钟，握手就用掉了 13 分钟。演讲又进行了近 20 分钟……近 25 分钟……近 30 分钟……努力将演说翻译成手语的那位可怜的神职人员，双手真是累坏了……35 五分钟——换另外一个人上去做手语翻译……“而且，某些历史上最伟大的人也是残障者”——他绞尽脑汁想要想出一个来，他的目光闪烁、双颊浮上常见的喜悦、会心的神

色——“托马斯·爱迪生。我们所有的人都有残缺……”“英语中最重要的一个词是什么?”“服事!”①“那另外一个最重要的词是‘爱!’”“那么,美国人(American)这个词最后的四个字母又是什么?I CAN(我能),看好来,拼一遍:I CAN(我能),你能,你很好,你太棒了,上帝赐福予你。”他的眼角含着泪水——在电视荧光屏上看来使他显得如此忧伤的泪水。当他从一大群茫然、疑惑、搞不清状况的孩子们中间挤出来的时候,得意扬扬地点着头。

在麦迪逊广场花园,当时是7月14日,举行了一场道德纯洁性的表彰大会,名叫“与麦戈文(McGovern)相约在花园”,其目的是募款。迈克·尼科尔斯(Mike Nichols)与伊莲·梅(Elaine May)专程为此事回来;彼得、保罗与玛丽亦然;还有西蒙与加芬克尔(Simon and Garfunkel)。拿这场竞选活动与华莱士的那场竞选活动来相对照,也就是他为了理查德·尼克松而召集到鲍勃·霍普(Bob Hope)与比利·格雷厄姆(Billy Graham)等大人物的那次活动,其用心便昭然若揭:这两套完全是对比的仪轨!6月14日是国旗纪念日(Flag Day),但舞台上一面国旗都没有,整个花园四周也看不到国旗。整个晚会都在颂扬青年文化的复活,展示了属于一个新阶级的仪轨。彼得、保罗和玛丽,狄昂·华薇克(Dionne

① 此处原文为Service,可译为服务或服事,前者为一般普遍用法,后者专用于基督教会内部,用以指涉信徒为敬拜上帝所做的事工,通常也即意味着集体祷告等仪式。本人认为:因为此处为一基督教会所办的学校,故演讲者用此字的指涉应为后者,故译为服事。——译者

Warwick）、西蒙与加芬克尔在每一首歌中都在颂扬动徙不定的、孤寂的、易受伤害的中产阶级生活。狄昂·华薇克身着一件妆点着蓝花、软绵绵的、纯洁无瑕的白袍，婉转唱道：“想 145
象！——没有天堂——没有地狱——没有国家——没有宗教！当世界融为一家。”西蒙与加芬克尔献唱“耶稣爱你，罗宾逊太太！”以及表白得最清楚的一首歌：“我想做个锤子而不是钉子”。没有劳伦斯·韦尔克（Lawrence Welk），没有约翰尼·卡什（Johnny Cash），没有班尼·古德曼（Benny Goodman）。音乐充满了纯粹的宗派色彩。11 点 5 分，全体演出者齐集在舞台上，挥舞着和平的旗帜，随即响起一首大合唱：“我们支持麦戈文！”麦戈文说：“这是一个美妙的相聚之夜。”他告诉与会者他是如何地“深爱这个国家，以致想将它推上更高的境界，远离如今正在东南亚进行的杀戮、死亡与毁灭”。“我爱这块土地也珍惜它的未来。我希望能开始让这个国家变成一个伟大、宽仁与善良的国度……做一座从战争通向和平的桥梁……一座跨越代沟的桥梁……一座跨越这个国家里正义裂隙的桥梁……犹如先知所写的：‘因此，选择生命……站在受祝福的，而非受诅咒的那一边’……站在希望、健康、生命，以及我们自己和全球人类和平的一边。”

在拉辛（Racine）又进行了一次召集，这次是在纪念堂，就在下班时间以后，并且透过广播点做了广告。群众很早就开始聚集，有些人在门口就被挡驾了。场内有 1200 人，包厢有 330 人，站票区则有 250 人。骚动突然爆发，麦克风先调到刚刚好，后来却又被转得更响。比利·格拉默（Billy Grammer）

闪耀着蓝眼珠，唱着“我已经蹲在这个老镇上混了太久”还有“马蹄形钻戒”。乔治·麦格农(George Magnum)用他浓重的鼻音，尽可能清楚地将干了12年反间谍的卡尔·普鲁士(Karl Prussian)先生介绍出场：“假如你向来追随美国的保守派运动，你一定知道我将介绍给你的这个人。”卡尔·普鲁士说：“乔治·华莱士是笃信上帝的人。”乔治·麦格农说：“上帝保佑你！”我们现在置身之处是基督新教的地盘，而诸种象征正在互相冲撞、火花四射。见面的时候到了，每个人都感到轻松自在。头发和约翰·列侬(John Lennon)一样长的小乔治·华莱士轻柔地步上舞台，和缓地、自制地挥舞着他黑色的电吉他。这里没有粗野的摇滚乐、没有米克·贾格尔，只有一位被误解的人子，一位年轻、有毅力而且坚定的阿拉巴马人。“温柔在我心”是他的第一首歌，第二首是“我在雷诺枪杀一个人，只是为了要看他死”。然后，这位州长半不情愿、却又半喜孜孜地陡然横越舞台。群魔乱舞的地狱！他喜爱群众，他的眼睛开始闪烁着光芒，紧张情绪一扫而空，他的行为举止变得流畅而自信，每个姿态都引起观众的回应。“我告诉你，我们将让民主党的领导班子得到舞蹈症”，“我厌恶这个社会的纵容姑息，我受够了假冒的自由派人士！”“我嫌恶兼厌倦了把收入的一半交给联邦政府，让他们把一半浪费在海外那些唾骂我们的国家，另一半浪费在社会福利”，“如今他们又跟我们说越南是一个错误，一个让5万条普通公民赔掉性命、30万人受伤、1200亿美金丢到水里的错误。我不想称它为一个错误，它根本就是一场悲剧。”就像大卫·哈伯斯坦(David Hal-

> berstam)一样，他将一切归咎于最好的和最聪明的——“他们”，这一切都是他们管理我们生活所造成的后果。①

游行如是持续着。假若这些材料是取自德国或法国、印度或 146
坦桑尼亚(更不用说俄罗斯和中国了)，那么语汇将会不同，它所赖以为基础的意识形态预设也会相异，但是将会有一套语汇，这套语汇能反映出这项事实：社会中居支配地位人物的卡里斯玛，以及投身于反抗前者之支配的那些人物的卡里斯玛，均导生于一个共同的来源，即中枢权威之天生的神圣性。如今，主权可能系于国家甚至系于国民，一如汉弗莱、麦戈文和华莱士共同的预设；但是，不管君王的意志如今下场如何，主权天生所具有的“广阔的宇宙性”却依然故我，民族主义或民粹主义都不曾撼动它。归根结底，使一位政治领袖神而明之的，不是处于某种自尊昂扬的状态而孤悬于社会秩序之外，而是深刻地、紧密地涉入用以规制生活的那种伟大的虚构，不论这个“涉入”是指肯定或痛恨、保卫或毁灭。

---

① Novak, *Choosing Our King*, pp. 211, 224—228, 205—208. 为了避免让这页塞满了删节号，我未经标明便径自删除了这些桥段中的大部分，并重新标点、重组文句，甚至将数句合并为一，一方面是为求简明扼要，另一方面是为求尽可能排除 Novak 本人的评论——某些确实极为敏锐而犀利，某些则不过是换汤不换药的陈腔滥调。因此，虽然所有的文字均出于他之手(或者是由他本人所摘引的)，我也不曾更改过他的原意，但这些节录下来的文字最好被视为摘要，而非真正的引述。关于 1972 年(美国)总统选举这场大戏，有一份出自那个丛林的另一部分但生动度不遑多让的观察，见 H. Thompson, *Fear and Loathing on the Campaign Trail*, '72 (San Francisco, 1973)。

147

# 第七章　当前我们的思维方式：通往一种关于现代思维的民族志

## 一

我的词典这么说（它是“美国传统”（American Heritage）版的，对于今天这个场合来讲*，是再合适不过的了）：“思维”有两种主要的意义：一、“思考的活动或过程；认知”，二、“思考的产物；理念；观念”。在说明第一种“过程”的意义时，列举了一些我们所谓的内在心理现象：“注意”、“期望”、“意向”，甚至“希望”，其隐含的意思是这组现象可以扩展到包括从“记忆”与“梦”到“想象”和“计算”等以某种方式可以称得上是“心智活动”的一切
148 东西。在说明第二种“产物”的意义时，我们得到的是巨大、未分殊的、实质上就是文化的整体：“一个特定时期或特定社会阶级的智识活动或生产。”思维是在我们脑袋中运行的一切，思维也是这一切活动所产生的结果——特别是当我们把它们凑在一块儿的时候。

---

* 本章原为美国人文与科学院（American Academy of Arts and Sciences）200 周年纪念演说的讲稿。

同一个词汇有相歧异的意义这件事本身当然并不令人讶异,至少在日常语言中可谓颇为平常:语言学家称之为“一词多义”(polysemy)的情形正是字词的自然状态。我之所以要举出这个例证,是因为它可以将我们带进约莫于1920至1930年代之间在社会科学界出现的“统一与分歧的主题”之核心。在那段时期,社会科学的总体运动趋势是:就上述第一种指涉内在心灵活动的、“心理学上的”意义来论人类思维者,稳步地推展出一种极端的同一论观点(unific view);另一方面,以第二种指涉社会现实的、“文化上的”意义来探讨人类思维者,则亦稳步地推展出一种极端多元纷歧的观点,两边的进展并驾齐驱、互别苗头。这个情势激发了一些如今已经深化到足以威胁逻辑一贯性的议题,不论我们是在实验室、诊所、贫民窟、电脑中心,还是在非洲村落中做研究,我们终究被迫要去省思:“我们认为思维到底是什么?”

在我本人所处的人类学这个社会科学的特殊一隅里头,这个议题很晚又很快地以一种特别令人丧气的形式出现。在这个学科形成时期的马林诺夫斯基、博厄斯和列维-布留尔,继他们之后的沃夫、莫斯和埃文思-普里查德,乃至今日的霍顿(R. Horton)、道格拉斯(Mary Douglas)和列维-斯特劳斯,没有一个人能免于为此困思横虑。首先被形塑为“原始心灵”(primitive mind)问题,嗣后被表述为“认知的相对主义”(cognitive relativism)问题,最近则被理解为“概念的不可通约性”(conceptual incommensurability)问题,不变的是在这方面进展最大的只不过是把最红的术语换了换。

然而，关于人类心灵的最小公分母观点（“连巴布亚人（Papuans）[①]也会排除中间项、分辨物件、还有将后果系属于原因”）和“非我族类，其心必异”的观点（“亚马逊土人自认为是长尾小鹦鹉（parakeet），将宇宙与村落结构混为一谈，还相信怀孕使男性无能”）这两者之间的龃龉，已经稳定地增长到愈来愈难以视而不见的地步。

“原始思维”这种说法的原始形式，也就是“我们文明人会对事物加以分析、逻辑性地相关联，并进行系统性地验证，这些可以从我们的神学、物理学、医学和法律上看得出来；而他们野蛮人，却在具体形象、神秘力量的介入以及直接热情搅成的一盘大杂烩中胡乱地兜圈子，这可以从他们的神话、仪式、法术和工艺中看出来”这类的想法。随着我们对另一半人类是怎么思考的知道得愈来愈多

149 （而且也对已开化了的（unvirginal）理性如何思考了解得更多），这类想法当然已经渐渐地灭绝了，虽然它还在几种特定的发展心理学、几种特定样式的比较历史学，还有政府外交部门的一些特定圈圈里苟延残喘。博厄斯与马林诺夫斯基以各自不同的方式将其学术生涯中的一大部分贡献于证明这种想法的错误，其谬误的症结在于试图将文化材料阐释为个人意图的表达而非社会体制。不管作为过程的思维和作为产物的思维两者之间可能有什么样的关联，孤独的思想家闭门虚构出事实或者编织幻想，这种所谓罗丹（Rodin）模式都不足以将之厘清。神话不是梦，而数学证明的理性也丝毫不能保证数学家的心智正常。

对于这个议题的第二种探讨方式——“认知的相对主义”，其

① 即巴布亚新几内亚人。——译者

内容则充塞着一系列尝试，或多或少可以说是竭尽全力在避免与上一种想法并存的那种文化就是心灵放大的谬想，以及我们是合逻辑的、你们是糊涂的这种偏狭心态(provincialism)。这类研究试图将特定的文化产品(美洲印第安人的文法形式、北极地区聚落模式的季节性变迁、非洲人的占卜技术)联系到特定的心智过程(肉体的知觉、时间的意识、原因的归属)，从而提出一些特定的假说，诸如印第安霍皮族人(Hopi)认为自然世界是由事件而非物体所构成；爱斯基摩人对时间的体验是循环性的而非序列性的；阿赞德人以机械的语汇来构思因果锁链，但却以道德语汇来解释因果锁链的交叉等等，这些假说的真确性可能还尚待商榷，但这类研究至少开启了一种区别，即认清“不管属于哪个民族、住在哪个地方的人们都必须藉以思维的工具”与“一旦真正着落于现实之中来思考时，他们所涉及的感知、想象、记忆或其他任何心智活动”二者是不同的。

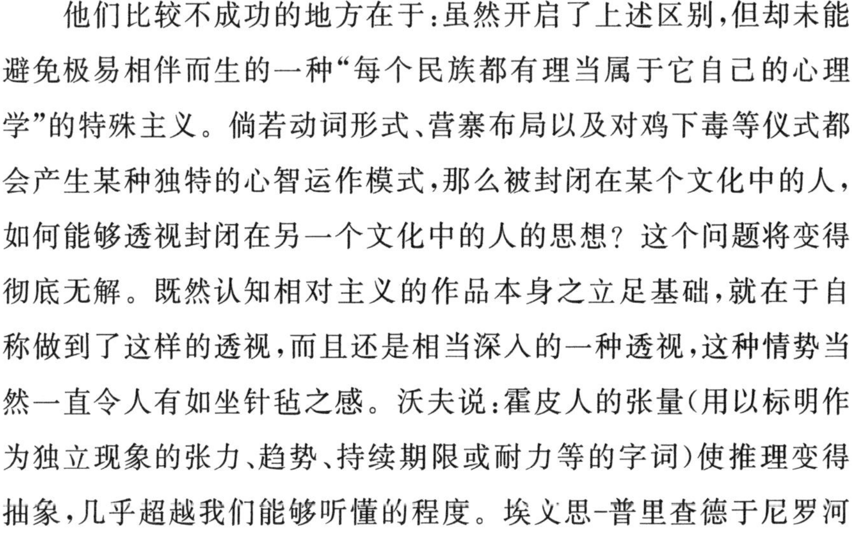

他们比较不成功的地方在于：虽然开启了上述区别，但却未能避免极易相伴而生的一种“每个民族都有理当属于它自己的心理学”的特殊主义。倘若动词形式、营寨布局以及对鸡下毒等仪式都会产生某种独特的心智运作模式，那么被封闭在某个文化中的人，如何能够透视封闭在另一个文化中的人的思想？这个问题将变得彻底无解。既然认知相对主义的作品本身之立足基础，就在于自称做到了这样的透视，而且还是相当深入的一种透视，这种情势当然一直令人有如坐针毡之感。沃夫说：霍皮人的张量(用以标明作为独立现象的张力、趋势、持续期限或耐力等的字词)使推理变得抽象，几乎超越我们能够听懂的程度。埃文思-普里查德于尼罗河

150 上游碰上歌颂牛的诗和用黄瓜献祭的仪式时，慨叹道："我们觉得自己像是一场皮影戏的观众，看着布幕上虚幻的影像……所见所闻与心灵所意会者，完全是两码事。"

如我之前所提过的：正当这种将思维之"产物"面加以极端多元化的趋势发生之时，不仅在人类学，而且在历史学、哲学、文学，还有社会学的某些特定领域里，一些很有力的、针对思维之"过程"面加以统合研究的路径也实力看涨——尤其是心理学、语言学，以及博弈论与电脑科学等晚近的创意，因而使情势演变得更为困难。这些统合性的研究路径相互分歧，唯一能把弗洛伊德、皮亚杰、冯·诺依曼和乔姆斯基（姑且不论荣格和斯金纳）联结在一起的，只有这样一个信念：不管时间、空间、文化与环境如何分歧，人类思维的机制都是不变的，而且他们知道那个机制是什么。但是，这种朝向"将理念建构（ideation）观念化为某种普世皆同的过程"（用我所能想得到的最中立字眼来讲）的总体运动趋势，自然而然也会对多元论者造成影响。即便是在最彻底的多元论者心目中，仍然保有"智人（homo sapiens）心智运作之根本同一性"或所谓"人类心理的统一性"这样的基本信条，尽管他们如何急迫地想要摒弃一切原始心灵或文化种族主义的观念。但是，那种同一性的内涵却仅局限于普通能力之中最普通的部分，几乎不超出学习、感觉、抽象与类推这几种基本能力，一旦这类事情以较具风土特性的图像出现时，则或是相互之间无法对应，或是难以并冶于一炉。总之，这种一切都既是平常之中的平常，却又是特殊之中的特殊的含糊闪烁就显得愈发强烈。

那些由于户外田野工作条件使之难以规避这项事实的人（民

族志学家、知识社会学家、科学史家、献身于日常语言的研究者）所采取的反应是：不管电脑怎么运作、文法怎么形成，或者自我怎么被揭露，我们所发现的、存在“于自然情境中”的思维，除了种类纷繁之外还是种类纷繁。这种反应将议题推出了心灵世界的网罗，并以一种预期在意义上更具伸展力的词汇来重新加以陈述。对以列维-斯特劳斯为首的结构主义者而言，思维的产物面变得确实是纷繁多端的许多恣意构筑的文化符码，其中还包括着美洲虎、刺青和腐烂的肉，但若能对这些文化符码加以恰当的解释，将会得出属于过程面的心理学上恒定不变的主题，犹如这些符码的白话译文。巴西的神话或巴赫的赋格曲，都是关乎知觉之对比、逻辑之对立与省略关系的转型（relation-saving transformation）之事物。就诸如玛丽·道格拉斯之流的新涂尔干主义者言之，虽然其论点所获得

的拥护之广泛可谓为社会人类学、社会史与社会心理学的正统，然 151
而他们却利用一种新的、改良过的社会决定论来重新联结产物面 237
与过程面，在这种决定论中，意义体系变成了一种介乎分歧的社会结构与不变的心理机制之间的界面，例如，不厌其烦地挑剔食物的希伯来饮食法，就表现了一个在社会消融（social absorption）的威胁环伺之下，封闭社群的界限偏执意识（boundary-obsessed consciousness）。就象征行动理论家（一个虽小但却顽强的帮派，除了些许保留之处，我可谓是其效忠者之一）而言，思维是对文化形式的有意操弄，而诸如犁地、沿街叫卖之类的户外活动和希冀、懊悔之类的内在体验一样，都是这种操弄的极佳范例。然而，不管是哪一种研究路径（除上述之外，另外还有一些未提及），以前被视为不同民族之间心理过程之相容性的问题，如今则被视为不同的话语

共同体之间概念结构的可通约性问题——处于当今的时空，一个人若想否认这一点，他必须一并否认的东西可比以往要多得太多了。这种问题陈述方式的转变，引导一些研究者转而进军我认为我们可以称之为“实际生活认识论”(practical epistemology)的领域，例如出自相对主义阵营的维克多·特纳、埃德蒙·利奇(Edmund Leach)、米尔恰·伊利亚德(Mircea Eliade)和麦尔福·斯皮罗(Melford Spiro)等等，另外还有出身自各种不同背景的，诸如托马斯·库恩、米歇尔·福柯、纳尔逊·古德曼等等，以及我本人。

思维作为产物，其种类之繁可谓洋洋大观，但作为过程，却又如此神妙地始终如一。因此它不仅成为社会科学界中一个日趋强大的创发性悖论，从各个方面推动了理论的进展，而且其中不乏颇有见地之作。但是，这组悖论的性质却愈来愈倾向于被认为关系到翻译的谜题(即在某个表意体系中的意义，如何以另一个表意体系来表达？这个谜)，也就是说学界越来越认为它关系到文化的诠释学(cultural hermeneutics)而非概念的力学(conceptive mechanics)。以这样一种形式呈现，它可能不会比以前更容易处理，但至少把战场带回了家里，因为一位哥白尼学说的信徒如何理解一位托勒密学说的信徒？一位第五共和时期的法国人如何理解一个旧体制时期的人？或一位诗人如何理解一位画家？这类的问题，看起来与一位基督徒如何理解一位穆斯林？一个欧洲人如何理解一位亚洲人？一个人类学家如何理解一个土著？这类问题是一模一样，反之亦然。如今我们统统都是土著，其他任何一个不直接属于我们这一群的人，都是外乡人。曾经一度被看作是探究野蛮人是否有能力分辨事实与幻想的工作，如今看来确实在探索他

人如何组织他们的象征所指涉的世界——不管他们是在海的那一边，还是就在走廊的那一头。

## 二

现在我想要稍做探讨的，正是我们该如何去理解现代思维所表现出来的分歧性本身。我真正的目的并不在于给出这样的一种理解，那不仅远超出我力所能及的范围，而且根本就不是任何人所能做到的。这项工作就像诗学或古生物学，是由致力于建构被库恩（他不断地为速读者铸造可资滥用的词汇）称为“学科模型”（a disciplinary matrix）的一个代代相承的学者群体才可能做的工作。我的评述方向，的确是藉由勾勒出我认为它应该具备的某些特性，以期导向于这样一种模型的建构。呼吁创作出一种以思维为题的民族志（如我以下将要做的），就是通过在如何思索思维这个题目上确立一定的立场，从而就思维是什么这个议题择定某个立场。

把针对现代生活公众论坛（fora）与公共场合（agorae）中运行的思维所做的研究称为“民族志”，看起来好像是将它强纳为我自己粗通一二的学科模型——人类学——的禁脔，但这绝非我的用意，就好像当我们还在为斗鸡和穿山甲困惑不已时，其实任何人对这些事所知的都比我们多。我的用意是在强调其性格中的一种特定偏向：亦即它是（或者它无论如何应该是）一种历史学的、社会学的、比较的、阐释的，以及有点抓多少算多少味道的事业，其目的在于通过为混沌不明的事物提供一个可彰显其意含的语境，使之变

得清晰可辨。能将勉力应对过渡仪式中之色彩象征体系的维克多·特纳、罗列展示葬礼中的死亡意象以及童年时的校舍意象的菲利普·阿利埃斯(Philippe Ariès),与从油滴中搜寻出主题(themata)的杰拉德·霍尔顿(Gerald Holton)这三者联结在一处的,是这样一种信念:理念建构无分粗精,都是一种文化创造物,正如阶级或权力一般,它的性质应被界定为一种必须要以支撑其存在的行动来推断其表现的东西。

我们要“以民族志的方式”来了解思维(任何思维,不论它属于罗素爵士或寇佛男爵(Baron Corvo),属于爱因斯坦或一些正在蹑手蹑脚围捕猎物的爱斯基摩人)。换言之,就是描述让思维在其中能具有某种意义(无论是什么样的意义)的世界。从这样的观念中,可以相当直接地导引出一些很切乎实际的意含,但它却也更广泛地激起了一些强大的、使人陷入深渊的,而且至今无论如何都反常地难以平静的恐惧。在那些社会现实传统及其多元化冲力的承袭者看来,这开创了针对思维的一种更有益的探索方式,但在那些
153 内在动力传统及其统一化驱力的继受者眼中,它却是对理性之基石的一场摧毁。

在比较直接的意含中,最明显的一项是以这个观点来看,理论就是把这个或那个社群中既有的象征形式(语言、艺术、神话、理论、仪式、科技、法律和敝帚自珍的家伙称之为常识的一大堆混杂在一块儿的箴言谚语、办事规矩、偏见和听似合理的故事)拿来私自兜售的行径,对这样的形式和这样的社群的分析,正是用以阐释思维的基本原料而非附带添加剂。知识社会学(权且用一下这个最常受到青睐的牌子,虽然对我的口味来讲,它的康德味道未免太

重了点)不是把不同的意识种类拿来与不同的社会组织模式配对,然后以后者深层之中的某处为立足点,将因果的矛头瞄准前者射去——那就好比说理性主义者戴着方帽子坐在方形的房间里,于是他们脑子里的思维就是方形的一样,若是如此,那我就要效法史蒂文斯那样提议:“那他们何不试试墨西哥大圆帽!”知识社会学是在理解认知、情感、动机、理解、想象、记忆……或其他任何东西本身,不只如此,它还要把它们当成直接的社会事务来理解。

精确地讲,究竟要如何达成这项目标?如何分析作为社会行动的象征运用,从而写出一份户外心理学?当然这是一件极端困难的工作,从肯尼斯·柏克、奥斯汀和罗兰·巴特,到格雷戈里·贝特森、尤尔根·哈贝马斯和欧文·戈夫曼,各有各的法门。不过归根结底,至少这点是很明白的(假如这里有任何事可称得上“明白”的话):这么做就是常识藉由将社群视为建造与拆解思维的工坊,将历史视为思维征服与被征服的疆域,以弋航于“多元/统一”、“产物/过程”的两难之间,并因而涉足于权威的再现、疆界的标定、辩说的修辞、誓言的表达与对异议分子的监控等这些关乎实力的事务。

走笔至此,想象界域变得愈发政治,更糟糕的是那些认为心灵(mind)(或本我)是独具一格之物的人,比如谈秘密洞窟的赖尔和谈镜式本质的罗蒂,他们的不自在感将变得愈益严重,这种不自在感藉由一些并不完全一致的方式表达出来:如对特殊主义的恐惧、对主观主义的恐惧、对观念论的恐惧,当然也包括了对相对主义的恐惧——前面几种恐惧汇聚而成知识分子的一种至大的恐惧(Grande Peur)。假若思维真是这般地依赖于外在世界,则何以保

证它的普遍性、客观性、有效性和真确性?

这种对特殊主义的恐惧(我假定它如今已经是相当明白的事实),我认为有一点像是学术圈的精神衰弱症,在我本人所属的人类学这个学科之中尤为严重。我们有些致力于研究特定个案(而

154 且通常是极为特殊的案例)的同行,不断地听人说我们这么做是在侵蚀一般知识的可能性,应该舍此以就某些诸如比较性学或文化动力学之类真正科学的东西……云云。不过,对特殊主义的恐惧也相当强力地出现在与历史有关的领域。一位历史学者曾经写道:这种恐惧的真正恐怖之处在于一个人若纯粹只是知道一些特殊的事情,他终将只知道一些无关紧要的事情。至于主观主义的指控(某些社会学家与科学史家遭到这种指控的概率或许稍高于我们其他同侪),其主旨是:如果全然运用意识形态或理论信奉者的概念视野来阐释意识形态或理论,则将没有任何手段可资判断这些思维是否中肯以及一者比另一者高明的程度。至于观念论,这个词通常不是意指服膺于某种明确的哲学教条〔诸如信仰理解就是本质(esse est percipi)或者什么别的东西〕,而只是说某人太过执着于浮面的表象、象征等等,而较深层的真实、神经元等东西将会被无力的表象所混淆。最后,相对主义所招致的不仅包括这一切的罪孽,还要加上全世界卫道人士对道德颓唐和逻辑谬误的指控(通常说到这时也把希特勒给扯进来)。思维就存在于你发现到它的地方。你可以在任何形貌的文化与任何规模的社会里看到它,而你必须得去探究的,就是那些形貌和规模。这样的观点或多或少被认为等于是宣称:除了"入乡随俗"、"人各心头一把尺"、"百里不同风、十里不同俗"、"不可以己之心度他人之腹"这几句俗话

以外，我们对思维实在没什么可说的。①

不过，我们还是有一大堆的话可说。比如，关于我之前提过的翻译这个问题，即如何能（或如何不能）将意义相当完整地从一种话语搬移到另一种话语之中？关于主体间性（intersubjectivity）的问题，即相对独立的个人，如何能（或如何不能）对类似的事物达致相当接近的理解？关于思维如何构想变迁？（革命以及类似的一切）、思维的疆域如何划定分割？（“今天我们举行领地命名式……”）、思维的规范如何维系？思维如何获得模型？思维如何分工？等等，有一大堆的东西得说。以思维为题的民族志与以其他任何事务（如崇拜、婚姻、政府、交易）为题的民族志一样，都不是以夸张分歧性作为目的，而是认真严肃地将思维本身视为分析性描述以及阐释性深思的对象。这么做既不会威胁到我们道德纲纪的完密，也不会威胁到语言学家、心理学家、神经生物学家、灵长学家，还有创造人工智慧的技师可能正在奋力追索的有关感知、情感、学习或信息过程的任何恒定性质。它真正会威胁到的，其实是人人尽皆具备的本能力量（pristine power，从西奥多·施瓦茨处借来的词汇）。比起对这个时代或那个地点的研究，藉由对社会建
构出来的说法与观点（从纳尔逊·古德曼处借来的一个词汇）进行 155
考察，更利于我们揭露我们如何思维这里头的偏见。

① “入乡随俗”等几句俗话的原文是 when in Rome，to each his own across the Pyrenees，and not in the south 四个片语，第一个片语；显然是 when in Rome，do what Romans do 这句英文俗话的片段，意即“入乡随俗”；第二个片语，约莫等于“人各心头一把尺”，亦即每个人的想法都不同，至于后两个片语，都意味着另一个地方（比利牛斯山脉分隔着文化极为不同的法国和西班牙）的人和本地人的想法差异很大，“不可以己之心度他人之腹”。

## 三

某个这类探索者的发现关系到另一位其他种类探索者的发现，这种情况本身当然显现了颇大的翻译问题；假设这个问题在实际上有妥协的余地，而不同的社群在概念上又可以相互沟通，则翻译无疑将为双方的思维带来某种巨幅的变迁。但是，探讨这个问题将涉及太多技术上的细节，而且时机无论如何可能都尚未成熟，所以我不此之图，而是想描绘出民族志研究路径一旦被用以瞄准我们此处所讨论的总主题“心灵的五彩生活与单一生活”时究竟会是什么个模样，藉以使之变得稍微比较明晰可见。我的论点是：这个议题的分歧面（能勾起田野调查这行中老狐狸兴趣的那部分）能够告诉我们的，和这个议题的统一面（对娴熟于假设前提的刺猬更具吸引力的部分）能够告诉我们的一样多。这个论点显然要求我，就算没有例证，至少也要就方法论的预设和研究程序方面多做说明。

这些预设中的头一项，也是最重要的一项，就是共同组成现代学术之零散话语的各个学科（或学科模型），如人文学科、自然科学、社会科学等，不只是知识上的有利位置，也是在世界存在的一种方式（引一句海德格尔的术语）、一种生活形式（用维特根斯坦的术语），或者纯理智经验的杂凑（varieties of noetic experience）（用威廉·詹姆斯学派的术语）。巴布亚人与亚马逊人以同样的方式栖居于他们所想象的世界，高能物理学家或腓力二世时代的地中海史家亦然——至少有一位人类学家是这么想象的。当我们开始

看到这一点，并且开始去解构叶芝的意象、钻进黑暗的洞窟，或者去评估学校教育对经济成就的影响效果之时，我们所针对的不只是一个技术上的工作，而且是界定了某人生活之大部分的一个文化框架，于是一份关于现代思维的民族志开始得以显现为一项紧要的研究计划。我们想去扮演的角色，原来却是我们发现自己所拥有的心灵。

用以解析这种由专业所塑造（metier-made）的心态，并使它们 156
为那些对此颇为生疏或持否定态度的人显得可以了解（同样也是为了这类心态的拥有者，对他们来讲，那些心态是无法逃脱的宿命）的研究方法，当然几乎不可能没有前例可用以指导其发展。在面临不熟悉的看待事物的方式时，能够减轻迷惑，向来是属于我这门学科当中至少一个流派的看家本领，这种人类学关注的就是如何使特瓦人（Tewas）、土耳其人（Turks）与特鲁克人（Trukese）[①]变得比较不像是闭锁在重重疑云中的谜团。此外，也有其他人曾经处理过这个问题，比如历史学家（尤其是那些关怀点不局限于我们是如何变得比以前聪明许多的史学家）、文艺批评家（特别是那些不只读过马克·吐温和梅尔维尔（Melville）原著的批评家），近来甚至还包括了哲学家——他们突然想到：如果文法教本为英文读者注解了这个世界（其封面页或许也能为德文读者做点贡献），它应该也可以为其他人（比如中文读者）做出同样的贡献。但至今为止，关于如何领悟到他人经验的曲线，并至少将它局部地传达给与其经验弧线相去甚远的人，我们已经学到的一切，还谈不上能为

① 密克罗尼西亚群岛的一支原住民。——译者

历史学家与社会学家、精神病学家与律师，或者（原谅我揭个疮疤）昆虫学家与人类学家创造出主体间的联结（intersubjective connection）。

无论如何，仅就我自己的领域而言，关于现代思维的一种民族志式理解，就有许多方法论的主题可以拿出来讨论。但我将自我节制，仅简单扼要地指出三点：殊途同归的资料之运用；语言分类法的解释；以及生命周期的审视。

所谓殊途同归的材料，指的是描述、估量、观察等等随心所欲地采集到的一切未标准化的事实，从品类、精确度或涵盖规模等各方面来讲，它们都是彼此分殊的，甚至可说是相当琐碎多样的，它们被随机收集而来，描绘之内容亦纷繁多端，但只因为一个简单的理由，却使它们足以相互发明：它们所描述、估量或观察的众多个人，直接牵涉彼此的生活，用阿尔弗雷德·舒茨的一句嘉言来讲：
246 人们会“一同变老”。这样，它们不同于藉由民意测验、抽样调查或统计所得到的资料，这些资料所生产出来的事实，关系到一群群彼此之间没有其他关系的个人：所有在1960年代拿到经济学学位的女性；自第二次世界大战以来，每两年以亨利·詹姆斯为主题的论文出版数量。人类学对自然社群（即以多重途径相互关联的人类群落）的关注，使它有可能将看来仿佛只不过是一个异质性材料凑合而成的杂烩，转变成互相强化的一个社会理解的网络。而且，既然现代学者并不比布须曼人更独来独往，当然有可能对他们进行同样的研究。

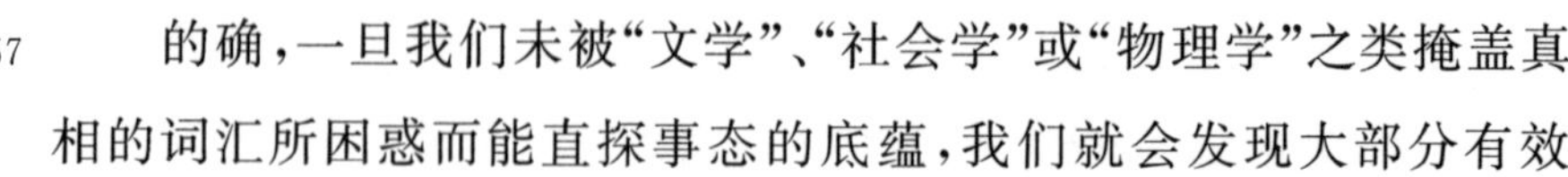

157 的确，一旦我们未被“文学”、“社会学”或“物理学”之类掩盖真相的词汇所困惑而能直探事态的底蕴，我们就会发现大部分有效

运作的学术社群,并不比大多数的农村大多少,而且也和农村差不多一样是向内生长的。甚至有些学科彻底符合这个模式:几乎每个富有创意的数学家(一位15世纪意大利的美学家,曾巧妙地将他们贬抑为以证明扼杀了自己智识的一群人)彼此都互相认识,而他们之间的互动(一种不折不扣的涂尔干式团结(Durkheimian solidarity)!)足以让祖鲁人感到自豪,这情形显然至今犹是。在相当程度上,同样的情况也可以在等离子物理学家、心理语言学家、文艺复兴学者和其他一些可称为(套句波义耳的老词)"无形学院"(invisible colleges)的学术领域中发现。我们可以从这些单位(若你高兴,你也可以称之为知识分子的村落)里收集到殊途同归的材料,因为当地居民之间的关系,通常不只是知识上的,还包括了政治的、道德的、与广泛的个人关系(近来日益盛行的是婚姻关系)。实验室与研究所、学会、重点大学的科系、文学家和艺术家的朋党、知识分子的派系,统统符合于同一个模式:关系盘根错节的个人所组成的社群,在这个社群里,你发现的关于甲的材料,也会告诉你一些关于乙的事情,因为他们彼此相交既久且深,都是对方传记中的人物。

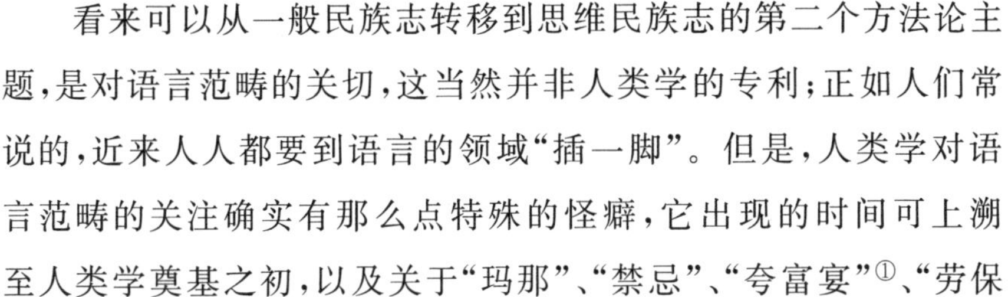

看来可以从一般民族志转移到思维民族志的第二个方法论主题,是对语言范畴的关切,这当然并非人类学的专利;正如人们常说的,近来人人都要到语言的领域"插一脚"。但是,人类学对语言范畴的关注确实有那么点特殊的怪癖,它出现的时间可上溯至人类学奠基之初,以及关于"玛那"、"禁忌"、"夸富宴"[①]、"劳保

① 即居于加拿大太平洋岸的印第安人冬节时的礼物交换习俗。——译者

拉”(lobola)[①]等词汇的漫长讨论盛行的年代，而且它一向喜好聚焦于那些意义一旦被解开似乎就能够阐明整套立身处世之道的关键词。

既然我对这些事情早就有兴趣，不同学科人士彼此之间在谈论同行时所运用的词汇自然而然就吸引了我——我把它们视为得以窥见正体现他们心态的一个途径。关于将数学证明形容为“深刻”、“精致”、“美丽”、“有力”或“微妙”，彼此之间究竟有何差异的谈论，尽管出自数学家们之口，但就和许多品酒师之间的对话一样，显然对他们圈内人而言是极端真切的，但对任何圈外人而言却都是恍惚飘渺的；物理学家用“tact”(机智、老练之意)和“skimming”(撇取奶油的动作)这样特异的词汇来表达赞美和谴责；而文艺批评家则在对圈外人谈到某种神秘属性之相对显现时，将之
158 称为“realization”(实现)[②]，学术研究的献身者用这些词汇来表达他们的目的、判断、合理化等等，我觉得若能加以适切的了解，它们将极有助于我们领略学术研究的真正旨趣。

即便是针对含有浓厚的“劝诱性定义”式元素的那些更大、更宏阔的分类，包括它用以对自身进行分类的“科学”与“人文”之类的空洞划分，此种审视方式也有擅场之处。在我们这个处于中层位置的、宽广的次领域里(即斯诺所遗忘的“第三文化”)，一个人究竟喜欢将这个行业称为“社会的”、“行为的”、“生活的”还是“人文

① 非洲的一种传统婚俗，即男方须送给女方家长丰厚的妆奁方得以娶亲。——译者

② 亦可解为觉察、了解，但在此似以译为“实现”为佳，不过，格尔茨是否意在运用这个词的双关性，译者亦难断言，故留注于此，祈读者自行揣摩。——译者

的”科学（甚至根本彻底否定“科学”这个尊号），将会大量地泄露出他心目中对这整个行业“是什么”，或者至少“应该是什么”，甚或至少是“应该极力避免变成什么”的看法。至于在各类科学之间的“硬性/软性”、“纯粹/应用”、“成熟/不成熟”的分别，以及在人文学科内部的“创造性艺术/批判性研究”的分别，则带有准意识形态的弦外之音，应该给予比它们通常所得的更多的反省——至少不应该只是针对智库中的技术官僚或者纽黑文市的衙门权贵偶一为之的暴动。

我的第三项主题——对生命周期的关切，虽然源于对人类生存之生物性基础的一种感受，但严格来讲并不具生物学的性质。此外，虽然它将社会的、文化的和心理现象都设置在职业的语境之中，严格来讲它也不是传记性的。在民族志分析中，过渡仪式、年龄与性别角色的界定、代际纽带（亲子、师徒）等一向都是重要的，因为它们标定了几乎每个人都会经验到的状态与关系，所以它们似乎至少为我们的材料所构成的旋涡提供了几个合理的定点。

有几种方式可以证明这种观察事态的方法颇有利于我们对思维的思考，我只举其中的两种为例。

第一种是表明学术领域的那种极端特异的职业模式：亦即一个人先从形势的中枢开始，然后向边缘移动。引进社群（induction into the community）的过程，就发生在顶峰或中枢所在地或者其邻近之处，然而大部分人并不能安顿在顶峰、中枢或者其邻近之处，而是在某个低下、偏远的地方——不管那意象应该是什么。说得具体一点，以为这门专业为例，绝大多数博士学位的颁授至今仍出自区区七八所大学；而得到博士学位者之中，仅有极小一部分在

这些大学谋得了教职。当然其他地方也颁授了一些博士学位，而且或许近年来稍有分散化的势头（但最近的指数不太能支持这个
159 说法）。但是总而言之，大多数人至今依然遵循着这样的职业模式：先在公认为形势核心之处待上几年，然后以不同的程度和不同的速度（套句流行的术语）“向下流动”，或者说至少大多数人自认为是如此。在其他一些学科，这种现象甚至更为显著：全美国的物理系布满了“在麻省理工学院（或加州理工学院）混过一阵子”的人；而先在普林斯顿大学念英国史然后到路易斯安那州立大学任教，可以赋予你的生涯一种特殊的音色。

看这种模式有多么古怪（我不想谈论它是否合乎正义的问题），想想警察这一行，每个人都是从底层被引进，然后一阶一阶地向高层移动；军队是采取两阶层式（two-caste）的职业途径——专职军官与应募入伍军人；至于天主教会，则是在教区神职人员与大主教之间几乎没有任何其他层阶，因此绝大多数人都在同等、一般的层级上，一待就是三四十年。就我所知，还没有人研究过这种将人吸纳进学术圈的特殊模式对思维所产生的效果，但我相信应该有人做这项研究，而且我也相信这种或许可名为“被逐出伊甸园症候群”的现象（还有关于我们的仪式生活（例如学术会议）的一些突出性质的论析），对我们心智的一般形貌的形塑效果，比我们允许自己去理解到的更为重要。

我想在这个节骨眼上提出讨论的第二件事情，和前一点的关系相当密切，那就是在不同的学术领域内，成熟的周期也长短不一——不管怎么说，人们是这么认定的。数学当然是一个极端的例子（至少在一般大众的想象中是如此）：数学家们似乎都

是在 18 岁时开始绽放异彩，到 25 岁就金盆洗手、退出江湖。而在历史学界，已到知命之年的人，有时候还会被认为仍旧未成熟到足以完成一项重要的作品，这当然是另一个极端。就此而言，高等研究院（the Institute for Advanced Study）是个最有趣的窗口，人们可以在此见到各色各样的周期同时在运作着，呈现出令人惊异地杂错不协。说个笑话，一位高等研究院的访客在下午茶时请教一位数学家与一位历史学家："近日来此处的景况如何？"历史学家对一旁嘴上无毛的青年摆摆手，答道："噢，你看看，仍旧是培养数学家的育婴室。""也是历史学家的养老院"，数学家接着说。

很显然，实际情况比此处所提到的要复杂得多，也需要比此处谈到的这些更细致的概念来进行判断。在这件事情上，我并无任何具体的论点有待捍卫，至于对我之前极粗率地提出的另一件事情，当然更无甚可说。我的主旨是不同学科领域中的"土著"对于成熟（以及成熟以后）的观念，以及伴随着这些观念所引发的焦虑与期待，大体上从内在形塑了任一特定个人"在心灵上的"状态。
它们赋予个人的心灵状态一种独特的、生命周期的、年龄结构的音 160
色，一种渗透于其全体的希望、恐惧、欲望与失望的结构，对它们加以深入考察时绝对必要的，就像我们曾对普韦布洛印第安人和安达曼群岛的矮黑人（Pygmies）所做的那样，但我们还未曾对化学家或哲学家做过类似的研究。

如上所言，一个人的确可以继续走这条路，建议思想家如何渐趋理解他们究竟是在干什么。但是，既然我们在此所关怀的是一个指向焦点更明确，同时普遍概括性更宽阔的议题——心灵生活中的同一性与分歧性,我们当然有必要推导出一些关于"将思维视作以种种不同方式被激发、组织、定向的一种社会行动"的寓意。

特别值得一提的是,必须放弃人类史上可以再次出现(假设以前曾经出现过)以受过教育的阶级为基础所建构起来的一个整合的高等文化,并为社会整体奠定一种全面通行的知识规范这种已经僵硬濒死的希望,代之以一种远为谦卑的企图:让学者、艺术家、科学家、专业人士以及政府官僚(我们敢有这种期待吗?)这些不仅在意见上(甚至在情绪上)而且在其经验的极根本处都极端不同的人,能再次找出一些切合时宜的言辞展开对话。传说青年时代的哈洛德·尼科尔森(Harold Nicholson)[①]曾于 1915 年年底在伦敦的某个街头向一位女士解释自己为何总是不停地为文明辩护,当时他给出了这个著名的答案:"夫人,我就是文明!"这样的豪语,如今即使是在地位最尊的教授席(High Table)[②]上,也已不复闻矣,我们尚能冀望的也只是设计出一个能让大家相互接近对方职业生涯的方法,但倘若此事成真,恐怕也将是一个最稀奇的现象、一个有用的奇迹。

① 英国外交家(1886—1968),当过工党的地下党员,并著有多本历史和传记作品。——译者

② 英国牛津、剑桥之类历史悠久的大学,各学院餐厅中均置一教授席(High Table),排在研究生席之前(大学生席则在研究生席之后),其座次排列位阶森严,自院长、各学科首席大教授以降,一直排到支薪的博士后研究员〔在剑桥常称为 fellow (学伴)〕,一些更古老的学院餐厅的布局,是将一切其他的席位摆成纵向,唯有首席为横向,置于餐厅的上首,上面仅有院长、各科首席和资深教授的席位,资浅的教授、讲师、学伴等不得逾越,权威象征更为突出。——译者

## 四

“一般教育”的“一般性”到底跑到哪里去了？我们如何努力将之找回来，以求避免一场受过高等训练的野蛮人(韦伯所说的“没有灵魂的专家，没有心肝的纵欲者”)之间的竞赛？近来每一位对知识分子生涯有过认真思索的人，都为这两个问题而困思横虑、难以自拔。但在我看来，大多数围绕这些问题而兴起的讨论，注定是一种徒劳无功的努力、一种介于同样言之成理但却相当象牙塔式的立场之间无止尽的摆荡，因为它们将“应该(或不应该)复兴某种普及的人文主义”这个观念当成他们的出发点，例如马克斯·布莱 161
克(Max Black)曾在某处说过：复兴一种“经过修正的”人文主义，“以致能有裨于我们解决自身的迫切问题，而非典雅绅士或文艺复兴时代廷臣的问题”。无论这样一个计划可能有多么吸引人(我本人就觉得它并不怎么诱人)，它根本是不可能的事。

现代意识的品质证明就是它巨大的分歧性(我向来坚持不懈地宣传这一点，几乎到了偏执狂的程度)。对此刻以及往后的世代而言，“从人文学科的研究(或者从“科学的研究”)里产生一种全盘性的取向、看法和世界观(*Weltanschauung*)，从而形塑文化的方向”，绝对是个幻想。这不只是因为这种单一“人文主义”的阶级基础以及与它相伴随的其他许多东西(比如合用的洗澡盆和舒适的出租车)一起彻底消失了，而且更重要的是关于学术权威的基础共识(旧典籍与旧礼节)已经不复存在。假如我在此地所构想的那种针对思维的民族志研究真的付诸实施，我敢肯定它将会强力支持

上述结论。它将让我们更进一步意识到当前思维方式的极端分歧性，因为它将使我们对那种分歧性的理解，超越单纯涉及主题、方法、技术、学术传统等等东西的专业领域，而扩展到更广大的、攸关我们道德存在(moral existence)的框架。“将某些普遍流行的‘曾被想过和说过的最好的’意识形态融汇为一，并将之灌注于学校课程之中”这样一种“新人文主义”概念，看起来将不只没有说服力，而且根本是一个乌托邦。老实说，若它有可能实现的话，还真有点惹人烦恼。

但是，就算我们对“职业的特性对我们的生活穿透得多深”、“这些职业作为‘纯粹赖以谋生之行当’的比例何其小，而作为‘我们安居于其间的一个世界’的比例又何其大”等等这些事实的精准理解瓦解了某种新式的“心灵普遍文化”(culture générale de l'esprit)得势的希望，它也不必然就会让我们产生视一切现实为理所
254 当然的心态，并退隐至无政府状态和更高度的唯我论之中。文化生活整合的问题，变成了“如何使定居于不同世界中的人们彼此之间有可能存在真正、互惠影响”的问题。倘若有一种普遍意识存在，它的内涵是一堆杂乱无序的、带有众多无法完全通约观点的群众互动，那么这种意识的生命力便有赖于创造出让这样的互动得以发生的条件。为了实现这个目标，第一步肯定是接受差异的深刻程度；第二步是了解这些差异究竟是什么；而第三步则是创造一种语汇，即能让数量经济学家、碑铭研究专家、细胞化学家和图像学家可藉以相互如实地表达出自己见解的一种语汇，以便大家把差异公开的陈述出来。

162 为了显示“被不同专业塑造的心灵之间深刻的歧异性”这个问

题不是我向壁虚构的、不是一个人类学家为推销自己的行当所搞的一个把戏，让我摘引几年前登在《纽约时报》上的两则读者投书以作为结论。第一篇是一封信，作者是一位年轻而且显然相当聪明的副教授，任教于罗格斯大学(Rutgers)数学系。该信的主旨是回应该报关系到他的工作的一篇社论，标题是(以《纽约时报》一贯肃穆的启示录风格)“数学的危机”。该报所说的“危机”是指两队相对独立的研究人员(一队是美国的，一队是日本的)产生出了两个相互矛盾的证明，而两个证明都太长太复杂，以致不可能达成妥协。该投书的作者身为美国队的成员之一，当然了解详情，却指出上述说法不尽正确。至少就他本人的感受言之，这次危机比单纯的方法论问题杀伤力更强：

> 这个(关于证明的)议题开放接受讨论已经持续了一年以上，(他写道)可是相较于经济学家、生物学家甚至物理学家的争论，这一点也不算稀奇。这场冲突之所以引起注意，正是因为这类事情在数学界几乎是闻所未闻。无论如何，(日本队)于1974年7月在他们的证明中发现了一个错误。
>
> 你可以看到，问题不在于证明太长和太复杂——其实我们的证明只有13页。而是因为同伦理论(homotopy)是一个抽象的领域，除了数学家以外的人都没有兴趣，只有一个从业人员不厌其烦地独自去验证这两个证明。部分是因为这个缘故，我遭逢到了自己的“数学危机”，精确地来讲，是因为在数学领域没有“也许”(maybe)，也因为纯数学已经变得如此冷漠无情地隔离于现实之外，我再也受不了这样的胜利了。个

年秋天，我将到医学院注册入学。

另外一段摘录来自一篇题为“物理学家在干的事情：整顿宇宙”的短文，作者是芝加哥大学费米研究所（Fermi Institute）的一位教授，该文出现在上文发表之后的一周左右，但两者之间并无关联。促使他写这篇文章的因素，是鉴于学生以及我们所有的物理门外汉，都认为物理学是“犀利、明确且枯燥冷酷的”。他带着点粗鲁的语气说：“物理学不是这样的，生命也不是这样的。”接着，他举出了诸如在标准的、膨胀中的气球上的一只普通蚂蚁等实例来说明在物理学门墙之内的实际情况是如何，最后归结为：

物理学就像生活；不可能有所谓的完美。它从来不是彻底严丝合缝的，它完全是一个更好、再更好的问题，以及你到底在这上面投下多少时间和多大兴趣的问题。宇宙真的是弯曲的吗？它并不是那么明确和枯燥冷酷的。理论兴衰沉浮不定，一项理论没有绝对的对或错，理论有点像是社会学上的立场，当新资料进来时它就随之而变。

163 “爱因斯坦的理论是否正确？”你可以做个民意测验看看。此刻爱因斯坦是比较“时髦”，但谁知道他是不是“正确”？我知道有一种观点，认为物理学有某种根本性、正确性、真实性，但我在物理学中一点也没发现这些。对我而言，物理学是你介于早餐和晚餐之间的一切行动。没有任何人讲过关于真理的只字片语。或许真理是“不时兴的”。或许有人会想：“噢，那么……从广义相对论的立场来看这个观点，是好是坏？”

> 物理学是会把人搞迷糊的,就像生命一样,如果它换成别个模样,那可就方便多了。它是人类的一种活动,你必须做出人力可及的判断,并接受身为人类的限制。
>
> 或许,这种思考方式意味着比起我们自然倾向更大的一种心灵上的弹性,以及对于不确定性的一种更大的容忍度。

重点不在于数学有一种形而上的抑郁症而物理学有一种舒适的愉悦,事实上我们可以很容易得到正好相反的印象——如果我摘引的是一些更耳熟能详的、数学家从数学作品中得到重大美感回馈的说法(数学家在其中仿佛渔人与音乐家一样,简直就是至今犹存的末代诗人),再看看那些更为人所熟知的、物理学家对好像被下了魔咒似的、色彩斑斓的、以夸克呈现的粒子世界令人气沮的混乱无序的慨叹,什么"整洁清晰性"、"宇宙"或其他一切引人遐思的东西,似乎霎那间全都逃遁得无影无踪。重点在于从事一项其中不可能有"也许"的技艺,或者反过来讲,从事一项必须与"或许"这个教条长相左右的技艺,对一个人接物处世的一般取向,具有相当的影响。并不是同伦理论的命题本身很可能看起来愈高不可攀就愈完美、愈完美就愈高不可攀,也不是说服膺广义相对论的教条这一立场本身很可能看起来像是一个随着新资料的出现而变动的社会学立场。对这些学界经验中显著事实的反应,我认为当然是每个人都不一样的,某些人喜爱干净采光良好的地方,某些人则弃之若敝屣;某些人着迷于每日生活在困惑不解中,某些人则亟望逃之夭夭。倘若研究弥尔顿的专家或民族音乐学家也在劝诱之下给报纸写了类似的吐实信件, 定也能呈现同样强烈的对比。

然而对于这一切，我们所知甚微。近来，过着以一种特定的学术研究、或者教学授课、或者写稿创作等行为为中心，或者藉由这些行为以实现的生活究竟是什么模样？我们知道的极少。除非我们知道更多，关于"这种或那种研究者在当代社会以及当代教育中的角色"这个问题的任何尝试，就算只是提出几个大问题，都必将陷溺于从某种过去（那种想当然的过去，就和未经考察的现在一样的空洞粗疏）承袭而来的、充满激情的概略原则，遑论对这些问题提出解答。针对思维这个议题，民族志式的研究路径所反抗的就是这种做法，而不是心理学实验、神经生理学研究，或者电脑建模。

# 第 三 部

# 第八章　地方知识：比较视角下的事实与法律

## 一

261

和航海、园艺、政治和诗学一样，法律与民族志都是地方性的技艺：它们都凭借地方知识来运作。譬如保斯格瑞夫(Palsgraff)或查尔斯河桥案(Charles River Bridge)之类发生于一时的案例，不仅为法律提供了可借以展开深入反思的基础，也提供了法律关切的对象；就民族志言之，“夸富宴”或“产翁”(couvade)[①]之类固有的习俗则发挥着同等的功能。不论人类学与法学可能还有哪些其他的共同点，比如汪洋恣肆、不拘一格的学问，或是一种富于奇想的气质等，它们的匠心，都同样凝运于“在狭隘、局限的事例中见出广泛的原则”。诚如一句非洲的格言：“智慧出自一个蚂蚁窝。”

---

① 一种妇女生产时的风俗，即妻子在分娩时，丈夫必须另觅一室闭关，并遵守许多禁忌、进行一些仪式，甚至仿效妻子分娩的痛苦等，直到小孩降生后方可出关。以流行于南美洲印第安人中的习惯为类似风俗的代表，但同样的习惯亦可见于欧洲、印度等等地方。——译者

基于这种心智格局上的相似性，即基于类似的一种“要认识一座城市就得去认识它的街道”式的体察事物之路径，我们不难想见法律人和人类学家是天生的搭档，双方之间观念和论证的沟通将会进行得特别顺畅。然而，对直接事物的感受不仅能沟通双方，而
168 且也能造成疏隔。虽然游艇玩家和葡萄酒酿制家可能会相互赞赏对方生活的意义，但他们对自己得和对方聊些什么，却不甚了了。法律人和人类学家二者间的关系亦复如是：双方都是切题案例的鉴赏家、手头事物的品鉴家，但正是双方各自的“选择性亲和”(selective affinity)使得二者相互疏隔。

标志着法律人喜欢称为“法律人类学”(legal anthropology)而人类学家喜欢称为“法律的人类学”(the anthropology of Law)的那种学问的，是一些奇特的东西。这些奇特的东西源于介乎两种专业人士之间的一种既亲近却又疏远的关系：一种是那些〔引一句霍姆斯(O. W. Holmes)的名言〕专业帮我们准备“出庭所需的东西或者……免于上法庭打官司”的人，另一种是专门以建构一面巨大的镜子以便让我们能“在(我们)无限分歧的样态中观看(自身)”为业的人〔转引霍贝尔(E. A. Hoebel)摘自克拉克洪的话〕。① 再者，在这些奇特的东西之中最奇特的一样，无疑是针对这些问题无休无止的辩难：法律的成分究竟是制度还是规则？是程序还是概念？是判决抑或法典？是过程抑或形式？还有，法律是否

① O. W. Holmes, Jr., “The Path of Law,” reprinted in *Landmarks of Law*, ed. R. D. Henson (Boston, 1960), pp. 40—41. E. A. Hoebel, *The Law of Primitive Man: A Study in Comparative Legal Dynamics* (Cambridge, Mass., 1954), p. 10.

像“行业”一样，是任何一个人类社会中都能看到的范畴，或者是像“对位法”①一样，并不是人类社会中普遍存在的范畴？

在“宗教”、“家庭”、“政府”、“艺术”甚至“科学”等领域里，“源于某个文化的标签”和“在另一个文化中碰见的习惯”两者之间问题重重的关系这个议题，已经被公认为既绕不开但又不至于要命的问题，但在“法律”方面，它却仍然构成一个古怪的障碍。不仅法律的逻辑面与实践面被割裂，因此全盘否定了这一番努力的意义（只要再引“法律的生命……向来在于经验”这句话便足够了），而且“法庭研究路径”和“民族志研究路径”的法学分析被毫无裨益地设定为相对立的两元，以至于凡是冠上“无专业法律人的法律”、“无制裁的法律”、“无法庭的法律”或“无先例的法律”这类标题的大批书籍和论文，似乎可以很贴切地总结为这么一个唯一的标题——没有法律的法律。

因此，这两种均以风俗习惯为念、如此紧密地被束缚于特殊的世界并且如此深度地仰赖特殊技艺的专业，它们之间互动的结果，却是双方的不安与嫌隙远多于相互的调适与融合。而且，非但法学的感性未能穿透人类学，民族志的感性也未能引入法学，甚至还存在着一系列僵固且停滞不前的争议，如西方的法学观念是否可

以有益地应用于非西方的环境？法律的比较研究是否和非洲人或 169
爱斯基摩人对公平正义的理解内容有关，或者是否和土耳其或墨西哥人如何处置争议有关？还有法律规则究竟是在限制武断的行径，或者只是用以合理化某些法官、律师、检察官或其他坏人刚愎

① 指音乐上的对位法。——译者

专断的一个假面具?

上面那段又臭又长的评论,并非意在草率略过法律人类学的既有成果。我当然承认《犯罪与习俗》(*Crime and Custom*)、《夏延族之道》(*The Cheyenne Way*)、《巴罗策人的司法程序》(*The Judicial Process Among Barotse*)和《提夫人的正义与审判》(*Justice and Judgment Among the Tiv*)等名著至今依然是对部落社会中社会控制的经典性分析。我也不是想攻击目前正在进行中的、针对同类事情和出之以同类语汇的分析作品〔除了一些极有趣的例外,如萨莉·福克·摩尔(Sally Falk Moore)论严格责任和劳伦斯·罗森(Lawrence Rosen)论司法的自由裁量〕,只是为了借以引出我的观点。[①] 依我之见,人类学家(现在我先将焦点放在他们身上,之后再谈法律人)尝试藉由将民族志与法学交会的成果构想为类似于社会心理学、外空生物学(exo-biology)或科学史之类"在各自领域内的一种专业化的、半独立的次领域的发展",以图解决地方知识的问题,这是一条完全错误的路。如果问题是因为出现了实在无法归于任何一个既定领域的、各个老地盘之间的罅隙现象(例如生物化学),或者是发现标准化的概念难以适用于未标准化的领域(例如天体物理学),在这两种状况下,从既有的领域中

① B. Malinowski, *Crime and Custom in Savage Society* (London, 1926); K. Llewellyn and E. A. Hoebel, *The Cheyenne Way* (Norman, Oklahoma, 1941); M. Gluckman, *The Judicial Process Among the Barotse of Northern Rhodesia* (Manchester, 1955, rev. ed. 1967); P. Bohannan, *Justice and Judgment Among the Tiv of Nigeria* (London, 1957). S. F. Moore, "Legal Liability and Evolutionary Interpretation," in *Law as Process* (London, 1978), pp. 83—134; L. Rosen, "Equity and Discretion in a Modern Islamic Legal System," *Law and Society Review* 15 (1980—1981): 217—245.

演化出新的分支可能是有意义的。但是,法学与人类学两边都只是在揣测(有时候渴望、有时候却又怀疑)对方的葫芦里头是不是有着什么灵丹妙药,可以用来对付自家的一些经典问题,这种情况当然不可一概而论。可能成为对话者的这两方,所需要的不是一个好比"海上的葡萄酒酿造"或"葡萄酒酿造师的航海"这种半人半马似的学科,而是对彼此之宗旨有一种更高度、更精确的了解。

换言之,在我看来,这意味着一种不同于流俗的、干净利落的做法,就是不要妄图把法学(作为具有简化、整理功能的概念工具(*simpliciter*))和人类学(作为无可言明的经验杂多(*sans phrase*)) 170
结合起来,①而是要寻找出在两个学科的道路上都会碰上的特定分析论题——不管它们戴上多么不一样的面具、对它的陈述方式又有多大的差异。我想,它也意味着走一种比较不闭关自守的路,不再重复"我们攻击你们、你们攻击我们,从战败之中习得教训"这个老套,也就是说我不是在呼吁努力把法律的意义灌注到社会习俗之中,或者以人类学的发现来纠正司法推理,而是在这两个领域间做一种诠释学上的定点摆渡(即"先到一个领域去看看,然后再返回另一个领域去看看"),以图塑造出能够同时充实这两个领域的道德、政治和知识的论题。

---

① simpliciter 系自拉丁文衍生创造的词汇,意为简化项或简化手段,在这段文章中的意含是用以将经验杂多加以简化,使之形成可陈述(可理论化)的形式的概念工具。sans phrase 为法文,字面义为 without sentence"无言"(无语句),译者揣测格尔茨的用意,在于凸显人类学为一大群关于法律和司法的经验之汇集,往往没有充分的概念工具可资借以将这些经验整理成可表述的形式。但以上仅为揣测,译者曾为此请教以英语为母语的人类学家,所得到的答案皆与此相近,而且,译者未曾见任何一位以英语为母语的人类学家敢肯定其意义究竟为何。——译者

我想要以这种方式来处理的论题，若用最概括的方式来陈述（实在是概括到了连轮廓都勾勒不出来的程度），就是法律与事实之间的关系。说到“实然/应然”(is/ought)或“是/应该”(sein/sollen)这个论题与它所衍生出的所有其他小论题，当然是西方哲学至少自休谟和康德以来的一项主要论题；而在法学界，一切关于自然法、政策科学或实证合法化(positive legitimation)的论辩，都倾向于将之当成症结之中的症结。然而，它也会以相当特定关怀的形式出现，相当具体地表达于法学和人类学的实际论述之中：在法学方面，它关系到司法裁判之证据面(the evidentiary dimension)与规范面(the nomistic dimension)之间的关系，即“发生了什么事情”和“这事情是否合乎法律”两者间的关系；而在人类学方面，它关系到实地观察所见的“实际行为模式”与“理论上支配着这种行为的社会惯例”之间的关系，即“发生了什么事情”和“这事情是否合乎常理”两者间的关系。在“概括化”(skeletonization)以便将道德论题化约到可以运用具有决断性的规则来对它进行裁判的程度（在我心目中，这就是司法程序的决定性特征）与“纲要图式化”(schematization)以便使其意义可以用文化的方式来解释（同样的，这在我心目中就是民族志分析的决定性特征）这两种做法之间，有着远非偶然的家族相似性。[①] 所以，虽然法律人和人类学家



① 关于“事实的概括化”，见 J. T. Noonan, Jr., *Persons and Masks of the Law: Cardozo, Hlomes, Jefferson, and Whythe as the Makers of the Masks* (New York, 1976)。关于化约道德议题以便于司法裁判，见 L. A. Fallers, *Law Without Precedent* (Chicago, 1969)；参考 H. L. A. Hart, *The Concept of Law* (Oxford, 1961)。关于民族学分析的“诠释性”观点，见 C. Geertz, “Thick Description: Toward an Interpretive Theory of Culture,” 收录于 *The Interpretation of Cultures* (New York, 1973), pp. 3—30.

在工作时间所运用的思路不同，但我们或许能在蚂蚁窝的层次上找到一些实质的东西可资对话。

此刻暂且将话锋转向司法领域（又一次拉虎皮当大旗）。在一
个裁判的世界里，“事实”究竟居于何种地位？自希腊人将这个问 171
题与“天性（nature）和习俗”（convention）的重大对峙一并提出以来，它一向是个恼人的问题；时至今日，尽管天然之理（physis）和人世之道（nomos）[①]看起来已不再那么的泾渭分明，并且尚待了解之处似乎还很多，但它已经变成了法学的长期焦虑的焦点之一。事实的激增、对事实的恐惧，以及相应而生的对事实的灭绝（sterilization），日益使法律实践和对法律实践的反思陷入惶惑淆乱之境。

从任何一方面都可以看到事实的激增。比如说事实发现程序创造出了文书差役这个职务，负责用手推车分发文件给每个人，并从每个能提供证词的人那里用录音机记下口供。又如商业诉讼案的细致复杂已到达连 IBM 的会计主管恐怕都摸不清头绪的程度，更不用说一个糟糕的法官或陪审员了。再者，援引专家证词的概率大幅增长；不仅是冷冰冰的病理学家和沸腾冒泡的精神病学家这些大家已见怪不怪的角色，还包括号称对印度人的墓地、贝叶斯概率（Bayesian probability）、色情小说的文学性质、科德角（Cape Cod）的殖民历史、菲律宾语的言谈风格或者家禽贸易业内概念的不宣之秘（比如“鸡是什么？答案：除了鸭子、火鸡或鹅以外的一切

① 此二字皆为古希腊文，前者意指“成长”、“天性”，后者指“习惯”、“风俗”、“法律”。——译者

东西”)了如指掌的人。此外,公法诉讼,如集体诉讼〔即同类涉案人之集体行动(class action)〕、机构性的宣传活动(institutional advocacy)、诉请专业顾问居中调停(*amicus* pleading)、提供专家观点的专业证人(special masters)[①]等等也与日俱增,使法官对于阿拉巴马州的精神病院、芝加哥的不动产、费城的警察和在普罗维登斯(Providence)的人类学系的了解,不得不比他们原本想知道的要多得多。还有,当代生活世界中日新月异的科技,犹如一种发明的狂热,带来了电子窃听、语言指纹(voice printing)、民意调查、智能测验、测谎,以及(一件著名的案例中)在法庭严密监视之下的玩偶表演等等这类不确定的科学,与弹道学和指纹录制技术之类较为确定的科学并行。但是其中最重要的,当属普遍流行的科学主义文化在我们所有人心目中所诱发的一种普遍“期望上升的革命”,即对“事实能够决定是非”以及“由事实来解决棘手问题”的期待;这或许就是把布莱克门(Blackmun)法官引到胚胎学的迷宫里去寻求堕胎问题之解答(如今步他后尘的,则有许多心态上更不冷

① 本句中的这几个词汇都非专业的法律用语,而较近乎新闻用语或一般日常沟通用语,但却与当代普通法体系中的现象密切相关。举例说明:某中药品生产者未对消费者言明该药之危险性或副作用,致造成消费者损失,于是该药消费者集体到法院控告药商,若胜诉将得到一体理赔,此即 class action。Institutional advocacy 为组织化程度相当严密的(官方、半官方或民间)机构,专为某种群体、某种议题进行宣传,经常针对特定法律案件动员宣传攻势,例如许多国家的原住民权利组织,它们有稳定的财源、支持者和系统性的关怀议题,经常涉足原住民与后移入强势民族间关于土地所有权、环境权等争议。*amicus* pleading 意指法院在诉讼双方的同意下,将某些高度复杂的民事纠纷案件移请专业人士(这些人多半与司法体系有特殊的合作关系)居中调停,而不经由司法程序来裁判,最典型者为遗产分配争议、离婚双方财产分配和子女养育权纠纷。special masters 之意,正文已能清晰表达,故不赘述。——译者

静的国会议员)的那种东西[①]。

这一切现象在法学领域及其捍卫者之中所激起的那种对于事实的恐惧,也同样斑斑可见。针对法庭如何评估信息这个问题的普遍忧虑,无疑是一种在司法界长期存在的情绪,这种情绪在通常将这类评估委由非专业人士来履行的普通法(common law)体系 172
中尤为显著。这是一个最为普遍的现象:“证据至上原则”以及体现这一原则的“摩尼教式二元拆解”(即将“存有”拆解为“法律问题”和“事实问题”)所关切的主要不是证据到底切不切题,而是起于不信任陪审团够格担任“理性的事实判断者”——无论这个尊号究竟意指什么。在“证据能否采信”(admissibility)这个问题方面,最近有一本手册将法官的工作细致地陈述为:去判断何种情况“若无这项证据,审判(将会)更好”。[②] 在民事案件中陪审团审判的比率普遍下跌,针对陪审团运作的经验研究增加,为改革陪审团所提出的建议连串出现,有支持从罗马法(civilian systems)体系引进审讯程序者,有支持通案重审(*de novo review*)者,此外还有赫伯特(A. P. Herbet)式的道德疑虑的广泛流行(即怀疑“将善良、真诚的十个男人和两个女人锁在一个寒冷的房间里,又没有东西可吃”是否真的是用来判断“让法官和律师们这些最聪明的脑袋都感到困惑的问题”的一种合理办法),到处都流露出一种同样的焦虑:事

① 布莱克门为美国最高法院法官,1973年在著名的Roe v. Wade一案中,基于宪政、社会、道德和医学的观点,裁定妇女拥有堕胎权。这个历史性判例随即引起许多联邦立法者与最高法院的一连串争议与限制行动。——译者

② P. Rothstein, *Evidence in a Nutshell* (St. Paul, 1970), p. 5.

件与环境的世界，日渐逸出了司法的掌握。①

对陪审团的贬抑〔这种制度曾被弗兰克（Frank）法官比作“好大喜功狂的太平洋岛人所觊觎的毫无用处和真人一样大小的鱼钩”〕，也并不是日益增长的“在司法程序中驯服事实”的欲望的唯一表达方式。② 侵权法（tort law）中的“严格责任”（strict liability）观念将事态“发生了什么”这一面向化约到一个单纯的行为论者都可以处理的层次，或者如“无过失”（no-fault）观念，更将上述面向化约到实质上等于彻底消失，如今，这类观念愈来愈普遍；又如在刑事案件中“辩诉交易”（plea-bargaining）与日俱增，它让所有涉案关系人免于在组织证据方面做不必要的努力，并且大体上是依据协定来将整件事情中的部分事实呈上法庭；还有法学的“经济”理论的兴起，将经验的兴趣从“议题之残缺错简的历史”转向“裁决所导致的可计算后果”、从“理清物质性的索赔”转向“分配社会成本”，这一切的一切都指向同一个方向：简单明了的正义看上去从来不曾有过这样大的吸引力。

当然，审判不能在完全没有证据（或者假证据）的情况下进行，而且不管那些证据被稀释得多么严重，比如有人承诺、有人受到伤害、有人犯罪等等，一定还是会泄漏出某些来自真实世界的情报（不管是真的还是刻意宣称的），甚至泄露到上诉法院去。我之前说过，将事实节略为框架（即将“事实”削足适履地化约到“法律注

① A. P. Herbert, *Uncommon Law* (London, 1970), p. 350. 我对这段引文的字词次序做了一些更动。（赫伯特，英国政治人物及作家，他的著作《理性人》（*Reasonable Man*），是英美两国有关普通法的法律著作中经常引用的作品。——译者）

② J. Frank, *Courts on Trial* (Princeton, 1949).

解”这种体裁所能容纳的范围内）是一个不可避免而且必然的过程。但是，随着经验的复杂性（或者“对经验之复杂性的意识”—— 173
这是一个关键性的区别）以及对这种复杂性的担忧日渐增长，事实便被“概括化”得愈加薄弱，这个现象严重地激起了从弗兰克法官到朗·富勒（Lon Fuller）、约翰·努南（John Noonan）等许多望重一方的法学家的不平之鸣，我敢说它同时导致了一项更为严重的后果，那就是诉讼双方突然意识到“不论法律所追求的究竟是什么，但它绝非整个故事的全部”的例子比以往多得多。[1] 如果让一位人类学家来讲的话，他会说“法律的事实是被制造出来的而不是天生的。它是用证据至上法则、法庭上的规矩、法律记录的传统格式到论辩技巧、法官的修辞以及法学院教育推重经义训诂的传统学风等各种元素，社会性地建构出来的东西”。于是，认为“执行法律”的意含即是（举一个代表性的例子）“事实构成（fact-configuration）与规范（norm）两者之间一连串的配对”，使得某一个“事实状况（fact-situation）可以与多项规范中的一个相互匹配”或者“在既成事实的几种相竞争的说法中做选择，使之可以适用某一条特定的规范”的这种司法理论，就遭到了上述关于法律事实新见解的严厉挑战。[2] 倘若“事实构成”不单纯是从客观世界里发现并且被完整地带到法庭上的那种“展示和说明”（show-and-tell）式的东西，而是所谓配对过程本身关起门来给事实编撰出的图解，那整件事

① J. Frank, *Law and the Modern Mind* (New York, 1930); L. Fuller, “American Legal Realism,” *University of Pennsylvania Law Review* 82 (1933—1934): 429—462; Noonan, *Persons and Masks of the Law*.

② M. Barkun, *Law Without Sanctions* (New Haven, 1968), p. 143.

情看起来可就有点像是在变戏法。

司法当然不是在耍把戏，或者说至少不是经常如此，而是一个重要得多的、实际上所有的文化都赖以为根基的现象，那就是所谓的“表述”(representation)。将事实铺陈为律师可以为其辩护、法官可以听审、陪审团可以裁决的样态，它就是一个赋予样态的行动：正如科学、宗教崇拜、艺术或者任何其他的行业一样，法律也构造了一个属于自己的世界，在其中，法律的描述是有意义的、可以理解的。我在后文将会再回头讨论此种陈述事态的方式似乎会产生的悖论。我想在此处表明的论点是：事态的“法律”面，并不是具有明确范围的一套规范、规则、原理、价值，或者法律可以从中引出对于经过提炼的事实予以反应的任何东西，而是想象真实事态的一种独特方式的一部分。说到底，法律所关注的不是“曾经发生过什么事情”而是“现在正在发生什么事情”；而且，如果说法律随空间、时间、民族的不同而异，那么法律所关注的事实亦随之而变。

174 我们既不宜将我们自己的或是其他任何一个民族的法律体系设想成可以彻底分割为两大块的东西：一块判定什么是对的，另一块判定什么是事实（姑且借用卢埃林(Karl Llewellyn)干净利落的说法，因为他的说法曾在人类学界极具影响力），也不宜将我们的或是其他民族的“司法技术”设想成把“回答什么是对的这类问题的伦理判断和回答什么是事实那类问题的经验性判断”这两者给协调起来的工作。比较好的、“切乎实际”（如果容许我这么说的话）的方式，是将这些体系视为运用显然具有法曹断事意味的词汇来描述世界以及其中发生的事情，并将这些“技术”视为使这种描述正确无误的一种组织化工作。[①] 对于事实的法律再现从一开始就是规范性的；这对任何想要在沉思的静谧之中审视它的人（不论他是法律人也好、人类学家也罢）所提出的难题，不在于如何扣连两个存有领域、两种心智机能、两种正义甚至两种程序，而是在于：（作为名词的）表述本身是怎样被表述出来的？

这个难题的解答还很不清晰，并且恐怕有待于法学本身不大可能会产生的文化理论之发展。但是，将自古以来的"法律摹拟"（jural mimesis）〔借用一位年轻的瑞士人类学家弗朗茨·冯·奔达-贝克曼（Franz von Benda-Beckman）的说法〕当作一种以话语为中心的公式化建构（discourse-centered formulation），从而将"判决"视为在表述一般法令时所采用的"若—则"（if-then）这种语汇（不论其表达之内涵为何）和表述一件具体案件时所运用的"因为—所以"（as-therefore）这种语汇（不论其论证的内容为何）两者之间的往复运动，[②]这种观点当然优于"将一条既定的规范嵌入所发现的某宗事实"这种配对的意象。但是，这种陈述事态的方式仍旧保有过度浓厚的西方色彩，使得民族志学者无法全然满意，因为他们的研究对象通常既不熟悉明示的条件性推理（conditional reasoning）也罕有人熟谙将普遍思维与特定思维相对照，而且这种说法本身是否有方法论上的问题，亦不无可议之处。然而，此说

① K. Llwellyn and E. A. Hoebel, *The Cheyenne Way*, p. 302. *Cf.* On "justice of fact" vs. "justice of law" L. Pospisil, *Anthropology of Law: A Comparative Perspective*, pp. 234 ff.; M. Gluckman, *The Judicial Process* p. 336.

② F. von Benda-Beckman, *Property in Social Continuity*, Verhandelingen van het Instituut voor Taal-, Land-en Volkenkunde, 86 (The Hague, 1979), pp. 28 ff.

至少成功的把注意力的焦点移到了正确的位置:即法律体制如何在一套想象的语言与一套判断的语言之间相互翻译,从而塑造出一种明确的正义意识。

以这样的方式来陈述,就改变了法律与事实这个问题的形式,使之从关于如何把二者联结在一起的问题变成了如何分辨它们的问题。同时,将西方关于此事的观点(即我们有辨别是非的规范,
175 也就是称为裁判的现象,还有分辨真伪的方法,也就是被称为证明的现象)呈现为只是做这件事情的众多方式之一。不论是在纽黑文(New Haven)也好,在新赫布里底(New Hebrides)也好,如果判决需要以具有特定后果同时也具有普遍连贯性的一种语言来再现具体的情境,那么审理一件案子实际上就不只是在展示证据以支持某一项观点,而是等于以某种方式同时描述一件事的特定过程以及关于生活的总体观念,使双方的可信度都得以相互强化。任何一个想要维持下去的法律体系,都必须尽力把在当地人所想象的存在样态中的"如果-则"结构,与当地人感知经验中的"因为-所以"过程扣连起来,使二者看起来只不过是互为表里的同一之物。法律可能既不是霍姆斯稍嫌过度激昂地宣称的那样一个经天纬地,无所不包的东西,但它也并不是法律现实主义(legal realism)带着土气的热情的质朴词语所描绘的那样一套避免争端、促进利益、排解棘手案件的聪明主意的大汇集——它或许比较近似一种市井里的人情世故(Anschauung)。

不仅如此,不同的市井就有不同的人情世故。因此,对于任何一位想要以比较的方式谈论法律之文化基础的人而言,头一个要注意的事情,就是我所说的那种关于正义的明确意识——在我离

开熟悉的景致而行往较具异国风情的地点时，我称之为“法律的感性”(legal sensibility)。这类感性不仅在明确程度上各不相同，相对于其他思维与感受的模式，它所能施加于社会生活过程的力量大小、风格与内涵各异(比如，有这么一个传说：当面临污染控制问题时，丰田汽车马上雇用了一千名工程师，福特汽车则马上雇了一千名律师)。再者，它们将事件再现为司法可操作形式(judiciable form)的手段，诸如它们所运用的象征、所说的故事、所划出的区别、所想象的景观等，也显然各异其趣。我们或许可以在任何地方见到事实与法律的共生，但肯定不常见到两者的分裂。

关于法曹的律案笺注(即法学词汇的标志性特征)以上已经讨论得够多了，以下要变调到比较人类学的音域里头去。且让我摹仿马林诺夫斯基名闻遐迩的“棕榈树丛中的风”的风格：现在，请你随我一同来到阳光普照的一个南太平洋小岛，岛上有一个村庄，坐落在绿意盎然的火山脊上，四周环绕着波光闪耀的梯田。在这里，某种看上去像是法律的东西的运作，把一个土著给逼疯了。这个
小岛就是巴厘岛，而这个村子，我们姑隐其名，至于这名土著(这个 176
故事发生在1958年，所以他很可能已经去世了)，姑且就称他为瑞格瑞(Regreg)吧。

瑞格瑞的问题始于“他的妻子跟另一个村子里的男人跑了”，或者说“另一个村子里的男人和他的妻子跑了”，或者说“他们两人私奔了”。巴厘人婚俗中的虚拟抢婚模式(mock-capture pattern)，使这种事件变得或多或少难以分辨，或者说从当地人的眼光来看，这种事再怎么样也不值得花心思去分辨。瑞格瑞自然相当光火，诉请村议会(village council)采取行动，把他的妻子找回

来。村议会是每35天集会一次以决定关系全村事宜的组织，虽说组成村议会的这群约莫130名男子每个人实际上都很同情他的遭遇，他们却告诉他：想必你早已经知道得很清楚，婚姻、通奸、离婚等这类事情不在村议会的管辖权限之内，它们是亲属集团该管的事，他的申诉找错了地方。（在此稍作说明：在巴厘岛，亲属集团通常有相当明确的界限，并且极为忌讳任何染指其特权的企图，同样的，巴厘岛人的村落也有明确的规范，巴厘的村落是由议会、亲属集团、水利会、庙宇信徒合会、志愿性结社等众多团体以颇似联盟的形式联合组成，这些团体的权利与义务是用一些基本上属于宗教但意义还是相当明确的词汇来加以明文规定的，一代又一代的村民将这些规定一次次地重新镌刻在棕榈叶上。[①]）议会成员的确真心地想要为他做点事，因为他们已达成共识，认为他遭到恶劣地利用，然而依据宪法（若我能这么说的话）他们不能这么做。另一方面，尽管瑞格瑞所属的亲属团体甚至更同情他，因为他的妻子〔他的父系表妹（patri-cousin）〕也是这个团体的成员，但这个团体既小又弱，社会地位又相当低，除了说一些诸如"看开一点，人生就是这样"、"过去的都已经过去了"、"天涯何处无芳草"甚至"不要愁，反正还有别的表妹"之类的陈腔滥调来安慰他以外，完全没有能力采取任何行动。



瑞格瑞无论如何没法因此而得以释然。七八个月之后，突然

① C. Geertz, "Form and Variation in Balinese Village Structure," *American Anthropologist* 61 (1949): 991—1012; idem "Tihingan: A Balinese Village," *Bijdragen tot Taal-, Land-en Volkenkunde* 120 (1964): 1—33.

轮到他当值村中的五位议会主席之一，他突然迟疑不前，他的麻烦也就真的来了。至少在这个村子里（没有哪两个村子采用完全相同的做法；如果两个村子发现彼此的做法一模一样，其中就有一个要做些改变），主席一职是自动轮替的，任期三年，一旦轮到的时候就非做不可（事实上这是相当少见的事情，瑞格瑞真可谓是祸不单行）。这是全村的事，而且那些棕榈叶上还准确而细致地镌刻着当 177
有人玩忽职守时神会降下什么灾难，所以若有人拒绝履行这项义务，将不仅形同自绝于村落之外，甚至是自绝于人类之外，所以没有一个人记得曾经发生过任何这样的案例。你将失去宅基地而变成流浪汉（因为在这里宅基地属于村落所有），你将失去进入村庙的权利，因而被断绝了与神的联系，你当然也被褫夺了政治权利，如列席村议会、参与公众事务、吁请公众支持、使用公共财产……总之就是参与这块地方上一切重要事务的权利；更重要的是，你将失去你的地位，也就是你世袭而来的一个在种姓制度式的尊卑次序中的位置。除此之外，你将失去整个社会世界，因为村里没有一个人会冒着被罚款的危险跟你说话。这虽不是处以极刑，但巴厘岛人有句谚语：“离开了共识的社群〔即“adat”（阿达特），一个至高无上的字眼，我在后面将以相当的篇幅来讨论它的模糊意含〕，就等于是躺下来死掉”，所以对他们来说，这仅次于死刑。

巴厘人恪遵自己的规则的谨严程度，令一位人类学家，尤其是经由爪哇到达该地的（更不用说是从美国去的）人类学家，不由得迎之以私人的惊讶与专业上的喜悦，那么瑞格瑞为何会干冒天下之大不韪，拒绝身为一个巴厘人的公共义务呢？没有人说得清楚。然而，他的同乡却对他究竟有什么动机这个问题全无兴趣，也很难

被相关的揣测所吸引。（“谁知道？他只想要他的老婆回来。”）相反，由于对他所趋向的灾难有清楚的意识，他们想尽办法劝阻他并诱使他回头接受这个苦差事。议会在几个月当中召开了六七次特别会议，就是为了想方设法劝他改变心意。朋友陪他彻夜长谈，亲戚们对他苦口婆心、软硬兼施，一切全是白费工夫。最后，议会决定将他除籍（无异议通过——因为议会的一切决定都是无异议的），而他的亲属集团在为使他回心转意所做的最后一次奋力一搏之后，也做了同样的决定，因为在这件事情上，议会必须优先顾虑到自己，如果它不这么做，议会所有的成员都将遭到与瑞格瑞同样的厄运。到了最后，甚至连他的至亲之人（父母、兄弟姐妹、小孩）都必须抛弃他，尽管从他们的观点来看当然是瑞格瑞抛弃了他们——这么说在我看来也是相当合理的。

他被彻彻底底地抛弃了。他无家可归，在街头和村子里的广
178 场上流浪，就像个鬼魂，更像是一只狗。（虽然巴厘岛上有许多狗——长着癞的、消瘦的、叫个不停的畜牲，像路上的渣滓一样任人踢。由于狗在神—人—动物位阶体系里代表接近魔鬼的一端，人们遂以一种迹近病态的狂热鄙视着它们。）虽然跟他说话是被禁止的，但人们却不时会丢一些残羹剩饭给他吃，如果没人扔石头赶他走的话，他也会到垃圾堆中捡一些残羹剩饭。几个月之后，他的心神散乱日甚一日，实际上已经变得语无伦次，再也不能对那些充耳不闻的人呐喊出他的委屈，或许甚至根本再也记不起他的委屈是什么。

然而在这时，却发生了一件意想不到的、前所未见的事情：巴厘岛上位阶最高的传统国王（依据当时政治上的权宜安排，他同时

也是新共和政府的地区性首长）驾临该村，并为瑞格瑞的案子平反。这个人在巴厘岛所体现的东南亚印度式国家模式里（尽管经历了局部的修改、局部的强化，这种国家模式时至今日仍然在一定程度上存在），位居于前述的神到动物这个位阶体系中从人这个部分超脱到神这个部分的临界点，或者（若依据巴厘岛人看位阶体系时所喜用的自上而下观点）也可以说是从神过渡到人的临界点。[①]因此，他是一个半神（half-god）或准神（quasi-god），岛人称他为Dewa Agung（德瓦·阿衮翁即大神），是这个岛上最神圣的人物，至少在1958年，同时也是政治上社会上最崇高的人物。人民仍然在他的御驾前匍匐，以超乎寻常的恭敬词汇对他说话，认为他浑身散发着既恐怖又纯善的宇宙之力。在过去，像瑞格瑞这样遭到地方上放逐的案子，最终的结局多半是投靠到他的宫廷，或者是他手下某位贵族的府衙，做一个没有权力、受到保护、居于种姓之外的依附者——严格说来是一种既非奴隶又非自由民的身份。

当这位湿婆、毗湿奴（Vishnu）和其他天神的转世化身驾临这个村落，在莅临村议会特别为他召开的迎驾大会时，他也盘坐在会堂的地板上，以象征性地表示无论他多么显贵绝伦，在这个场合里他也只是一个来宾，不是国王，更不是神明。议会成员毕恭毕敬地聆听他的致辞，整个场面好似传统礼节的一场盛大的展演，但他所说的话却与传统大相径庭。他说这是一个新时代，

---

① C. Geertz, *Negara: The Theatre State in Nineteenth-Century Bali* (Princeton, 1980).

国家已经独立了，他了解他们的感受，但他们真的再也不应该放
179 逐任何人、没收他们的房舍用地、否定他们的政治与宗教权利等等，这不是现代的、合乎潮流的、民主的、苏加诺(Sukarno)的路线。基于新印度尼西亚的精神，并为了对世人证明巴厘人不是落后民族，他们应该让瑞格瑞恢复身份，如果他们一定要处罚他的话，也请改用其他方式。他说完以后(这是一篇很长的讲话)，他们缓慢地、拐弯抹角地，而且甚至更加谦恭地禀告他，请他高抬贵手，不要蹚这趟浑水。他想必相当明白：村落的事务是他们的事而不是他的事，而他的权力，尽管不可思议地伟大并且妙用无边，但却是在其他方面。他们对瑞格瑞所采取的行动是村落宪法所支持的，而且如果他们忽略宪法，天花将降临在他们身上、老鼠将吞没他们的庄稼、大地震颤、火山爆发。他所说的关于新时代的一切都是对的、真的、高明的、美丽的、现代的，而且他们对这些内容的信服，与他毫无二致。(此话不假：这个村子是一个超乎寻常的"进步"村落，全村有超过半数的人是社会主义者。)但总归一句：恕难从命！不许瑞格瑞再回到人群之中。国王的传统地位又再度被称颂，他的现代职责已经尽到(不管怎么说他已经尽了力)，于是这位神圣的君王兼公务员说："祝贵村兴旺发达，感谢你们的茶水招待"，然后在众人跪拜叩头之间离去，这个话题从此再也没有重见天日。我最后一次见到瑞格瑞时，他已经陷入一种精神病的深渊，游荡在一个大体上是幻觉构成的、超越悲悯、超越评价的世界之中。

这则可怕的小插曲可能会使斯托尔斯系列讲座的爱好者们想起格兰特·吉尔摩(Grant Gilmore)对地狱的描写：那是个只有法

律而且谨小慎微地严守正当程序(due process)的地方。[①] 这则故事显然还有许许多多的东西可说，此后当我进而讨论格局更大的事物时，我也将把它当作一个试金石，不时地回过头来引述它，此处仅就它与眼下所讨论的议题直接相关之处而言：我们在此见到了事件、规则、政治、习俗、信仰、情感、象征、程序和形而上学的混合，这一番混合的方式是如此的陌生而又如此的巧妙，以至于任何一种单纯的"是"与"应该"的对比都显得——该怎么说呢？——很原始。此外，我也认为没有人能否认在本案显现了一种强而有力的法律感性：一种拥有形式、人格、威迫力(bite)[②]，还有(虽然没有法学院的辅助)陪审团讨论、修正后再陈述、记录公报(journal)和里程碑性质的判例(landmark decision)等重要元素，以及一种坚固的、发达的、几近乎倔强的自我意识的法律感性。瑞格瑞(假如他还能够有一种观点的话)当然不会想去否定它。

借用保罗·海姆斯(Paul Hyams)关于英国神裁法(ordeal)的
一句话：事件与判断在本案中汇流为丝毫无须矫揉造作的一种混 180
合，既不鼓励对事实细节的深入探究，也不鼓励对法律原则的系统性分析。[③] 相反，贯穿这整宗案件(假如它可以被恰当地称为一个案件的话)的从戴绿帽子、抗命到王权涉入和发疯等等桥段，是这

① G. Gilmore, *The Ages of American Law* (New Haven, 1977), p. 111.

② 此为比喻性的修辞，bite原意为咬啮、啃蚀，引申为一种强烈的驱迫力量，可用于形容象征、仪式、艺术品等等东西，表示该物具有强烈的意念表现，迫令接触者产生某种理解和行动。——译者

③ P. R. Hyams, "Trial by Ordeal, the Key to Proof in the Common Law," in press.

么一个普遍的观点:“这个世界的万物以及生活于其间的人类,都被安排在一定的范畴之中,有些是位阶性的、有些是互助合作的,但一切都划分得极为明确,在其中任何超脱范畴的事物都会干扰整体结构,所以必须加以矫正或是消灭。”问题不在于瑞格瑞的妻子究竟对他做了什么,也不在于他对她做了什么,甚至也不在于他当时的心灵状态是否适合出任村议会主席。没有人在乎,也没有人做出任何努力去找答案。问题也不在于审判他所依据的规范是否讨人厌,尽管和我谈过的每个人都讨厌这些规则。问题甚至不在于议会的所作所为是否值得赞佩,和我谈过的每个人都以自己的一套见解指出:国王是有点道理,而他们(村议会)那群家伙的确太落后了。问题的症结在于(当然,没有一个巴厘人会或者能以这种方式来讲)“若-则”法则之建构性质的表述和“因为-所以”法则之指导性质的(directive)再现,两者之间如何互译?换言之,一边是基于我们所信仰的道理,我们应该如何行动,另一边是基于我们是如此这般地行动,所以我们必须相信什么,这两边如何互译?

这种观照事物的途径并不是法律人类学家或法律的人类学家的路数,而是文化人类学家的手法。这种文化人类学家把神话和亲属关系表暂时放到一旁,把目光转向另一些东西、一些应会让西方法律人觉得至少是他们所处理的那类事务的太古遗音的东西。被这种文化人类学家带到关注核心的,既非规范,亦非事件,而是被纳尔逊·古德曼称为“世界版本”(World versions),另外有人称为“生活形式”、“认识界”(*epistemés*)、“意识之综合联结”(*Sinnzusammenhange*)或“纯理智的体系”(noetic system)……的那样

东西。[①] 我们的目光牢系于意义、牢系于巴厘岛人或任何一个民族如何藉由将自身的行动放置在更广阔的符号指涉框架(frames of signification)之中以了解自己为什么这么做，这么做在实际上、道德上、表达上……法律上有何意义。同时，我们也关注他们如何依照那些理解来组织其行为，藉以维持住(至少尽量维持住)那些较广阔的框架。权威领域的分裂(亲属集团与议会、议会与国王间的分裂)、将错误界定为扰乱公共礼节(public etiquette)而非扰乱政治秩序(瑞格瑞的抗命并未被认为对此有任何威胁)还有最后采行的解决办法——彻底抹杀一个人的社会人格，这一切都指向关于(借用古德曼的另一个简明扼要的标签)“世界是这个样子”(the 181
way the world is)的一种强而有力的、特殊的、在我心目中甚至是怪异的观念。[②]

就算只做个开场白，要谈巴厘岛人的世界究竟是什么样子这个问题恐怕也得用去一整本专著的篇幅：恣意泛滥的神明、团体、位阶、巫师、舞蹈、仪式、君王、稻米、亲属、癫狂状态和工艺，布置在繁文缛节的迷宫之内。假若它有一把钥匙的话，这把钥匙或许就是那些繁文缛节，因为礼节在这个地方所拥有的那种力量，对我们而言几乎是难以置信的，更不用说去领略了。但不论它究竟是如何(等一下我将会尝试去使这一切看起来不那么像是火星人的东西)，对事件加以文化语境化(cultural contextualization)是法学分

① N. Goodman, *Ways of Worldmaking* (Indianapolis and Cambridge, Mass., 1978).

② N. Goodman, "The Way the World Is," in *Problems and Projects* (Indianapolis and Cambridge, Mass., 1972), pp. 24—32.

析的一个关键性的面向，正如它也是政治、美学、历史学或社会学分析的关键面向一样，不管是在此地或是在任何其他地方都一样。倘若它有什么普遍性质，这普遍性质必然着落在这一点上：当目标是“判决”而不是诸如因果解释、哲学反思、情感表达或道德判断等其他东西时，它所需要的那种特定的语境化是怎么达成的。当我们身处在自己的社会中时，能够（或者该说我们自认为能够）将这个语境的绝大部分视为理所当然，这个事实使我们看不见司法过程中一大部分的真相：在观看它时，我们的观点和我们的评判一定会相互印证，因为它们其实就是（用一个比较不那么随便凑合的词）同一个建构理性（constitutive reason）的纯粹与实践这两个面向罢了。

于是，人类学，或者至少是我感兴趣并且努力（而且也已经得到了不甚起眼的成功）使人们称之为“阐释性的”那种人类学，便在此处切入了法律研究的领域——如果说它真的有切入的话。将我们自己那种版本的议会人心智（council-man mind）与其他种类的地方知识并列起来看，不仅将使我们的心智更了解那些与它本身固有的那种法律感性形式相异的东西，也将使之更精确地了然它固有的法律感性的性质。当然，这正是使人类学恶名昭彰的那种相对化（relativization）：比如大谈非洲人搞冥婚、澳洲人吃蠕虫之类的事情。但它既不支持虚无主义、折中主义或者毫无取舍地肯定一切的立场（anything goes），其宗旨也并非再一次指出“一越过比利牛斯山脉，真理就得颠倒过来”。比较准确地说，它是在将自我知识、自我觉知（self-perception）、自我理解的过程与他人的知识、他人的感知和他人的理解焊接起来，从而更准确地辨识（也可

以用其他近似的说法）我们是什么样的人，我们周围的人又是什么 182
样的人。如此，它一方面可以帮助我们避免错谬地再现我们自己将事物表述为司法可操作形式（比如把法律与事实彻底割离）的做法，另一方面又可迫使我们心不甘情不愿地认知到与“如何将事物陈述为司法可操作形式”相异的种种观点（例如巴厘人的观点），并且承认就算这些观点比我们的更教条，但也并没有更不合逻辑。

人类学，或者说至少某一些人类学，日益倾向于关注个人和团体凭藉以活出他们生活方式的“意义结构”，并且能够凭藉其能动性（agency）对意义结构加以形塑、沟通、灌输、分享、转变和复制的“象征与象征体系”，尤为其关注之重点。这一转变能为法律的比较分析提供的前景，应该与它为神话、仪式、意识形态、艺术和分类体系（这些都是其应用效果比较禁得起考验的领域）所做出的贡献无分轩轾。[①] 正如霍卡特（A. M. Hocart）的论评：“人并非天生就是被支配的”，而个人也好、集体也好，之所以会变成“被支配的”，就是因为将自己封闭在一套有意义的形式之中或者说困在（重复我曾说过的一句话）他们“自己所编织的意义（signification）之网”里面。对这个事实的理解，将导引我们趋向对司法判决的一种研究角度：不将它比拟为某种社会力学、某种关于判断的物理学，而是一种文化诠释学、一种行为语义学。[②] 弗兰克·欧哈拉（Frank O'Hara）说诗让生命中朦胧的事件变得可以把握，并且复原其细

---

① C. Geertz, *The Interpretation of Cultures*; P. Rabinow and W. M. Sulivan, eds., *Interpretive Social Science: A Reader* (Berkeley and Los Angeles, 1979).

② A. M. Hocart, *Kings and Councillors: An Essay in the Comparative Anatomy of Human Society* (Chicago, 1970), p. 128.

节，将这个评语用于评述法律或许也同样正确，而且种种不同的法律体系正如百花齐放的诗歌一样，均能用以成就同样的目标。

如我之前所提示过的：这样一种航向，与人类学家和他们在其他社会科学领域及法律专业领域中可能的同行者对于法律分析的主流方向正相背反，或者至少呈现为一种偏差极大的钝角。迈可尔·巴肯（Michael Barkun）有一个号称引自 M. G. 史密斯（M. G. Smith）的观点，认为我们这些法律体系的比较研究者所必须从事的是“从其文化特定的附着物之中抽离出纯粹的结构”，在我看来，这种观点无异于在推销一种把黄金变成铅的颠倒的炼金术。[①] 格利弗（P. A. Gulliver）自我标榜的“信念宣示”〔他说是在斯托尔斯纲领之前，他唯一的一位人类学前辈马克斯·格拉克曼（Max Gluckman）为他说明的〕指出：他所关切的是“大体上决定了一件争端之结果的社会过程”，而非“使妥协得以进展的推论过程之分析”。这种说法在我看来与这样的宣示正相匹配，都是完全不着边
183 际的话。[②] 至于伊丽莎白·科尔森（Elizabeth Colson），她认为那些对象征体系有兴趣的人之所以会有这种兴趣，是因为羞于面对社会冲突的尘土与血污，并且汲汲营营于谄媚权势，所以他们退隐到被假定为非个人的、超越冲突的并且依据其自身独具之逻辑而运作的领域之中，这种观念（只有天知道她语出何典！）在我看来是毫无根据的诽谤。[③] 我再说一遍：我这么咆哮并不是为了一股脑

① Barkun, *Law Without Sanctions*, p. 33.

② P. H. Gulliver, “Dispute Settlement Without Courts: The Ndenduli of Southern Tanzania,” in *Law in Culture and Society*. ed. L. Nader (Chicago, 1969), p. 59.

③ E. Colson, *Tradition and Contract: The Problem of Order* (Chicago, 1974), p. 42.

儿地否定其他人所做的或正在做的（虽然我确实对那些作品中的一大部分颇感不满），也不是为了将我的专业领域划分为交战的阵营（其实人类学早已经分裂交战得够彻底了）。我这么做是为了奠定一条不同的路径：我将要耽溺于文化特定的附着物、沉思推论的过程并且一头闯进象征体系里头。这样做不会让这个世界溜走，而是会把这个世界带进我们的视野！

或者说得更恰当一点：它把多个世界带进我们的视野。我将要尝试以一根指南针，勾勒出三种相当不同的法律感性——伊斯兰的、印度教的，以及在马来—波利尼西亚（Malayo-Polynesia）文化区里的马来部分中普遍流行的所谓习惯法观点，并将这三种法律感性与它们所体现的那种普遍性的究竟什么是真实的观点联系起来。我的这根指南针可能过于简略所以无论如何都难以令人信服，同时又可能过于宽泛以至完全说不出任何实质内涵，但我还是要勉力为之。我将藉由解析我认为是代表这三种观点之核心概念的词汇来达成这个目标，这三个概念分别是伊斯兰的哈克（*haqq*）：意指“真理”以及其他许许多多东西；印度教的达玛（*dharma*）：意指“义务”以及其他许许多多东西；还有马来人的阿达特（*adat*）：意指“习惯”以及其他许许多多东西。

我即将致力的重点，正是那“其他许许多多东西”。我的意图在勾勒景观而不是在剖析法条，是去描绘这些个案里面，至少近似于能让“因为/所以”法则得以在其中确立的那些“若/则”法则之类的东西（因为我将凭藉自己关于摩洛哥与印度尼西亚的作品来建构它们，所以这些个案将显得更加特殊），并拿它们来与我们对“事实—法律”这个问题的看法做对照，使读者们能对它们分别如何同

答这个问题得到一定的认识。

我将在接下去近40页的篇幅中，做到上述那件小差事。还剩下的只有一个小问题：既然我们所有人类都变得愈益卷入其他民族的事务，这些截然不同的法律观点未来将会如何相互关联？它们在此刻实际上有何关联？还有，在这么长久的历史过程中，它们一向是如何相互关联的？在浮现中的全球失序状态之中，地方知识与寰宇一家的意图如何能相适应，或者如何不能相适应？之后，
184 既不因谦逊而自限，也不为常识所却步，我终将转入这篇论文的第三部分所要谈的内容，我期望能藉以证明：尽管这些内容是任何人都可以做的揣测，但是人类学的臆测至少值得司法界重视。

## 二

我在这篇论文的第一部分中说道：不论是在这里、那里或是任何地方，“法律”都是对真实加以想象的独特方式之一部分，我现在就要为此举出一些证据。这些证据只是概略的、断章取义的，并且没有什么结论性质的（由于我并非站在法庭上的席位而是站在演讲台上发言），甚至也难以称得上经过系统性地铺陈，但我仍旧认为它们颇具指导性质。我比较不是想要证明什么（不管“证明”这个称号对于这样一种尚在摸索阶段的工作能意味什么），而是想启发出某些东西：亦即其他的法律生活形式。为了达到这个目标（同时也冒着听来纯属粗暴无礼的风险），我们所需要的，或者无论如何我们所能期待的最佳状况，并不是精确地建立的精确命题，我们所需要的，或者预期我们能得到的最佳状况，就是纳尔逊·古德曼

所示范的那种态度。他在这些方面的态度，又一次与我本人极为近似，他把连现代真理之原本典范——科学法则——也视为“听起来最说得过去而且也是最具启发性的谎言”。①

如果将法律视为对事物之实然的一种观照方式，就好比科学、宗教、意识形态或艺术一样，再加上（就我们此刻的论题而言）奉持这种观点的那些人认为这种观照方式必然会附带的一套关于争议处理的实践上的态度，那么整个“事实—法律”问题就将呈显出迥然不同的风貌。原本仿佛介乎粗糙的事实与深思熟虑的判决之间、介乎何为事实与何为正义之间的辩证，变成了介乎（如我稍早的说法）两种语言之间的辩证：一种是无论多么模糊而且欠缺整合，但大体上具有逻辑一贯性的语言，另一种则是无论多么投机取巧而且漫无章法，但却具有特定后果的语言。这样的“语言”（也就是象征体系）和这样的一种辩证，就是此刻我想要尝试一谈的题目。我想谈一些在经验上充分到足以置信，同时在分析上亦足堪玩味的东西。

如我稍早已说过的，我想通过不太正统的途径来谈这个题目，那就是解析三个相互呼应的词汇，它们分别来自不同的道德宇宙，并且关联到不同的法律感性：伊斯兰的、印度教的，以及我为图方

① N. Goodman, *Ways of Worldmaking*, p. 121：“不过，理所当然，对于陈述之选择来说，真理与其说是一个必要的考虑，恐怕不如说是一个充分的考虑。会获选的陈述，通常是就其他考量来看比接近对的，而非比较接近真实的，不仅如此，当真理太过讲究细微之处、太不寻常并且不能自在地与其他的原则相调适时，我们可能会选择最近乎顺耳的以及启发性的谎言。绝大部分的科学法则都属于这一类：不是不厌其烦的细节资料之报告，而是横扫一切的、强迫性的简化。”

便而称为马来西亚的(虽然其范围不限于马来西亚这个国家,也包括东南亚的整个南岛语系文明)。祭起这些概推化的文化印象,不仅点出了这条路径并非正统,而且还布满了那种让一定类型的人类学特别容易掉落的陷阱(我指的是会认为法国人是笛卡尔论者、英国人是洛克的信徒那种人类学)。此外,不论这一概念有多么丰富,想要通过详细审视这一个概念来看出这些超大实体的某部分性格,这种构想看起来似乎只会使灾难成真。或许这条路径确实就是如此,若能采取一定的审慎做法,并能遵守一定的限制,也许有可能避免绝对最糟糕的、纯粹只是刻板印象式的描绘。

第一项审慎做法就是先招认:我将使用的哈克、达玛和阿达特这三个词不但不是我仅能运用的三个词,它们甚至可能不是最好的例子。首先,哈克是一个我们会用(我们也很少用得比阿拉伯人更精确)"真实"(reality)或者"真理"(truth)或者"有效性"(validity)这些词汇来翻译的阿拉伯词;其次,达玛这个字如今虽然可以从乌尔都语(Urdu)到泰语等各种语言中发现,它原本总归是梵文,其意义则以一种好似"灵伽与莲花"(linga-and-lotus)[①]的方式环绕着"责任"、"义务"、"功德"及其他类似的核心观念而展开;至于阿达特,同样源出阿拉伯文,但被吸纳到马来语中,用以指涉某种介乎"社会共识"和"道德风尚"之间的概念。相对于哈克,沙里亚(*Šarīça* 路径、道)与菲克(*fiqh* 知识、理解)当然是省思伊斯兰



① 此为印度教文化常见的一种象征,大部分的印度教庙宇中都有此一塑像,灵伽即大神湿婆勃起的阴茎,象征宇宙的阳性能量及创生之力,莲花代表神圣洁净之意,两者相合即为"圣洁的阳性生殖能力"。其合一的形象为:灵伽在中心如擎天一柱,莲花则为灵伽的底座(亦可描述为:将灵伽放在莲花座上)。——译者

法律之独特倾向更通常的起点。相对于达玛、阿噶玛（*āgama* 训诫、教条）或萨斯特拉（*śāstra* 论述、经藏）可能更直接地导向印度教对于法律的概念形构。最后，相对于阿达特，若用帕图特（*patut* 恰当、切合）或潘它思（*pantas* 适合、适切）这两个词来讨论东南亚，至少有这么一点优势：它们是本地原生的语汇，而不是似懂非懂地移借过来又经过修改的一个词。我们所真正需要的是在每一个案例中找出一个词汇的集成，它所界定的不是点状的概念，而是诸多观念组成的一个结构、一个由复多的意义，在复多的层次上分别意味着复多的衍生义组成的结构。但在本文中，这分明是不可能的，我们不得不以片面的东西来凑合。

我们也不得不同时对这些事情的历史与地理向度予以极端地简化。正如我作品中的绝大部分其实大体上都在致力于证明："伊斯兰"、"印度教世界"和广义的"马来西亚"可以说根本不是不随时 186
间、空间与人群而变异的一大块同质性的实体。① 将它们具体化成这种模样，实际上一向是"西方"〔给前面那三个大集合再添上一个非实体（nonentity）〕用来规避极清楚地了解它们甚至认真看待它们的一种主要设计。在过去，当我们还置身在自我沉溺和将我们对生活该怎么过的观点强加于他人的狂热这两种病症轮番发作的时代，这个做法可能曾经有过一点些微的用处（但也可能没有）。时至今日，我们所面临的情境已然是既不能拉开与



---

① 关于我作品中的"分解"（disaggregation）这个主题，请特别参阅我的 *Islam Observed* （New Haven，1968），还有 *The Religion of Java* （Glencoe，Ill.，1960）。同时，我必须指出：我说"伊斯兰教的"并不是指中东地区；"印度教的"也不是指印度的。

他人的距离并视之为相对的极端，又不能把他们拉过来视作我们的复制品，终究只能藉由把自己摆放在他们之间来界定自己的一种情境（我将在本文之结论部分对此加以详细说明），那种做法已经百无一用。

但是，既然我的目的是要围绕着我们关于“何谓正义”的一些理念去建构起一个比较的框架，而不是去表现“一个微缩的东方”，所以掩盖内部的分歧性与历史的动态这一弊病虽然在所不免，但是其破坏性或许不至太大，甚至它还有可能因为模糊掉细节而有助于对议题聚焦。而且，无论如何我们还可以采取一项更为审慎的做法，那就是谨记：虽然我将引用来自各种时间地点的材料，但当我说“伊斯兰”或“印度教世界”或“马来西亚”时，我脑子里想着的通常是我以人类学家的身份在某个历史时刻碰巧研究到的、相当晚近的、也相当边际性的一些案例，如位居穆斯林世界的极西端，远离麦加召唤的摩洛哥；位于印度尼西亚群岛极东端的巴厘岛，一个狭小、隔绝且极为怪异的印度教—佛教孤悬域外的承袭者；还有全球最佳的帝国主义博物馆爪哇，当地的“马来西亚式”文化基础在过去1500年来曾被几乎每一种涉足亚洲贸易的重要文明（南亚、中东、中国、欧洲）给压在底下。

最后一点，也是我将带着歉意做的（尽管这无论如何都于事无补），那就是我必须强调：我所从事的不是一项“演绎工作”而是一项“诠释工作”；换言之，我不是将整个思维与实践的结构视为是从几个一般性观念〔有时被称为基本假定（postulate）〕依循着某些潜在的逻辑或其他东西流衍而成的，而是将这些观念当作是某种方
187 便法门，希望通过它们去理解环绕着它们、赋予它们意义的社会制

度与文化形构。[①] 它们是具引导力的观念而不是作为根基的观念。它们有用与否并不仰赖于预设一个高度整合的行为与信仰体系的存在（因为根本没有这样的东西存在，就算是在巴厘岛那样一个紧密的蕞尔小岛也一样），而是基于这一点：具有一些地方纵深的观念，可以引导我们通向我们想要去掌握的东西（即一种独特的法律意识），让我们窥见一些尽管多元分歧、杂乱无章但却具有决定性的特征。

若以稍微不同的方式来陈述，我们所要讨论的三个词与西方的“权利”（right/*Recht*/*droit*）概念的兼容之处，可以说要胜过它们与“法律”（law / *Gesetz* / *loi*）的兼容之处。换言之，它们的本意与某种“规则”（rule）、“规定”（regulation）、“强制命令”（injuction）或“律令”（decree）之类的概念比较没有关系，应该说比较是介于，一、“恰当”（proper）、“切合”（fitting）、“适宜”（appropriate）或“适合”（suitable）；与二、“实在”（real）、“真确”（true）、“真正”（genuine）或“确实”（veritable）这两组概念之间：也就是介于“正确的行为”（correct behavior）与“正确的理解”（correct understanding）这两种“正确”之间的一种更迷蒙的、内在的、原始且颠扑不破的联系。这三者当中，以哈克一词最鲜明地表现出了这一点。

有一个伊斯兰法学上的阿拉伯文词汇乎孔（hukum）至少大体上符合“规则与规定”这个观念，其词源关系到宣布判决、裁定处分、科以处罚、设下限制或发布命令等等，用以表示法官、法庭、合

① 关于基本假定的研究路径，见 E. A. Hoebel, *The Law of Primitive Man*。我重申：我并不愿意摒弃这种路径或否认它的成就，只是要对它与我自己的路径做出区别。

法性与裁判等最常见的词汇，就是从同一根源衍生而出。而哈克又与此有别：它是基于将现实的本质视为命令性的、不是由客体(object)而是由意志所构成的结构这种观照角度，而将责任理论定位为一组纯粹的断言以及许许多多对于原初现实的陈述的一个概念。至少从我们的观点来看，这是道德界与本体的易位：我们可以从中看到“应然”(ought)的“道德”才是描写的对象，对我们而言为“实然”(is)之乡的本体，却是关乎命令之物。

我想用哈克一词来阐明的就是这样一种呈现方式：将真正实在的世界呈现为我们必须服从的一个具命令性的、众多意志与众
188 多意志交会的、而安拉的意志又融汇一切意志的世界，而不是(比方说)有待沉思默察的形式、需加了解的事物或者可以假定的本体等等。我认为，对伊斯兰世界中任何一个法学词汇进行系统性的审视都会很快的将人引到这一观点上来，因为这种观点在伊斯兰世界的法律感性之中是普遍存在的。[①] “实在”(real)在此处是一个被深深道德化了的、主动积极的、具命令性的实在，而不是一个中立的、形而上学的“存有”，静静坐在那儿等着被观察和省思。它是先知的实在，而不是哲学家的实在。它引领我们走向宗教，一如在激昂热情的这部分世界里，几乎任何东西终究都会以某种迂回曲折的方式引领我们走向宗教。

*Haqq* 若被表述为 *al-Haqq*(阿勒哈克)，那它实际上就是真主

① 在这个讨论中，此处以及其他一些地方出现的某些段落，系摘引自我以前的作品，特别是“Sūq：The Bazaar Economy in Morocco,” in C. Geertz, H. Geertz, and L. Rosen, *Meaning and Order in Moroccan Society* (Cambridge, England, and New York, 1979), pp. 123—313；C. Geertz, *Islam Observed*.

的众多名号之一,犹如“言谈”、“权力”、“生命力”和“意志”这些名号一样,也是神永恒的属性之一。如此,这个词汇映现出事物最普遍的样态,即便是对未受过教育的穆斯林亦然,因为通过俚俗的伦理、标准的习惯、《古兰经》里的成言套语、清真寺学校里的讲道和俗谚式的智慧等等东西,未受过教育的穆斯林仍能学到包藏其中的这些观念。如伊斯兰学家史密斯(W. C. Smith)所说:“*Haqq* 意指某种自在自为的(in and of itself)[①]实在之物,它最首要的功能是用来称述真主,例如‘*Huwa al-Haqq*(呼瓦·阿勒哈克)’意谓‘神就是真实本身’,但任何其他真确的事物也可以用 *haqq*。它首先意指真实,只有对那些(将)神等同于真实的人(也就是说穆斯林),这个词才意指真主。若以实在这个意义来理解‘真理’,则(它)亦是真理——不论其字首是大写的 R 或小写的 r。”[②]事实上,阿拉伯文的书写法并不运用大写字母,但是大写 R(或者更精确地说,应是 *ha'*)的含义与小写 r 的含义之间的关系,却是整件事情的

① in and of itself(或其复数型:in and of themselves)是格尔茨喜用的一种构辞法,可参见他的 *Negara*、*The Interpretation of Cultures* 等书(尤其是 *Negara* 一书中关于巴厘岛旧王朝宫廷空间布局的象征的分析),但他这种构辞法似乎是学自黑格尔哲学,虽然他似乎并未言明他的用法与黑格尔哲学有何关联,但至少黑格尔出于他之前甚久,且这种概念是黑格尔哲学的一项基本观念,可遍见于他的大、小逻辑与精神现象学,故笔者有此推断。基于此一推断,笔者乃依循前辈译者翻译黑格尔哲学时创造的先例,将之译为“自在自为”。——译者

② W. C. Smith,“Orientalism and Truth”(T. Cuyler Young Lecture,Program in Near Eastern Studies,Princeton University,1969);cf. W. C. Smith,“A Human View of Truth,” *Studies in Religion* 1 (1971):6—24. 为了不让这整页被麻点子给毁容,我未利用删节号就直接删掉了一些段落和句子。关于伊斯兰神学中“属性”(attribute)的问题,见 H. A. Wolfson, *The Philosophy of the Kalam* (Cambridge, Mass., 1976), pp. 112　234。

核心:这又是一次联结,一边是笼罩在上的、关于“事物是如何被摆在一起”的直观之逻辑一贯的“若/则”必然性的意识,另一边是针对具体事例的特殊判断,是实际生活中“因为/所以”式的决定。

这个联结是这个词本身造成的(这无论如何都是就语义学上来讲,而不是在论述其原因,若要谈原因,将和中东的整个历史与社会一样庞杂)。因为在它指涉“真实”、“真理”、“现实”、“事实”、“真主”等含义的同时,它本身或者它的音形互换(就其为阿拉伯文来讲)(morphophonemic permutation),也意味着“权利”(right)或“责任”(duty)或“要求”(claim)或“义务”(obligation),此外还包括了“公平”(fair)、“真确有效”(valid)、“正当”(just)或“恰当”(proper)等含义。在摩洛哥人所说的阿拉伯语中,“*Haqq* 在你这
189 里”(The *haqq* is at you)(*çandek*)这句话的意思是“你是对的”、“你在对的一边”;“*Haqq* 在你心里”(The *haqq* is in you)(*fīk*)意思是“你错了”、“你不公平、不公道”,显然是意指你明知真理但却罔顾真理;“*Haqq* 在你头上”(The *haqq* is on you)(*çalīk*)意思是“这是你的义务、你的责任”、“你必须”、“你一定得做”;“*Haqq* 和你同在”(The *haqq* is with you)(*minek*)意思是“你有这个权利”、“这是你该得的”。除此之外,在许多不同的形式和词句中,它指受益人、商业协议中的参与者,以及对某种东西(例如一项利得、一捆财物、一处不动产、一笔遗产或一个职位)合法的享有部分“财产权”。它还被用来指契约义务,甚至被引申来指契约文件本身;还指在某项事务上的一般性责任;还指一项罚款、一宗赔偿。它的限定复数 *al-huqūq*(阿勒乎库克)则指法律或法学,它的定语形态,因此也是我认为其含义最明确地符合字面的一种形态——*huqūqī*,

字面上的意思是“附着于真实、牢系于真实”（的人），其实指的就是专业法律人或法学家。

因此，一种将“正确”与“实在”等同为一的观念，恒常地贯穿了该词汇每一个应用层次：在宗教层次上（它不仅被用于真主，也被用于陈述神的意志《古兰经》，用于世界末日、天堂、地狱、达到神秘通灵时的状态等等）；在形而上学层次上（它不仅指现实性本身，亦指本质、真性、“现存事物之可察知的核心”）；在道德层次上，在我所知的摩洛哥，它就存在我刚才摘引的那些每天都可以听见的词句里；此外在司法层次上，它变成了可强制执行的权利请求、正当权益、受保护的权利，以及正义与法律本身。[①] 这种将正确与实在等同为一的思路，使伊斯兰法律感性的内涵既像音调和情绪一样抽象，但也和审议与程序一样具体。穆斯林的判决不是将一个经验性的情境结合到一个法律原则之上这样的事情；它们打从一开始就已经结合好了，所以去决定一个就等于是去决定另一个。事实是规范性的：它们不可能与善相偏离，就如真主不会撒谎一样。

凡人当然可能会撒谎，尤其在法官面前更是经常撒谎，这就是
问题的根源。事物的“因为/所以”层次之难以决断，就像“若/则” 190

① 关于 haqq 之意义的诸多层次的一份较完整的讨论，见 *The Encyclopedia of Islam*，new ed.（Leiden and London，1971），vol. 3，pp. 81—82 的“Hakk”条。该文相当玄想式地申论道：它最初的意义（在伊斯兰教出现以前）是在法律方面，伦理上和宗教上的意义是从前者再发展出来的。“总结上述：其字根（h-q-q）的意义是镌刻的（即刻于木、石或金属）永恒有效的法律，后衍伸至涵盖了伦理上的正确（right）与实在（real）、正当（just）与真实（true）等理念，再进一步衍申至于真主、精神上的真实（reality）。”关于这个具有超乎寻常的生产力的字根之其他面向，亦可见“Hakika”条（ibid，pp. 75—76）与“hukuk”条（ibid，p. 551）。

层次是清晰而且不可逃遁的一样(不管怎么说,在理论上讲是这样)。作为真主永恒存在的话语《古兰经》,曾被沃尔夫森(H. A. Wolfson)高妙地称为"真主的万古不易"(the Inlibration of Divinity),藉以与基督教神学的转世下凡概念(Incarnation)作神学辩证上的对比。《古兰经》是安拉对那些视神为事实上的 *al-Haqq* 的人们可以做、不可以做哪些事情的命令之终极结晶与集成。[①] 各申已见的注疏与论争、学派之说、宗门之异等等,当然所在多有,但"载录于"(embook——沃尔夫森爱用的另一个词)《古兰经》中的律法被认定具有"确定性"与"完备性"这种观念,就算没有彻底排除,也极有力地缩减了任何一种倾向于认为"何谓正当、何谓不正当的问题,有可能自在自为是模糊不清的、唐吉诃德的狂想式的或是无可解答的"的意识。法律的分析尽管是一个智识上极复杂且具挑战性的行动,而且也常有政治上的风险,但却不被认为是在衡平相冲突的价值,而是被视为针对神圣意志的真理所进行的一番公平公开的观点陈述——就像或许是史上最伟大的法官莎菲耶(Shafi'i)曾经做的那样,描述那已经不复存在的圣堂(the Sacred House)。价值衡平可以措手之处,是在重述事件与情境之时,而这就导致了伊斯兰司法体制在我心目中印象最深刻的特征:对可称为"规范性的见证"(normative witnessing)这一程序的密切关注。

众所周知,至少那些以通晓这类事情为业的人一定相当清楚:一切进呈穆斯林法庭(即由 *šarīça* 所管辖并由 *qādī* 所主持的法

① H. A. Wolfson, *Philosophy of the Kalam*, pp. 235—303.

庭）的证据，都被认为是口述的，就算它包含了书面的文件或实物展示亦然。只有口述证词〔“见证”（*šahāda*），源于表示“亲眼目睹”之意的词根〕才算数，那些相关的书面文件本身并不被认为是法律上有效的证明，只不过是在道德上可信赖的见证人面前某个人对某个人所说的话的记录（通常还是备受怀疑）。[①] 这种对书面凭据之法律有效性的否定，可以溯及伊斯兰教的创始阶段。在伊 191
斯兰法律的形成阶段，书面证据经常被全盘否定，就如同被我们称为情况的（circumstantial）（或间接的）证据或实物证据一样。珍妮特·瓦金（Jeanette Wakin）曾写道：“一位正直的穆斯林亲口说出的话，价值当然胜过抽象的一张纸、一张内容可能有疑问或者根本就是伪造出来的纸。”[②]如今，尽管不甚情愿，但书面的证据已被接受，然而其价值大体上仍旧导源于个人或数个人的道德属

① 关于古典伊斯兰法律中的文件和见证，见 J. A. Wakin，*The Function of Documents in Islamic Law*（Albany，1972）。Cf. Rosen，“Equity and Discretion in a Modern Islamic Legal System”；A. Mez，*The Renaissance of Islam*（Beirut，1973［原版约出于1917］），pp. 227—229；J. Schacht，*Islamic Law*（Oxford，1964），pp. 192—194. “*šahīd*”（殉道者）这个字是从同一个字根衍生而来，显然具有“真主的见证者”的含义。见 H. A. R. Gibbs and J. H. Kramers，*Shorter Encyclopaedia of Islam*（Leiden and London，1961），pp. 515—518 的“*Shahīd*”条。*Šahāda* 见证（testimony；witnessing）当然也是用以指涉穆斯林著名的“信仰告白”：“（我见证）除真主之外别无他神，而且（我见证）穆罕默德是真主的信使。”对于见证的严格要求〔举例言之：“负有（举证责任）的一方……有义务提供两位道德上的全备与宗教上的诚正均无可訾议的成年男性穆斯林见证人，本于其直接的知识，以口头证实举证责任人所提出之宣称为真”〕，有时候被断定为近年来 *šarīça* 法庭管辖权逐步紧缩的主要原因（N. J. Coulson，“Islamic Law，” in *An Introduction to Legal Systems*，ed. J. D. M. Derrett［New York and Washington，D. C.，1968］，pp. 54—74，ibid，p. 70）。此一说法言之成理，但忽略了这种对于见证之“严格的”观点对 *šarīça* 法庭之“世俗的”后继者的法庭程序之影响程度。

② Wakin，*Function of Documents in Islamic Law*，p. 6.

性——这些人亲身参与了该证据的创生，所以该证据得以假借他们本人的可靠性。在此，劳伦斯·罗森(Lawrence Rosen)对当代摩洛哥的习惯所做的评论值得撮述如下：并非文件使人可信，而是人(基本上是男人，但在某些情境之下亦包括女人)使文件可信。[①]

见证制度因而得到了细致化的发展，一如诉状制度始终保持在最初级的阶段。这套法律体系追求的目标一向不在于有知识能力而且立场足够超然的个人转述经验上的特定细节，让一位裁判的法官可以放在法律的秤尺上衡量，而在于有了解能力而且具备足够高尚节操的人产生出正确的判断，让一位诠注圣典的法官可以将之嵌入《古兰经》的修辞之中。而且，这种追求曾经采取过许多不同的方向与形式。好比我们的传统为肯定、再肯定自身而专注于宣称“我们的法律是公平的”(虽说这项努力的成果不甚突出)，伊斯兰的传统无疑出于同样的目的，却将关注焦点置于宣称“我们的事实是值得尊敬的”(但结果也不见得比我们更成功)。

在古典时代，这种对口述证词道德可信度的偏执狂(这么说并不算太过分)，导致了经认可之见证人(accredited witnesses)制度的建立：被公认为“正直”、“坦率”、“可敬”、“高尚”、“有德”(*çādil*)，并且(理所当然的)具有地方名望、可推测为娴熟地方事务之本末终始的男性(再次重申：在案例特殊，或者有特殊限制时，女人亦可)，由卡迪(*qādī*)一次选定，通过一组固定的评鉴与正式认证的程序，从此他们便如瓦金所说的以“其证言……无可置疑”(至少在法律上讲无可置疑)的个人的身份，一再为送达法庭的案

---

① Rosen, "Equity and Discretion in a Modern Islamic Legal System."

件出庭作证。[①] 192

不仅这些文官、常设见证人的数目可以大幅增长（在10世纪的巴格达，曾达1800名），而且他们的挑选与认证也可能极度地烦琐精细（这是卡迪主要的职责之一，每位卡迪都任命自己的证人，遣散他前任的证人），甚至演变到产生了一种更加怪异的习俗（当然是从我们的眼光来看）：建立了一个类似的次级见证人群体——*šahāda çalā šahāda*“见证人的见证人”。[②] 这些次级的元见证人（meta-witnesses）的职责在于认定主要见证人的正直可信，每两个人可以认定一个主要见证人，特别是当后者做了原始的见证之后已经过世或者迁居他乡，或者因为某些其他的理由而不克亲自出庭时，也有时候是因为卡迪对于他们的道德是否完美仍持保留态度。〔约瑟夫·沙赫特（Joseph Schacht）提到：或许某人曾被人看到在玩西洋双陆棋（backgammon），或者进入公共澡堂时没穿缠腰布。据传至少有一位中世纪的 *qādī* 曾于夜间戴着伪装在街头行走，以检视其见证人的品格。[③]〕卡迪在这方面的焦虑是可以理解的，也是无法释怀的：假如他接受了一个假证人的说辞，他赖以

① Wakin, *Function of Documents in Islamic Law*, p. 7.

② 关于巴格达，见 Mez, *Renaissance of Islam*, p. 229。这是一个高得反常的数字，不数年之后就被删减到实际得多的303人，但法官们仍旧感到这个数目有点太多。关于次级见证人，参见 Wakin, *Function of Documents in Islamic Law*, pp. 66 ff。Schacht, *Islamic Law*, p. 194 标注道：每位主要见证人都必须有两个见证人作证方得有效。*Šahada çalā šahada* 是单数型，并且在法律中，技术上指涉于“见证”（witnessing）的行动而非“见证人”（witnesses），因此或许较为恰当的译法应为“对于见证的见证”（witnessing as to witnessing）。见注 a29。

③ Schacht, *Islamic Law*, p. 193. 关于那位微服巡访的 *qādī*，见 Mez, *Renaissance of Islam*, p. 228.

形成的判决在法律上是有效的、在司法体制上是不可挽回的,而在道德上的亏欠则会永远记在他头上。[1] 当规范与现实在本体论上是合一的(字首为大写 *Ha'* 的 *Haqq*),而口头证词(或口头证词的记录)又是将现实世界中所发生的事情(字首为小字 ha' 的 haqq)表述为司法可资运用的材料实际上唯一的途径时,伪证便具有一种特别的致命性。的确,在伊斯兰法律中,它甚至不是一种可以用人类的制裁来加以处罚的罪行,就像违犯斋戒、未祷告,或在真主之外另祠他神一样,它是亵渎神明,只能罚之以天谴。[2]

组建一群官方的真理讲述者(official truth-teller)这种特殊的制度,如今已经稀少到几乎成为绝响,即便在沙里亚所管辖的法庭亦然;而且,伊斯兰世界中大部分的法律生活被置于世俗法院(即
193 由或多或少世俗的地方法院法官主持、依照或多或少"现代的"程序、引用或多或少实证的法律来裁判的法院)的管辖之下也已经盖有年矣,还留给卡迪去关照的案子,几乎不出家庭和继承问题的范围。[3] 但是,正如我们以往在不知不觉之中相沿成习、在启蒙之后也只予以稍加改变的一大套复杂的做法,诸如衡平法与普通法之间几乎被泯灭的分别、介乎陪审团公诉(presentment)与审讯(trial)之间的变形体,还有经文化升华的神裁法、决斗(battle)、共誓涤罪(compurgation)[4]以及程式诉讼(form-of-action pleading)制



① Schacht, *Islamic Law*, p. 122, 189.

② Ibid, p. 187. 和该文中其他许多论点一样,法律评注家们对于这件事并无一致的共识,但意见相当接近。

③ 关于 *šarīça* 法庭在当代的功能,见 Coulson,"Islamic Law"。

④ 古英国法制,由数人作证以免于定罪。——译者

度等等，至今仍萦回于我们对正当程序(due process)的意识之中。类同于此，经过认证的德高望重的见证人，对着活像法律典籍似的法官讲述道德的真理这样的观念，至今也仍萦绕于穆斯林的法律意识之中，不论这种意识已经如何不被正式认可。说得更精确一点，对于证据之可疑性日益增强的敏感，在我们导向了陪审团，而在穆斯林则导向了公证人。

这些公证人也被称为苏胡德·乎杜勒(*šuhūd çudūl*)——即“公正的”(just)或“正直的”(upright)见证人，如今却被任命为属于法庭的全职专业文官，而且至少在实用形式的法律方面多少受过一些训练。在较晚近的时期中，他们在卡迪所主持的法庭运作上所发挥的功能，变得与卡迪本人同等重要。[①] 确实，由于他们扮演了将社会争议赋予适于司法操作的再现形式(这在大多数案例中是相当机械的)，使既有的法规可以做出判决这一过程的中介，或许他们其实是更重要的。我们可以丝毫不带譬喻性质地说：证据或者说“法律上的证据”是公证人制造出来的，因此依据我之前所阐述的关于事实(以及见证)的规范性地位来推论，他们也是判

① 在伊斯兰区域的中心地带，这个名词经常被简化为 *šuhūd*(sg. *šahīd*；见注 a29)，在东西两翼的边陲地带则常简化为 *çudūl*(sg. *çadl*)；Wakin, *Function of Documents in Islamic Law*, p. 7。由于它的功能不只在记录人们所说的话，而且还为人们的说辞添加上其本人性格的魅力，所以或许不应该将 *çadl* 译为“公证人”〔更不能译为带有市民法(罗马法系)音调的“*notaire*”〕；但是这种译法是标准版，我也提不出更好的说法，除非硬在字面上讲究，或可译为“可靠的证人”(reliable witness)，但这种译法就英文来说不甚正确。关于伊斯兰的公证人(或“可靠的证人”)的一般情况，见 E. Tyan, *Le Notariat et le Preuve par Ecrit dan le Pratique du Droit Musulman* (Beirut, 1945)。我重申：我对于 *çadl* 在摩洛哥的角色所知道的大部分，都得之于 Lawrence Rosen 的教益。

决的主要制作者。作为“神圣命令之结构”的大写真实，亦即作为“真主意志”的 *Haqq*，可能的确是被掌握在 *qādī* 手里，但是作为“一件关乎道德事件的来龙去脉”的小写真实，那种在你心中、在你头上、在你这边的 *haqq*，却绝大部分操于公证人之手。

其实小写的真实也不仅操于公证人之手。附属于卡迪法庭的那些公证人，只不过是一种司法调查路径的典型形式而已，事实上这种调查路径如今已把触角伸展到了几乎所有与法律有关的领
194 域，犹如一张巨大的情报网。就像沙里亚本身一样，如今在伊斯兰世界的大部分，公证人的法律权限已被大大的局限于婚姻与继承的事务，他们将抱怨转变成证据的权力，主要运用于婚约、离婚协议、继承权宣示与契约等等方面。① 除了他们以外，现今有一群类似的官方或准官方的规范性见证人，这些人的证词就算不是完全不可置疑（这种做法不管怎么说都已经过时了），但也仍承载着他们在宗教与道德上的声誉之重，所以他们的角色还是比较类似古代的沙希德（*šahīd*），而不同于一般诉讼当事人或辩护人。

世俗法庭相当名副其实地被这些经过认证的真理传导者（truth-bringer）所包围。最常用来指称他们的阿拉伯词汇是 *çarīf*——源于“知晓”、“明了”、“认知”或“发现”，其通常的英文（和法文）的译法是“专家”（expert/*expert*）。举例来讲，在摩洛哥的每一门技艺或行商（甚至包括某些专业）之中，都有 *amīn*（从“真

① 在某些较为传统的中东国家，例如沙特阿拉伯，*šarīça*（据此亦可推断包含公证人）仍旧享有比较大的权限。同时，最近发生在利比亚、伊朗、巴基斯坦等国家的所谓伊斯兰复兴运动（Islamic Revival），似乎也导致其权限至少一次的正式再扩大。

诚的”、“可靠的”、“值得信赖的”词根衍生而来），他们在涉及该行业的争议案件中扮演事实方面的权威（fact-authority）角色；在灌溉事务方面，有称为贾利（*jāri*）的类似角色；而在邻里龃龉方面，则有穆卡甸（*muqqadem*）。每有案件发生，争讼双方就先将问题告诉他，如果他们不接受他的调解（这是通常的结果），他就在法庭上担当主要的见证人，通常也是法官比较相信的唯一之人。此外还有美兹瓦尔（*mezwār*）以同样的模式运作于特定的宗教地位团体，他勒卜（*tāleb* 宗教生员）或舒尔法（*šūrfa* 先知后裔），他们也会被传召以应对范围极广的各种道德事务；还有称为悉义德 *siyyid* 或穆拉比 *murābit* 的乡间高士（holy man）以类似的方式服务乡居民众。另外，最为重要的是有一群名为 *kebīr* 的全职调查-汇报员（investigator-reporter）（来自“由经验得知”、“熟悉于”的词根；阿拉伯文的可巴尔（*kbar* 新闻）一词也是从同一词根衍生出来的），其中有些人是农事方面的专家，某些娴熟于建筑，某些（女人）长于找出是谁让谁怀孕以及谁对谁施以性方面的剥夺或虐待等等，几乎每当发生真正有争议余地的案件，世俗法庭的法官就会派他们去履勘现场、访谈相关人员并汇报事实究竟是怎么一回事，而不用管诉讼两造怎么说。

在此，既不可能深入探讨这些制度的运作，也不可能深谈“规 195
范性见证”的这种扩张所带来的问题，尽管我认为恰当地了解这类事务，是开始切实体悟当代伊斯兰世界中至少一大部分地区法律感性的关键，因为居住在这些地区的人们也不是对我前面提到过的“事实爆炸”及其引发的焦虑懵然无知。核心要点是在西方传统中，投注于分辨法律与事实以及以避免混淆二者为目的的程序发

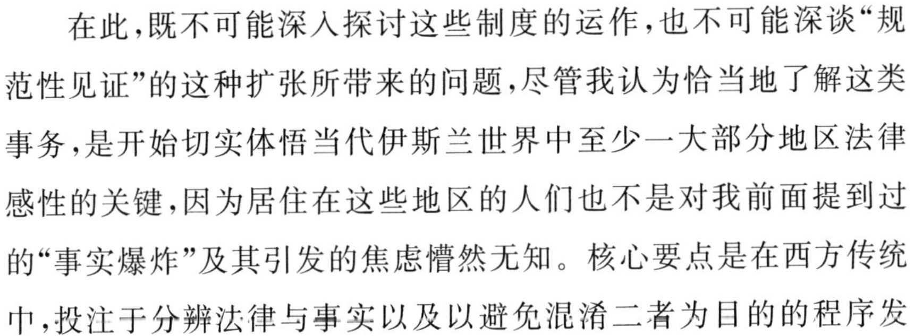

展这两方面的精力，在伊斯兰世界，却被置换为投注于两者的结合，以及以深化这种结合为目的的程序发展。规范性的见证之所以是伊斯兰世界司法体制的关键，是因为就它所能表达的来讲，它表达出了置身在普遍真理稳定模态（字首为大写 *Ha'* 的 *Haqq*）的笼罩下，属于特殊环境的那种原来是这样、原来是那样（here-we-are-and-there-we-are）的性质——也就是字首为小写 *ha'* 的 *haqq*。

当我们把目光转向印度式的法律及其赖以创生的理念——达玛，将一种感性总括为一个关键词（lexeme）这种企图的一些老问题就变得愈发棘手。[①] 尽管古典伊斯兰法律为了配合地方环境而做过种种调适，它所发挥的影响力在各地深浅程度不一，且其内部亦分化为诸多学派与传统，但总结各方面的考察来讲，该套系统确实曾经是一种同质化的力量，创造出了通行同一种法律的天下（*oikumenē*），所以 14 世纪的一位法官伊本·巴图塔（Ibn Battuta）才能够从一位卡迪处跑到另一位卡迪处，自摩洛哥一路旅行到马来亚然后再回头，其间从来不曾感觉到自己真正置身于异邦之中。不管是在中亚的撒马尔罕（Samarkand）还是在非洲的廷巴克图（Timbuktu），虽然气候不同，种族以及连带的习俗亦多有差距，但

① 我必须重申：我之所以选用“印度式的”（Indic）〔“印度化的”（Indicised）〕这个词而不用 “Indian”（“Indianized”）、“Hindu”（“Hinduised”）等词汇，是为了规避掉关于“印度性”（Indian-ness）和 “印度的影响”（Indian impact）在东南亚的程度、类型、深度或其他究竟如何？这整个备受争议的问题。关于这方面更周全的讨论，见 Geertz, Negara, p. 138。参考德瑞特关于“一切不是鸭子、鹅或火鸡的都是鸡”的“印度教”观：“为了适用个人法律的成文部分，（在印度）凡是非属穆斯林、祆教徒、基督徒或犹太教徒的人，都算是印度教徒。” J. D. M. Derrett, *Religion, Law and the State in India* (New York, 1968), p. 44.（斜体部分为原著者所加）

沙里亚一样是沙里亚——至少在法学家那里是如此。

但是,印度式的法律却不是以这样的方式传布的。它将它所遭遇到的一切予以普遍化,而这个举动却正好将后者单一化。它的疆域是粒状的,分裂成超普遍(hyper-general)、超抽象(hyper-abstract)形式的一大群超特殊(hyper-particular)、超具体(hyper-concrete)的表现;一个无量化身(avatars)的世界。它不仅在根源之处便因印度教与佛教的巨大区别而分裂;而且,为数孔繁而杂沓纷纭的一群极端偏执的特定规则(比如这边是18、那边是34)不是 196
来自一套定于一尊的正统经藏所汇纂的、直接抄录自神佛的明白教示,而是从一套博尔赫斯式的图书馆(Borgesian library)[①](一个收藏着一堆目标杂多、出处分歧、权威程度不一、全无统绪文献的文库)里头导出的一套令人发狂的宇宙观念连缀而成。[②] 它在每一个地方,地方上的几乎每一个社会团体,都会发展出一种截然明

① Borgesian library系一比喻性的修辞,典出阿根廷文学家波赫士(Jorge Luis Borges,1899—1986)。波赫士于诗学的现代主义衰落以后,创造了所谓的Ultraismo,意象光怪陆离,追求强烈的印象。波赫士曾著有幻想小说《巴别图书馆》(*Library of Babe*,1941l),描述一间图书馆内藏有全人类的一切知识,但却无法组织,成为一团混乱,完全无法使用。波赫士于二次世界大战后担任阿根廷国家图书馆馆长达十数年。——译者

② 关于古典印度法律文献的讨论(或者,更精确地说:导出法学观念的文献),在印度教方面,见R. Lingat,*The Classical Law of India*,trans. J. D. M. Derrett (Berkeley and Los Angeles,1973),pp. 7—9,18—122;在佛教方面,见R. F. Gombrich,*Precept and Practice:Traditional Buddhism in the Rural Highlands of Ceylon* (Oxford,1971),pp. 40—45;关于东南亚的衍生之作,见M. C. Hoadley and M. B. Hooker,*An Introduction to Javanese Law:A Translation of and Commentary on the Agama* (Tucson,1981),pp. 12—31,及M. B. Hooker,"Law Texts of Southeast Asia," *The Journal of Asian Studies* 37 (1978):201—219。

确的分化品种，仅能仰赖最远房的亲戚之间极稀微的家族相似性而得与其亲族相认为同宗。在印度化的世界中，法律就像神祇一样（就此而言，人性、美、权力和爱皆然），在本质上是一体，但表象众多。

当印度的高等文化以及作为其不可分割之一部分的印度法律断断续续、参差不齐地传遍整个印度，然后再传到锡兰、缅甸、暹罗、高棉、苏门答腊、爪哇和巴厘岛之时，它本身也吸纳了一大群多元的地方习俗、象征、信仰与制度。某些地方是印度教，另一些地方是佛教，还有些地方是印度化的佛教，它征服这些地方，不是藉由咒诅禁制和排除，而是通过神圣化和吸纳，正如德瑞特（J. D. M. Derrett）所说，是藉由将“一组无限大量且繁冗的规范之混合”置诸“一种涵括性的生活与思维模式”的统辖之下。[①] 在形成判决（decision-forming）的“因为/所以”层次，它在任何地方都像是一个微粒分子式的一份零散的目录，无分轻重地自文献、风俗、传说与谕令推导而来，随地方的环境条件和需要而灵活调适。在创造一贯性的（coherence-making）“若/则”层次，它在任何地方都立足于一种高度明确的、反常稳定的伟大理念，其最终的源头乃是直接的天启——吠陀或菩提树：一种全宇宙性的责任规条，宇宙中的每一种存有，不管是人、高于人的还是低于人的，都基于其种类的本质而各有一套必须践行的伦理和必须彰显的本性，因为“伦理”和“本性”二者实为一体之两面。温迪·奥弗莱厄蒂（Wendy O'Flaherty）写道：“蛇虺咬噬、魔鬼诱骗、天神赐予、隐士修心……

① Derrett, *Religion, Law and the State*, p. 118.

窃贼偷盗……战士杀伐……巫祝献祭……子从母命。这就是他们的 *dharma*。”①

要用英文来表述达玛（和其相反词 *adharma*），比用英文表述 197
哈克更为困难。因为此处的问题比较不是意义的破碎（即语义领域瓦解为一堆出乎意料的碎片）而是意义的不准确，即语义的领域扩张到几近于无限多的维度。梵文学家贡达（J. Gonda）称 *dharma* 为“不可译”，并评注曰：该词汇在双语辞典中的解说，“用了 10 到 12 行的英文词句：‘法律、用途、从俗、责任、德性、宗教上的功德、善行等等’，如果我们要公平地顾及这个概念的一切面向及其无穷无尽的宝藏，那就还得加上许许多多其他的同义词”。理查德·贡布利奇（Richard Gombrich）说：从佛教—巴利文（Buddhist-Pali）的那一面来看（在那些文献中这个词被写成 *dhamma*），它“可以，也确实曾被人以上千种方法翻译过，诸如‘正确性’（righteousness）、‘真理’（truth）、‘道’（the Way）等等，

① W. D. O'Flaherty, *The Origins of Evil in Hindu Mythology* (Berkeley and Los Angeles, 1976). 上段引文系零碎摘取自 94, 95, 96, 98, 109 页。这当然是一种印度教的说法；佛教的说法就有重大的不同〔较充分的讨论请参考 W. Rahula, *What the Buddha Taught*, rev. ed. (London, 1978)〕。在正文讨论中，我尽可能追求一种至少可以同时适用于印度教的印度、东南亚北部的小乘佛教诸国，以及印度尼西亚群岛上更混淆情况的陈述方式，如果要做更深入的分析，势将不可能规避印度两大主要传统在法律观点上的差异，犹如对西方法学传统的深入分析不可能避而不谈天主教与基督新教的观点差异一样。但是，就像西方（就宗派分裂现象言之，伊斯兰教亦然，但我同样对逊尼和什叶两宗派的差异略而不论），印度文明确实拥有一种会从它的法律投影出来的明晰可辨的形式与基调。“若你问一个佛教徒他的宗教信仰，他会预设你在谈的是 Dharma，但是这些信仰是在其他信仰、其他更根本的预设所构成的语境之中运作。这在逻辑上与历史上都是真的：佛祖在一个印度社会中长大，也接受了许多印度的预设。”（Gombrich, *Precept and Practice*, p. 68.）

但最好是别去翻译它。”其次，本身就是一名和尚的化普乐·拉胡喇（Walpola Rahula）则说：“在佛教的专有名词中，没有任何一个比 *dharma* 更宽广……不论是在宇宙之内或之外、善或恶、有限或无限、相对或绝对，没有任何一样东西不为这个词汇所涵盖。”罗伯特·林加（Robert Lingat）的巨著《印度古代法》（*The Classical Law of India*）基本上就是针对这个词汇的一篇深长的冥想录，[①]这本书的开场白是这样一段评论：“*Dharma* 是一个很难界定的概念，因为它扬弃了或者说超越了在我们看来似乎是不可或缺的分别。”而索沃尤·沃尤瓦西托（Soewojo Wojowasito）的古爪哇文词典则将这个词定义为“法律、权利、职责、义务、功德、服事神祇、虔诚的作为、责任”，后面再加上一页半的延伸复合字，从 *dharmadeśanā*（达玛德沙纳）“善行的学问”和 *dharmabuddhi*（达玛菩提）“（心地的）正当、公平、无偏私”，到 *dhammayuddha*（达玛尤大）“遵照（一套既定的）规则（所打的）一场……战争”和 *dharmottama*（达玛摩它玛）“最适合于社会中每一个阶级的正义法则。”[②]



---

① 此处的原文是 mediation（调解、仲裁）而非 meditation（沉思、冥想），若依原文，似乎文意不通，故笔者揣测很可能是印刷有误，故于正文中自行擅改为后者，但留注于此，以便读者自行参酌。——译者

② Gonda，*Sanskrit in Indonesia*，2nd ed.（New Delhi，1973），pp. 537，157；Gombrich，*Precept and Practice*，p. 60；Rahula，*What the Buddha Taught*，p. 58；Lingat，*Classical Law of India*，p. 3；Wojowasito，*A Kawi Lexicon*，ed. R. F. Mills（Ann Arbor，1979），pp. 287—288；关于 *dharma* 之意义及其与印度教传统之下的法律的关系，有一份绝佳的简要讨论，见 L. Rocher，“Hindu Conceptions of Law，” *The Hastings Law Journal* 29（1978）：1280—1305。

就法律而论，最后这几个观念是最关键之处。因为最能够 198
区辨印度的法律感性与其他法律感性之处在于：某人的权利与义务视其在社会秩序中的地位而定，而某人在社会秩序中的地位则是被先验地决定的。对一只母鹅来说正当的事情，对一只公鹅来说就不是；对巫祝来说正当的事就不适用于战士，和尚不同于俗家，家居者不同于隐士，诞生一次的不同于诞生两次的，末世之民不同于盛世之民。无论是像印度教的种姓制度那样藉由仪式来定性的，或者是像佛教的因果报应说那样由伦理来定性的，社会范畴都是“按照团体和个人自然而然地遵循的为人处世之道，而将他们划分成自然的等级”这样一番拣选过程的表现。地位就是内涵的实质（substance）。如果说 *haqq* 走的是调协“实然”与“应然”的路，将法律建构为一种事实，那么 *dharma* 走的就是把事实建构为法律的路，两者迥不相侔。

依照社会地位来区别正义的做法，当然绝非印度式的社会所独有。例如，中国古代与非洲部落的法律将权利与亲属关系联系起来，就这一点来讲是同样彻底的；此外，还有某些神似这种做法的规矩仍旧残存在每一个法律体系之中，比如少年法庭，还有在涉及监护的案件中仍然尊奉的“母亲最清楚”这项假定。使印度式的法律体系独树一帜的，无疑就是 *dharma* 的理念，即不同的法则支配着不同种类的男人、女人（以及神、魔、灵、动物，准此类推，也包括无生物）的行为，这也就界定了他们最根本的相异性质这个理念。罗纳德·因登（Ronald Inden）与拉尔夫·尼古拉斯（Ralph Nicholas）所做的述评，尽管因其焦点系针对孟加拉而有恰如其分的些微差异，但对于一切为印度式的基本观念所穿透的地方

(并且其深入的程度的确可称得上“穿透”的地方)来讲,都还是合适的:

> 一切存有被组织为(种类),每个(种类)均依其特殊的(天性)和(行为的)法则来界定,这几样东西被认为是不可相互分割的。这种文化前提的后果是……将“自然”秩序与“法律”秩序混同不分,与美国文化大相径庭。同样的,“物质”或“世俗”秩序与“精神”或“神圣”秩序也被混淆不辨。因此,世间只有唯一的存有秩序,用西方的术语来说:这种秩序既是自然的也是道德的、既是物质的也是精神的。①

此外,同时也是法律与事实上的秩序。或者如奥弗莱厄蒂对“印度式的邪恶观念”所做的概述:



199 *Dharma* 就是必须遵从的规则存在这一事实;它是秩序的原则,不管那种秩序实际上是什么……(它)同时是规范性的和描述性的词汇……(因此)在印度,道德法则(*dharma*)就是自然,在西方它通常蕴含着与自然的冲突……(存有)的

---

① R. B. Inden and R. W. Nicholas, *Kinship in Bengali Culture* (Chicago, 1977), p. xiv. 我在未用删节号的情况下,直接删除了孟加拉当地方言中的词汇,以及某些仅适用于实施种姓制度的印度教地区的段落。关于类似的说法,见 M. Davis, *Rank and Rivalry: The Politics of Inequality in Rural West Bengal* (Cambridge, England, and New York, forth-coming); M. Marriott and R. B. Inden, "Caste Systems," *Encyclopedia Britannica*, 15th ed., 1974。

> *dharma* 既是它作为一种类型的性格，也是它作为个体的责任……它可能会拒绝他的责任（并因此）否定它的天性（这就是被斥为 *adharma* 的情况），但印度教徒认为这种冲突是不自然的，是必须被化解的一种冲突……[①]

它必须要被化解，因为约莫在基督在世的前后，《摩奴法典》（*Code of Manu*）早已言及“被毁坏的 *dharma* 会毁坏（万物），[②]被保护的 *dharma* 则会保护（万物）”。[③] 法律就像太阳和牛一样，既以“坚刚而不易，绵远而不绝，无畏昏聩与堕落”这样宏阔无涯的形式，又以“对于置身于特定处境中的特定个人，依其特定的地位，而课以体现为特定规则的特定义务”这样狭隘封闭的、地方性的形

① O' Flaherty, *Origins of Evil*, pp. 94—95. 我再次对上引文做了删改和增添以使其说更具普遍性。因登-尼古拉斯和奥弗莱厄蒂的论点，当然都盯紧在实施种姓制度的印度教，但我重申：至少就这一点来讲，佛教的观点似乎相去不远：“（佛教徒的）宇宙充满了有生之物，排列成位阶井然的层级，而人类差不多居于中层……在人之上有许多阶层的神灵，在人之下有动物、鬼与魔。在这个世界之上有天堂，之下有地狱。大体上来说，愈往上层，权力、幸福与寿命便愈增，所以为善的权力与倾向就愈增。但在每个层次上都有死亡——对于生命的不完美性之免不了的警钟。死亡供给了不同层次之间的流动。不论何时何地，都有死亡与重生。一个人的降生之所为他的 *karma*（译者：中文传统译法为‘业’）所决定，*Karma* 是一个单纯地表示‘行为’的梵文词汇，但它已经取得了这种技术上的意含。这一切说法为各个派别的印度教徒与耆那教徒（Jains）所接受——亦即被所有主要的印度宗教体系所接受。然而，佛教是头一个将此概念彻底伦理化的体系。对佛教徒来说，*karma*（业）只包含着道德上善或恶的行为，不包括诸如仪式之类的其他行为。”Gombrich, *Precept and Practice*, p. 68.

② 若依原文直译，应无“万物”二字，但白话中文不能无受词，故译者依意添加之。——译者

③ *Manu*, VIII, 5, quoted in Lingat, *Classical Law of India*, p. 4. 林加为本法典所标定的成文时间约在公元前二世纪到公元后二世纪（ibid., p. 96）。

式，巍然独立于客观世界之中。[①] 它的捍卫者必须做的就是去保
200 卫它，那么它就会保佑他们，而这些捍卫者们的领袖不是法学家（他只不过是个学究），而是君王——或者退一步说，直到殖民统治差不多取而代之以前一直是君王。若将印度式法治的基本原则放在一个微缩的印度里，那么就可以说：君王的 *dharma* 就是捍卫 *dharma*。

无论他是大王、小王还是中王的（而且有些可能真的是极小的王，这一点必须牢记在心），君王在司法审判过程中都占据关键地位，这就是印度式体制的特征，就好比规范性见证人是伊斯兰司法体制的命定特征一样。因为能把遍满大千的 *dharma* 所

① Ibid.，p. 3，显然引自 *Manu*。*Dharma* 广大无边的意含——就 terra firma 表示“固态的”、“硬的”、“能够久存的”这一意义来讲，这个字在字源学上与拉丁文的 firmus 有关——在《摩诃婆罗多》一书中得到了可能是最明确的表达（*Śāntip*. 109，59；quoted in ibid，p. 3，n. 2）：“*Dharma* 之所以会被如此称呼，是因为它保护……万物；*Dharma* 让被创生出来的一切事物得以存续。因此，*dharma* 就是能够维系宇宙的那种原则。”关于 svadharma 这个词的特殊意义，见 Davis，*Rank and Rivalry*，“Afterword”：“指涉个人、一群个人或整个社会之合宜的自然行为与道德行为。（它）一方面取决于……人生存于其间的物理性兼社会性的社群，每个（这样的社群）都有一种多少不同于其他一切社群的习惯性生活方式……（个人）的 *dharma* 也局部取决于……他在世的时期，因为每个（社群）都有一套独一无二的历史，而即便是在同一个（社群）之中，何者可称为正确合宜的行为，也并非万古不变。此外，*dharma*（亦）局部性地决定于一个人自身的性质……与生命阶段，因为就个人而言，何谓‘适宜的行为’，乃依其本身的天性与肉体兼道德的成熟度而有所不同。空间、时间、性质与生命阶段……就是那四个……常数，任何个人的或一群个人的 *dharma* 都准此以界定。构成（他们的）*dharma* 的特定行为，并没有同样的恒常性，因为它们随时空而变易，生活在同一时空中的个人也彼此不同，而且它们在一个个人自己的生命过程中也时有不同。”关于普遍的 *dharma* 与个人的 *dharma* 之间的复杂关系，可参考这一篇简单易懂的讨论：O'Flaherty，*Origins of Evil*，pp. 94 ff。

包含的“若/则”式的典范（能制造出一贯性的典范）与具体规则所包含的“因为/所以”式的决定（能产生后果的决定）两者扣连起来的是君王——在适宜的学者、僧侣或婆罗门的辅弼顾问之下的明君。一个没有君王的社会（*arājaka*），就是一个没有法律的社会（*adharma*），将沦于“鱼的统治”（The Rule of the Fish）之下。在一个充满自然法则但也汇集着规避这些法则的种种诱因的世界中，一个人遵循自然法则而行的可能性，端赖君王的护佑。正如《摩诃婆罗多》（*Mahābhārata*）所昭示的：一切的 *dharma* 均仰赖于君王的 *dharma*——“众生顶上皆有 *rāja-dharma*（喇迦达玛）”。①

除去其诏令式的腔调以外（这种腔调不仅在法学理论上清晰可见，我们将会看到它在判决正义（decisionary justice）的实际施为当中亦了然可辨），不管怎么说这都不是一种奥斯汀式的概念，因为此处的法律并非君王命令。君王的命令只要是恰当的，就是法律，正好比其他任何一种人的行为，只要它是恰当的，它就是法律一样。正义之君的行为，林加说“即是法律的一种示现”，大卫·怀亚特（David Wyatt）说“即是法律的体现”，胡克（M. B. Hooker）说“是法律的象征”，而大卫·恩格尔（David Engel）则说“是法律

① Lingat, *Classical Law of India*, p. 208. Cf. Hoadley and Hooker, *Introduction to Javanese Law*, p. 14：“*dharma* 的特定规范，唯有凭借君王意志的适当运作方得以巩固，准此以观，*Rāja-dharma* 优先于（古代法律）世界中所述及的其他一切义务。”（强调部分为原作者所加。）Cf. Rocher, “Hindu Conceptions of Law,” p. 1294：“*dharma* 容许西方文明中的法学范畴在其中扮演较显要角色的那些个面向，都被连缀起来，环绕于君王这个核心角色四周。”关于 *arājaka* 和“鱼的统治”（The Rule of the Fish），见 Lingat, *Classical Law of India*, p. 207，和 Derrett, *Religion, Law and the State*, p. 560。

201 的实施”。① 当然，问题在于君王实际上有可能并不公正，或者只是偶尔秉公而行。在伊斯兰世界中以“见证人的可信度”这类词汇

① R. Lingat,“Evolution of the Conception of Law in Burma and Siam,” *Journal of the Siam Society* 38 (1980):9—31, quoted in R. A. O'Connor,“Law as Indigenous Social Theory,” *American Ethnologist* 8 (1980):223—237, D. K. Wyatt, *The Politics of Reform in Thailand* (New Haven, 1969), p. 8. quoted in D. M. Engel, *Law and Kingship in Thailand During the Reign of King Chulalongkorn* (Ann Arbor, 1979), p. 3. M. B. Hooker, *A Concise Legal History of Southeast Asia* (Oxford, 1978), p. 31; Engel, *Law and Kingship*, p. 8.

怀亚特下面这段话，再次指出了佛教与印度教的观念在这一方面根本上的相似性：“婆罗门教的 *Devarāja*，即‘君王如神明’的概念，被修正为‘使君王成为法律的体现’而具有佛教道德原则的统治，则确定他必须要依据法律来被衡量。这样做的效果，是强化了柬埔寨〔亦即高棉〕帝国婆罗门阶级的检核力量，他们曾试图用这种力量来制约过度专制的绝对统治。”

关于此处所挑起的另一个“分殊化”(differentiation)问题，即介乎印度本土与东南亚的印度化地区之间的分殊、介乎荷兰殖民者基于别有用心的种族中心主义而分别称为 *Voorindië* 和 *Achterindië* 的两个地区之间的分殊，也就是关于东南亚君王角色的转变问题，也必须略加评注。这里所谓的转变，是指王权形态从 L. Dumont 针对印度的案例所提出的“世俗化的模式”即一个君王“不能担任自己的献祭者，(而)须将一位祭司置于自身‘之前’……此后，相对于祭司而言，他便丧失了位阶上的优越性，保留给自己的只剩权力”(*Homo Hierarchicus*: *An Essay on the Caste System*, trans. M. Swainsbury [Chicago, 1970], pp. 67—68；斜体字为原文所有)，转变为东南亚的各种“神圣的”、“半神圣的”或“示范性的”君权形态(见 Engel, *Concise Legal History*; O'Connor, “Law as Indigenous Social Theory”; G. Coedés, *The Indianized States of Southeast Asia*, trans. S. B. Cowing (Kula Lumpur, 1958); and Geertz, *Negara*, pp. 121—136)。姑不论这样的区别可能同时在两边都做了些过度引申这一事实，不管它在印度化世界内部的案例比较上具有多大的功用，一旦将关注焦点置于印度式的法律世界与其他世界的比较，它便成为无足轻重的因素。整体而言，对于此事最恰当的似乎是 Coedés 的说法：“印度化必须从根本上被理解为一种组织化的文化扩张，它立足于印度人的忠君概念，由印度教或佛教的仪轨、《往世书》(*Purānās*)的神话体系以及对 *Dharmaśāstras* 的遵循所形塑，并以梵文为表达媒介。”(*Indianized States*, this note, pp. 15—16)我们只要牢记，在这种定义下的所谓印度域外的“印度化”(其实在印度域内也是如此)，在程度上并不是均等齐一的。

表述的议题（即“因为/所以”式的判决是否符合“若/则”式的见解），在印度化的世界中却以“君王的正确性”这种方式来表述，欺骗（真理的否定）在伊斯兰体系中象征的问题，在印度体系中则被表征为王的自私自利（对真理的漠不关心）。

“使统治者长保临渊履薄之心，以期其作为实现自身的 *dharma*、保佑其他人的 *dharma*，因而能将天下维系于宇宙的均衡状态——即 *dharma* 本身”，就是献身于通晓法律而非施行法律的那些人的 *dharma*。“权力的操纵者/处罚者”与“硕学大儒/净化者”之间的关系，或许是整个传统印度式文明中最模糊也最微妙的一种关系。如巴厘人所说，就像弟弟对哥哥、学生对老师、一艘船和它的舵手、一把匕首和它的柄、一个乐团中的乐器和它所发出来音响的关系。[①] 在实际司法审判领域中，这组关系从中央贯穿到地方，

① Geertz, *Negara*, pp. 37, 126, 240. 在古代的印度文献之中亦有类似的意象：学者是“构思的人”，权力的操纵者是“有所作为的人”；前者是“智识”，后者是“意志”；宫廷祭司是“君王的脑”等等（Lingat, *Classical Law of India*, pp. 216, 217）。关于印度的学者/统治者关系的一般性考察，见 Lingat, *Classical Law of India*, pp. 215—222; Dumont, *Homo Hierarchicus*, pp. 71—79; L. Dumont, “The Conception of Kingship in Ancient India,” in *Religion/Politics and History in India* (The Hague, 1970), pp. 62—81。关于东南亚，见 Geertz, *Negara*, pp. 36—37, 125—127。

运用处罚手段（即 *danda*，字面意义为“权杖”、“权柄”），被认为是君王之 *dharma* 的一部分；而通过自省忏悔（即 *prāyaścitta*，字面意义为“首要的思维”、“关于发觉的思维”）以实现净化，则被认为是学者之 *dharma* 的一部分。这两种 *dharma* 之间的区别，以及两者之间的关系（“（婆罗门）要求忏悔；（君王）则必须监视忏悔是否实施，并且处罚顽抗者”, Lingat, *Classical Law of India*, p. 66；佛教说法的不同处，主要在于忏悔与净化概念的具体内涵）是了解这种关系之法律向度的枢要之处。“想要在印度的传统之中找出一种可与基督教的‘两剑论’相比拟的二元权力之间的关系，将是徒劳之举。确实，一旦问题关乎仪式和……忏悔时，婆罗门是师傅，但他的活动范围实际上延伸到君王活动的一切领域，不管是其政治面，或是其宗教面。在此处，没有两种权力分别在属于其本身的领

彰显于每一个层次之上，完全占据了全局的中心。印度教的婆罗门、佛教的和尚、在较小的事务方面有一些稍逊的梵学家等等神职人员，尽一切可能地说服君王、王子、爵爷或地方官去约制他
202 们的热情，无私无我地依循 *dharma* 的道路，同时也为避免“恣意妄为的一种刚愎专横的统治”而达致“坚持原则的一种稳定正义”奠定了可能性。[①]

欲冒犯君主的骄矜而达成如戴里特（Derret）所说的“使 *dharma* 成为万王之王”的目标，有许多可以尝试的途径，如神职

（接上页）域（一边是神圣的，另一边是世俗的）之中运作。世俗权力本身就有运作能力，但它是一个盲目的力量，唯有经过指导之后，它的运作才能有所成效。假若君王漠视手下的婆罗门对他的谏诤，他将不仅无法履行他的职分，甚至有招致弊政的危险。”（ibid，pp. 214—218；see also，pp. 50，61—67，232—237）关于爪哇，见 Hoadley and Hooker，*Introduction to Javanese Law*，pp. 227—228。

① 自利法则“*artha*”本身并不是一个不合理的情绪，只有当它的诱惑昏聩了一个人的责任意识的时候，它才是不合理的。和好色（kama）一样，*artha* 在古典印度思想中得到了几乎与 *dharma* 同等程度的发展，同时也有整篇的论述（*arthaśāstra*）旨在探讨自利法则的陶冶，见 Dumont，*Homo Hierarchicus*，pp. 165—166，196，251—252；Derrett，*Legal Systems*，pp. 96—97；Lingat，*Classical Law of India*，pp. 5—6，145—148，156—157，另有讨论自利法则与君王之司法审判功能的关系，见 251—254。关于自利在爪哇的政治理论中（在当地称为 *pamrih*）的角色，可参见 B. R. O'G. Anderson，“The Idea of Power in Javanese Culture，” in *Culture and Politics in Indonesia*，ed. C. Holt（Ithaca，1972），pp. 1—69：“官员的正确态度，应该是要避免涉入个人的动机，并为国家的利益而勤奋工作……（操纵权力者的）*pamrih* 实为其自身终极利益的一项威胁，因为沉溺于自我，从而有所偏私、欲念和成见，这就意味着内心的失衡，以及个人的自我专注（personal concentration）和权力二者的日趋散漫。”关于泰国，见 O'Connor，“Law as Indigenous Social Theory，” pp. 233—234：“现代的泰国……接受放纵的自利，但认为其在道德上逊于宇宙的与君王的法律、习俗，以及使个人融入整个社会之较大规模的秩序之中的近乎法律的纪律”；还有 Engel，*Law and Kingship*，pp. 7—8。Cf. L. Hanks，“Merit and Power in the Thai Social Order，” *American Anthropologist* 64（1962）：1246—1261。

人员藉诗歌以颂扬朝廷、抵制出席朝廷仪典、谴责朝廷的失德等等。[①] 但就执法而言，有两项设计显然是最重要的：一是将人民对于君王的 *dharma* 编成法典，二是将博学的顾问纳入君王的法庭。

将人民对于君王的 *dharma* 编成法典，以便藉由处罚那些公序良俗的扰乱者来维系社会的行为秩序，这种做法在古印度就已经存在。在古印度，《摩奴法典》全书 12 章之中就有 3 章完全花在这个主题上。但在东南亚，它得到了更加明显的发展，泰国的塔玛萨特（*Thammasat*）或许是其中最好的例子（或者也可能是被描写得最好的例子）。[②] *Thammasat* 铺陈出世界与人类的历史、法律的演化以及君王的起源，“界定了个人与国家的关系，并标举出管制统治者行为的规范”。[③] 以 27 章的篇幅（一说 39 章，但其中某些部分已经被撤销），涵盖了从宫廷法、神裁法、罚金、见证和“人民的分别”（分成不同的层级），一直到债务、继承、窃盗、争执与叛国等一切规定。[④] 如恩格尔所说，它是“传统泰国的王法与正当性的根本陈述”，而且它与缅甸、高棉与爪哇可相比拟的法典一致，主旨在于通过陈述君王也必须服膺的地位伦理（status ethic）来合理化

---

① Derrett, *Legal Systems*, p. 99.

② 关于《摩奴法典》，参见 Rocher, “Hindu Conceptions of Law,” p. 1294; Lingat, *Classical Law in India*, pp. 222—232。关于 *Thammas*（即梵文 Dharmasastra 的泰文说法），参见 Engel, *Law and Kingship*, pp. 1—8; Hooker, *Legal History*, pp. 25—35; Lingat, *Classical Law in India*, pp. 269—279; Lingat, “Evolution of the Conception of Law”; O'Connor, “Law as Indigenous Social Theory”。

③ Engel, *Law and Kingship*, p. 3.

④ Hooker, *Legal History*, pp. 26—27.

君王在司法审判中的角色：

> （一位身为王子的现代泰国学者曾经写道）依……*Thammasat* 所言，理想的君王毫不懈怠地遵循王者十德，坚定地信守五常诫……勤奋地研读塔玛萨特（*Thammasat*），并秉持正义四原则，即评估一切加诸他的服侍或侮慢是对是错、高举合乎道义与真理者、以正当手段取得财富，以及以正当手段维持其国家的繁荣。①

204 然而，在神秘的东方与在清澈明了的西方一样，无论多么细密的宪法，从来都不比它们要去规范的那些体制更高明。不管司法权对行政权的制衡实际上会是什么样子（大抵是比人们的期待差，但却也会比人们想象的好一点），都必然要由法庭的建立来加以确保。



在殖民政权推行法庭标准化这个成败参半的尝试以前，整个印度化世界中的法庭种类之分歧多样，就如它们想要去适用的规范、它们想藉此管辖的人群，以及它们想给予这些人群的正义裁断一样。不过，“学者职掌正义裁断、掌权者负责实施”这个原则却是

---

① Engel, *Law and Kingship*, p. 5; Prince Dhani Nivat, “The old Siamese Conception of the Monarchy,” *Journal of Siam Society* 36 (1947): 91—106. 就 *Thammasat* 辑录有君王诏令这一点来看，它亦可说含有“实证法”的成分，但它们被彻底地包含在贯穿全书的普遍性 *dharma* 概念中，并被认为只是 *dharma* 的显象。关于这一点，并且也为了局部性地修正林加的“法律概念的演进”(Evolution of the Conception of Law)观点（即认为诏令的辑录显示了 *Thammasat* 真正开始与东南亚流行的“自然法”概念分道扬镳），请参见 O'Connor, “Law as Indigenous Social Theory”, 特别是 pp. 225—227, 该文对于“将‘自然/实证’的分野运用于这个系统之中”这一做法提出了正确的质疑。

普遍的。在印度有一个巨大的种姓位阶体系以及种姓内部的议会,不论是在所谓"小王国"里"居支配地位的种姓"的迷你剌迦(mini-raja)[①]还是在区域层次上的大国里显赫的玛哈剌迦(maha-raja)[②],每当他们需要时,就有一群各式各样的梵学家在旁伺候。在泰国有约30种衙门分别设立的一堆法庭,其彼此间管辖权限含混不清的程度,就和它们背后那些衙门彼此之间的权限划分一样模糊,有一个法律事务顾问衙门为这些法庭提供建议。然而,在这个被公认为佛教国家的地方,其法律事务顾问衙门却是由12名婆罗门组成。在印度尼西亚,则有百来个大大小小的宫廷法庭(palace-yard tribunal),由种类不同、造诣参差的刑名师爷们组成,在当地领主躬亲监督之下运行。尽管有这些差别,这一切地方性的司法审判程序却全都系出同源,那就是早在4世纪便已载于印度文献上的基本程序法则(procedural *grundnorm*)[③]——"本乎(*dharma*)之旨,由法官定罪(并)由君王执行惩罚"。

---

① 剌迦(raja或rajah)即印度化世界中的酋长或地方小领主。——译者

② 玛哈(Maha-)这一词首即印度文的"大",故玛哈剌迦意即"大王"。——译者

③ *grundnorm* 为德文的"基本法则"。——译者

④ The *Nārada-Smrti*, in *The Mirror Law Books: Narada and Brihaspati*, trans. J. Jolly (Oxford, 1889), p. 35; quoted in M. C. Hoadley, "Continuity and Change in Javanese Legal Tradition: The Evidence of the Jayapattra," *Indonesia* 11:95—109, at p. 97.

关于印度,诚如 Rocher 所说:"对于其在(古代)时期实际上的司法习惯,我们几乎一无所知"("Hindu Conceptions of Law," p. 1302),关于较晚近时期的有用材料,可以在 B. S. Cohn, "Some Notes on Law and Change in North India," *Economic Development and Cultural Change* 8 (1959): 79—93 一文中找到,特别是在他的"Anthropological Notes on Disputes and Law in India," *American Anthropologist* 67 (1965): 82—122 这篇文章中。此外,还有一位18世纪的耶稣会教士玻榭(Jean Venant Boucher)所写的一封引人入胜的信

205 无论那种司法程序之特定的制度形态为何，无论它认为可以受理的是哪些案件（如“瑞格瑞对村落议会”案所提示的：这也是一个弹性很大的事情），也不管它作用在社会生活上的一般性影响是什么（这是更具分歧性的一部分；并非一切君王都有很大的势力，也没有任何一个君王在所有地方都一样实力强大），它关注的焦点——证据问题，既不无关于行为发生的场合，亦无关乎行为的结果，而在于行为的形态。换言之，它们是被落实到司法可以裁断层次的 *dharma* 与 *adharma* 的问题，是判断一件特定的行为究竟会落在“符合义务行为之广阔的类型学框架”的地方版本中的哪个位置的问题。若以比较的方式来陈述这个论点的话（但这无疑又是一次牵

（接上页）函“Pondicherry to a great man in France”（“Father Bouchet's Letter on the Administration of Hindu Law,” trans. L. Rocher, in press），亦为一份绝佳的材料。4 世纪南印度的梵文通俗剧《玩具马车》（*The Toy Cart*, trans. P. Lal, in *Traditional Asian Plays*, ed. J. R. Branson, [New York, 1972], pp. 14—114）以一位 Shudraka 国王挂名作者，但更可能是由其宫中的一位（神职?）诗人所作，内容包含了一幕审判，绝妙地影射出王权与法学之间的紧张关系。（特别值得一看的是在第 96 页，“法官”也就是负责主持的“推判者”或“顾问”为审判揭幕所做的开场白。）关于印度传统司法程序的一些以文献为张本的评述，见 Lingat, *Classical Law in India*, pp. 69—70, 254—56。关于泰国，见 Engel, *Law and Kingship*, pp. 60—63。关于印度尼西亚，见 Hoadley, “Continuity and Change”; Hoadley and Hooker, *Introduction to Javanese Law*, pp. 26—28; F. H. van Naerssen, “De Saptopatti: Naar Aanleiding van een Tekstverbettering in den Nāgarakrtāgama,” *Bijdragen tot Taal-, Land- en Volkenkunde* 90 (1933): 239—258; Th. G. Th. Pigeaud, “Decree Jaya Song, About 1350 A. D.” in his *Java in the Fourteenth Century: A Cultural History*, 4 vols (The Hague, 1960—63), 4: 391—98（原始文献在 1: 104—7；译文在 3: 151—55）; Geertz, *Negara*, pp. 241—244。关于缅甸或高棉的司法程序，为人所知者更少，或说可以看得到的更少，仅有的材料可见 Maung Htin Aung, *Burmese Law Tales* (London, 1962); S. Sahai, *Les Institutions politiques et l'organisation administrative du Cambodge ancien* VI—XIII *siècles* (Paris, 1970)。

强附会），或许可以这么说：古代伊斯兰的法庭设法藉由抬出德高望重的人物来确立事实，并为见证所萦缠不休；印度式的法庭则设法藉由厘清道德种类来确立事实，并为判决而困思横虑。恩格尔说（他是针对泰国，但其内容却一样适用）："（传统印度式）司法之要旨，并非在详审特定违法行为之证据这一过程中程序上的公平性，而在于以一个人的存在之整体价值来衡量这项最终判决的适切性。"[①]最终判决是君王的权柄，在王朝的司法徽记上有被描绘为跨在狮背上的阎罗王（Yama），也就是死神。[②] 最终判决是否恰当，端赖于法官是否能将宇宙性的义务落实到地方性的规范之中，并使君王能对此留心。

这种独树一帜的（若你愿意这么看的话）将案件概括化以使之能够被裁判的方式，可以在关于传奇性法官的传统法律故事中特别清楚地看到，在欠缺真实判决记录的情况下，至少就"因为/所以"式的古典司法审判这方面来说，这些故事包含了任何继续讨论都必须仰赖的资料。有两篇来自南印度的故事特别具有启发性，它们是由17世纪的耶稣会教士让·布歇（Jean Bouchet）著录成文的，内容是关于一位垂范后世的婆罗门法官玛力亚泰-剌莽（Mariyātai-rāman）。[③]



① David Engel, *Code and Custom in a Thai Provincial Court* (Tucson, 1978), p. 5.

② ibid, p. 4. "（在古印度教-佛教的神话体系里）阎罗一向与司法有关联。事实上，*thamma* (*dharma*)被说成是死神的另一个称号：神就是司法概念本身的人格化。"

③ Bouchet, "Letter on the Administration." 另一个稍有不同的故事版本，亦见载于 P. Ramachandra Rao, *Tales of Mariada Raman*, 21 *Amusing Stories* (London (?), 1902), pp. 5—10, 43—47；为 Rocher 所摘引，见上引书。

206 布歇说第一个故事“和所罗门王的审判颇有异曲同工之妙”，但实际上二者的构思却完全相反。这个故事说的是一个享齐人之福的富翁的两个妻子。大太太容貌甚丑，和丈夫生了一个儿子；二太太不育，但因为容貌美丽，被富翁视为珍宝，而大太太却被弃之如敝屣。于是，妒火中烧的大太太便密谋报复。她开始以行为和说辞让旁人相信她有多么溺爱她的儿子，他对她如何重要，还有那个不孕的二房有多么嫉妒她，尽管她很漂亮。然后，她勒死了自己的孩子，把尸首放在睡梦中的二太太床边。第二天早晨，她假装寻找她的儿子，闯进二太太的房间，“发现了”儿子的尸体，然后跑出去对众人哭诉：“噢！好个卑鄙的女人！就因为忿恨我有儿子她没有，你们看看她干出了什么好事。”群情激愤之下，众人一致指控二太太：“一个母亲不可能会杀死自己的亲生儿子”，特别是一个如此明显地受到她娇宠的儿子。

玛力亚泰-剌莽被请了来，他一言不发地聆听这两个女人的供词，然后宣布：“无辜的那个人……必须遵照我即将开出的条件绕着这个集会厅走”，那个条件是相当粗鄙猥亵的。真正犯罪的那个太太表示同意，说“如果必要的话，100 次我都干”；无辜的那位却表示拒绝，说“我绝不（这么做），我宁可死 100 次，也不能同意去做这种……不合一个女人身份的事情”。玛力亚泰-剌莽于是宣判二太太无罪，大太太有罪，理由是：一个对自身 *dharma* 的觉悟如此明晰而坚定，以至于宁可引颈就戮也不肯稍有违犯的女人，不可能犯下谋杀小孩这样一种属于极端 *adharma* 的行为。然而，一个对 *dharma* 全不在乎的女人，却显然可能会干出这样的事来，即便是她自己的儿子。

第二个故事的内容比前一个更荒诞离奇（至少从我们的观点来看），也将 *dharma* 之本体论的面向，即它是如何根深蒂固地藏在现实的包裹之中，更为生动地表现出来。一个以孔武有力闻名的男人，有一回盛怒发作，把妻子给抛弃了。于是，一尊神幻化成他的模样，搬进来与他的妻子同居。几个月之后，真正的丈夫在盛怒冷却之后回到家来，于是这个案子被送到玛力亚泰-剌莽跟前（国王在自己手下的法官们束手无策之后，只好将他召来），请他判断谁是谁。他想到真正的丈夫膂力过人，于是命令两人分别去举起一颗巨石。真正的丈夫又举、又拖、又推的，只不过移动了那巨石几寸，那假的丈夫却将巨石高举过头顶，仿佛它是一根羽毛。群众于是喊道："没有什么好怀疑的，这位就是那真正的丈夫。"然而，法官却判定前一位才是真的，因为纵然他是属于其中特长于膂力 207
者，他所做的还算是凡人之力所能及者，但另一位所做的却是唯有神力方可及之事。

然而，我再重申一遍：不仅要诈的神和具有神职身份的法官，包括绝对的君王，"所有的金蚱蜢与蜜蜂"当然都已经一去不复返了，就算并未从法律生活的想象中完全消逝，至少在法律生活的制度上已成绝响。在印度，首先可以见到号称"英属印度法"（Anglo-Indian law）的一种西方程序与印度习俗的怪异混合，然后是独立时期竭尽全力的一场半改良主义、半复兴传统的法典化实验。在泰国，一场由国王主导的改革运动（将徽记从死神跨骑着一头狮子改变成被环绕在御用纹饰之中的一个罗马的正义天平）经由一场国会革命而完成。在印度尼西亚，荷兰人所建制的一套依种族来划分的多元化国家法院体系，后来在苏加诺所领

导的新兴共和国的文化主义意识形态之下归于一统。这一切使局面发生了根本的变化，我将在这篇论文的结论部分以较长的篇幅回头讨论这个议题。[①]

然而，诚如德瑞特针对印度的评论（它可能也适用于东南亚）：法律体系操于土著法官手中已有两千年之久，而在欧洲人和受过西方训练的印度人操控之下不过两个世纪，因此并非一切东西都已被彻底改变，而法律感性的形式，尤为其中最不可能被彻底改变者。[②] 法律可能已经变得世俗化，或者多多少少有点世俗化，甚至变得刻薄寡恩（causidical），但它并未丧失其地方特性。

对于那些自认为受它制约的人而言，*adat* 意味着什么？要想精确地了解这个问题，我们将会碰到的障碍与那些阻碍我们去了解 *haqq* 和 *dharma* 的障碍很不一样，但其顽强的程度却毫不逊色，因为这里的难题大部分是西方制造的，也就是法律人造出的尘土蒙了自己的眼睛。不论欧洲和美国的比较法学者曾经如何想象伊斯兰式或印度式的法学主导理念，例如认为它们是不道德的、陈
208 腐古旧的，或者是魔法般深邃的，都没关系，但他们一向明白：这些

---

① 探讨现代印度与东南亚法律的文献，尽管分布不均，但为数极多。关于印度，见 J. D. M. Derrett, *Introduction to Modern Hindu Law* (Bombay, 1963)，以及他的 *Religion, Law and the State*；关于泰国，见 Engel, *Code and Custom* 和 *Law and Kingship*；关于印度尼西亚，见 D. S. Lev, "Judicial Institutions and Legal Culture in Indonesia," in Holt, *Culture and Politics*, pp. 246—318。关于缅甸和高棉的材料很难找到，但可参考 Hooker, *Legal History*, pp. 150—152（缅甸）和 166—168（高棉）。若欲得一份概略的考察，见 M. B. Hooker, *Legal Pluralism: an Introduction to Colonial and Neo-Colonial Laws* (Oxford, 1975)。

② Derrett, *Legal Systems*, p. 83.

从高度发展的有文字思维(literate thought)的传统所产生出来的理念,很难用大陆法(罗马法)或普通法关于“司法审判是什么”的理解去把握。但是,就存在于农村的日常生活当中的 *adat*,却被他们认为是明确可见的、很容易熟稔的,是地方日常规则的一个杂烩,显然没有机巧矫饰,并且大部分是不成文的。它就是“习俗”(custom)。

“习俗”这个词在人类学圈里惹出来的麻烦(把思维化约为癖性(habit)),或许只稍稍好过它在法律史圈子里的恶作剧(把思维化约为习惯(practice)),一旦这两种恶作剧被合而为一,就会对俗民的司法运作产生一种“惯例就是一切”的观点,它可以被最恰当地定性为“约定俗成论”(conventionalist),而这就是关于 *adat* 的研究所遭遇的状况。既然 *adat* 是“习俗”,那么根据定义,对于关注它的法律民族志学者而言,它最多也不过是准法律(quasi-legal),也就是一套传统上应用于传统问题的传统规则。但问题在于,它是否应该被弃置一旁以让位给从外地引进的合理化的法律,或者藉由将它表述为可以系统化、明确化的形式而改造成合理化的法律?约莫自 19 世纪中叶起,一直到 20 世纪中叶前后,西方法学家中的西化派与反西化派之间的斗争支配了关于 *adat* 的学术论辩(主要是关于 *adat* 的未来而非 *adat* 的性质的论辩,因为人们认为,从比较宽泛的角度来讲,*adat* 的性质已经解明不必再谈了)。西化派鼓吹将英国、荷兰或美国的法典分毫不变地强加于马来西亚的这个或那个部分,反西化派则支持以这种或那种版本的土著习俗为张本,建立起土著法律的独特领域。撇开这些立场的道德不论(有许多的说法可以支持这两者,也有更多的说

法足以反对它们),其结果〔尤其是在争论最激烈、反西化论者最雄辩滔滔的印度化地区(Indies)[①]的核心地带〕是将 *adat* 从一个代表法律感性的形式、代表关于“若/则”与“因为/所以”问题的特殊思维方式的词汇,变成了代表朴素的法律汇编(corpus juris,更恰当地说是一大套这种法律汇编)的词汇,即“*adat-recht* 习惯法”。这种朴素的法律若不是被迫废弃并在司法上略而不顾,就是得由官方进行正式的研究、记录、整理,并且依靠殖民政府的权力来施行。[②]

209 *adatrecht* 运动以及发生在这零零碎碎的大陆一隅上的其他地方的类似运动(大略是从泰国南部到菲律宾南部,在这些地方亦可发现 *adat* 这个源出阿拉伯文的词汇)产生了最好的法律民族志,但我们却还没见到以单纯的、搜集事实的方式来确立范畴与描述法规的作品。目前的情况是,在这个地方有针对继承原则之令



---

① Indies 系指印度、中南半岛及东印度群岛全体,故译为印度化地区。——译者

② 大体上以荷兰莱顿(Leiden)大学为中心的 *adatrecht* 运动,其中的首要角色为 Cornelis van Vollenhoven,他通常被认为是该运动的创立者,虽然该运动的一般性观点,早在他(尤其要参考他的 *Het Adatrecht can Nederlandsche Indië*,3 vols.(Leiden,1918,1931,1933))与 B. ter Haar(参见他的 *Adat Law in Indonesia*,trans. E. A. Hoebel and A. A. Schiller(New York,1948))之前就已出现。在莱顿学派的广泛激励(姑且不说“支配”)之下,“*adat* 法律委员会”编纂了一系列按区域编辑的 *adat* 法律手册,类似于一种一般性的民法,见 *Adatrecht Bundels* (The Hague,1910—1955)。西化派的反论要分散得多(也比较不属于学院),但 I. A. Nederburgh,*Wet en Adat* (Batavia,1896—1998)提供了一个代表性的范例。欲参阅一般性的考察,见 M. B. Hooker,*Adat Law in Modern Indonesia*,(Kuala Lumpur,1978)。有一份在莱顿的氛围笼罩之下,对于 *adatrecht* 概念所发出的人类学批判,见 J. P. B. de Josselin de Jong,“Customary Law, A Confusing Fiction,” Koninklijke Vereeniging Indisch Institut Mededeling, 80, Afd. Volkenkunde,no. 20,Amsterdam (1948)。

人赞佩的细密研究,在另一个地方有关于婚姻限制的专精研究,又在另一个地方又有针对土地所有权的力作。[①] 但既然它的预设是"法律(或者说'民俗法律')就是习俗,习俗就是惯例,惯例就是至高无上的王"这么一个"应然"与"实然"的破碎循环,它遂以"法治国"(*Rechtstaat*)这种外来的秩序意识来表达(应该说是"错误地表达")一种关于正义的本土意识。[②] 自独立以后,*adatrecht* 的诉求一直延续至今,只不过如今对手换成了受到其强大制约的一头热的现代化论者,但其活力渐趋萎靡、影响日益式微。此外,也发生了一种渐趋深沉的观点转变,但民族主义就是民族主义,与这场转变并生的,是一种特定的理想化工作、一种具有文化自卫性质的浪

① 其中比较著名的例子有:G. D. Willinick, *Het Rechtleven der Minangkabau Maleirs* (Leiden, 1909); J. C. Vergouwen, *The Social Organization and Customary Law of the Toba Batak of North Sumatra*, trans. Scott-Kemball (The Hague, 1964); R. Soepomo, *Het Adatprivaatrecht van West-Java* (Batavia, 1933); M. M. Djojodigoeno and R. Tirtawinata, *Het Adatprivaatrecht van Middel-Java* (Batavia, 1940); V. E. Korn, *Het Adatrecht van Bali*, 2nd ed. (The Hague, 1932)。

虽然 *adat* 是阿拉伯文的衍生字(*çada*),而且确实通常被翻译成"风习"(wont)、"习俗"(custom)、"惯例"(usage)、"习惯"(practice),它的来源字根 *ç-w-d* 具有一种"返回"(return)、"回来"(come back)、"再现"(recur)、"倒转"(revert)、"重复"(reiterate)的力量(*çaud* 意为"再次"),实际上更能抓住印度尼西亚的用意。在伊斯兰世界的中心地区,用以表示"风俗"的最常见字汇,无论在任何情况下,都非 *çāda* 而是 *çurf*,源于 *ç-r-f* 这个字根,意为"知晓"(to know)、"明白"(to be aware of)、"认知"(to recognize)、"认识"(to be acquainted with)。

② ter Haar 在他的 *Adat Law* 一书中,以他的 *beslissingsrecht* 观念(粗糙的讲,意为"法官所造的"或"援引前例的"法律)发展出一种稍具普通法意味的 *adat* 法律理论版本(他甚至期待法律报告和案例引述),与 van Vollenhoven 之较为正统的手册路径相悖,虽然他对罗马法系的"规范与制裁"、"管辖主义的"(administrationalist)理念从来不曾大幅背离过。关于 *Rechtsstaat* 概念在独立以后的印度尼西亚顶着"Negara Hukum"的帽了而延续的情况,见 Lev,"Judicial Institutions," p. 258。

210 漫辩护。① 虽然看得愈趋清晰,但 *adat* 不是习俗,而是一种观照世事的方式(outlook);是 *volksgedachte*(民众的意指、想法)而非 *volksgebruik*(民众的旧惯)这样的理解,却还没完全确立。②

近年来在这方面表现最好的一位评论家穆罕默德·柯耶斯诺(Mohamed Koesnoe)写道:*adat*“是奠基于印度尼西亚人民的礼

① 在战后的各种讨论之中,最好的、最具反省力的、也最禁得起时间考验的,见 Moh. Koesnoe, *Introduction Into Indonesian Adat Law* (Nijmegen, 1971); idem, *Report Concerning a Research of Adat Law on the Islands of Bali and Lombok*, 1971—1973 (Nijmegen, 1977); idem, *Opstellen over* Hedendaagse Adat, Adatrecht, en Rechts Ontwikkeling van Indonesië (*Nijmegen*, 1977); idem, Musjawarah, Een Wijze van Volksbesluitvorming Volgens Adatrecht (*Nijmegen*, 1969),只不过这些作品多少被一种对于农村生活相当乌托邦的观点给稍微糟蹋了点——或许是都市知识分子对于从来未曾有过的一种“有机的”社会的乡愁所致。关于其他有价值的讨论(虽然也不免具有某种将“东方之道”加以理想化的趋势,以及一定程度的反击性的种族中心主义),可参见 *M. M. Djojodigoeno*, Wat is Recht? Over de Aard van het Recht als Sociaal Proces van Normeringen (*Nijmegen*, 1969),该文明确地认知到“规范创造”(*norm making*)的社会基础;*R. Soepomo*, Kedudukan Adat Dikumudian Hari (Plakata, 1947),该文对于 *adat* 法在一个即将成形的现代国家中的未来远景做了深刻的省思。战后 *adat* 法的研究集中于奈美根(Nijmegen,荷兰东部城市)的现象(亦请参见 M. A. Jaspan, *The Redjang Village Tribunal* [Nijmegen, 1968]; G. van den Steenhoven, *The Land of Karenda* [Nijmegen, 1969]; H. W. Sonius, *Over Mr. Cornelis van Vollenhoven en het Adatrecht van Nederlands-Indië* [Nijmegen, 1976])与基督教的广传福音主义无关(虽然它可能对伊斯兰教的霸权有反抗性),而是由于学界同行自莱登迁徙到该地的结果,而这显然是 van den Steenhoven 的推促所致。

② 我再重申:这话不适用于冯·奔达-贝克曼(von Benda-Beckmann),他在 *Property in Social Continuity* 一书中说:“*adat* 是印度尼西亚群岛人民赖以建构他们的世界的象征之宇宙……*adat* 并非意指习俗……”(pp. 113, 114)。在他的名词注释中,这个词被“定义”为“传统、习俗、法律、道德、政治体系、法律体系”,除去删掉了“礼节”与“仪式”这一点之外,大致符合于其本旨。我在以下的论述中对于这本书的倚重甚深(以及 Koesnoe,见注 66),虽然那些论述当然是我自己所作的。有一份关于“习俗法”的一般性观点(应用于东非的案例),与我的看法颇为相近,见 Fallers, *Law Without Precedent*。

节意识之上的一种生活方式”，其关键词是“礼节(propriety)”。[1]而“本于 *adat* 的司法审判”这整套作为的主旨(尽管有些相反的说法，但它确实是司法审判)，就在于将“精神上的和谐”、“一种全面性的平静”等等足以作为“正义”定义的观念，翻译成“公认的程序”、“公开展现的社会共识”等具有判断性质的(decisionary)观念。在此，就像我们在瑞格瑞的案子上所看到的，审判比较不是一个厘清权利诉求的问题，而是将行为规范化的问题。

“外在的生活领域中弥漫着一片表示同意的低声轻诺，内在的心灵领域则充盈着稳定的静谧”这样一种关于“合理人间秩序”的观点，在定义的层次上有着琳琅满目的一系列行为、制度与想象的表现。一群关联不甚谨严的准同义词，诸如 *patut*(恰当)、*pantas*(适合)、*layak*(端正)、*cocok*(切合)、*biasa*(正常)、*laras*(和谐)、*tepat*(妥适；巧妙)、*halus*(顺当)、*luwes*(柔顺)、*enak*(怡人)，分别沿着其独具的语义偏角流泄而出，提供了各种有微妙区别的泛音，

一同把日常生活会话笼罩在一种软化性的道德雾霭之中。[2] 同 211
时，它又是一份宏大的清单，列出了高度特定的而且通常极度细致的制度，这些制度实现了工作、政治和人际关系等各方面的合作，模糊地团聚在文化所陶融而成的、极度难以界定的价值意象之下，

① “……‘Adat’ adalah tatanan hidup rakjat Indonesia jang bersumber pada rasa susilanja.”Koescoe，*Indonesian Adat Law*，p. A9.(我在翻译成英文时做了一些更改(ibid，p. A8)，因为原文在我看来有一些松散，并且引用了像“伦理学”这类我觉得太过学究气而致不能掌握其口语意含的观念。)

② 在“马来西亚”境内，这类词汇随地区的不同而不同。以上所列者，是相当具爪哇地方色彩的用语。对其中一些语汇的有趣讨论，见 Koesnoe，“Over de Operationele Beginselen voor het Oplossen van Adatrechtgeschillen，” in his *Opstellen*，pp. 39—80。

比如 *rukun*(互相调适)、*gotong royong*(一同分担)、*tolong-menolong*(互助合作)等,在王权被裁抑之后以一种近乎昔日王权的力量支配着社会互动。[①] 而在这个区域内各地方的俗民仪式生活,都遍体镶嵌着为日常事物所深深浸透了的平凡象征:稻米婚礼、村落净化、社群聚餐等等。[②] 在此地,"应然"(具有普遍逻辑一贯性的"若/则"观点)既不是对绝对命令分毫不爽地执行,也不是对宇宙赋予的义务一板一眼地奉行不贰;它只是社群的协合一致以臻毫无异议的完美境界。

实际上,这种理想状态当然不比其他地方人的别种理想状态更有达成的希望。人生下来就注定了要遭受苦难、被虐待,就像火花向上飞一样自然。"至少勉力推动社会的和谐与个人的平静,而非远离这些,任其趋于不谐与失范"这种实际性的工作,就是作为审判、作为争议之处断的 *adat* 之本旨所在。它是占据了注意力焦点的审判机制,即是最纯粹的程序,而不是判断实际上究竟发生了什么事情的技术,或是抑制上级长官意志的方法。如瑞格瑞的案例所显示的(这个案例的不典型之处仅在于其结局反常的残酷,而且其实连这样的结局也不能算彻底的背离了常态):本于 *adat* 的司法审

① 将如此普遍化的规范性理念误会成特定的制度,而未正确理解为覆盖在这些制度之上的道德观念,曾经导致出一些相当学术性的努力,企图利用某种"*adat* 法原理"来区辨它们,从而确定其含义。从社会学角度观之,较切乎实际的讨论,可见于 R. R. Jay, *Javanese Villagers: Social Relations in Rural Modjokuto* (Cambridge, Mass. 1969); R. M. Koentjaraningrat, "Some Social-Anthropological Observations on Gotong Rojong Practices in Two Villages of Central Java," (Ithaca, 1961)。

② 关于这些事情的文献当然很多,举一个特定的例子,见我所写的 *The Religion of Java* (Glencoe, Ill., 1960), part 1., pp. 11—118。

判，是一种只能称为“高度礼仪”的事情，讲究的是耐心地、准确地、毫不激动地依循地方上创造共识的繁复形式而行。归根结底，真正重要的是去证明心意的协同一致，所以要紧之处并不在最终的判决，那只不过是一个收尾、一致同意的尾声，而是在产生出无异议的过程。应要遵守的礼节必须要让大家看到：它的确被所有人遵循不贰。

与此相关的过程主要是讨论的过程，而礼节主要是谈话的礼 212
节。要获致无异议，或者至少表面上的无异议，唯有藉由以一套不变的规矩来商谈一切事情。若真是麻烦的案子，那就在一大堆不同的场合里一而再、再而三地谈。在此地，法律真的是一门爱用隽语的学问：警世格言、道德口号、千篇一律的波洛尼厄斯式（Polonious）台词①、从一篇又一篇的劝善文里摘出的文选，以及固定化了的善恶比喻如流水般倾泻而出，意图在安抚对方情绪的同时说服对方。苏门答腊西部〔也就是米南卡保（Minangkabau）〕有一阙长达3500行的诗作，其中一段的内容是讲一位男子于婚期将届前获准参加许多进行*adat*审判的地方议会，他的母亲于此时教导他应有如何的操守作为，这段诗不仅点出了其特殊的文化腔调，更为上述的那种谈话方式提供了一则相当清楚的例证：

……噢！我的宝贝儿子
若议会召唤你出席，你必得前往；
若被邀请，你就必须去。

① 为莎士比亚名剧《哈姆雷特》中的一角，奥菲利亚（Ophelia）与雷欧提斯（Laertes）的父亲，一位以饶舌著名的朝中弄臣。——译者

如果碰到你被召唤，
邀请你去参加一场议会的聚餐，
那你就得先吃饱了再去，
也别忘了先喝一点东西；
因为一场聚餐或宴会
吃喝都有严格的规矩，
坐立都有固定的位置。
在那里你得用上全套的礼数，
绝不能或忘你身在何处。
一切举止都要恭敬有礼
并牢记所有的规则
即使是在递槟榔、香烟时。

然后当开始致辞时，
随时小心你所说的话：
甜蜜的说辞是一项善良的品质
绝不说虚伪不实的话
谨遵一切礼貌的形式，
注意体会别人的感受，
每凡说话都必须谦逊，
时时贬低自己的身份。
确保行为举止的正确
并抑制你的一切情绪。
议会成员的行事须本乎自身的原则，
言谈必须合乎 *adat*

依循着正道的轨迹
——平静如无波的海洋
稳定如无风的平原 213
知识牢记在他心中
始终留心长者的忠告。①

发生这种过程的场合，就像瑞格瑞案例所显示的那样，从家户间的串门到全村的秘密会议，品类繁多，不拘一格，但它们所要达到的结果都一样，那就是“正确的心智之间发生一场正确的交会”。于是乎“观点的全体无异议得到公开地证实”，至于这个结果被赋予的名称，也像这些场合一样千变万化。② 此外，倘若它的要求被

① A. H. Johns, ed. and trans., *Rantjak Dilabueh: A Minangkabau Kaba, A Specimen of the Traditional Literature of Central Sumatra* (Ithaca, 1958), pp. 113—116. 我稍微改动了 Johns 的翻译，以求免于解释民族志上的细节，或者描述这一段在整首诗中的必要地位。关于谚语、箴言以及其他各种“成言套语”、“样板说辞”等东西（也就是修辞）在 *adat* 司法审判中的核心角色，见 van Benda-Beckmann, *Property in Social Continuity*, pp. 114—115, 132—133。（这篇分析所仰赖的材料也取自米南卡保，但这个现象是普遍的）

② 在独立后的印度尼西亚，最重要的一个名词是自阿拉伯文移借来的 *musjawarah*，意即“社群讨论”（communal discussion）、“集体审议”（collective deliberation）（见 Koesnoe, *Musjawarah*），但它是一个相当抽象且意识形态化的词汇，而像 *mupakat*（也是从阿拉伯文移借来的，但是被同化得较深刻）即“同意”（agreement）、“共识”（consensus）；*setuju*，即“方向一致”（of one direction）；*setahu* 即“同心”（of one mind）；*bulat* 即“无异议”（unanimous）、“完美”（perfect）；*rukun* 即“和平共处”（peaceful accommodation）之类的字眼，以及大量的地方通俗词汇（举例言之，ibid, pp. 9—15，关于萨萨克（Sasak）地方的 *begundum*，即“经过讨论”（through discussion）；von Benda-Beckmann, *Property in Social Continuity*, p. 193，关于米南卡保的 *seizin*“同意”（consent）），分别在特定地方是更为流行的用法。

忽略，或者它的结论被漠视，它也绝离不开自然的或精神上的灾难意象（这在瑞格瑞的案例中也同样显而易见）。但是，整件事情的中心是一种将寻求真理（既属环境亦属原则的真理）视为一种修辞学上的功夫、一种运用经过核准的词汇（符合……就这么说吧：符合 *adat* 的短句、词汇与譬喻）来说服众人以期将观点导向一致的功夫。或者如米南卡保的一本公式化套语集（即某种谚语诗）所简述的：

> 水在竹管里周流；
> 共识在和谐的讨论里周流。
> 水藉着竹管流动；
> 真理藉着人流动。[①]

214 我再老调重弹一遍：以集会场上的言谈所使用的一种仪典化的语汇来形塑案件，藉此将之概括化，并且通过把它们淹没在一致

---

① von Benda-Beckmann, *Property in Social Continuity*, p. 115，转引自 M. Nasroen, *Dasar Filsafah Adat Minangkabau* (Jakarta, 1957), p. 56。我又对翻译做了些修改，但在此处是为利用英文中（或多或少）比较自然的语汇用法。这首诗的妙处在于语带双关地运用 *bulek*“兜圈子”(round)这个字，意思是“周流、循环”，当应用于水的时候做“环绕”、“被分流”解，当应用于谈论（字词）时，做“一致同意”解。奔达-贝克曼的翻译是：The water gets around in the bamboo-pipe/The words (decision) get round through the *mupakat* (the unanimous decision)/The water is led through the bamboo/truth is revealed (bridged) by man。原文为：*Bulek aie dek pambuluah/Bulek kato dek mupakat/Aie batitisan batuang/Bana batitisan urang*。至于 *urang*，与南岛语一般的名词一样，没有性别与数量的区别，所以也可以译为 men 或 human being(s)。——译者按：中文与南岛语在这一点上相同，故此二句与中译版无关。

的声音中来加以解决的模式，在一个对法庭形态怀有不同意识的世界中，它的未来将是一个大问题。*adat* 式的法律感性是如此牢固地集中于程序的机制，这或许使它比 *haqq* 和 *dharma* 更易为外界的扰乱所伤害，因为后两者相对比较容易实现地方实质与外来机制之间至少局部性的共存。然而，到目前为止，由于它能扎根于地方社会组织、适应地方环境、以地方性的象征呈现、又受到地方上卫道之士的悉心照顾，它的自我维持状况和后两者一样好。而且，正如毛拉（mullah）、种姓制度和日本天皇等等许多被预期会消逝的事物一样，在现代性终于到来的今日，它却有着一种顽强得出奇的存续力。

关于遥远的观念就谈到这里为止，并不是因为关于它们已经无甚可谈，其实是还有无穷无尽的内容值得探讨，但是我在前面已经提过：我的原意并不是把针对规范与事件的相互联结关系的伊斯兰式、印度式与马来西亚式观念浓缩成某种专为旅居海外（ex patrla）的诉讼当事人准备的手册，而是为了证明它们确实是观念。比较法学的两种主要研究路径：一种是以对比一个个规范结构为职志，另一种是以对比不同社会中的不同争议处理程序为职志；在我看来都错失了要点：前者失之于一种过度自主性（overautonomous）的观点，将法律看作是一种隔绝而自足的"法律体系"，尽管面临着日常生活在概念上与道德上的散漫，仍竭力保持自身在分析上的整合；后者失之于一种过度政治性（over political）的观点，将法律视为不可划分出来单独看待的东西，是对有助于促进利益、调整权力冲突的社会规制加以实用性地

整理、编排而成的集成。[1] 虽然我本人想去搞清楚以 *haqq*、*dharma* 与 *adat* 所投影出来的相异直观(*Anschauungen*)为中心汇聚而成的不同司法审判风格是否可以正确地称为“法律”(法规迷会
215 觉得它们太不正式,而争议迷则会觉得它们太抽象),但这个问题其实并不重要。真正重要的是它们的想象所产生的力量不能被混淆、抹杀,它们不止管制行为,它们更表述行为。

在我看来,关于法律、司法、法庭或审判过程的比较研究,都应该把注意力的焦点瞄准这种想象的、建构的或阐释的力量,这是一种扎根于集体的文化资源而非个体的独特能力(我在直觉上无论如何都认为,这种情形在任何地方都差不多;我相当怀疑有所谓的法律基因存在)。真正发人深省的对比,在于领会判决的情境(当然,也包括领会规范)如何让既定的规范得以进行判断的方法或规矩,也就是在被我称为“法律感性”的东西里头,才能让人类学家将地方性的观点放在地方的语境中的热情和法学家将偶发的案例安放在确定性的架构中的热情两者得以相互交会、相互强化。在这篇论文的结论中,我将就在现代世界之中的法律混合(legal immingiement)(我想不出更精确的字眼)这个普遍问题努力尝试一下这样的阐释性对比[2],我的着眼点并非证明事实就是这样,而在

① 针对这两种(依他们的说法)范式的一篇绝佳的批判性讨论,见 J. L. Comoroff and S. Roberts, *Rules and Processes: The Cultural Logic of Dispute in an African Context* (Chicago, 1981), pp. 5—21,不过该文在结尾处却采取了一种对后一种立场修正幅度过小的版本。欲观“规范中心”范式的例子,见 L. Pospisil, *Kapauku Papuans and their Laws* (New Haven, 1958);至于“过程中心”范式的例子,见 Malinowski, *Crime and Custom in a Savage Society*。

② 原文无“这样的阐释性对比”这几个字,为译者顾及中文语法之通顺而依作者原意添加,请读者留心自行斟酌。——译者

于一探假若事实确是如此,将会引出什么样的意蕴。

## 三

我一直在陈述法律其实并不是以柏台大人的辞藻[1]来刻录的那种矫揉造作的东西,它其实是地方知识;它的地方性不仅在于空间、时间、阶级及其他许多方面,更在于它的腔调,即对所发生的事实赋予一种地方通俗的定性,并将之联结到当地关于"可以不可以"的通俗观念。我一向名之曰"法律感性"的,就是这种定性与想象的丛结:将关于事件的故事,投影到对原则的想象上。这无疑不只有一点模糊,而且诚如此刻进行中的一切讨论的守护神维特根斯坦所说:对一个朦胧难辨物体的传真图像,肯定不会是清晰的,只能是一幅朦胧难辨的图像。像特纳一样画海,当然胜过尝试将海弄成一头康斯特布尔(John Constable)画的牛。[2]

姑且不论其是否模糊,这样一种观点确实有许多远为明晰的 216
寓意。第一,法律的比较研究不可以将具体的差异化约为抽象的共通性;第二,它不可以将同样的现象伪装在不同的名号之下;第三,不论它最终导出的结论为何,都必须关联到差异的安排,而非

---

① 原文为 woolsack rhetoric,字面上意为"羊毛褥垫上的辞藻",羊毛褥垫指英国贵族院(上议院)大法官所坐的席位,引申指涉英国最高法院大法官之职。依中国传统,可类比的典故为"柏台",故译为柏台大人。——译者

② 格尔茨所提及的特纳,可能是指约瑟夫·特纳(Joseph Mallord William Turner,1775—1851),他是英国浪漫时期最著名的画家之一,擅长风景画,水彩、油画两门均绝胜一时,至晚年,画风日趋抽象诡谲。康斯塔伯(1776—1837)是与特纳同一时期的另一位英国著名风景画家,但画风写实,与特纳迥异。　译者

差异的抹灭。无论终极的未来终究是古拉格(gulag)式的法治支配全世界,抑或市场式的心灵获得最后胜利,眼前可见的未来将不会是法律的一致性(legal uniformity)不断升高的状态,不管是在不同的传统之间还是在同一个传统内部(至此为止,我一直都比较忽略这一点),法律进一步特殊化的趋势似不可免。法律的宇宙并不会崩溃成一团混乱,而是扩展成一个万象纷呈的世界;在我们路途前方是阿尔法剧变(convulsions of alpha),而不是欧米茄分解(resolutions of omega)。

事物看起来是愈趋于碎裂四散而非愈趋弥合一致(我认为这是近来整体社会变迁的方向,而不仅指法律),这种观点当然与当代社会科学界中某些居于领导地位的教条相悖。有的说世界变得令人绝望地愈来愈现代化:在香榭丽舍大道上出现了麦当劳、中国有了朋客摇滚;又有人说有一种本能性的演化趋势存在,使共同体(Gemeinschaft)演变为社会(Gesellschaft)、传统主义演变为理性主义、机械团结演变为有机团结、身份(status)演变为契约(contract);还有一说是"以多国公司与计算机科技为体现形式的后资本主义基础结构,将会很快地将汤加人(Tongans)与也门人(Yemenis)的心智形塑成共同的模样。"它也与一种关于法律社会效能的主导性观点,即认为法律取决于规范面共识的观点相对立,或者说至少对它提出了质疑。七年前,格兰特·吉尔摩在斯托尔斯讲座上发表的演说中,以他典型的言简意赅且雄辩有力的风格,将这个论点陈述了出来。他说:

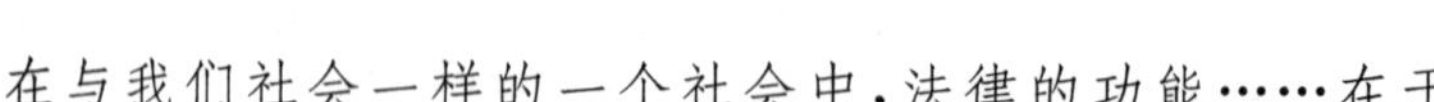

在与我们社会一样的一个社会中,法律的功能……在于

> 提供一个调停争议的机制，对于它的严谨合理性，我们不得不假定在我们之间存在着一种普遍共识。倘若这个假定错了，假如没有共识存在，那我们就将趋于战争、动乱与革命，而在社会的组织被再次缝合、某种共识重新浮现以前，有序实施法律将变成一个不切实际的、乡愁式的痴人说梦。然而，只要共识存在，法律所提供的机制本身，就是被设计来确保我们的制度能够适应不可避免的变迁，使这种调适成为一种持续不断的过程，它将是有序的、渐进的，而且理性的——假如理性这种东西有可能在人世之中存在的话。①

我反对这种论点的原因，当然与对秩序、理性、稳定等东西的冀望无关，也无关乎质疑“实施法律究竟能有多大成就?”这种非美 217
国式的怀疑论。当提到法治(the Rule of Law)，想象到世界法庭对国际争议进行审判(比如“阿拉法特诉以色列”)会成为未来的潮流，或者当想到致力于建立一种普遍的法学理论比致力于建造一座永动机器更像是一场冒险，我和他一样会感动得喉头哽咽。问题是这种将世界劈成两阕，犹如穆斯林划分“守礼之家”(House of Observance)与“战斗之家”(House of War)似的极端对比，不仅会在最需要法律的地方削减法律的力量，就好比一个每当火烧得太旺时便自动关闭的喷水灭火系统；更严重的是尽管该依循的道理完全仰赖于已经过去的共识，但是它让法律在面对现代生活的主要骚乱时却变得完全无关紧要。即便是“在



① Gilmore, *The Ages of American Law*, pp. 109—110.

与我们社会一样的一个社会中”，假如法律需要一套弥缝周全的社会组织才能发挥功用，那么它就连一个怀旧的奇思妙想都称不上，而是彻头彻尾的废了。

然而，不知是幸抑或不幸，在任何一种社会中，失范与秩序对法律心智的哺育似乎都无分轩轾。它的运作场合，愈来愈不限于在相对静止的清水之中，比如暴力犯罪、夫妻不合、财产移转等传统案件，而愈来愈常在翻腾的浑水中打滚（暂且先停留在眼下直接的语境里），比如说原告是无形的群众，以道德上的嫌恶为其权利诉求，并以社会方案为其判决，或者是以冻结或解冻银行户头来回应对外交人员的逮捕或释放这类案件。它在这样的浑水中运作状况欠佳，这是没什么好怀疑的。但是，由于国内的社会怨恨以及国际上的政治冤仇变得日益倾向以应得权益（entitlement）与衡平（equity）、正当性与正义，或者权利与义务这一类语汇来呈现，它便愈来愈常在这种泥塘里运作，这也是无可怀疑的事实。与宗教、艺术、科学、国家、家庭等几乎任何一种长期存在的制度相仿，法律也正处在学习如何在失去了其赖以发端的笃定信念之后继续生存下去的过程之中。

我认为，唯有在早先的共识能确保它们的社会势力时，法律机制方能被认真应用的这种观念，源出于法律是其所存在社会的消极反映这种观点（吉尔摩教授曾指出，此种观点来自霍姆斯大法官这位慷慨激昂的斯多噶信徒）。详言之，就是（借用吉尔摩的说法）“法律能反映但绝不能决定一个社会的道德智慧。一个公正性达于合理程度的社会，其价值观将自我投影为一套公正性达于合理程度

的法律……一个不公正的社会将自我投影为一套不公正的法律。”①

这种视法律事务好比月亮的观点(lunar view)，无疑颇有几分见地，并且肯定有裨于提振良知善念。但它相当忽略了更关键的真理，那就是法律并不是对完备道德(或不道德)社会的一项单纯技术性附加物，而是理所当然地伴随着从信念象征到生产工具等一大群其他的文化真实，一同成为该社会的积极组成部分。*Haqq*、*dharma* 和 *adat*…*ius*、*recht* 和 right… 这些东西和大量其他的事物一道，在不同的地方以不同的程度，给它们所在的社群赋予了活力(也就是它们所代表的感性给这些社群赋予了活力)，使这些社会如此这般的依循法理(若你允许的话)，或者如此这般的体现人性(若你不允许的话)。 218

若用一个个单词来给法律下个定评，那么我会说：第一，它是建构性的(constructive)，包括我们现代西方的那种高度技术化的品种也一样；第二，它是(现实的)组成元素(constitutive)②；第三，它是形塑性的(formational)。认为司法审判的内涵是对意志的一种可欲的约束、对义务的一种忠实遵守的体系化，或者是对行为的一种和谐的调和，或者认为其内涵是彰显出默然蕴含于判例、法律与宪法之中的共识价值，这一类的观念不管它是如何衍生而来的，对一种社



① Ibid，pp. 110—111. 吉尔摩说他所摘录的一段霍姆斯的话，可谓将“整套的法学(凝练为)一个简单的、惊人的陈述”，系在 p. 49：“一套严密的法律的头一项要求是：它必须符应于该社群真实的感受与需要，无论其是对是错。”这句话来自 O. W. Holmes，Jr.，*The Common Law*，ed. M. de W. Howe (Cambridge，Mass.，1963)，p. 36。这句格言预设了“感受与要求”先于且独立于“法律”存在(而且“对或错”是某种独立的第三者)，从而认定“严密性”可以用后者(作为一项被建构之物)符应于前者(作为既定之物)的程度，这种预设与想当然尔的推论，似乎都未为吉尔摩和他卓越的前辈们所察觉。

② “现实的”三字为译者依文意所增添，以符中文行文之习惯。——译者

会存在形态(我们能不能就说它是一种文化?)的定义所做的贡献,和德行(*virtūs*)是人的荣誉、有钱能使鬼推磨,或者一只长尾小鹦鹉统御着其他众多的长尾小鹦鹉这些观念的贡献是相同的。这些观念都是秩序含义的组成部分,是社群的观点本身,而不是它的回声。

总结上述,法律是地方知识,而非不受地方局限的通则;还有其他法律是社会生活的建构性元素,而非其反映;或者无论如何不单只是反映;这两项论点,导致了关于比较法研究应有内容的一种相当不正统的观点——它应该是文化的翻译。既然比较法研究不应该以一种制度分类学的路径来操作、不应该是对部落式社会控制工具的一种谀扬,也不应该是在追寻恒常令人心悦诚服且良善之物(以上各种行径本身都有一套足堪自我辩护的理由,虽然我本人对最后一项不抱什么希望),那么它就会像在这里的状况一样,变成这样一种尝试:通过另一种法律感性的同类相对特征来厘清某种法律感性所独具

219 的预设、成见以及行为框架等等。或者说得稍微更实际一点,以一些焦点较为集中的问题为着眼点,例如规范之确立与事实之表述(或者说规范之表述与事实之确立)二者间的关系,来完成这场诠释学上的大跳跃(hermeneutic *grand jeté*)。我之前已经表明,这项工作就好像为了一般人的消费而把但丁的作品翻成英文或者抹去量子理论的数学性质,它当然不可能是完美的,最多也只能求得近似的权宜代用品。但是,倘若不愿对自己视野的僵固性认输,或者不愿退缩到对特异事物的浮泛好奇心,那么它就是唯一的出路,并且确实有其功用。

这种研究路径的功用,在于它能使法律与道德、艺术、科技、科学、宗教、分工、历史等人类生活中其他伟大的文化形构(这些范畴本身也都不比法律来得更统一、明确或普遍)重新结合,而不必让法律隐没于后者之中,或者变得奴仆似的附属于后者的建构性力

量。对法律来说（对其他范畴亦然），如果它想继续保有其力量，则现代生活的散乱与不连续就是它或多或少必须要透析的真实。法律是否将以这样的方式去透析那些现象？是在此地或在他处？着眼于此事或他事？运用这些或那些概念？这些问题当然都还悬而未决。并且，霍姆斯式的悲观主义的确有充分的支持理由（就算这些理由或许还不足以让我们对现存法律表示满意）。但是，这个问题与任何其他文化形构所面临的问题绝无任何差别，倘若它能够包容歧见、战争、动乱与革命，它就会繁盛；反之则否。真正致命的是去幻想差异不存在，或者坐待差异消逝。

依我看，近来不管是在法律或其他任何方面，想要找到意见分歧都不是难事。不过，要找到意见分歧得比较漂亮的地方之一，当然是在国际领域，特别是在如今称为第三世界的那一部分（我觉得第三世界这个词是有点宣传意味），尤其是在第三世界与作为第一世界（我假定在时下头条新闻的分类法中，至少在名义上依然是这么称呼法）的西方的互动之中。对疑难案例和恶法有兴趣的法律人，还有对被扰乱的传统与文化的分歧性有兴趣的人类学家，都可以在这里找到远超过能够满足其特殊癖好的材料。

就法律来讲，此种勾人兴趣的失序状态，来自两个主要的来源：一、不一定比较单纯，但肯定比较自我封闭的时代之中形成的法律感性，至今仍顽强地持续存在；二、这些法律感性和其他的法 220
律感性相对立，但不利于前者的是尽管后者并不见得比较值得敬佩或者对世事理解得更深入，但肯定在俗世上比较成功。在包括沃尔特（Volta）甚至新加坡在内每一个第三世界国家里，对于正义——*haqq*、*dharma*、*adat*——是什么以及如何达到的既定观念，与更能反映现代生活的形式与压力的一种从国外引进的观念，两

者之间的紧张关系，成为当地司法过程中一切相关事物的动能之源。此种法律语言的混淆仅仅是很快就能被历史矫正的一段过渡期、一场短暂的错乱。它是渐趋凝结的世间事物的条件。

既然它已趋于凝结并进而喷发出各种离奇怪诞的事物，它便开始被放在各色各样的标签底下讨论，诸如“法律多元主义”、“法律移植”、“法律迁徙”、“法律融合”、“外在法律”（相对于“内在法律”）、“法律人的法律”（相对于“俗民”或“习惯”法律）等等，这种纷杂充分见证了这些讨论的即兴、随意性质。[①] 我本人将使用“法律

① 特别参见 M. B. Hooker, *Legal Pluralism: An Introduction to Colonial and Neo-colonial Laws* (Oxford, 1975); S. B. Burman and B. E. Harrel-Bond, eds., *The Imposition of Law* (New York, 1979); M. Galanter, "The Modernization of Law," in *Modernization*, ed. M. Weiner, (New York, 1966), pp. 153—165; idem, "The Displacement of Traditional Law in Modern India," *Journal of Social Issues* 24 (1968): 65—91; idem, "Hinduism, Secularism and the Indian Judiciary," *Philosophy East and West* 21 (1971): 467—487; B. Cohn, "Some Notes on Law and Change in North India," *Economic Development and Cultural Change* 8 (1959): 79—93; R. S. Khare, "Indigenous Culture and Lawyer's Law in India," *Comparative Studies in Society and History* 14 (1972): 71—96; A. St. J. Hannigan, "The Imposition of Western Law Forms on Primitive Societies," *Comparative Studies in Society and History* 4 (1961—1962): 1—9; V. Rose, "The Migration of the Common Law: India," *Law Quarterly Review* 76 (1960): 59—63; J. N. D. Anderson, "Conflict of Laws in North Nigeria," *International and Comparative Law Quarterly* 8 (1959): 44—56; M. Rheinstein, "Problems of Law in the New Nations of Africa," in *Old Societies and New States*, ed. C. Geertz (New York, 1963), pp. 220—246; A. Watson, *Legal Transplants: An Approach to Comparative Law* (Edinburgh, 1974); J. H. Beckstrom, "Transplantation of Legal Systems: An Early Report on the Reception of Western Laws in Ethiopia," *American Journal of Comparative Law* 21 (1973): 557—583; M. A. Jaspan, "In Quest of New Law: The Perplexity of Legal Syncretism in Indonesia," *Comparative Studies in Society and History* 7 (1964—1965): 252—266; S. Hatanaka, "Conflict of Laws in a New Guinea Highlands Society," *Man* 8 (1973): 59—73; A. A. Schiller, "Conflict of Laws in Indonesia," *Far Eastern Quarterly* 2 (1942—1943): 31—47。

多元主义"这个词,主要是因为它看起来给人附加上的包袱较小,几乎除了"分歧"这项纯粹的事实以外毫不涉及其他,而且特别是不给人强加上整个现象可以化约为压迫史的又一章,其内容就是谁欺诈了谁,在何时、何地、用什么手法这种观念。不管是什么目的促使人们将西方法律模式引进非西方的环境,我也不想同这些举措通常并非出于慈善的胸怀这样的观点争论,但在第三世界的法律感性中所遭遇到的一切,毕竟无法通过后殖民主义辩士们自以为是的概念范畴而得以廓清多少。

比较心平气和的(或说听起来比较心平气和的)国际法观点也 221
并不能廓清多少。尽管这类法律的一些特殊元素,如使馆规则、公海自由原则、战犯条例等,有时候在调整国际关系秩序时可能会有点什么用处(有时候可能没有),但那些特征既不是全世界各种不同法律观之间的最小公分母,也不是蕴含在这一切法律观之中的共同前提,而只是我们西方人自己法律观中的某些面向在世界舞台上的投影。这本身也许并非坏事(依我本人的地方观点来看,杰弗逊式的人权观究竟比列宁式的要高明),但它却会引导我们去幻想世界上心灵之间的共同性高过实际状况,或者将词汇的一致误会成观点上的一致。然而,法律多元主义面对现代世界的"百花齐放"所提出的中心议题,即在种类杂多的法律已变得如此严重地相互搅缠在一块儿的今天,我们应当如何了解法律的职分?这个问题,基本上已经不是课堂上的公式化说法所能掌握的了。

"百花齐放"无论如何都不算是过甚其词,尽管它是一个多少有些反讽意味的说法。当然,并不是每个第三世界国家都处在与埃塞俄比亚相同的状况。该国在 1960 年代以前(即军方把某些方面的局势简单化,把其他方面的情况复杂化以前)不仅拥有洋洋大

观的一群相互尖锐对立的部落法律传统，从游牧的盖拉人(Galla)到农耕的阿姆哈拉人(Amhara)，某些在基督教语境中运作、某些在穆斯林语境中运作，还有一些在其他宗教的语境中运作；此外还有出现于17世纪的恺撒-教皇式(Caesaro-Papist)的罗马帝国法典、10世纪引进的伊斯兰教法(*šarīça*)之马里吉(Mālikī)和沙菲(Shāfi'ī)两种改写版、瑞士刑法、法国民法、海事法、商法与刑事程序法，以及英国民事程序法，还有由高等民事法院(civil High Court；1957年以前均由英国籍法官主持)所执行的国会立法，和由帝国最高法院(Supreme Imperial Court；1974年以前均由犹大之狮(the Lion of Judah)掌管)所执行的皇帝诏命等等。[①] 但是，结合了从国外引进者、本国固有者；世俗者、宗教者；成文法典，还有传统习惯等等的法律博采兼容主义(legal eclectism)确实以比较不那么夸张的形式在第三世界里普遍存在。

222 西方训练出身的法律人面对这种状况的最初本能反应，我想是视之为司法的斯文扫地，因而以悲慨系之；至于西方训练出身的人类学家的最初本能反应，则是避重就轻地将之解释为文化上的

① Hooker, *Legal Pluralism*, pp. 393—394. 自1974年政变迄今状况模糊，所知者唯有如今又添了许多军事法庭。由欧陆学者(他们的时间显然多得惊人)所起草的民事法典共有3367条，使之成为当今世界上最庞大的民法之一(ibid., p. 399)。我当然并无意表示"法律的博采兼容主义"仅限于第三世界，或说此现象存在的历史并不长久(参考 Watson, *Legal Transplants*)；我只是说这个现象在此时此刻的第三世界特别显要，并且看来是日益重要。我也不想暗示说这种情况本身是病态的；事实上，它是常见的法律变迁过程的一部分("一个法律体系的历史之中，绝大部分是关于从其他法律体系移借法律材料的历史……"R. Pound, quoted in Watson, *Legal Transplants*, p. 22)。

装腔作势。够格被称为司法审判的那种东西能够在这种引经据典的(nomistic)嚣嚷分歧之中运行的程度，以及(若它真的可以运行的话)它的运行所承载的社会重要性的轻重，当然是个经验性的问题，随着案例的不同而有不同的解答。然而，泛滥得如此普遍的一桩灾难(若它是一桩灾难的话)似乎不太可能只是附会出来的或者微不足道的。不论要把它同化、吸收到既成的范畴与标准理念之中可能有多么困难，它都不能被当成腐化社会所产生的无意义而予以漠视。

说实话，正是这种困难才使它显得有趣(至少对我而言是如此)，因为它暗示了西方将可适用的法律和恰当的事实两极化(polarization)的途径，即将"'何谓正确'的图像"与"'事实为何'的故事"两者决绝地对峙起来的思路，无法有效地描述其他传统之下的司法审判如何进行，而当那些传统彼此之间的搅缠以及它们与西方自身传统的混杂愈趋深重时，此种无能便与日俱增。如今再去仰赖那种两极化的思路，不只是在扭曲别处的法律，而且除了讪笑和悲叹之外，对那些法律将完全无话可说。以一种在某些人看起来是令人振奋地前卫，而对于另一些人而言则只是时髦(时下流行的说法是"流行")的方式来讲：我们需要一种创新的话语体系，如果你喜欢的话，也可以说是一种新的谈话方式，来把握目前(就法律方面讲)全世界各地的埃塞俄比亚式情境，[①]并且把握正在我们

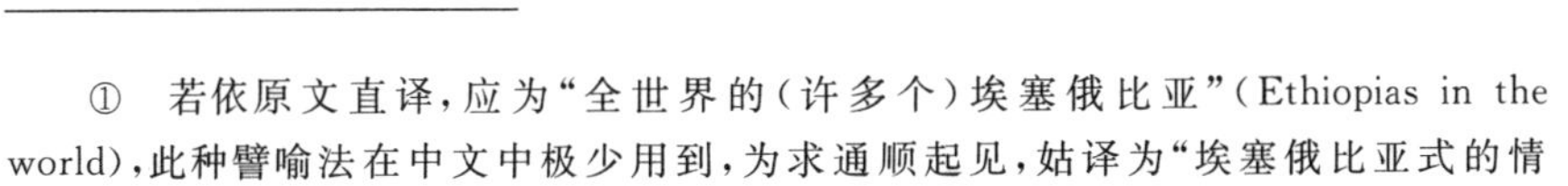

① 若依原文直译，应为"全世界的(许多个)埃塞俄比亚"(Ethiopias in the world)，此种譬喻法在中文中极少用到，为求通顺起见，姑译为"埃塞俄比亚式的情境。"　译者

西方人中间发生的情况——因为这种东西向来都是反身性的，也就是在描述者重新描述被描述者的同时，亦对描述者加以重新描述。

理查德·罗蒂（Richard Rorty）最近出版的《哲学与自然之镜》（*Philosophy and the Mirror of Nature*）一书是对于号称价值中立的那种认识论架构的一波全线攻击，我在此处随着地方知识这一响喊杀声而发动的局部性攻击，就是针对那种认识论架构的法律阵线。他在这本书中划出了一个他称为规范话语与失范话语之间的区别，这个区别就我们的论题而言虽不全然有利无弊但却相当有用。① 规范话语（为了避免多余的杂音，我比较喜欢叫它“标准的”）是在一套规范、预设、惯例、判准、信仰之下进行的话语，它至少在原则上告诉我们如何“在几种陈述看上去有冲突的任何

223 一点上”去设定议题、化解歧见。② 这种话语就是科学家们通常想



象自己所使用的那种话语（而且在相当多的研究领域之中它也确实存在），也是文学批评家们始终认为自己急着想去接近以期最终能或多或少达到的那种话语（在特定时刻、特定环境下，他们也的

---

① R. Rorty, *Philosophy and the Mirror of Nature* (Princeton, 1979). 关于“规范/失范”的讨论，特别须参见 pp. 11，315—322，332—333，357—365。罗蒂提道：这组分别是援引自（并且有点炒冷饭）库恩（Thomas Kuhn）的“常态性”与“革命性”科学之分：见 T. Kuhn, *The Structure of Scientific Revolutions*, 2nd ed. (Chicago, 1970); idem, *The Essential Tension*, (Chicago, 1977)。

② R. Rorty, *Philosophy and the Mirror of Nature* p. 316. 我之所以喜用“标准/不标准”的划分，源于我讨厌“规范/失范”这种划分带着病理学意味的弦外之音（它是库恩所发明的听起来政治味道过重的“常态性/革命性”的一种修正），也源于我对纯粹形态、对立的二元论以及绝对性的反差的反感。

确急于如此）。此外，它也是决定了吉尔摩教授所谓“在‘严谨而合理的’，也就是‘有共识的’程序之下，‘理性的’调停争议”是否可能的那种话语（当然，这也毫无疑问地包含了“有共识的程序”这个要件，如他所说：若无此，则这一切均无可能）。罗蒂写道：规范话语是“能够体现众人所同意的、用以谋求达成协议的判准的一切话语（不论是科学的、政治的、神学的，或其他任何性质的）”。[①] 它投影出一种情境：

> ……在其中，一切残存的意见不协都被视为“非认知上的”或者仅只是口头言语上的，再不就是暂时的，通过更多的努力就可以解决。真正重要的是必须有一种关于如果想要获致解决的话，就必须做些什么的协议存在。在一定的时候，对谈者们可以协议改变，只要能够满足每个人当时的理性即可。[②]

“失范”（或“不标准的”）话语则是不以“众人所同意的、用以谋求达成协议的判准”为沟通所环绕运转的轴心，而且不以“藉由某些已获接受的架构来评估相分歧的观点，使这些观点能被客观地评估并被相互通约”为其组织目标的话语。只要没有放弃对达成协议的期望，人们偶尔也会改变他们的想法，也会因为相信了与自身想法不同的一些个人或一些群体有关的信息而弭平彼此间的差

① R. Rorty, *Philosophy and the Mirror of Nature* , p. 11.

② Ibid. , p. 316.

异。但是,"令人振奋且内涵丰硕的意见分歧"却也被认为是一种同样理性的过程——毕竟,在我听懂你说的话以前,我怎么知道我会有什么想法?[①]

> 规范话语是在众人同意的一套惯例之中进行的,这些惯例决定了什么才算是一项切合题旨的贡献、什么才算是在回答一个问题以及就答案来讲,怎样才算是具有好的论点或者好的批判等等。失范话语则是:一旦有某个不知道或不理会这些惯例的人加入这场对话时所发生的情况……规范话语的产物,(是)有可能被所有的参与者(被其他参与者认定为理性
> 224 参与者)共同肯定为真的那种陈述。失范话语的产物,则可能是从无意义到知识革命之间的任何东西……[②]

比较不那么戏剧性地来看,它也可能是在一种意见严重不合、日趋恶化,并且不可能在短时间内排除的情境下一种实际可用的方法。我并不想在此对哲学议题做任何进一步的探讨——它们很少有被人们欢呼拥戴、送上明确无疑的宝座的例子,所以我们最好将这些恼人的问题留给自寻烦恼的人去烦恼。我关心的是大多数法律人以及大部分人类学家很可能将"对根本性事物的一致意见"(这回我所摘引的是在斯托尔斯讲座上为陪衬吉尔摩教授而请来的另一位演讲者卡多佐法官在结论时所讲的话)视

---

① R. Rorty, *Philosophy and the Mirror of Nature*, p. 318.

② Ibid., p. 320.

为法律存在之必要条件,那么当这项条件显然已经消失时,法律将会变成什么样子。[①]

依我看,对有人类学胸怀的法律人和心系法律的人类学家来说,我们所面临的问题是如何以一种有利于增进认识的方式来描述这类情境:一方面是增进对这类情境的认识,另一方面则是增进对这类情境所导出寓意的认识。也就是在自然法的宗教虔诚、实证主义的单纯性,或者法律现实主义的逃遁看来都已不再有多大帮助的今日,认识到上述情境,对"我们应当如何思考作为一个全球性现象的法律过程"这一问题有何启发?这件事情其实是在用规则的语汇来谈论不规则的事物,但却不因此而破坏掉它们原本吸引住我们的那种不规则性质——正如前面提过的这是一项最不规则的事业。

这项不规则的事业就是罗蒂所说的:"自某些规范话语的观点出发对失范话语的研究",或者"当我们对舞台上正在发生的现象还太不了解,以致无法(或不知道如何精确地、恰当地)加以描述时,尝试对它进行某种程度的理解,并从而开始建构关于它的(一套系统性的)论析",这也就是应当称为诠释学的那种东西。诠释学这个词的希腊文外表、神学上的过去,以及日耳曼教授先生们[②]自命不凡的架子,都不应该成为我们舍弃它的理由,因为只要给它换上一顶比较熟悉也比较不麻烦的帽子"阐释",就会发现它早已是



① B. N. Cardozo, *The Growth of Law* (New Haven, 1924), p. 145.

② 此处原文为Herr Professor,德文,意为教授先生,格尔茨系为点出Hermeneutics这个词曾在德国哲学中扮演的重要地位,故于此用德文称谓。——译者

我们当中许多人一向在谈论的东西。[①] 说实在的，此处所最迫切需
225 要的，就是由充斥着民族志案例的特殊事物的人类学家与浸透了法律案例之特殊事物的法律人，双方进行一场“微观层次”的对话，也就是我在本文第一部分中所提过的那种让这些不同的地方知识迷互助合作解决问题的最实际方法，尽管那些问题严格说来不是共同的问题，但总还算是有点相关性。法律多元主义，一方面因为关乎法律故能吸引法律人，另一方面因其多元主义而能吸引人类学家，这正巧是那种不能被保险地留给任何一个单方面来关注的现象。

因此，法律多元主义的诠释学是以相当便于了解的方式去表达“埃塞俄比亚式状况”的一种尝试，不论这种状况是发生在第三世界、第二世界，还是第一世界(其固有的一国一法理念如今已经遭遇到兵临城下的挑战)。这种诠释学并不意味着构想出某种神奇的世界语使一份联合国出版品被丽贝卡·韦斯特(Rebecca West)在不经意间批评为(为了顾全国际和平的大局)以洋泾浜英文写成的那种语言，并指望这种神奇的语言能以不带任何色彩、中立的方式说出任何相对的、原创的、畸零的、陌生的事物。(轶事一则：一位居领导地位的法律人类学家保罗·博安南，因为对非洲法

① Rorty, *Philosophy and the Mirror of Nature*, p. 320. 罗蒂用“诠释学”一词来表示关于不正常论说的规范话语(并且用“认识论”表示对规范话语的规范话语)这种说法本身就不太规范，我本人也未完全准备好去认同这种说法。在我看来，相当标准的法学或人类学(或文学、或神学……)评论似乎也同样可以恰当地称为诠释学，而且，尽管我和罗蒂一样讨厌认识论的传统形式，但在我看来，它并不是诠释学的相反，只是另外一个东西，即知识的理论。这种在我看来属于专有名词上的花招，不管怎么说对于眼前的有关讨论都没有任何特殊的重要性。我对于“诠释”在人类学中所代表的意义的看法，请看我写的“Thick Description: Toward an Interpretive Theory of Culture,” in *The Interpretation of Cultures*, pp. 3—30。

律究竟应该以非洲的概念还是西方的概念来分析？这一课题所引发的冗长辩论感到绝望（……连他也会感到绝望），曾经显然很认真地建议我们全部改用FORTRAN（计算机程序翻译语言）来写！）这种诠释学所意味的事情，对大部分的学术界人士来讲是相当革命性的，那就是既定的话语模式（比如人类学和比较法学的话语模式）的一次扩张，目标在于使它们有可能对通常颇感陌生的事情发出极具说服力的评论（比如对文化的异质性与规范面的意见分歧做出评论）。说服力的标准必须是我们自己的标准（不然还会是谁的），但不必是凡超出联邦上诉法庭或部落民族志这种有秩序的谈论以外，世界上所发生的一切事情都无法达到的那种标准。

以不太失范的语汇陈述出失范的事物这种半唐吉诃德式、半西西弗斯式的努力（难以令人信服的事情需要稍微长一点的时间），在法律多元主义这一案例上尤其显得具有启示性，因为不只是第三世界现象丛结的观察家们发现到自身被毫不容情地卷入这

种工作，连被那些丛结所支配的人民亦不能幸免。他们也一样在 226
试图理解他们的法律世界过程中，不安地摆荡在很多套太过于整体以致无法实事求是地表达他们的法律世界的语汇之间，诸如复兴传统的、激进革命的、西方法典的等等，结果只能大体上放弃去理解的希望（除非碰巧有机会）。从内部来看这个情势，并不比起站在外面看它来得明朗。站在一边来看，它是一场诠释学的挑战——面对如此兼容多国语言的一套话语，我们能谈些什么？而站在另一边看，它就是一场实践性的挑战——身处其中的我们能怎么去谈？

举印度尼西亚，特别是其中的爪哇为例（我对爪哇的了解应该会多过我对埃塞俄比亚的了解）。于基督降世前的1000到2000年，无数波的南岛语族人，沿着无限多的途径，从今天的华南与北

越迁徙至此定居。如吴哥窟等种种精致的印度式国家建构的景观，从第5世纪一直延续到了15世纪，之后逐步为相当专心致志的、自汉代以来陆续来此的华人垦殖者-贸易商所嵌入；在紧密的伊斯兰宣教运动影响之下，自12世纪起，出现了一些伊斯兰教的正统和一些旁支；自1598到1942年间，逐步为荷兰殖民者一个地区接一个地区地蚕食（在这中间还有英国殖民者在拿破仑战争前后演出的插曲，他们带来了土地征用权（eminent domain）和靠左行驶的规矩）；从1942到1945年之间为日本军队占领，并且遭到相当普遍地蹂躏；如今则处在美国、东亚、澳大利亚、欧洲、苏联与中东的政治经济利益无孔不入的渗透之下。总之，它几乎经历过世上所有形式的法律感性（或许除了非洲和爱斯基摩人的以外）。

我在前面讨论有关相对于 *adatrecht* 的 *adat* 概念时，曾间接提到荷属东印度群岛上法律规制的一般属性。基本上，它是个让各族群遵照自身法律的（to-each-his-own）体系〔其宣导标语这么写道："物归其类是神的恩典（like over like is grace）"〕，荷兰政府则扮演有哪些算是相对独立的族群以及这些族群自身的法律为何这两个问题的最终仲裁者。[①] 基本的分别是非常直截了当的，就是欧洲人与非欧洲人的分别，但问题是非欧洲人的种类太多，而且在欧洲人之中，坚决的现代化派、坚决的东方化派、坚决主张与时

① 对荷属东印度群岛的法律发展的一般性描述，见 J. S. Furnivall, *Netherlands India: A Study of Plural Economy* (Cambridge, England, 1944); Supomo, *Sistim Hukum di Indonesia Sebelum Perang Dunia* II (Jakarta, 1957); M. B. Hooker, *A Concise Legal History of Southeast Asia* (Oxford, 1978), chap. 7; Hooker, *Legal Pluralism*, chap. 5; M. B. Hooker, *Adat Law in Modern Indonesia* (Kuala Lumpur, 1978), chap. 4; D. Lev, "Judicial Institutions and Legal Culture in Indonesia," in *Culture and Politics in Indonesia*, ed. C. Holt (Ithaca, 1972), pp. 246—318。

势妥协的务实派彼此间也有太多的歧见。此外，也有太多的途径 227
让分属不同阵营中的个人互相卷入对方的生活圈，于是这种直截了当变得仅仅是这幅巨大的迂回曲折的外表框架而已。

这种迂回曲折的历史当然是漫长而多变的，充满了对法典化的渴望与政策的转向。但在 20 世纪上半叶之前，它已经或多或少达到了最终由共和国继承下来的一种形式（或者是不成形的一堆）：有欧洲人、原住民与外来的东方人三种法律上的类别，以及两套主要的法院位阶体系：一是充斥着司法官僚的一套法治国的行政体系，另一个是充斥着原住民事务专家的一套殖民行政体系；还有混淆阶级界限、搅扰行政等级的一大群特殊案例、特殊安排与不能同化的习惯。[①]

在分类法这方面主要的复杂化因素有：外来东方人这一范畴的多孔性（各种处在社会缝隙中的人，经常通过这一范畴钻到准欧洲人的地位上去）；“受过教育的”印度尼西亚人的模糊地位（他们有时候是原住民，有时候又不是）；还有当法律对帝国主义事业有所妨碍时，可用以扭曲法律的一大套复杂的规则。在法院位阶体系这方面，它们是殖民政府只能控制一半而对它们的了解却还不到一半的一套发达的 *šarīça* 法院体系，加上由 *adatrecht* 法官们以散漫的、有时是高度观念性的文化区域为基础来划分的 19 个 *adatrecht* 司法管辖区的一大群 *adatrecht* 法庭。撇开细节不谈，无论多么辛辣（日本人是荣誉欧洲人；生活得像个荷兰人的原住民，可以向总督申请变



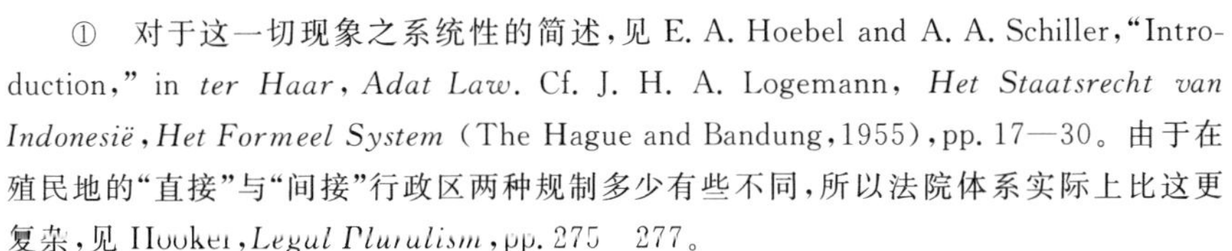
① 对于这一切现象之系统性的简述，见 E. A. Hoebel and A. A. Schiller, “Introduction,” in *ter Haar*, *Adat Law*. Cf. J. H. A. Logemann, *Het Staatsrecht van Indonesië*, *Het Formeel System* (The Hague and Bandung, 1955), pp. 17—30。由于在殖民地的“直接”与“间接”行政区两种规制多少有些不同，所以法院体系实际上比这更复杂，见 Hooker, *Legal Pluralism*, pp. 275—277。

成法律上的荷兰人；通婚使荷兰女子变成印度尼西亚人或华人，反之亦然；还有，你可以为了一桩特定的交易（例如银行贷款）而变成一个欧洲人，也可以为了任何因素而变成一个原住民），也不管你对此作何感想，它肯定是一大堆的法律加上不太多的共识。

不管怎么说，先是日本占领期间的严刑峻法（在那三年左右的时间中法律完全是从枪杆子上出来的），其次是荷兰政权流产的复辟所造成的混乱，在这段约五年的期间，法律出自旨在恢复至少近
228 似于战前社会秩序而做的一番拼命的努力，从那之后，这幅拼贴中的许多组成部分被粗暴地撕碎，有些被丢弃，然后新增了一些，也重修了一些，并以几乎同样粗暴的手法再黏回到一块。

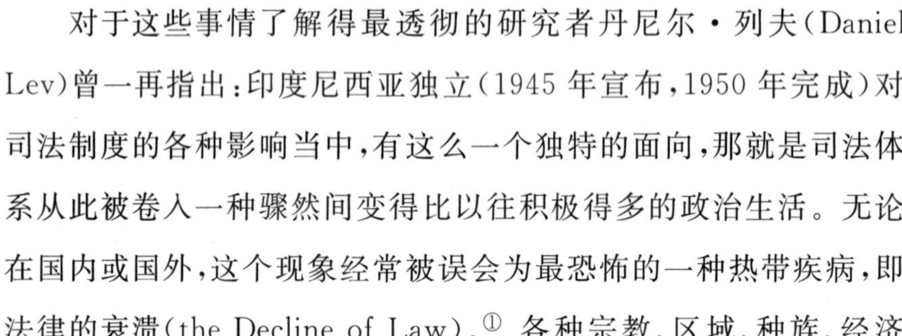



对于这些事情了解得最透彻的研究者丹尼尔·列夫（Daniel Lev）曾一再指出：印度尼西亚独立（1945 年宣布，1950 年完成）对司法制度的各种影响当中，有这么一个独特的面向，那就是司法体系从此被卷入一种骤然间变得比以往积极得多的政治生活。无论在国内或国外，这个现象经常被误会为最恐怖的一种热带疾病，即法律的衰溃（the Decline of Law）。[①] 各种宗教、区域、种族、经济

---

① Lev，“Judicial Institutions”（关于“法律的衰溃”，见 pp. 257ff.，316ff.）；idem，*Islamic Courts in Indonesia*（Berkeley，1972）；idem，“The Politics of Judicial Development in Indonesia，” *Comparative Studies in Society and History* 8（1964—1965）：173—1999。列夫本人的写法，偶尔（例如在“Judicial Institutions，” pp. 316—317；“Politics of Judicial Development，” p. 189）令人读来觉得好像“政治冲突的紧张程度”与“法律制度的社会重要性”处于反向相关的关系，一者的进展将导致另一者同步地退缩。但我认为这不过是采用了关于西方法学特别是英美法学之共识性理论的结果，他将这种共识性理论表述为“非个人的”、“形式的”与“统一的”，远比西方法律生活之现实（不管是现在的还是过去的）所能容许的弹性程度要狭窄得太多。

与文化群落之间的紧张关系，在殖民时期均遭到压制（除了偶然一见的发作，且在当时主要是以非法的形式），以避免爆发成公开的政治性表现，而在苏加诺（他本人就彻底是个博采兼容的折中派）的统治下，它们不只是表达，更变成了咆哮。从军人、公务员到学童与佃农，统统分裂成相竞争的派系，相互间的忿懑怨恨僵固不化；法官、律师、法律学者、立法委员和警察亦均难逃此一劫数。法律多元主义不但没有随荷兰人的消失而消失，还烧掉了之前为了容纳它而精心打造的制度结构（尽管那套制度架构有多么摆不平）。

这一出沉重的历史反讽剧在当时大体上没被人认识到，如今却因为知道了它的代价是多少条人命，而闪烁着刺眼的光焰。它反讽的关键在于所有的事情上都充满歧见的这种百花齐放现象，刚好就发生在一种极端一元化的民族主义甚嚣尘上时期，而这种民族主义一向藉无所不包的、无一例外的社会整合名义来否定这类歧见之合法性（实际上有时候根本就不让这种歧见存在）。在法律方面，这种反讽采取了这样的形式：尝试将既存的法律感性，诸如穆斯林的、阿达特的、印度式的、西方的，或者任何其他的统统贬降至从属地位，屈居在号称为“革命的”的一种奇想、幻觉式的法律感性（其内涵远不如其意图来得清晰）之下。于是，一方面强调原来用它们来对付的难题，即各种正义观念之间的不可通约性，另一方面却又把殖民时代的法律规制给推翻掉。对这组同时实施的安排做出的始初反应，是将问题的根源归咎于殖民时代的法律规制，因此只要推翻了殖民时代的法律规制，也就消灭了各种正义观念之间的不可通约性这个问题。

然而，事与愿违。结果出现的不是号称重振国家认同的　场 229

大团结，而是打着同一个旗号的大分裂。在法律方面，这场大分裂有部分是以法官、检察官、警察的三角斗争的形式出现的（这又是丹尼尔·列夫所揭示的），而这场三角斗争的起因在于：随着种族分类范畴与相互隔离的法院体系的废止，而出现了所谓“民族的”法律机器，但其实是“没有西方人的西方式”法律机器。这套机器的支配权成为各方角力的目标，法官图谋承袭其荷兰前辈们的（但却摒除了其殖民主义臭味的）崇高地位，故诉求普通法模式，特别是美国的普通法模式，来抬高自己的身价（他们甚至曾寻求建立司法审查制度而未果）。检察官则图谋矫正他们的前辈原住民司法官（native justice officer）的较低地位（他们的地位几乎不过等于是被稍微提升了的法院书记），故诉求欧陆的罗马法模式，倡议设立侦讯官（*juge d'instruction*）之类的职务以提升其地位。至于警察，不仅想要免于法官和检察官的控制，也想脱离司法部和陆军参谋长的管辖范围，从而洗刷他们在人民心目中的走狗形象，故诉诸他们在革命之中的前锋角色，以图重塑他们的地位。[①] 这场大分裂的另一个局部性的表现，是以一次沙里亚法院体系复兴运动的形式出现的。来自虔诚信徒的组织化压力（伴随着非信徒们的组织化反抗）推动了它的扩张、集中化与“官方化”，追求更大的司法管辖权、新增的权威，以及（基于极端的“伊斯兰国家”观念）实际上由宪法所确立的地位[②]。还有一部分，则是以在地方安排之下重新兴起的一波 *adatrecht* 运动的形式发生的，*adatrecht* 被表述为一种

---

① Lev, "Politics of Judicial Development"; "Judicial Institutions."

② Lev, *Islamic Courts*.

正宗印度尼西亚式的“人民的法律”,以及对抗西方的“实证法”、中东的“教条法”和印度式的“封建法”等等各种外来污染的堡垒[①]。

撇开这一切斗争的结局如何不谈(它们其实没有结局可言,而是一直持续着,而且可能会以这样或那样的方式、或轻或重地无限期持续下去),在短短十年之间,伴随着侵略、抗战与革命而来的剧变,以及接踵而来的小规模动乱、大屠杀与军事统治,几乎完全没有使关于法律的思维或实践变成社会发展之主流的一个边陲。若要说有任何影响,我们只能说那些剧变将关于法律的思维与实践更进一步地推向社会发展的正中心。[②] 然而,在这样一个观点散 230

① 关于 *adatrecht*(或者,用现今的说法是 *hukum adat*)在共和国时期的情况,见 Jaspan,“In Quest of New Law”。在印度尼西亚这个自我定位为穆斯林社会、政体与群众的地方,对“伊斯兰”的公开抨击几乎是不可能存在的,因此 *adat* 法律理论家对于 *šarīça* 的强烈反感必须以迂回的方式来表达。其次,即便是最热衷的西化派分子(资本主义者或共产主义者皆然)或伊斯兰化派分子,也必须至少在口头上对 *adat* 以及“印度尼西亚的精神”表示尊重。最后,许多被认为是本土的东西,其实在性格与来源上是印度式的,这种现象在巴厘岛颇为显著,同时亦潜在于爪哇的许多部分。这三项事实一同将此处的问题复杂化,在这种环境下,“比你更纯正”这种政治伎俩变得极端烦琐同时超乎寻常地细致。

② 即便在 1965 年大屠杀(约有 25 万到 75 万印度尼西亚人被同国之人所杀)期间,也确实有一种倒错的司法存在。13 年前我在爪哇做田野调查时,在我工作的地区,军队将村落居民集合到地区行政中心广场上,要求每个人指出谁是潜伏在他们中间的“共产党”,然后将被某个村落指为共产党员的人,发配给另一个指控某人为“共产党员”的村落,如此相互交换人犯,各村分别将人犯带回处死。在苏哈托政权底下,被假定为阴谋颠覆者便不再沦入这种命运,差不多有 10 万左右这样的人被拘禁在囚营里,接着再采取大体上以西方式的、“正当程序”语汇所构想出的人权议题为中心的法律行动,以及环绕着一种西方式的、以诉讼当事人为中心的辩护人专业之制度建构(在当时的印度尼西亚几乎完全没有这种东西)的法律行动来进行整肃。最后,自从伊斯兰教的政治行动在伊朗的“法学家夺权”革命的刺激下普遍复苏以后,*šarīça* 司法审判的角色就变成了一个比它先前更为火爆的争论焦点。

乱歧出、公式相互抵触的时代里，试图把若/则的观点（生活何以能条理井然？）和因为/所以的公式（把案件表述成能够判断的样式）扣连起来的努力并没有放松，只是采取了一种更为刚愎独断的音调。

在此处，法律所具有的那种我称为“建构性的”角色，实在是再清楚不过了。因为此处真正的议题，无论如何都与财产应否依照阿达特、沙里亚或荷兰的罗马法原则来移转？世俗的婚姻是否应予承认？金融机构应否收取利息？甚至国家是否应承认巴厘印度教或爪哇印度式神秘主义的合法地位？等等长期困扰独立后的印度尼西亚的争议无关。真正的症结其实是上述那些特定争议各以不同的方式凸显并象征化表述出来的根本问题，那就是这个昔日的东印度群岛，如今将要变成哪一种社会？什么能算、什么不能算是可以接受的远景？法律由于拥有一种特殊的能力，能够把发生在普遍性架构中的特定事物（好比这一件承诺、那一宗伤害案）处理得仿佛是完全按照这些事件的性格、本质自然而然地召唤出的规则来加以处断一样，所以它远远不只是反映了既定的智慧或者争议调停技术。无怪乎它所获得的拥戴热情不下于宗教、艺术、意识形态、科学、历史、伦理学与常识等等其他的意义创生者和世界启示者。

因为利害攸关（或者主观上觉得攸关自身利害），这种热情是激昂的。利害攸关的焦点，不只是事实要如何去发现？法律要如何去建立？这些方面的共识，如果那就是问题的全部的话，那么相当良好的妥协将不是难事。这里搞一点道德见证、那里搞一点地
231 位立法，再为了调停村落中的不和谐而设计一些公意裁决，最后再

加一点为了让商业银行能够存在而炮制出来的拟制。就算是媒人[①]或专管文书认证的公证人(probate judge)大概也一样，几乎没有任何人会把毕生精力全部投入到纯粹的程序上去。真正利害攸关之处，或者在感觉上真正利害攸关之处，在于对事实与法律本身以及对二者相互关系的理解，即真理、罪恶、虚假与美德是真确的、可分辨的而且被适当地并列在一起的那种意识，少了它人类几乎完全无法生存，遑论做出任何判断。

简言之，就当时的情况来看，针对司法审判应如何进行的斗争，例如让巴厘岛的神王兼官僚与我居住的那个村子里的村民意见不合的那种事情，可说是一场更广泛、更深刻斗争的一个组成部分，而斗争的目的就在于发展出能够落实的(practible)一种生活形式，并拼凑出曾经被称为“可运作的误解”(这概念来自比荷属印度尼西亚法更像拼图的英属印度法)的那种东西。近年来，这个“可运作的误解”可能的组成元素种类当然有一些改变，元素之间相对实力的消长更是突出。虽然我自己相当怀疑，但不是没可能发生某个组成元素在政治上极占上风，而致能够将其观点紧扣在其他观点头上这样的情况，甚至也有可能会出现“除了暴力经济以外，一切都不重要”这种典型的霍布斯式时刻(Hobbesean Moment)(这种情况于1965年10月到11月间已经在一定程度上发生了)；但若真发展到这一步，接着必将是尝试把拼贴的组成元素

①　原文为marriage closer，意义不详，可能是指媒人，特别是指在某些婚俗特别烦琐且弹性甚大的地方，负责协调嫁娶双方关于仪式方面之争议以使婚礼圆满完成的人物。——译者

又一次粗暴地凑成某种可以过得去的布局(这也已经在苏哈托的统治下发生了)。但是,有件事是再清楚不过的:一种工具性的法律观,认为法律只关乎手段而无关乎目的,是用以实现其他领域(可能是宗教领域、哲学领域,或者就是市井百姓[①])所设定的社会价值的一种纯粹机制,这是绝对行不通的。[②] 一位出身埃及的穆斯林通灵出神论(Muslim ecstaticism)的伟大论敌拉希德·瑞达(Rashid Rida)曾写道:"就算你亲眼看见他在飞,在你知道他是否服从沙里亚以前,也绝对不可以相信他。"不管人们如何看待他的
232 律法主义,他至少看见法律投下了自己的影子。[③]

那么,要怎样才行得通?这当然很难说,但它离不开一场思维的转向:一方面远离法律功能论的思路,即视法律为一种聪明的设计,用来避免人类互相把对方五马分尸、促进统治阶级的利益、保卫弱者的权利以免于强者的猎食,或者让社会生活在其模棱的边界处变得稍微更可预期一点(法律相当清楚地具有这一切功用,只



---

① 格尔茨此处的原文是"the man on the Clapham bus",意指"一般寻常的英国人",译者依中文习惯表达其意为"市井百姓"。——译者

② 这种观点当然是一般法实证主义(legal positivism in general)的特征,但它似乎对比较法学的研究者特别有吸引力,在比较法学中,面对法律之界定生活(life-defining)的性质是特别令人紧张的一件事:"前揭(关于印度尼西亚的法律多元主义的讨论)的趋势倾向于认为:承认法律本身并非终极价值,而是实现其他价值,包括许多社会上与政治上的目标的一种手段,这样的想法可能颇为有用。法律可能被认为是在社会上与政治上具有利用价值的一种媒介或工具,它不必具有本身内在的价值。这种观点做了这样明确的分别:一边是法律的工具价值,另一边是法律所要服务的、本身具有内在价值的目标,这一点必须要认识清楚。"Hooker, *Adat Law*, p. 7.

③ Quoted in A. Hourani, *The Emergence of the Modern Middle East*, (Berkeley and Loa Angeles, 1981), p. 97.

是在不同的时间、地点能到达不同的程度）这种思路；另一方面则转向法律诠释学的思路，即视法律为一种对特定地方的特定事物（已发生的、未发生的以及可能发生的事物）赋予特定的意义，以使这些高贵的、邪恶的或纯粹权宜性的应用以特定的形式表现出来，并产生特定效果的模式。简言之，法律是意义而不是机制。

不管怎样，这是我的观点，也就是支配这篇讨论的主题。我一口气喋喋不休地说了一桩桩眼界所及的各种事情，这一切都是为了铺陈出这个主题：地方知识、直观与实际案例、对法律的看法；对作为学术领域的“法学”与“人类学”加以分解，以便通过明确特定的交会点而不是大杂烩的方式来加以联结；把“法律/事实”这组对立相对化，使之呈现为种种不同的意象与后果相连贯公式的一场演出；将法学的比较研究视为一种不同文化之间的翻译工作；法律思维对社会现实而言是建构性的，而不仅是后者单纯反映的观念；对法律感性在历史上的顽强持续力的强调；关于法律的实际力量这个问题，否定社会共识说、支持意义寻求（sense-seeking）说；坚信法律多元主义不是一场过渡性的错乱，而是现代景观的一项中心特征；论证理解自我与理解他人在法学领域中亦存有内在的关联，与在其他任何文化领域中一样。以上所说的一切都是形貌特殊的、相当痴迷于事物之纷杂性的一种思维产物。综合观之，它们彼此间并未连贯到能够形成一个系统性的立场（比如“诠释主义”或者某种类似的大块文章）的程度，但它们之间确实有一定的共振、激荡存在。作为本文的主要论题，它们不但发挥了必要的效果，而且还发挥得具有足够的规律性，以至于能够说服大家。虽然去吹捧法律人是尚未为人所识的当世诗人（改写自雪莱的诗句）无

疑太过离谱，但将法律设想为一种社会想象，却不无道理。

一个支持它的理由是，来自行为主义心理学、新古典经济学、
233 功利主义社会学或功能主义人类学等硬边(hard-edge)社会科学以外的分析性材料可以用来理解它。社会理论转向视社会行动为形构意义并传达意义的运动滥觞自韦伯与弗洛伊德(或者依照某些解读方式，始于涂尔干、索绪尔和米德)，而今已蔚为巨流，它开启了许多可能性，让我们能够用相较于比较标准的观点所提供的“拉/推”意象要宽阔得多的方式去解释我们的行为。

呼吁将人类行为与人类行为的产品设想为“述说着关于某些东西的某些东西”(也就是某些必须要被导引出来并加以注解的东西)的这场被称为“阐释转向”(interpretive turn)的运动，实际上触及了文化研究的每一个领域，甚至延伸到社会心理学与科学哲学这些实证主义的堡垒，它却还未在法律研究方面产生多少影响。实用的法学所具有之强烈的“怎么做”的偏好遏阻了它的进逼(再重述一次霍姆斯关于实用法学冷笑般的简短总结：在你能力可及的范围内，如何尽量免于上法庭；一旦免不了要上法庭，怎么样在庭上获胜)。但是一个学术领域的历史、社会学与哲学是否充分了解实地的状况，以至于能够把实际操作它的人赋予它的意义吸纳为自身的意义，并像那些实际操作者一样深深沉浸在技艺的直接必要性之中，这是颇值怀疑的。归根结底，我们需要的不只是地方知识，我们更需要一种方式来把各式各样的地方知识转变为它们彼此间的相互评注：以来自一种地方知识的启明，照亮另一种地方知识隐翳掉的部分。

我们虽然没有既成的方法可资援用(我本人其实很怀疑曾经有任何类似的方法存在过)，但是确实有一些以前积累下来的技

巧。我们正在努力钻研某种方法,好让我们能够在不缩减(通常的情况其实是更加深化)对它们之间分殊性的认识这个前提下,把不可通约的世事观点以及记录经验、表述生活的不同方法,融汇成为相近的概念,从而使它们(与之前被一个个孤立看待时比较起来)显得不再那么像是一个个谜团。我认为就这方面来讲,人类学界做得比法学界好,而且在人类学内部,专研交换、仪式或政治象征学的学者,做得又比专研法律者要好。在我看来,桑塔亚纳(George Santayana)的那句名言:"唯有当无法探知事物之核心时,才对事物加以比较"至少就此而言,刚好与真理相背反。我认为正是通过比较,而且是对不可比较之物的比较,才能达到我们真能达得到的核心——不管它是哪一种核心。

我为这种禅门公案式的陈述方式("没有相互拍到的两只手, 234
发出了什么声音?")表示抱歉。但是,若我们能正确认识到这种"对不能比较之物的比较"正是那些献身于"对想象性的形式加以描述性解释"的学科用了其大部分的时间精力在干的事情,如比较弥尔顿与莎士比亚、伦勃朗(Rembrandt)与鲁本斯(Reubens)、柏拉图与康德、牛顿与爱因斯坦等等,那种夸张突兀的悖论之感便化于无形。正因为此,文学批评与艺术史、道德哲学与科学史等等学科(它们只是许多类似学科当中最突出的例子)或许比号称比较"科学的"那些做法,也就是假定世上发生的一切事物都必须符合一致的理路的那些学科,更能帮助我们在事实/法律的区别随文化传统与历史阶段的不同而变化这一根本性质所导致的混乱中找到出路,走出这样的混乱状态。假如我在此所说的一切话语当中蕴含有任何启示,那便是世界真是一个分歧的地方。法律人与人类

学家之间有分歧、穆斯林与印度教徒之间有分歧、小传统与大传统之间有分歧、殖民的过去与民族主义的现在之间有分歧;而且,正
233 视这一巨大的真实,而不是希望它消失在无力的通则和虚假的舒适所构成的雾霭中,我们将会得到极大的收获。

这样讲听起来当然一切都很令人振奋。除非真实原则最终会害死我们,否则我们都会倾向于认定它是有益的。但是,藉着把我们自己摆在不同的他者中间,摆在既不是像火星人一样遥远、像原始人一样被蔑视,也不是像我们一样汲汲营营于性交与生存的一切平凡人那样被鄙薄得一文不值的他者中间来界定自己,这样一种严肃的努力的确有很实在的危险,而且不只是知识上的熵(entropy)和道德上的瘫痪危险。一方面了解到我们的口音只是许多口音中的一个,另一方面又意识到既然这是我们唯一的口音,我们就免不了用它讲话,这种双重的认知是极难维持的。曾被贴切地称为全人类间的漫长对话的这场会谈,可能会演变得南腔北调、言语不通,以致任何一种条理井然的思维或许都变得完全不可能,更谈不上使各个地方式的法律感性变得能够相互评注、相互深化的那种转变了。然而,在我来看,无论未来如何,我们反正没有别的选择。对任何地方的任何文化建制来说,“如今没有人会任由任何一个人自生自灭,而且往后也不再可能会”这一现实所引发的主要问题,并不是一切事物是否即将毫无罅隙地聚合在一起?或者反过来说,我们所有的人是否都将持续地闭锁于自身的一种隔绝的偏见之中?而是不管是在爪哇还是在美国的康涅狄格州,人类是否将能持续藉由法学、人类学或者其他任何东西去想象出一种实际可行的、有原则的生活?

# 索　引

（索引所列页码为原书页码，即本书边码）

# 译　后　记

本版的译稿是以我在12年前(2002年)完成的初译稿为基础修改润色而成的,那份初译稿于2002年8月起被委托我翻译的台北城邦集团麦田出版社付梓印行,题名为《地方知识:诠释人类学论文集》。据说该版颇得台湾读者抬爱,这12年来加印了几刷,可越是如此,我的愧疚感就越深,因为身为译者的我,大概是最清楚初译稿之诸多缺点的人——毕竟当时我只是一名尚未毕业的博士生,英文、人类学和汉译三方面的水平都还生涩得很,我粗疏的译本传播得越广,扭曲大师、误导读者的罪咎就越大。因此,随着年龄见长、阅历日增,我想要大幅修改甚至重译这本书以洗雪前愆的心愿便越强烈。结果,非常幸运的是北京商务印书馆真的给了我这样一个机会,并且以我所见识过最严谨的编辑工作来督促我,协助我把译文的水平提升到了单凭我自己一人决不可能达到的境界,我谨在此表示由衷的感谢!

此外,我要向所有对此一译本的问世有过直接贡献的朋友们致谢,如当时在台湾麦田出版社任职的林志楙先生、吴莉君女士、吴惠贞女士;在我就读于伦敦政经学院(LSE)期间,为我解答了许多英文专有名词和俗语方面问题的学长陆克·弗里德曼(Luke Freedman)先生;帮助我获得修改出新版本的机会的黄剑波教授;

还有比语文老师对我还“严苛”的北京商务印书馆责任编辑白中林先生，等等。没有他们，就没有这份令我自己比较满意的译本。当
233 然，这个译本还存在的一切缺点，都是本人的水平问题，他们的贡献都是完美无瑕的。

最后，身为为解读这本书投入了很多时间精力的一名老读者，我自忖还算有资格与新读者分享一点读这本书的要领，那就是放松自己，让思绪随着格尔茨的华丽修辞和遄飞的想象上穷碧落下黄泉；然后，在癫狂翻腾的阅读经验结束后，不要急着总结自己学到了什么，更不要在勉强总结之后觉得没学到什么而沮丧，因为阅读过程中经验到的癫狂翻腾才是重点。近20年前，我的硕士论文指导老师大卫·鲁伯顿（David Rheubottom）在我向他焦虑地告白说我实在读不懂格尔茨时，这位人类学博士兼瑜伽上师以他一贯淡定和风趣的美国腔英语说：“学人类学不是堆积木，是泡烤肉，急不来。拍松了，泡个一两天，味道自然就足了。”我想，出自美国人类学圈那个蚂蚁窝的智慧，估计中国读者们也会觉得相当可口吧。

杨德睿

2014年6月

**图书在版编目(CIP)数据**

地方知识:阐释人类学论文集 / (美) 克利福德·格尔茨著;杨德睿译. —北京:商务印书馆,2017
(汉译世界学术名著丛书:120 年纪念版:珍藏本)
ISBN 978-7-100-14604-3

Ⅰ. ①地… Ⅱ. ①克… ②杨… Ⅲ. ①文化人类学—文集 Ⅳ. ①C958-53

中国版本图书馆 CIP 数据核字(2017)第 152361 号



汉译世界学术名著丛书
(120 年纪念版·珍藏本)
**地 方 知 识**
**——阐释人类学论文集**
〔美〕克利福德·格尔茨 著
杨德睿 译

商 务 印 书 馆 出 版
(北京王府井大街 36 号 邮政编码 100710)
商 务 印 书 馆 发 行
北京新华印刷有限公司印刷
ISBN 978-7-100-14604-3

2017 年 12 月第 1 版　　开本 710×1000 1/16
2017 年 12 月北京第 1 次印刷　　印张 25¾
定价:128.00 元